저자는 마치 최전방에 나간 종군기자와 같이, 창조적 파괴의 진원지 실리콘밸리에서 직접 부딪치며 취재한 생생한 뉴스를 속보로 전달한다. 그로 인해 독자들로 하여금 머지않아 밀어닥칠 모바일과 소셜, 빅데이터의 거대 폭풍에 전율하게 만든다. 지식창조사회 전환과 창조경제를 추구하는 모든 이들이 반드시 읽어야 할 필독의 서이다. _**이병기** 서울대 전기공학부 교수(전 방송통신위원회 상임위원)

세상을 선도하기 위해서는 가치를 부여하는 자, 즉 가치 창조자Value Creator가 되어야 한다. 그리고 가치 창조자가 되기 위해서는 변화를 따라갈 것이 아니라 한발 앞서 변화를 리드하는 '태풍의 눈'이 되어야 한다. 《파괴자들》은 세상을 다르게 보고 다르게 실천하려는 사람들이 꼭 봐야 하는 책이다. 특히 이 책은 ICT가 나아가야 할 방향인 공유Sharing와 참여Participation를 충실히 실현한 점을 주목하고 싶다. 새로운 읽기 경험을 통해 미디어 시장의 새로운 바람을 일으킬 것으로 기대한다. _**이상철** LG유플러스 부회장

〈하우스 오브 카드〉라는 미드의 성공에 대하여 대부분의 사람들이 데이빗 핀처와 케빈 스페이시 같은 이름을 떠올리지만, 손재권 기자는 '넷플릭스'의 치밀한 전략과 실행 과정에 주목하는 혜안을 보여준다. 이 책은 실로 다양한 사례를 들어 지금도 세계 곳곳에서 일어나고 있는 변화와 혁신의 맥을 세심하게 짚어낸다. 꿈을 현실로 만들기 위하여 불철주야 애쓰는 모든 사람들에게 깊은 영감을 주는 책이다. _**김상헌** NAVER 대표

2013년 8월 전통의 워싱턴포스트가 아마존의 제프 베조스에게 매각되었다. 이 사건은 수백 년을 이어온 전통적인 신문업과 미디어가 얼마나 급격하게 새로운 질서와 원리에 입각한 혁신자들에 의해 장악되고 있는지를 보여주는 상징적인 사건이 되었다. 미디어만이 아니다. 테슬라 자동차의 전기자동차와 구글의 무인자동차는 자동차 산업의 전통적인 강자들과 심지어는 에너지 기업들의 위상을 위협하기 시작했고, MOOCs로 대별되는 온라인 교육 열풍은 전통적인 학교교육 시스템을 크게 변혁할 기세다. 이러한 일련의 파괴적 혁신의 배경에는 실리콘밸리발 창조적 혁신 문화가 자리 잡고 있다. 이 책은 뛰어난 통찰력을 가진 저자가 현재 가장 뜨겁게 변화하고 있는 실리콘밸리의 현장에서 보고 느낀 바를 글로 옮긴 까닭에 이러한 대변혁의 시기가 생생하게 느껴진다. 미래의 변혁을 읽고 싶은 모든 분들에게 일독을 권한다.
_**정지훈** 명지병원 IT융합연구소장 / 카이스트 문화기술대학원 겸직교수

파괴자들
Disruptors

실패를 성공으로, 파괴를 창조로 만드는
실리콘밸리의 특별한 비밀

• 손재권 지음 •

한스미디어

프롤로그

은은한 혁명을 맞이하라

지난 2013년 7월 6일 토요일. 가족과 함께 외출 중이었다. 점심시간이 다가올 무렵 아이폰에 다운로드한 《뉴욕타임스》와 《월스트리트저널》 앱에서 울리는 속보.

"아시아나 항공기 샌프란시스코공항에서 충돌사고 발생."

아시아나, 샌프란시스코공항, 충돌사고. 이 세 단어가 조합되면서 앞으로 무슨 일이 일어날지 직감했다.

대형 사고다. 속보를 알기 위해 CNN 앱을 실행해보니 아시아나항공 OZ 214편이 샌프란시스코공항에 불시착, 사고가 났다는 팩트를 담은 짧은 기사가 떴다. 아시아나항공 214편은 한국인들이 많이 이용하는 편명이었기 때문에 희생자가 나온다면 대부분 한국인일 것으로 추측했다.

2012년 8월부터 2013년 7월까지 1년간 실리콘밸리 지역에 살면서 겪은 가장 큰 사건·사고였다. 스탠퍼드대학에서 방문연구원visiting scholar 신분으로 연수 중이었으므로 취재를 하지 않아도 됐다. 하지만 기자라는 직업은 속일 수 없었다. 사실이 알고 싶었고 공항으로 당장 달려가야만 한다고 생각했다.

하지만 먼저 상황을 파악해야 했다. 속보를 기다려도 새로운 소식은 앱에 나오지 않았다. 《뉴욕타임스》와 《월스트리트저널》도 마찬가지였다. 이 순간 떠오른 건 트위터였다. 트위터 앱을 실행해보니 예상대로 사고 속보와 함께 샌프란시스코공항 현장 소식도 올라와 있었다.

특히 삼성전자 데이비드 은 David Eun 부사장은 현장 사진과

데이비드 은 부사장이 트위터에 올린 사고 현장 사진

함께 "방금 SFO에 불시착했다. 꼬리가 사라졌다. 대부분 괜찮아 보인다. 초현실적이다"라고 현장의 긴박한 상황을 전했다.

이후 SFO 공항에 있던 사람들의 트윗이 올라왔고 사고 여객기를 탄 승객의 트위터 메시지도 리트윗되어 속속 타임라인에 올라왔다. 특히 삼성전자 데이비드 은 부사장의 트윗 메시지는 아시아나 214편 불시착 사고의 첫 뉴스가 됐다. 사고가 난 후 약 46분 만이다. 그가 전한 소식은 4만 번 이상 리트윗되는 등 글로벌 트위터 세계의 가장 중요한 소식이 됐다. 미국 주요 언론은 그가 전한 현장 소식과 사진을 앞다퉈 보도했다.

샌프란시스코공항 현장에 가보니 순식간에 전 세계에서 100여 명의 취재기자가 몰렸다. CNN, NBC, CBS 등 미국 지상파 및 케이블 방송뿐만 아니라 한국, 중국, 일본에서 기자들이 몰려왔다. 모든 기자가 탑승객을 찾았고 희생자 스토리를 발굴하려 했으며 사고 원인에 대해 취재하고자 했다.

순식간에 모인 100여 명의 기자들 속에서 현장 취재를 하다가 무엇인가 알듯 모를 듯한, 이상한 것을 느끼게 됐다. 방송 기자들은 현장을 중계했지만 대부분의 미국 신문기자들은 다음 날 인쇄될 신문에 나올 기사

를 취재하고 있다는 점이었다. 한국, 중국, 일본 기자들은 더 어려움이 있었다. 샌프란시스코와 16시간 시차가 있는 한국에서는 이 소식을 받아보면 현지 시각 기준으로 사고 발생 하루가 지난 소식을 '뉴스'로 받아보게 되는 것이다.

전통 미디어의 붕괴

이 사건은 이미 트위터와 페이스북에서 지속적으로 공유되고 있었고 독자(시청자, 이용자)의 반응도 실시간으로 올라오고 있었다. 100여 명의 기자가 취재하고자 하는 '탑승객 스토리'도 수천 건씩 리트윗되고 있었다. 사건 발생 시간에 '이른 새벽'이었던 한국에서도 마찬가지였다.

'아시아나항공'이라는 국적기, '샌프란시스코공항'이라는 한국인이 많이 이용하는 공항이라는 특수성 때문에 강력한 휘발성을 가지고 소식이 전달되고 있었다. 하지만 한국, 중국, 일본 기자들은 현지 시각 기준 사건 발생일(토요일 오전)로부터 약 이틀이 지난 뒤(월요일 오전)에 독자들에게 배달될 소식을 취재하고 있었던 것이다.

기자들은 혼란스럽다. 새로 취재한 소식을 인터넷이나 소셜미디어에서 먼저 터트려야 하는 것인지, 기자가 속한 매체(신문이나 방송)에 정식으로 보도될 때까지 기다려야 하는지 말이다.

딜레마다. 먼저 알게 된 소식이니만큼 누구보다 빨리 전달해야 하지만 게이트 키핑 gate keeping을 거치는 뉴스 보도 과정을 따라가기 위해서는 신문 제작 시간, 즉 데드라인에 맞춰야 한다. 과거에는 당연히 후자, 즉 매체가 보도되는 시점에 맞춰 소식을 터트리는 방식을 택했다. 이제는 기자들도 그 경계선에서 어떻게 해야 할지 고민하고 있다.

현장에서 취재하면서 같은 느낌이었다. 부상당한 탑승객이 가장 많이 입원해 있던 샌프란시스코 종합병원에서 밤늦게까지 현장 취재한 결과 한국인 탑승객은 사망자가 없으며 걸어서 퇴원할 수 있을 정도라는 것을 미국 정부 당국자나 병원 관계자 그리고 샌프란시스코 한국 영사관의 공식 발표 훨씬 이전에 알게 됐다.

기자로서는 당연히 먼저 보도해야 하고 특종에 가까운 뉴스였다. 이는 사건 추이를 관심 있게 지켜보던 한국인들이 가장 알고 싶어 하는 소식이었기 때문이다. 하지만 한국의 신문에 보도되기까지는 하루를 기다려야 했다.

"시대가 바뀌었는데 당연히 인터넷이나 소셜미디어에 먼저 써야 하는 것 아닌가?"라고 반문할 수도 있을 것이다. 하지만 하루에 한 번씩 나오는 신문이라는 매체에 뉴스를 쓰는 기자 입장에서는 그렇게 쉽게 생각할 일은 아니다.

이 같은 고민은 기자만의 것은 아니다. 독자(시청자)는 더욱 혼란스럽다.

8일(한국 시각) 오전, 현지 시각 기준으로 이틀이 지난 이 소식을 조간신문으로 받아본 독자들은 이 뉴스가 사실은 '뉴스'가 아니라는 것을 알고 있었을 것이다. 그러나 어느 독자도 신문사에 전화를 걸어 "어제 새벽에 벌어진 소식이다. 다 아는 것인데 인제 와서 새 소식이라며 신문을 배달하면 어떻게 하나!"라고 항의하지 않는다. 독자들은 이미 알고 있기 때문이다. 신문 지면에 나온 소식이 사실은 '뉴스'가 아니라는 것을 말이다. 시청자들은 알고 있다. 방송에 나오는 '실시간 live'이라는 보도가 사실은 트위터에서 이미 중계된 소식을 영상으로 보여주는 것일 뿐이라는 사실을 말이다. 너무나 당연해서 항의하지 않는 것일 뿐이다. 아니, 정확히 말하면 독자(시청자)는 항의하는 법을 이미 알고 있다. 안 보면 되는 것이다.

그렇다면 무엇이 '당연'한가? 신문에 나온 소식이 사실은 '뉴스'가 아니라는 것이 당연한 것인가, 아니면 하루 지난 뉴스라도 신문에 찍힌 뉴스가 '뉴스'라는 점이 당연하다는 것인가?

예전에는 신문을 받는 순간 뉴스라고 생각했다. 하지만 지금은 다르다. 발생 시점, 그 장소에서 뉴스가 퍼진다. 신문과 방송 등 대중매체는 뉴스에 후행한다.

이 같은 의문은 2013년 4월 18일 텍사스 오스틴에서 열린 국제온라인저널리즘심포지엄 ISOJ: International Symposium on Online Journalism에 참석해 현장 취재하기 전까지는 혼란으로 느끼지 않았다. 예전에는 '당연하게' 느꼈던 일들을 더는 당연하게 받아들일 수 없는 세상이 왔음을 알게 된 것이다.

질 에이브럼슨《뉴욕타임스》편집국장 등 미국의 유력 기자, 편집인들이 모인 이 심포지엄의 최고 관심사는 '보스턴 마라톤 폭탄테러' 사건이었다. 4월 15일 보스턴에서 벌어진 폭탄테러 사건으로 미국 전체가 다시 한 번 테러의 공포로 떨고 있었다. 사건 발생 후 며칠 동안 범인은 밝혀지지 않았고 추정도 되지 않았다. 하지만 기자, 편집인들이 오스틴에 도착한 19일 저녁(현지 시각) 유력한 용의자가 보스턴 시내에서 총격전을 벌인 끝에 한 명이 사살되고 한 명이 현장에서 체포됐다.

전 미국이 밤늦게 새벽 시간까지 CNN 등을 지켜봤고 트위터, 페이스북, 텀블러 Tumblr, 레딧 Redit 등 소셜미디어는 관련 소식과 관전평으로 홍수를 이뤘다. 총격전이 벌어진 워터타운에 사는 주민들도 "총성이 두 발 울렸다" "한 명이 쓰려져 있다" 등의 내용을 실시간으로 소셜미디어에 생중계했다.

하지만 다음 날인 4월 19일 텍사스 지역 신문의 1면 톱은 텍사스 비료공장 폭발 사고였다. 텍사스 웨스트 지역에서 터진 비료공장 폭발로 약 200명의 사상자가 났다. 지역에서는 엄청난 사건이었고 지역 신문은 당연히 이를 1면 톱으로 보도했다. 그러나 뉴스 가판대에서 어떤 이도 이 신문을 사 가지 않았다. 전날 벌어진 보스턴 마라톤 폭탄테러 용의자 검거 사건이 너무도 드라마 같았기 때문이었는데, 그렇다고《USA투데이》등 전국 단위 신문도 판매되지 못했다. 새벽에 벌어진 사건이라 인쇄하는 데 한계가 있었기 때문이다.

이날 심포지엄에서 기조연설을 한 클라크 길버트Clark Gilbert 데저렛뉴스 최고경영자CEO가 지나가는 말로 한 말이 인상적이었다. "도대체 왜 종이 신문은 어제 새벽에 벌어진 영화 같은 사건이 보도되지 않는 것에 대해 이상하게 생각하지 않는 것이죠?"

데저렛뉴스는 미국 유타 주 솔트레이크시티 지역의 유력 일간지이며 클라크 길버트는 이 신문사의 CEO다.

물론 "마감 시간이 지나 벌어진 사건이다" "물리적으로 신문을 인쇄할 수 없다" "텍사스에서는 비료공장 폭발 사고가 더 중요한 사건이다" "모바일 앱이 있지 않나" "온라인에서는 실시간으로 올라간다"는 해명을 할 수 있을 것이다. 하지만 어떤 해명을 해도 신문은 실시간으로 보도할 수 없다는 사실만 확인해줄 뿐이다.

인쇄 시간이 지나서 발생한 사건은 신문에 나올 수 없다. 신문의 독자들은 뉴스가 발생한 지 하루가 지나야 뉴스를 받아볼 수 있다. 이것이 정상적인 상황인가?

신문이나 방송 등 매스미디어만 존재할 때는 아무도 의심하지 않았다. 하지만 이제는 다르다. 인쇄 시간이 지나서도 발생한 사건을 반영한 신문이 나와서 독자들에게 전달돼야 하며 뉴스가 발생함과 동시에 독자들에게 실시간으로 전달해야 한다. 왜 이런 질문을 하지 않았던가.

트위터, 페이스북 등 소셜미디어와 모바일의 결합은 저널리즘을 근본에서부터 바꾸고 있다.

소셜미디어와 정치의 결합이 정치 생태계도 뒤바꿔

이것이 비단 저널리즘뿐이던가. 정치도 그렇다. 유권자가 정치인을 만날 수 있는 공간은 선거뿐이었다. 선거 때 지하철이나 횡단보도에서 90도 절을 하며 인사하던 정치인들, 선거가 끝나면 일상으로 돌아간다. 정치인들은 유권자를 속속들이 알 수 없다. 유권자도 정치인이 어떤 법안을 발의했는지, 해당 지역구와 개인의 이익에 복무하고 있는지 알 수 없다.

하지만 모바일과 소셜네트워크 그리고 데이터의 결합은 이 같은 빈 공간을 채워줄 수 있다. 버락 오바마 미 대통령이 2012년 대통령선거에서 미트 롬니 공화당 후보를 이길 수 있던 비결은 다름 아닌 이 빈 공간을 채웠기 때문이었다. 그는 유권자 이메일을 추적해 자기 지지자의 성향에 대해 파악하고 있었으며 트위터·페이스북·레딧 등을 이용해 지지자는 물론 자신을 지지하지 않는 공화당 성향의 유권자마저 왜 지지하지 않는지 파악하고 맞춤형 이메일을 보냈다.

전통적으로 선거는 돈 싸움이다. 미국에서도 대통령 후보가 얼마나 많은 선거자금을 모금하느냐에 따라 대세가 결정된다. 하지만 오바마 선거 캠프는 이 같은 통념을 뒤집고 모바일, 소셜, 데이터라는 정보기술을 통해 승리할 수 있었다. 2012년 미국 대선에서 오바마 캠프도 선거자금을 많이 모금했다. 하지만 그들은 그 돈으로 빅데이터_{Big Data} 기술을 통해 유권자의 표심을 움직일 수 있는 소프트웨어를 만드는 데 투자했다. 그리고 유권자를 향한 타깃 마케팅으로 선거에서 승리를 거머쥘 수 있었다. 그들은 세상이 바뀐 것을 알고 있었고, 어떻게 대응해야 하는지 알고 있었기 때문이다.

2013년 6월 세상을 뒤흔든 스노든 폭로 사건에 대한 미국인 및 세계인의 반응은 바뀐 세상에 대한 좀 더 근본적인 질문을 던지게 한다. 스노든 사건은 미 노스캐롤라이나 출신의 컴퓨터 기술자 에드워드 스노든_{Edward Joseph Snowden}이 영국의 《가디언》지를 통해 미 국가안보국_{NSA}이 전 세계 각국 기관에 대해 무차별적으로 정보를 수집한 기록과 불법 해킹 프로그램

실태 등을 담은 기밀문서를 폭로한 일이다.

NSA는 미 국방부 소속 정보수집 기관으로 암호를 만들고 관리하며 적성국 테러리스트들의 암호 분석 그리고 해독을 주요 임무로 한다. 스노든 폭로에 따르면 NSA는 프리즘PRISM이라는 프로그램을 통해 버라이즌·AT&T 등 이동통신, 구글, 애플, 페이스북 등을 대상으로 방대한 자료를 수집해왔다. 이메일, 메신저, 통화 내역, 소셜미디어 활동 내역, 웹 활동 등이 수집 대상이었다.

미국의 국가 기관이 전 세계인들을 대상으로 국적에 상관없이 타깃에 대한 모든 기록을 수집했다는 것이다. 즉 NSA의 주요 업무인 적성국, 테러리스트에 대한 정보수집이 아니라 테러와는 아무 상관이 없는 일반인을 사찰했다는 폭로로 충격을 주기에 충분했다. 언제 어디서나 감시당할 수 있다는 사실을 알려줬기 때문이다.

이 사실은 사건을 폭로한 영국의 《가디언》, 미국의 《워싱턴포스트》뿐만 아니라 전 세계 언론으로부터 초미의 관심을 받았다. 하지만 의외로 이 사실을 받아든 대중의 반응은 담담했다. 미 정보기관이 상시 감시하고 있다는 것에 대해 분노하지 않았고 충격으로 받아들이지도 않았다.

왜 사람들은 현대판 빅브라더BigBrother의 출현에 분노하지 않은 것일까? 정부 등 국가 기관이 사람들을 항상 감시하고 있다는 점을 이미 알고 있을 뿐만 아니라 실제로 느끼고 있었기 때문이다. 즉 뉴스가 아니라는 것이다.

보스턴 마라톤 폭탄테러 용의자 검거 과정에서 증명하듯 거리에는 수만 개의 CCTV가 항시 작동하고 있으며, 스마트폰 이용자들이 가지고 있는 카메라는 언제 어디서나 특이 행동을 하면 촬영될 각오를 해야 한다는 것을 사람들은 알고 있다. 오히려 이렇게 많은 CCTV가 거리에 설치되어 있음에도 범인을 쉽게 검거하지 못한다면 검거하지 못했다는 사실에 분노할지 모른다.

　미국인들의 분노는 NSA보다 교통 감시카메라를 향해 있을지도 모른다. 신호등 노란 신호에 서둘러 차를 운전해 건넜는데 '불법 좌회전했다'며 자신의 사진과 함께 딱지가 집으로 날아오는 사실이 더 화가 난다.

　구글 지메일Gmail을 쓰고 페이스북에 여행 다녀온 사진을 올리는 것이 개인 프라이버시가 보장되는 활동이라고 믿는 사람들은 많지 않을 것이다. 개인정보는 이제 거래 대상에 가까워졌다. 미국인들은 어느 정도의 감시를 허용하면서 '테러로부터 안전한 사회'를 국가로부터 받고 싶어 하는 것인지도 모른다.

　스노든 사건에 대해 미국이나 유럽은 물론 전 세계 언론과 글로벌 인권단체에서는 조지 오웰의 소설 《1984》에 나오는 '빅브라더 사회Big Brother society'가 현실화되고 있다고 목소리를 높였다. 사실이다. 이용자의 인터넷 활동은 물론 거리를 활보하는 것까지 모든 활동은 추적된다고 보면 된다. 그렇다면 조지 오웰의 소설 속에서 그려진 미래가 오늘일까?

　조지 오웰은 1949년에 거대 감시사회를 예상한 미래 《1984》를 썼다. 그것이 1984년이든 2013년이든 중요하지 않다. 조지 오웰의 머릿속에는 2000년이란 단어가 없었을 뿐이다. 중요한 것은 세상은 바뀌었으며 우리가 이제 상상 속에 그리던 '미래 사회'에 살기 시작했다는 점일 것이다.

　산호세 고급 쇼핑센터인 산타나 로Santana Row에는 사람의 음성으로 사진을 찍으라고 안경에 명령을 할 수 있는 구글 글라스를 쓴 사람들이 돌아다니고, 샌프란시스코와 산호세 지역을 잇는 101 고속도로에는 사람이 직접 운전하지 않고 스스로 움직이는 구글 '자율운전 자동차Self Driving Car'가 돌아다닌다.

　스탠퍼드대학에는 스마트폰과 연결된 시계를 찬 사람들이 자신의 활동량을 체크하면서 운동을 하고 있으며, 스탠퍼드 의대에는 인체에 반도체를 심고 심장 박동수와 혈압 그리고 호르몬의 변화를 확인하는 사람들이 돌아다닌다. 100% 전기차인 테슬라의 모델S도 도로를 지나간다.

이 같은 증강현실 안경, 자동으로 운전하는

실리콘밸리 지역을 돌아다니는 구글의 자율운전 자동차

자동차, 전기차 등은 SF 영화에 자주 등장하던 아이템들이다. 우리가 과거 SF 영화에서 보던 세상이 '지금'일까? 지금 이 세상이 과거에 상상하던 그 모습은 아니라고 하더라도 우리가 상상하던 미래는 지금 현실에서 구현되고 있다는 점이 중요하다. 오늘이 미래인 셈이다.

지금, 상전벽해의 순간이다

우리는 지금 이 순간 역사적 변화의 순간, 즉 특이점 singularity 을 지나고 있는지 모른다. 특이점이란 당대 사람들이 깨닫지 못하는 역사적인 변혁 시점을 말한다. 상전벽해라는 것인데 동시대 사람들은 이를 인지하지 못한다. 컴퓨터학자 버노 빈지는 "기술적 특이점이 일으킬 변화는 뽕나무밭이 바다로 바뀌는 순간, 즉 상전벽해와 같기 때문에 사람들이 눈치채지 못할 수 있다"고 말하기도 했다. 모든 사람이 뽕나무밭이 바다로 바뀌는 것을 당연하게 느낀다면 그 '순간'은 무심코 지나칠 수 있을 것이다. 10년 후, 50년 후에 그 시점을 본다면 분명 상전벽해의 순간이었는데 말이다.

우리도 모르는 사이에 세계는 근본적으로 변하고 있다. 웹에서 먼저 바뀌고 인류가 이에 적응하면서 이제 오프라인 사회가 점점 변하고 있는 것이다. 지금 이 시기가 '상전벽해의 순간'이 될 수 있다고 느끼고 있는 사람이 점점 많아지고 있다. 《뉴욕타임스》 칼럼니스트이자 《세계는 평평하다》, 《코드그린: 뜨겁고 평평하고 붐비는 세계》 등을 저술한 토머스 프리드먼Tomas L. Friedman도 지금 이 같은 시기를 새롭게 규정해야 한다고 느낀 것 같다.

프리드먼은 2013년 6월 샌프란시스코에서 자신의 이름을 내건 '토머스 프리드먼 글로벌 포럼'을 열었다. 그가 샌프란시스코에서 글로벌 포럼을 개최한 이유는 이곳이 새로운 세상의 진원지와 같다는 판단 때문이었다. 나는 이 포럼에 직접 참석했다. 그가 보는 새로운 세계에 대한 비전을 알고 싶었기 때문이다.

지난 2005년 출간된 《세계는 평평하다》에서 "인도와 미국은 같은 시각에서 살고 있다. 인도 방갈로르의 IT 기술자가 미국의 일자리를 위협한다. 21세기는 9·11에서부터 시작했다. 보다 안전한 사회를 바라는 미국과 미국인이 세계를 바꾸기 시작했다"며 일갈한 프리드먼의 이날 포럼에서는 "21세기 가장 중요한 사건은 세계화와 IT 혁명의 융합이다. 더 많은 IT 혁명이 있을수록 세계화가 더 빠르게 진행되고, 세계화가 진행될수록 IT 혁명이 온다"고 말했다.

특히 그는 "내가 9·11을 취재할 때는 정보기술과 세계화의 융합이 미친 영향에 대해 특별히 관심을 두지 않았다. 이것이 세계의 근본적인 변화를 이끌고 있다는 것을 당시에는 인식하지 못했다"고 반성해 참석자들을 놀라게 했다. 세계를 바꾸는 것은 전쟁이나 대공황이 아니다. 소셜네트워크, 빅데이터, 모바일과 같은 정보기술이라는 것이다.

이어 그는 "2005년에 《세계는 평평하다》를 출간했다. 이때는 페이스북도 없었고 링크드인도 없었으며 트위터도 거의 존재하지 않았다. 이 모든 변화가 내가 책을 쓴 이후에 벌어졌다. 새로운 세상이 왔다. 연결사회에서 초연결사회로 옮겨갔다. 누구나 컴퓨터를 들고 다니고 클라우드를 통해 콘텐츠를 옮긴다. 그리고 초고속 인터넷이 이것을 실시간으로 옮긴다. 사물 인터넷Internet of Things이 부상하고 모든 엔진이 연결되고 있다. 세계는 초연결사회로 옮겨갔다. 이것은 앞으로 모든 변화의 근원적인 힘이 될 것이다"라고 말했다.

상식이 더 이상 상식이 아닌 세상이다. 상식이란 '많은 사람이 당연하게 받아들인다'는 생각이다. 세상이 바뀌었다는 것은 부지불식간에 당연하게 받아들이는 것들이 더는 당연하지 않게 됐다는 뜻일 것이다.

21세기식 혁명은 정치, 경제, 산업, 문화 각 분야에서 진행되고 있으며 이미 주위에 널리 퍼져 있어서 보이지 않을 뿐이다. 그 변화가 전쟁이나 테러 그리고 대공황 등으로 갑작스럽게 또는 피를 흘리며 온 것이 아니라 기술의 발전과 세계화로 인해 점진적이며 평화적이고 근본적으로 오고 있는 것이 다를 것이다. 변화는 급격하게 오는 것이 아니라 안개와 같이 주변에 둘러싸여 은은하게 오고 있다. 그래서 '은은한 혁명Ambient Revolution'의 시기라고 부를 만하다.

파괴적 혁신, 디스럽션의 시대

지금 이 시기는 분명 디스럽션의 시대the Age of Disruption다. '디스럽션'의 사전적 의미는 파괴, 붕괴, 분열 등인데 최근에는 하버드비즈니스스쿨 석좌교수인 클레이튼 크리스텐슨Clayton M. Christensen이《혁신기업의 딜레마 The Innovator's Dilemma》에서 주창한 이론이 재해석되어 '파괴적 혁신disruptive innovation'으로 받아들여지고 있다.

크리스텐슨 교수가 처음 내놓은 파괴적 혁신 이론은 기존 제품의 성능에 미치지 못하는 제품을 도입해 기존 시장을 파괴하고 새 시장을 만드는 것을 의미했다. 하지만 지금은 완전히 새로운 아이디어와 혁신적인 방식으로 기존 시장을 재해석하거나 작지만 빠른 실행으로 새 시장을 무너뜨리는 시도를 통칭해 디스럽션으로 해석되고 있다.

캐논, 니콘 등 디지털카메라의 등장으로 카메라 필름 회사인 코닥이 파산했으며 디지털카메라도 스마트폰 카메라에 밀릴 위기에 있다. 아마존의 등장으로 보더스와 같은 대형 서점, 서킷시티와 같은 디지털 가전 판매점이 파산했다.

미국 내 현재 1위 서점인 반스앤노블스와 디지털 제품 판매점 베스트바이BestBuy도 힘겨운 생존 싸움을 벌이고 있는 상황이다. 아마존의 창업자이자 최고경영자 제프 베조스JeffBezos는 전통 미디어 워싱턴포스트를 인수하는 등 미디어 디스럽션의 시동을 알렸다.

많은 경영학자, 미디어학자들이 변화와 혁신을 분석할 때 빠지지 않는 기업이 코닥이다. 코닥은 이제 회사 이름이 아니다. 변화에 적응하지 못하고 파산에 이른다는 의미의 동사가 되고 있다. 기업도, 조직도, 개인도 코닥되는kodaked 시기다.

전기차 업체 테슬라는 미국의 자동차 산업을 뿌리에서부터 뒤흔들고 있으며 넷플릭스Netflix는 모바일 스트리밍 시대를 열면서 방송 및 미디어 산업 변화의 진원지가 되고 있다. 테슬라로 인해 포드, 크라이슬러, 도요타 등의 자동차 산업이 변화에 직면하고 있으며 넷플릭스의 등장으로 미국 ABC, NBC, 폭스 등의 방송사는 모바일 스트리밍으로의 흐름을 따라가기 위해 변신을 거듭하고 있다. 코닥되지 않기 위해서다.

100% 전기차 모델S를 만들면서 새로운 자동차 시대를 알리고 있는 테슬라의 2014년 1월 주가는 147달러이지만 20세기 초 헨리 포드가 컨베이어벨트 방식으로 만든 최초의 대량생산 자동차 모델T를 통해 개인용 자동차 시대의 개막을 알린 포드(Ford company)의 주가는 15.58달러다. 모바일 미디어 넷플릭스의 주가는 359달러이지만 미국 굴지의 지상파 방송사 CBS의 주가는 63달러이며 지상파 방송사 NBC를 소유한 미국의 1위 케

이블 네트워크 사업자 컴캐스트의 주가는 41.11달러다.

제프 베조스가 136년 전통의 글로벌 미디어 워싱턴포스트를 2억 5000만 달러(2760억 원)에 매입했다는 보도는 많은 미디어 종사자들을 충격에 빠뜨렸다. "인터넷쇼핑몰 업자가 워터게이트 특종으로 미 닉슨 대통령을 하야시킨 워싱턴포스트를 인수하다니……"라며 트위터에 올린 미디어 전문가도 있었다.

충격을 받아야 할 부분은 '전통'의 와포 WaPo: Washington Post 가 '겨우' 2억 5000만 달러짜리였다는 것이다. 페이스북은 직원 10명의 인스타그램을 10억 달러에 샀고 야후는 적자투성이 소셜미디어 텀블러를 11억 달러에 샀다. 국내외 소위 미디어 전문가들에 의하면 그레이엄 가문이 4대째(136년) 소유한 위대한 저널리즘의 상징 와포의 가치가 20대 몇 명이 창업한 인스타그램이나 텀블러의 1/4에 불과했다.

세상은 바뀌고 있다. 우리가 알던 상식이 뒤집히고 있으며 당연하다고 느낀 것이 더는 당연하게 느껴지지 않는 세상이다. 파괴가 곧 창조이고, 실패가 곧 성공이 되고 있다.

변화, 창조, 혁신은 명사가 아니라 동사인 것이다. 변화는 바뀔 때 의미가 있으며, 창조는 새로 만들어질 때 완성되고, 혁신은 기존의 것을 혁파할 때 비로소 혁신이라 부를 수 있는 것이다. 그래서 변화, 창조, 혁신은 동사다.

한국에서 개인, 회사(조직), 정부를 가리지 않고 즐겨 쓰는 창조와 혁신이란 말은 사실 매우 무서운 말이다. 이미 가지고 있는 것들(자본, 인력, 설비 등)이 무용지물이 될 수 있을 정도의 자기 잠식을 두려워하지 말아야 한다. 이미 너무 많은 것을 가지고 있는 조직(또는 개인)은 혁신하기 어려우며 창조가 어렵다. 고 스티브 잡스 애플 창업자 겸 최고경영자가 지난 2005년 스탠퍼드 졸업생들에게 "늘 배고프고 우직해야 한다 Stay hungry, stay foolish"고 명언을 남긴 것은 이유가 있다. 스티브 잡스는 애플을 대기업이 아닌 세계에서 가장 큰 벤처기업으로 만들고자 했다. 그는 알고 있었다. 애플이 세계에서 가장 큰 기업이 되더라도 애플답게 만드는 힘은 벤처스러움에 있다는 것을 말이다.

이 책은 경영 이론서가 아니다. 현직 기자가 실리콘밸리에 1년간 체류하고 혁신의 진원지 스탠퍼드대학에서 방문연구원으로 재직하면서 본 혁명 목격담이다. 미래를 예측하는 내용을 담은 미래서가 아니다. 현재 벌어지고 있는 현상을 발로 뛰어 전달한 취재기다.

구글, 애플, 페이스북, 삼성전자 등 세계를 뒤흔드는 글로벌 기업을 현장 취재하면서 변화를 목격했으며 구글 연례개발자회의I/O, 애플개발자대회WWDC, 페이스북 프레스컨퍼런스, 전미 경제학회ASSA, 국제 온라인 저널리즘 심포지엄ISOJ, 토머스 프리드먼 글로벌 포럼 등에 직접 참석, 미래를 바꾸려는 움직임을 포착했다. 그들은 세상을 보는 시각이 다르고 문제를 해결하는 방식이 달랐다.

스탠퍼드에서 디지털 미디어 창업가정신Digital Media Entrepreneurship, 디지털 미디어 사회Digital Media in Society, 네트워크Networks, 캠페인, 투표, 미디어 그리고 선거Campaigns, Voting, Media and Elections 등의 수업을 들으면서 이론을 학습했다. 이 같은 수업은 스탠퍼드가 왜 실리콘밸리의 핵심이며 혁신적인 스타트업이 끊이지 않고 태동되고 혁신의 진원지가 되고 있는지 알게 되는 계기가 됐다. 그 결과 세상은 바뀌고 있다는 것을 알게 됐으며 그 변화는 더욱 근본적인 것임을 느끼게 됐다. 눈에 보이지 않지만 큰 지진이 일어나고 있는 것이다.

한국도 근본적 변화의 영향권에 진입할 것으로 보인다. 한국이 실리콘밸리 못지않은 혁신기지가 되려면 국가의 산업 육성정책이나 기업의 신성장동력 프레임 이상의 근본적인 변화가 필요하다. 이 책은 근본적인 변화와 원인을 설명하고자 했다. 독자 모두가 자신이 서 있는 위치에서 변화를 위한 실행에 나섰으면 하는 바람이 간절하다.

  이 책이 나오기까지 성원해주고 지원해주신 매일경제 장대환 회장님, 장승준 전무님, 박재현 상무님, 전병준 편집국장님, 손현덕 부국장님 SBS문화재단 윤세영 회장님, 스탠퍼드 아태연구소 신기욱 교수님, 팬택 박병엽 부회장님, 관훈클럽 신영연구기금께 감사드린다. 그리고 아내 이건순과 딸 현서에게 이 책을 바친다. 이 책은 아내와 딸과의 공동 작업이었다.

지은이 손재권

Contents

프롤로그 은은한 혁명을 맞이 하라 · 4

1장 왜, 어떻게 세상은 바뀌었나

01 연결성: 모든 것은 재정의된다 · 27
새로운 기준: 커넥티드 · 29 | B.I 그리고 A.I · 31 | 포스트 산업화 시대 · 33

02 모바일 센트릭: 모바일은 왜 현재이자 미래인가 · 36
모바일 우선(퍼스트)에서 모바일 중심(센트릭)으로 · 37 | 모바일의 미래와 현재 사이: 시차 부적응 현상 · 42 | 모바일 경험 인수비용, 1조 원 · 44

03 소셜네트워크: 양에서 질로의 전환 · 48
소셜네트워크는 라이프 플랫폼이다 · 50 | 소셜네트워크는 인게이지먼트다 · 53

04 빅데이터와 머신러닝: 21세기 원유를 캐라 · 56
인터넷 데이터는 21세기 지식 석유다 · 59 | 빅데이터의 철학 · 62 | 머신러닝: 빅데이터의 방법론 · 66 | 빅데이터, 모든 변화의 시작 · 70

05 슈퍼개인: 우리는 역사상 가장 강한 개인이다 · 72
모든 개인은 브랜드다 · 74 | 개인, 조직을 넘어선다 · 76 | 조직, 슈퍼개인이 모인 집단 · 83

06 인터디펜던스: 혁신은 전염되는 것이다 · 86
소셜 투표: 나의 인증샷, 친구의 친구의 동생이 본다 · 88 | 10살 소녀의 급식 혁명 · 91 | 새 기준, 새로운 현실 · 93 | Free to what? · 94

07 경험의 충돌: 경험은 정보를 대체한다 · 96
경험에 근거한 판단은 정보를 대체한다 · 102 | 넘쳐나는 정보가 오히려 감성에 의존하게 한다 · 104

2장 혁신가들: 시대를 만드는 그들의 선택

01 디지털 스타벅스: 브랜드를 경험하게 하라 · 109

브랜드를 경험하게 하라 · 111 | 스타벅스는 21세기형 지식 공장이다 · 112 | 스타벅스의 디지털 전환 · 113

02 나이키 퓨얼밴드: 헬스케어 컴퍼니 · 117

퓨얼밴드 · 118 | 나이키, 헬스케어 컴퍼니 · 120 | 애플, 구글처럼 플랫폼 회사가 되려는 나이키 · 123

03 뉴 GE: 산업 인터넷, 1%의 힘 · 124

제프리 이멜트 GE 회장의 고민과 산업 인터넷 · 125 | 1%의 힘 · 127 | 왜 넥스트 빅 씽인가? · 131

04 닐슨과 소셜 TV: 미디어, 모바일을 끌어안다 · 133

나는 그들이 아는 시청자가 아니다 · 135

05 뉴욕타임스: 신문을 재정의하다 · 138

신문 산업, 얼마나 위기인가? · 139 | 디지털 전환이 답이다 · 143 | 스노우폴 저널리즘 · 146

06 오바마처럼 승리하라: 선거도 스타트업처럼 · 150

마이너, 두 번의 결정적 승리를 거머쥐다 · 151 | 오바마, 소셜의 위력을 '제대로' 이해한 유일한 정치인 · 152 | 2012년 미 대선: 비욘드 소셜, 데이터 분석 · 155 | 선거자금 모금운동의 비밀 · 158 | 경합주 싹쓸이 비결은? · 161 | 숨은 영웅 데이터팀, 어떻게 일냈나? · 164 | 오바마처럼 승리하라 · 167

07 삼성전자: 혁신의 아시아적 방법 · 169

빠른 항공모함, 패스트 팔로어의 비결 · 170 | 프레너미 효과 · 173 | 최소 2개 우물을 동시에 판다 · 175 | 틈새를 뚫어 큰 구멍을 만든다 · 176 | 능력주의 · 180 | 한국형 제조업 · 182

3장 파괴자들: 세상을 새롭게 해석하다

01 넷플릭스: 미디어를 파괴하고 창조하다 · 191
'본방사수'하지 않는 시청 방식의 변화를 노렸다 · 192 | 왜 넷플릭스인가? · 194 | 스트리밍 미디어가 새 전쟁터 · 197 | 시청자들이 원하는 것을 줘야 한다 · 200

02 개방형 온라인 강좌: 교육을 재정의하다 · 202
개방형 온라인 강좌, 고등교육을 바꾼다 · 204 | 아이비리그 커리큘럼 그대로 · 208 | MOOCs, 무엇이 다른가? · 209 | 교육을 재정의한다 · 213

03 구글 글라스: 인간과 컴퓨터의 대화 방식을 바꾸다 · 216
구글 글라스의 첫 느낌 · 218 | 생활의 변화를 가져오는 구글 글라스 · 221 | 몸, 뉴 모바일 · 223 | 구글이 구글 글라스를 세상에 선보이는 방법 · 225

04 테슬라와 리트모터스: 모든 것을 바꿀 운명 · 228
테슬라 모델S는 어떻게 파괴하고 창조하는가? · 231 | 리트모터스와 교통 혁명 · 235

05 페이스북: 뉴스피드와 그림자 데이터 · 240
페이스북은 뉴스피드를 왜 바꿨나? · 241 | 뉴스피드는 왜 개인용 맞춤 신문인가? · 245 | 페이스북과 그림자 데이터 · 247

06 아마존과 제프 베조스: 모든 것을 파괴할 운명 · 251
아마존의 비밀 · 254 | 아마존 프라임, 세계에서 가장 큰 멤버십 프로그램 · 259 | 아마존, 소프트웨어 회사 · 260 | 여전히 '데이 원' · 263

07 애플: 혁신가의 딜레마 · 265
애플, 세계 유일의 펜타버전스 · 267 | 더 이상 '아웃 오브 박스' 식 혁신은 없다 · 270 | 애플, 혁신가의 딜레마 · 275

4장 파괴와 창조를 만드는 세 가지 생각

01 문샷 싱킹: 10배 혁신하는 급진적인 생각 · 283
아메스 나사연구센터 · 283 | 대서양 심해 · 284 | 왜 우주여행인가? · 288 | 미션 투 마스 · 290 | 우주개발과 실리콘밸리 · 292 | 문샷 싱킹 · 294

02 **D 싱킹:** 파괴와 창조의 방법론 · 298

디스쿨이란 무엇인가? · 300 | 디스쿨, 어떻게 생겼나? · 305 | 문제해결 중심 사고 · 308

03 **린 싱킹:** 파괴와 창조의 실행론 · 312

사업은 계획하는 것이 아니라 실행하는 것이다 · 315

5장 그들은 왜 공짜 점심을 주는가: 파괴와 창조를 만드는 문화

01 **프리 런치의 정치학:** 그들은 왜 공짜 점심을 주는가 · 325

엔지니어 중심 문화 · 327

02 **TGIF:** 실리콘밸리 커뮤니케이션의 비밀 · 331

수평적 커뮤니케이션의 중요성 · 334

03 **어떻게 직원을 행복하게 만들 것인가:** 사람과 혁신 연구소 · 338

점심 메뉴도 데이터에 의해 결정한다 · 339 | 여직원에게 얼마나 더 휴가를 줘야 하나? · 341 | 좋은 중간관리자란? · 342 | 구글은 혁신을 창조하지 않는다 · 344

04 **인재는 모든 것이다:** 사람 뽑는 데 10단계 거치는 이유 · 346

HR이 아닌 사람운영 · 347 | 구글다움 · 350 | 구글다움, 어떻게 작동하나? · 352

05 **왜 그들은 네바다 사막으로 가는가:** 버닝맨과 슈퍼 인프라스트럭처 · 354

버닝맨 · 355 | 버닝맨과 구글 · 356 | 구글 캠퍼스와 버닝맨 · 357 | 슈퍼 스트럭처 · 360

06 **혁신이냐 생산성이냐:** 야후가 재택근무를 없앤 이유 · 362

혁신은 교류에서 일어난다 · 366

07 **공간이 혁신을 만든다:** 실리콘밸리의 또 다른 경쟁 · 369

삼성전자: 울트라 그린 · 372 | 엔비디아: 과학과 예술의 만남 · 374 | 구글: 혁신에는 스케줄이 없다 · 375 | 페이스북: 프랭크 게리와 테크의 만남 · 376 | 애플: 우주선이 내려앉았다 · 378 | 스탠퍼드: 공간이 의식을 규정한다 · 379

에필로그 미래는 우리 가까이 와 있다 · 384
커넥티드 북 서비스에 대하여 · 391

1장

왜, 어떻게 세상은 바뀌었나

Disruptors

연결성: 모든 것은 재정의된다

2013년 3월 13일 로마 바티칸 성당. 교황 선출을 위한 콘클라베 다섯 번째 투표가 끝난 오후 7시쯤 바티칸 시스티나 성당 굴뚝에서 흰 연기가 솟아올랐다. 오랜 기다림 끝에 성 베드로 대성당 발코니에 모습을 드러낸 프란치스코는 광장에 모인 수만 명의 사람에게 손을 흔들었다. 그는 "다른 사람을 위해, 세계를 위해, 그리고 나를 위해 기도해주세요"라며 자신이 새 교황임을 알렸다. 이 순간 바티칸 광장의 수만 명의 사람은 동시에 스마트폰과 디지털카메라, 태블릿PC를 들고 사진을 찍으며 소셜미디어의 지인들에게 역사적 순간을 생중계했다.

8년 전인 지난 2005년 교황 베네딕토 2세의 즉위 순간 바티칸 광장(28페이지 오른쪽 사진)과 비교해보면 인류가 커뮤니케이션하는 방식이 변했음을 알 수 있다. 2005년에는 디지털카메라나 DSLR을 든 관광객들은 있었다. 하지만 스마트폰도 없었고 태블릿도 없었다. 폰카(피처폰)를 들고 사진 찍는 사람이 멀리서 보일 뿐이다. 광장 뒤에 있는 관광객들은 교황의 즉위 연설을 확인할 수가 없다. 단지 현장에 있었다고 스스로 자부심을 느낄 뿐이었다.

하지만 2013년에는 교황의 즉위 연설을 트위터로 확인하고 심지어 교황의 첫 트윗 메시지를 실시간으로 확인했다. 스마트폰으로 생중계되는 영상과 실제 현장을 비교하는 재미를 느끼기도 했다. 무엇보다 이 역사적 현장에 있었다는 것을 사진으로 찍어 트위터와 페이스북에 올려 스스로 미디어가 됐다. 불과 8년 만에 바뀐 상황에 다음 교황이 선출될 수십 년(?) 후에는 바티칸 성당 광장에 어떤 일이 벌어질지 예측하기 어려울 정도다.

2005년과 2013년 로마 교황 선출 현장에서 AP 사진 기자가 찍은 두 장의 사진은 '바뀐 세상'을 단적으로 보여준다. 바뀐 세상이란 모두가 스마트폰을 쥐고 있다거나, 현장에서 즉시 사진을 촬영하거나, 트위터를 할 수 있다는 뜻이 아니다. 이제는 '연결되고 공유 가능한' 세상이 새로운 기준 new normal이며, 연결되지 않고 공유할 수 없는 세상은 기본이 아니고 비정상적이라는 뜻이다. 여기서 정상, 비정상이란 옳고, 그름을 뜻하는 것은 아니다. 보다 자연스럽거나 normal 부자연스럽다 abnormal는 뜻이다. 새로운 기준은 연결된 세상이다. 물리적인 사물, 장소 등은 연결성을 만나 새롭게 정의될 것이다.

2013년 3월 13일 바티칸 광장에 모인 군중들. 새 교황 선출의 순간을 자신의 방식대로 중계하고 있다(사진: Michael Sohn – AP).

2005년 교황 베네딕토 2세 선출 콩클라베 직후 바티칸 광장에 모인 군중들(사진: Luca Bruno – AP)

이제 항상 인터넷에 연결되어 있어야 자연스럽고 편하게 느껴지며, 인터넷에 연결되지 못하면 불편하고 불안한 것이 사실이다. 인터넷에 항상 연결되는 것이 당연하고 그렇지 않은 것이 당연하지 않은 상황이 된 것이다.

지하철이나 버스를 타면 불과 1~2년 전만 해도 많은 사람이 신문, 잡지나 책을 읽었으나 지금은 거의 예외 없이 머리를 깊게 숙인 채 스마트폰이나 태블릿PC를 들여다보고 있다. 시간을 보내고 정보를 찾는 방법이 바뀌었다. 인터넷이 확산되기 전까지 인터넷 쇼핑이 정상적인 구매 행위가 아니라 매장에서 직접 보고 직접 결제하는 것이 정상적이었지만, 인터넷에서 상품이나 서비스를 구매하는 것이 자연스러운 것을 넘어 이제는 기준이 된 것과 같은 느낌이다.

언제 어디서나 접속돼야 하고 연결되는 것이 자연스럽다. 현재 70억 인구 중 20억 인구가 인터넷에 연결되어 있지만 2017년까지 10억~15억 인구가 인터넷에 새로 접속해 전 인류의 절반에 해당하는 약 35억 인구가 인터넷에 접속할 수 있게 될 것이다.

이처럼 인터넷에 연결되는 인구가 점차 늘어날 뿐만 아니라 자동차, 시계, 안경 등 사물도 연결되기 시작했다. 2015년에는 모바일 디바이스를 통한 인터넷 접속이 고정형 PC를 통한 인터넷 접속을 초월하게 되고, 2020년에는 약 500억 개의 인터넷에 연결된 디바이스가 세상에 퍼져 있을 것이다.

새로운 기준: 커넥티드

연결성 connectivity 은 인류의 삶에 새로운 기준을 제시하고 있다. 정부, 시민사회, 여행, 교통, 의료, 미디어, 스포츠 등은 빠르게 연결됨으로써 산업 자체가 바뀔 것으로 예상된다. 예를 들어 좋은 공항의 기준은 수하물이 빨리 정확히 나오거나 입국·출국 심사를 빨리 하도록 하는 것이 아니라 수하물이 나올 때까지 기다리며 무료로 인터넷을 할 수 있는 인프라가 잘 갖춰져 있다거나 방전된 스마트폰이나 태블릿 충전이 쉽도록 곳곳에 충전 단자를 배치한 것으로 바뀔 것이다. 여행객들은 혼자 왔건 단체로 왔건 낯선 나라에 입국해서 가장 먼저 구글 맵스나 카카오톡, 라인 등이 연결돼야 하고 공항에서 호텔까지 거리와 시간, 가장 빨리 갈 수 있는 방법, 가까운 식당 등을 스마트폰을 통해 찾는 것을 당연하게 여기고 있기 때문이다.

좋은 식당의 기준은 맛집이거나 지하철에서 가까운 곳이 아니다. 스마트폰 지도로 찾기 쉬운 곳이나, 옐프Yelp나 자갓Zagat의 평판이 좋다거나, 복잡한 메뉴판 대신 사진으로 편리하게 음식을 고를 수 있는 곳이 되고 있다. 맛집 추천은 복잡한 인터넷 검색 결과보다 아직 입소문이 좌우하지만 데이터가 축적된 옐프와 자갓은 입소문보다 더 신뢰를 얻고 있다.

태풍(허리케인), 지진 등으로 인한 자연재해를 당한 후 정부나 시민단체가 가장 먼저 복구해야 할 것은 이제 도로가 아니라 이동통신 기지국일 것이다. 모바일 인터넷을 통해 실시간으로 상황을 중계할 수 있도록 해 구호를 상황에 맞게 할 수 있기 때문이다. 라면이 필요한 곳에서는 라면을, 생수가 필요한 곳에는 생수를 공급해야 한다. 공평 부당하게 라면과 생수를 일정 비율로 공급하는 것이 구호 작업이 아니다. 특별재난지역으로 선포된 곳에 트위터, 페이스북, 유튜브 등으로 연결되면 상황에 맞게 다르게 구호 작업을 펼칠 수 있게 된다.

콘텐츠도 연결성에 따라 기준이 바뀔 것이다. 책이나 신문이 그렇다. 스마트폰이나 태블릿의 등장으로 전자책e-Book이나 모바일 미디어가 나와서 종이책이나 신문이 사라진다는 의미가 아니다. 종이책이나 신문은 인류가 존재하는 한 사라지지 않는다. 다만 신문이나 종이책은 비연결 미디어disconnected media로 재정의될 것이다. 현존하는 전자책은 반연결 미디어

half connected media다. 전자책은 아직 종이책을 태블릿이나 스마트폰으로 옮겨놓았을 뿐이다. 지금까지는 저자가 종이책 개정판을 내야 전자책도 업데이트된다.

하지만 연결 미디어에서는 저자가 상황에 따라 내용을 업데이트하면 이것이 독자들에게도 그대로 전달된다. 기자가 기사를 수정하거나 후속 보도를 하게 되면 독자들은 해당 기사에서 업데이트된 기사를 실시간으로 받아 볼 수 있어야 한다. 기사에 소스가 되는 원문을 링크해야 하며 이를 통해 독자들이 기사와 콘텐츠를 더 풍부하게 이해할 수 있어야 한다. 이것은 연결성이 가져오는 미디어의 혁명적 변화다.

미디어는 앞으로 연결성에 따라 연결 미디어와 비연결 미디어, 반연결 미디어로 재정의될 것이다.

B.I 그리고 A.I

'연결된다는 것'을 이해한다는 것은 정치, 사회, 경제, 문화 등을 이해하는 핵심 키워드가 되고 있다. 각 분야에서 지금까지 경험해보지 못한 현상들은 인터넷, 모바일의 대중화로 나타난 것이 많기 때문이다.

국회의원이 국회에서 정기국회 연설 시간에 스마트폰으로 여성의 반라 사진을 보다가 사진에 찍혀 비난을 받았다. 학교에서는 카카오톡 등 모바일 메신저를 이용한 신형 왕따 현상이 벌어진다. 예상치 못한 장면들이다.

이 같은 변화의 원인은 무엇일까? 바로 2007년 아이폰의 등장이었다. 제품(기술 또는 서비스)의 등장이 인류의 삶을 바꿔놓는가? 그렇다. 훗날 역사가들은 20세기 후반 발명된 인터넷과 21세기 초입인 2007년 출시된 아이폰이 인류 문명사에 큰 전환점을 줬다고 평가할지도 모른다.

B.I Before Iphone와 A.I After Iphone로 구분해보는 것은 어떨까? 아이폰의 등장은 인류의 역사가 B.C Before Christ와 그 이후로 구분되는 것처럼 21세기를

구분하고 있다면 너무 거창한 것일까.

21세기 들어 10여 년간 인류의 삶에 크게 영향을 미친 가장 중요한 사건은 9·11테러도 아니고, 글로벌 금융위기도 아니며, 버락 오바마의 미 대통령 당선도 아니다. 스티브 잡스와 아이폰의 등장이다. 스티브 잡스는 이동통신과 인터넷을 결합시켜 휴대폰mobile phone을 재정의해 극적인 방법으로 아이폰을 세계에 소개했고, 이후 1인 1인터넷 시대를 본격적으로 열었다. 이는 연결된 세상을 가져와 근본적인 변화를 불러일으켰다.

19세기 후반 처음으로 전화를 발명한 것으로 알려진 알렉산더 그레이엄 벨은 인류에 많은 스토리를 남겼다. 전화의 발명은 인류가 커뮤니케이션하는 방법을 바꿨다.

이후 20세기 휴대폰을 처음 발명한 사람은 알려지지 않았지만, 2007년 스티브 잡스에 의해 선보인 아이폰은 역사적인 제품으로 기억된다. 전화의 등장만큼 휴대폰이 인터넷을 만나 혁명적인 변화를 가져온 아이폰이 중요했기 때문일 것이다.

재미있는 점은 18세기 산업혁명을 가져온 제임스 와트도 증기기관을 처음 발명한 것이 아니라 재정의한 기술자였다는 것이다. 증기의 열에너지를 기계동력으로 바꿔주는 증기기관을 구상한 것은 제임스 와트가 처음이 아니다. 문제는 이 아이디어에 기술적 효율성을 높여서 일반화하고 상용화하는 것이었는데 이것을 해결한 사람이 제임스 와트다.

그는 증기기관의 발명자가 아니다. 기존 증기기관의 단점을 개선하고 새로운 아이디어를 실현시킨 와트식 증기기관을 발명하고 특허를 취득했다. 증기기관 자체를 처음부터 끝까지 개발한 것이 아니라 시대에 따라 재정의, 분리 응축기를 독자적으로 개발해 증기기관에 일대 혁신을 가져옴으로써 산업화industrial의 동력을 만드는 데 기틀을 다졌다. 제임스 와트는 후대 역사가에 의해 증기기관의 발명자 그리고 산업혁명의 기틀을 놓은 사람으로 평가받고 있다.

포스트 산업화 시대

18세기 산업혁명, 20세기 초반 헨리 포드에 의한 대량생산mass production 체제 도입은 산업화의 꽃을 피웠으며 여기에 세계화가 더해 전 세계적인 산업화 시대를 맞았다. 지금 인류의 삶도 결국 산업화 시대의 결과물로 해석할 수 있다. 스탠퍼드대학 커뮤니케이션학과 프레드 터너Fred Turner 교수는 디지털 미디어 사회Digital Media in Society 수업에서 산업화와 포스트 산업화 시대를 다음과 같이 구분했다.

산업화 시대에 대한 규정은 다양하게 할 수 있고 이견도 있을 수 있지만 대체로 대량생산·대량소비, 공장(컨베이어벨트)식 생산방식과 명령과 통제command and control식 의사결정 방식을 말한다. 자동차가 대표적인 산업화 시대의 산물이며 TV, 냉장고 등 가전제품이나 가구, 장난감 등 모든 제품이 산업화 시대, 컨베이어벨트식 방식으로 생산된다.

산업화 시대라는 것은 공장에서 생산된 제품만 의미하지 않는다. 생산하는 재화가 자동차, 휴대폰, TV 등 대량생산·대량소비에 해당하는 것이 아닌 지식산업(콘텐츠, 미디어 등)에 해당하더라도 생산방식이 공장식이거나 지휘통제식 의사결정 구조를 지니고 있다면 이것도 산업화 시대의 결과물이다.

예를 들어 뉴스 콘텐츠가 그렇다. 뉴스 콘텐츠는 대표적인 정보·지식 재화이므로 포스트 산업화 시대의 총아라고 평가할 수 있다. 아무리 시대가 바뀌어도 매일 새롭게 생산되는 뉴스보다 가치 있는 정보를 찾기는 어렵다. 하지만 한국을 비롯한 미국, 일본, 영국 등 뉴스를 생산하는 신문사나 방송사의 방식도 컨베이어벨트식에서 벗어나지 못하고 있으며 전형적인 산업화 시대 지휘통제식 의사결정 구조를 가지고 있다.

산업화 시대(Industrialism)	포스트 산업화 시대(Post Industrialism)
1850년~현재	1970년~현재
대규모 회사	네트워크 회사(Networked Corporate)
공장 제품(Manufactured Goods)	정보 재화(Information Goods)
대량생산(Mass Production)	대량 맞춤 생산(Mass Customization)
직위 중심(Position, not jobs)	직업 중심(Jobs, not position)

기사를 쓰는 기자, 편집을 하는 기자, 제목·교열 등 신문 제작 시스템은 가상 컨베이어벨트virtual conveyer-belt에서 제작된다. 기사를 쓰는 기자는 편집에 관여해서는 안 되고, 제목과 교열 작업도 분업화·전문화되어 있으며, 칸막이가 높아서 서로 교류하며 제작하기 어려운 구조가 형성돼 있다. 이런 측면에서 본다면 각 기자는 뉴스룸이라는 가상 컨베이어벨트에서 뉴스를 만드는 공장 노동자에 불과한 셈이다.

기자들은 뉴스라는 창의적인 지식 상품을 만들지만 대량생산 체제(가상 컨베이어벨트)에서 대량소비(신문, 방송)할 수 있는 제품을 만들며 무엇보다 가장 치열한 지휘통제 방식의 의사결정 구조를 가지고 있으므로 전형적인 산업화 시대의 산물을 만들고 있다고 평가할 수 있을 것이다. 가상 컨베이어벨트에서 일하는 지식 노동자들이 기자들뿐일까.

포스트 산업화 시대는 세계적으로 브레튼우즈 체제의 종말과 인터넷 네트워크의 확산으로 만들어지게 됐다. 아이폰 등장 이후A.I 포스트 산업화는 가속화되고 있다. 아이폰이 상징하는 초연결 기술hyper-connected technology의 등장은 산업화 시대에서 포스트 산업화 시대로 완전히 옮겨가는 데 결정적 역할을 하게 될 것으로 예상된다(맥킨지에서는 이를 '디지털 전환'이라고 평가하고 있다. 아날로그 사회에서 디지털 사회로 전체가 이동하는 것이다).

네트워크는 사람들 간 교류를 가능하게 했고 이에 따라 힘의 균형이 소수에서 다수로 옮겨지게 했다. 트위터와 페이스북 등 소셜미디어는 정보 독점을 막을 뿐만 아니라 정보 유통의 민주화를 이뤄냈다. 절대 권력의 힘이 약해지고 생산도 대량 맞춤 생산에 의해 만들어지고 있다.

아이폰을 포함한 스마트폰이 대중화되고 20억 인구가 서로 연결된 디바이스를 가지고 있다고 해서 컨베이어벨트식 대량생산이 상징하는 산업화의 특징이 한 번에 사라지는 것이 아니다. 중요한 것은 이미 돌아갈 수 없는 강을 건너듯 산업화 시대에서 포스트 산업화 시대로의 변화는 거스를 수 없으며 점차 빠르게 이동하고 있다는 점이다.

모바일 센트릭: 모바일은 왜 현재이자 미래인가

"이제 페이스북이 모바일 기업이 됐다는 데 아무도 이견이 없을 것입니다."

2013년 1월 30일, 마크 저커버그 페이스북 최고경영자는 2012년 4분기 실적발표를 하며 비장한 어투로 애널리스트들에게 말했다.

페이스북은 이날 실적발표에서 매출도 늘고 모바일 가입자도 늘었다고 했다. 또 모바일 광고도 늘었다고 밝혔다. 모바일 광고 매출이 전체 광고 매출(13억 3000만 달러) 대비 23%까지 올랐다고 공개했다.

저커버그는 "우리는 2012년 첫 분기만 해도 모바일 수익이 전혀 없었습니다. 하지만 지금은 전체 매출의 23%가 모바일에서 나오고 있습니다. 모바일 시대에 수익을 낼 수 없을 것이란 우려를 (페이스북이) 불식시키고 싶었습니다"라고 말했다. 그는 전속력으로 모바일로 달려간 것에 대한 성과를 자랑하고 싶었다. 그래서 그의 어투는 단호했고 힘이 있었다.

저커버그의 '모바일 기업, 페이스북 선언'은 예상치 못한 것이었다. 실제로 2012년 4분기 매출은 15억 9000만 달러(1조 7318억 원)로 전년에 비해 40% 증가했으며 가입자 전체 10억 6000만 명 중에서 절반이 넘는 6억 8000만 명이 모바일로도 접속하는 등 급속히 늘었다.

하지만 시장의 반응은 저커버그의 비장함과는 반대였다. 이날 실적발표 이후 페이스북 주가는 오히려 5% 떨어졌다. 주가가 떨어진 이유는 기대 이하라는 것이었다. 대체 페이스북에 얼마나 기대를 했기에 23%의 모바일 매출 비중도 적다는 말인가.

페이스북의 성과는 대단한 것이다. 단기간에 모바일 분야 매출을 끌어올리기란 쉽지 않다. 페이스북은 이를 위해 모바일에서 지나치게 광고에 집착해 가입자가 떨어져 나간다는 비판을 감수하기도 했다. 물론 페이스북의 모바일 매출이 50%에 육박했다고 하더라도 이 같은 시장의 평가는 변하지 않았을 것으로 보인다. 이는 페이스북에 대한 실망이라기보다는 페이스북과 같은 인터넷(웹) 기반 회사가 사업의 중심을 모바일로 대이동(쉬프트)하는 데 대한 어려움을 보여주고, 이에 대한 시장의 혼란을 나타내고 있기 때문이다.

모바일 우선(퍼스트)에서 모바일 중심(센트릭)으로

사업의 중심을 퍼스널컴퓨터PC에서 모바일로 이동해 새로운 기회를 찾는다는 의미의 '모바일 센트릭Mobile-Centric'은 실리콘밸리 기업들의 화두이자 숙제다. 모바일을 우선시한다는 모바일 퍼스트Mobile First도 부족하다. 이제는 모바일을 비즈니스의, 회사의 중심에 둬야 한다는 것이다. 왜일까? 페이스북의 노력도 시원찮게 생각할 정도로 모바일은 왜 중요한 것일까?

모바일은 비즈니스의 현재이자 미래이기 때문이다. 미디어·엔터테인먼트·인터넷 서비스 등 웹 기반 사업에서부터 은행·유통·요식업 등 서비스업, 조선·자동차 등 제조업에 이르기까지 모바일이 영향을 미치지 않는 사업이 없다. 모바일 디바이스와 연결돼야 사업이 지속성을 담보할 수 있을 정도다.

스마트폰과 태블릿PC, 이북 리더와 같은 모바일 디바이스를 한 개 이상 소유한 대중들이 늘어나고 있다. 더 중요한 사실은 모바일을 통해 인터넷에 접속하는 이용자들이 기하급수적으로 늘어나고 있다는 점이다. 은행 업무를 보기 위해서는 은행에 직접 찾아가거나, 전화(폰뱅킹)하거나, PC를 접속해 각종 보안 프로그램을 다운로드 받은 후 비밀번호를 누르고 해야 했다. 하지만 이제는 스마트폰이나 태블릿PC로 계좌이체를 할 수 있고, 예금·적금·증권·보험 등을 모두 처리할 수 있다. PC에서처럼 보안 프로그램을 받지 않아도 된다.

미국의 시장조사 전문기관 퓨리서치센터가 2013년 1월 31일 발표한 〈퓨 인터넷: 모바일〉 리포트에 따르면 미국인의 87%가 휴대폰을 소유하

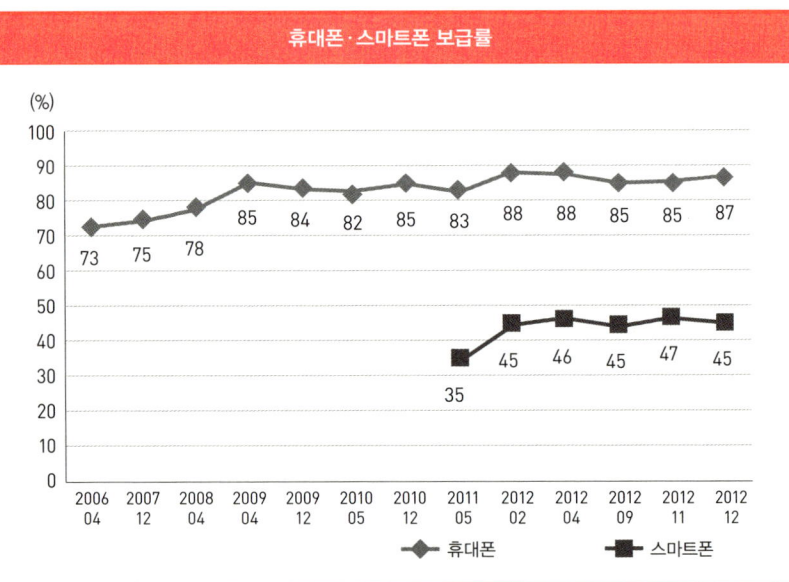

2006년부터 2012년까지 미국의 핸드폰과 스마트폰 소유 비중 ⓒ 퓨리서치센터

고 있으며, 특히 미국인의 45%는 스마트폰을 소유하고 있다. 또 31%는 아이패드 등 태블릿PC를 소유하고 있으며 26%는 아마존 킨들Kindle 등 이북리더를 가지고 있다고 조사됐다. 한국은 전 국민의 59%가 스마트폰을 소유하고 있어 세계 2위다(1위는 65%의 일본).

여기서 중요한 점은 스마트폰이나 태블릿으로 무엇을 하느냐인데, 조사 결과는 모바일 디바이스가 인터넷 연결 도구가 되고 있다는 것을 증명한다. 스마트폰을 소유한 미국인 절반 이상(55%)이 인터넷을 하고 있으며 이는 3년 전 조사에 비해 2배 이상 늘어난 수치다. 특히 모바일 인터넷 이용자 중 31%는 PC로 인터넷 접속 없이 오직 모바일로 접속한다고 조사되기도 했다.

분명한 점은 오직 모바일을 통해 인터넷에 접속한다는 인구는 지속적으로 늘어나는 반면 PC를 통해 주로 인터넷에 접속한다는 이용자는 줄어들 것이란 점이다(어쨌든 중요한 것은 모바일이 강조되는 이유는 인터넷 접속 도구이기 때문이라는 점이다. 이 점을 잊어서는 안 된다).

이 같은 조사 결과로도 "모바일이 현재이자 미래다"라는 말을 증명하기에 충분할 수 있겠지만 이게 끝은 아니다. 세계적 모바일 전시회 모바일 월드콩그레스MWC를 주최하는 세계이동통신사업자협회GSMA는 MWC 2013을 앞두고 컨설팅회사 AT커니에 의뢰해〈모바일 경제학 2013The Mobile Economy 2013〉을 발표했는데 이 리포트도 왜 모바일이 미래인가를 증명해 보이고 있다. 세계 모바일 커뮤니케이션 이용 인구는 2012년 말 32억 명이었는데 오는 2017년에는 39억 명, 2018년에는 40억 명에 도달할 것으로 전망된다. 세계 인구 2/3가 모바일, 스마트폰 이용자가 된다는 전망이다.

이에 앞서 이미 모바일 가입자가 세계 인구수만큼 도달했다는 분석도 있다. 즉 모바일 사각지대가 점점 없어진다는 것인데 인구적으로는 영유

아나 노인층, 지리적으로는 아프리카·남미·아시아 등 특정 대륙을 제외하고는 거의 모두 모바일을 사용하며 모바일을 통해 인터넷에 접속한다는 의미로 해석될 수 있다.

그러나 모바일로의 전이는 이제 시작에 불과하다. 통신장비 회사 에릭슨에 따르면 모바일 데이터 트래픽은 지난 2년간 2배가 늘었다. 시스코에서는 지난 2012년 글로벌 데이터 트래픽이 70%가 늘었다고 발표하기도 했다. 2012년 모바일 데이터 트래픽은 552페타바이트를 기록했는데 이는 지난 2000년 전체 글로벌 인터넷 트래픽의 12배에 달하는 수치다.

소비가 가능한 인구는 모바일 디바이스를 사용한다고 보면 된다. 사실 이 말을 비즈니스로 해석하자면 "모바일은 기회다"라는 말로 풀이될 수 있을 것이다. 이용자들의 이 같은 모바일 습관을 파악하고 비즈니스 기회

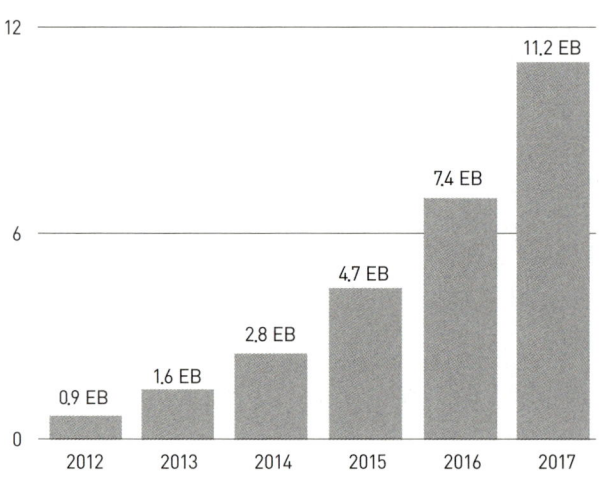

모바일 트래픽 증가 추이

모바일 트래픽이 2012년부터 2017년까지 66% 늘어날 것이라는 시스코의 분석. 실제로는 숫자로 표현이 안 될 정도일 것이다.

를 찾아야 사업의 미래가 있다.

 그렇다면 PC가 사라지고 모두 모바일로 대체되는가? 아날로그가 사라지고 모두 스마트폰으로 살게 되는가? 물론 그렇지 않다. 하지만 분명한 것은 모바일이 삶의 중심이 되고 있다는 점이다.

 태블릿PC 판매량이 이미 데스크톱PC를 넘어섰다. 아이패드가 출시된 지 3년 만으로 이는 출시될 때 예측을 넘어선 것이다. 2014년에는 태블릿PC 판매량이 노트북PC도 넘어설 것이란 예측도 나온다. PC 시장은 마이너스 성장을 하고 있으며 델, HP, 레노보 등 주요 PC 제조사들은 모멘텀을 잃고 사업 전환에 나서고 있다. PC는 사라지지 않지만 미래가 아니라는 것은 분명한 사실이다.

 1990년대 말 PC 1위를 기록했고 글로벌 공급 체계를 완성한 델Dell은 2013년 1월 상장을 폐지하고 창업자인 마이클 델의 개인 회사로 돌아갔다. 스마트폰을 출시하기도 했던 델은 여의치 않자 소프트웨어 회사로 변신을 추진 중이다. 주주들의 반발이 심하니 아예 주식을 매입해 상장을 폐지하기로 한 것이다. 세계 1, 2위 PC 제조사 HP와 레노보도 모바일 디바이스를 잇달아 선보였다. 아예 탈 PC를 선언하기도 했다.

 하지만 퀄컴같이 회사의 본질이 '모바일 센트릭'인 회사는 큰 성장의 기회를 맞고 있기도 하다. 팹리스(공장이 없이 반도체 설계와 디자인, 특허를 보유한 회사) 회사인 퀄컴은 모바일 칩, 스냅드래곤으로 글로벌 반도체 전체 순위 3위에 오를 정도로 크게 성장 중이다. 폴 제이콥스 CEO는 2013년 5월 스탠퍼드대학 강연에서 "모바일은 세계에서 가장 큰 플랫폼이다. 더 이상 무슨 말이 필요한가?"라며 모바일 중심성에 대해 강조하기도 했다. 제이콥스 CEO는 "아이폰이 모바일 인터넷을 창조했듯 우리는 모바일 헬스 분야를 창조하고 싶다"고 향후 계획에 대해 밝히기도 했다.

모바일의 미래와 현재 사이: 시차 부적응 현상

그렇다. 모바일로 가자! 모두가 모바일로 뛰어들었다. 하지만 성공했다는 사례는 쉽게 찾아보기 어렵다.

모바일 앱을 출시하면 '모바일' 아닌가? 여기서 더 중요한 사실이 있다. 2012~2013년 이후 모바일 디바이스와 가입자가 늘어나고 있는 것과 수익과 매출을 창출(돈을 버는 것)하는 것이 일치하지 않는 '시차 부적응Jet Lag'이 나타나고 있다는 것이다. 미래와 현재 사이에 벌어진 시차는 예상보다 컸다. 그도 그럴 것이 모바일 미래는 한 번도 가본 적이 없는 처녀지였기 때문이다. 상상했던 미래와 실제 겪어본 미래는 많이 달랐다.

수익이 있어야 지속적으로 회사를 운영하고 매출이 크게 일어나야 고용을 창출할 수 있다. 사업의 중심을 모바일로 전환하는 모바일 센트릭이 지속가능한 비즈니스를 담보할 수 있는지가 분명하지 않았다. 실제로 많은 기업이 "모바일이 미래다"라는 말을 믿고 투자를 단행해 아이폰 및 안드로이드용 애플리케이션(앱)을 만들고 출시했지만, 여전히 주요 매출은 기존 사업(아날로그나 PC 중심)에서 나오고 모바일 분야 매출은 지난 2~3년간 변변치 못했다.

아이폰, 안드로이드용 앱에서 제대로 수익을 내는 회사도 찾아보기 어렵다. 미국 내에서도 전체 매출이 200달러가 안 되는 앱이 전체의 1/4(25%)이나 되고 출시 이후 3만 달러 이상 올렸다는 앱이 1/4이었다. 소위 대박 앱(100만 달러 이상)은 전체 앱의 4% 정도에 불과하다.

모바일이 펼쳐놓을 미래로 가장 먼저 달려갔다가 시차에 적응하지 못하고 가장 먼저 하차한 대표적인 것은 루퍼트 머독(뉴스코퍼레이션)의 세계 최초 모바일 전용 미디어 《더데일리The Daily》였다.

《더데일리》는 아이패드 전용 미디어를 표방하며 2011년 2월 2일 창간했다가 2년을 채우지 못하고 2012년 12월 15일 폐간했다. 《더데일리》는 종이 없이 오직 아이패드 및 태블릿 전용 미디어로 62페이지의 콘텐츠를 매일 공급했다. 구독료는 1주일에 0.99달러, 1년에 39.99달러를 받았다.

사실 《더데일리》는 태블릿 미디어의 시조이면서 편집이 미려하고 콘텐츠가 훌륭한 상당히 고급 미디어였다. 콘텐츠와 편집의 우수함에 비하면 7일간 1달러도 안 되는 비용은 저렴하다고 판단했을 것이다. 하지만 결과는 성공적이지 못했다. 루퍼트 머독은 100만 독자를 자신했다. 수익분계점을 넘으려면 50만은 확보해야 했으나 실제 유료 구독자 수는 10만 정도에 그쳤다. 《더데일리》의 실험은 세계 미디어 역사에 남을 만한 것이지만 최초의 실패한 태블릿 미디어라는 평가도 같이 남게 됐다.

구글도 여전히 모바일 시차 적응을 하고 있는 중이다. 모바일 플랫폼(운영체제) '안드로이드'를 보유하고 있으며 스마트폰 제조사를 계열사(모토로라)로 가지고 있는 구글이 모바일 시차 적응을 하고 있다고? 그렇다. 모바일은 구글조차 힘들어할 정도로 아직 누구도 성공을 자신할 수 없는 미래와 현재가 공존하고 있는 영역이다. 구글은 외형적으로 완벽한 모바일 기업이다. 이미 2010년 에릭 슈미트 회장이 "모바일 퍼스트Mobile First"를 선언하면서 모바일 기업으로의 변신을 위해 전속력으로 달려왔다. 하지만 시장의 평가는 냉정했다. 구글이라면 기대를 웃돌아야 한다는 압박이기도 하다.

2013년 1월 실적발표에서 구글은 놀라운 실적을 내놓고도 애널리스트와 시장에 뭇매를 맞았다. 구글의 미래가 모바일에 있다는 것은 알겠는데 그에 상응하는 매출은 일으키지 못하고 있다는 것이다. 구글 매출의 90%는 인터넷 광고에서 나온다. 인터넷 검색이 PC에서 모바일로 옮겨가고 있는데 모바일 광고 수익은 PC보다 못하다는 평가 때문이었다. 실제로 구글의 2012년 매출은 502억 달러(전년 대비 32% 증가)였고 순익도 107억 달러(약 11조 원)였지만 모바일 광고가 클릭당 광고CPC 단가 인하를 주도해 계속 하락세를 나타낸 것이 실망한 이유였다.

광고주들이 구글의 모바일에 광고를 했지만 PC보다 효과가 낮고 이용자들이 모바일에서 상업적인 링크나 마케팅 메시지에 대한 클릭 수가 적었다고 평가한 것이다. 이 같은 추세는 구글의 클릭당 광고 단가를 낮추는 원인이 됐다.

투자 업체 아이언파이어캐피털의 설립자이자 회장인 에릭 잭슨은 미 경제매체 CNBC와 가진 인터뷰에서 "모바일 기기에 대한 소비자와 광고주의 반응은 상반됐다. 모바일 기기를 통해 검색은 늘고 있지만 광고주들은 광고 효과가 미미하다고 보고 있다. 그래서 스마트폰이나 태블릿PC 광고를 꺼리고 있다. 모바일 검색이 늘수록 구글의 수익은 악화될 수 있다. 구글의 성장 속도가 뚝 떨어질 수도 있다. 구글 검색은 몇 년 안에 정점을 찍고 내리막길을 걸을 것이다"라고 말했다. 저주에 가까워 설득력은 떨어지는 말이지만 구글이 직면한 가장 큰 과제는 바로 모바일 사업이고 구글조차도 어려워하고 있음을 보여준다.

모바일 경험 인수비용, 1조 원

페이스북은 모바일 제트래그 현상을 누구보다 잘 알고 있는 기업이다. 그래서 회사의 중심을 모바일에 두겠다고 공개적으로 선언한 것이다. 마크 저커버그는 모바일을 이해하는 데 2년을 보냈고 스스로 실수했다고 인정하기도 했다. 기억하는지 모르겠지만 페이스북이 공식 아이패드 앱을 내놓은 것은 2011년 10월이었다.

늦었다. 페이스북이 공식 앱을 내놓기 전에 이용자들은 트윗덱TweetDeck이나 마이패드MyPad, 페이스패드FacePad 등 제3의 개발자가 내놓은 앱을 사용했다. 페이스북은 아이패드가 나온 지 거의 2년이 다 돼서야 공식 앱을 내놓았다.

페이스북이 아이패드 앱을 내놓으면서 늦었던 이유를 따로 설명하지는 않았다. 하지만 2012년 9월 마크 저커버그가 직접 모바일 전환에 어려움을 겪었음을 고백하면서 속사정이 밝혀졌다. 그는 샌프란시스코에서 열린 테크크런치 디스럽트 컨퍼런스에서 "모바일 전용 앱 대신 HTML5 버전을 구축하는 데 2년이라는 시간이 걸렸다. 이는 우리가 저지른 가장 큰 실수였다"라고 말했다.

모바일 전용Native 앱은 애플이나 구글 안드로이드가 배포한 개발자 전용 소프트웨어SDK를 통해 개발해야 한다. SDK를 통해 앱을 개발하면 페이스북 등 서비스 업체들은 자율적으로 앱을 만들거나 돈을 벌기 위해 결제 시스템을 넣을 수 없다. 대신 서비스가 안정적이다. 반면 HTML5는 앱 안정성은 떨어질 수 있지만 디자인이나 소프트웨어를 자율적으로 만들 수 있고 별도의 결제 시스템을 구축할 수 있다.

페이스북은 HTML5를 선택했다. HTML5는 새로운 웹 표준으로 각광받았다. 많은 업체가 개발에 참여하면서 안정성도 높아질 것으로 예상됐다. 페이스북은 사실 새 웹 표준에 무게를 뒀지만 속으로는 앱 안에서 결제가 가능한 '인앱 결제In-App Purchase'에 더 관심을 뒀다. 모바일을 통해 수익을 올리는 것이 급선무라고 생각했기 때문이다.

하지만 결과는 달랐다. HTML5는 예상외로 안정성이 떨어졌고, 특히 애플 아이폰, 아이패드에서 능동적으로 작동하지 않았다. 서비스는 자주 다운됐고 인앱 결제는 아예 생각하지도 못했다. 저커버그는 뒤늦게 실수를 깨닫고 모바일 전용 앱 개발을 하기로 했고 2011년 10월이 돼서야 아이패드 앱을 내놓게 됐다.

페이스북은 값진 경험을 했다. 완벽하지 않은 상태에서 모바일 앱을 통해 돈을 벌려 하기보다는 안정적인 서비스를 하고 이용자 맞춤형 광고를 유치하는 것이 비즈니스 모델에 맞는다는 것을 깨달았다. 이렇게 페이스북은 스스로에게 맞는 모바일 전략을 짜는 데 2년이 걸렸다. 저커버그는 실수를 반복하지 않았지만 모바일을 이해하고 회사의 중심을 모바일로 옮기는 데 드는 비용은 적지 않았다. 어쨌든 돈이 얼마나 들더라도 모바일 센트릭으로 회사를 옮겨놔야겠다고 생각한 것이 중요하다.

페이스북은 2012년 4월 9일 모바일 사진 애플리케이션 인스타그램Instagram을 10억 달러(1조 원)에 인수했다. 인스타그램은 사진을 찍고 편집하고 올리고 공유하는 앱이다. 기존에도 사진 앱이 많았는데 인스타그램은 사진 화질보다는 '공유'에 초점을 맞춰 주목을 받았다. 2010년 10월 서비스를 시작해 페이스북이 인수할 당시 가입자 4000만 명에 직원은 13명에 불과했다. 모바일 사진 앱 업체를 인수하는 데 1조 원이나 들여 당시에 거품 논란이 제기됐다. 직원 13명의 작은 회사에 1조 원이라니. 인스타그램이 그 정도 가치가 되느냐는 것이다.

페이스북은 모바일 사진 공유 앱을 직접 개발할 수 있었다. 개발하는 데 오랜 기간이 걸리지 않을 수 있고 페이스북 내에도 모바일 앱 개발 인력이 최소한 13명, 아니 130명, 1300명 넘게 있다. 하지만 저커버그는 인수를 선택했다.

자선 사업인가? 그렇지 않다. 그는 회사와 인력을 인수한 것이 아니라 모바일 '경험'을 인수한다고 생각했기 때문이다.

페이스북이 인스타그램을 인수한 지 1년이 지난 지금 저커버그의 판단과 비용은 옳았을까? 아직 평가하기에 이르다고 본다. 하지만 인스타그램은 월 이용자 1억 명을 넘어서고 미국 내 모바일 사용자수에서 트위터를 앞지르는 기록을 세우기도 했다. 콘텐츠 소비 방식이 텍스트 중심에서 이미지(사진) 중심으로 바뀌는 데 기여하기도 했다.

이후 핀터레스트, 스냅샷 등의 이미지 중심 서비스가 각광을 받았다. 확실한 것은 점차 저커버그가 인스타그램을 인수한 가치에 근접하고 있다는 사실이다. 인스타그램은 모바일 사진 앱의 표준이자 플랫폼이 되고 있다.

　페이스북의 경험처럼 회사의 중심을 모바일로 이동하는 데 드는 비용은 결코 적지 않다. 하지만 이는 회사의 미래에 대한 비용이기도 하다.

소셜네트워크: 양에서 질로의 전환

"페이스북 계정 있는 사람?"

스탠퍼드대학 'Think29(네트워크: 생태계의, 혁명적인, 디지털Networks: Ecological, Revolutionary, Digital)' 수업 시간. 댄 에델스타인 교수는 첫 수업에 들어가자마자 학생들에게 페이스북 계정이 있느냐고 물었다. 강의실에 있던 100명의 학생 대부분이 손을 들었다.

다음 질문. "그렇다면 부모님이 페이스북 계정이 있는 사람?"

10~20명이 손을 들었다.

"할머니, 할아버지는?"

한 명이 손을 들었다.

에델스타인 교수가 "어떻게 페이스북을 이용하시나?"라고 묻자 그 학생은 "가족끼리 페이스북으로 대화를 해요"라고 답했다.

에델스타인 교수는 "오늘 손을 든 숫자가 페이스북 전체 인구구성을 대략적으로 말해주지 않을까? 앞으로 더 많은 인류가 소셜네트워크의 세계에 진입하게 될 것이다"라고 말했다.

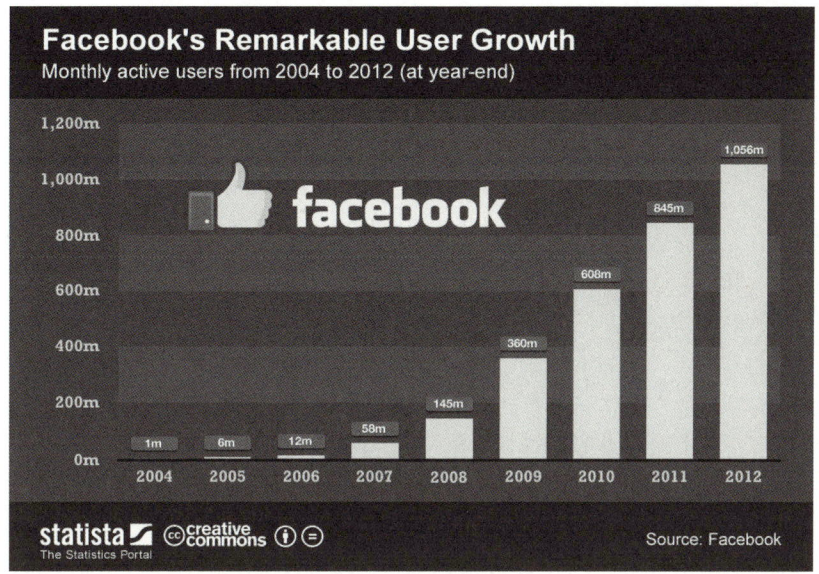

기하급수적으로 늘어나는 페이스북 이용자

이는 사실이다. 페이스북 이용자는 '아직도?'라는 의심이 들 정도로 계속 성장하고 있다. 페이스북이 모습을 드러낸 2004년에는 사용자가 100만 명이었다. 아이폰이 등장한 2007년에도 5800만 명에 불과했다. 하지만 2012년에는 10억 인구를 돌파하고 2013년 1분기에는 11억 인구마저 뚫었다. 여전히 더 많은 인류가 페이스북을 비롯한 소셜네트워크의 세계에 진입하고 있는 셈이다.

페이스북 가입자만으로 국가를 만든다고 한다면 세계 인구 2위(인도)와 비슷한 숫자가 되는 것이며 7명 중 한 명꼴로 페이스북인을 만나게 되는 셈이다. 이는 엄청난 숫자인데 더 놀라운 것은 단순 가입자user가 아니라 매일 수시로 페이스북에 드나드는 사람도 6억 6500만 명에 달한다는 것이다. 더구나 스마트폰(모바일)으로 페이스북에 접속하는 인구는 7억 5100만 명, 하루에 '좋아요Like' 버튼이 눌러진 숫자는 45억 번에 달한다.

숫자로 다 설명이 안 되는 세계 인류가 페이스북에서 놀고 공유하고 기뻐하고 슬퍼한다는 뜻이다.

이 같은 성과를 바탕으로 페이스북은 14억 6000만 달러(약 1조 6000억 원, 2013년 1분기)에 달하는 분기 매출을 기록하는 기업으로 성장했다.

소셜네트워크는 라이프 플랫폼이다

미국 등 영미권 국가에서부터 시작한 페이스북 열풍은 전 세계를 뒤엎었고 결국 11억 명의 인터넷 인구가 사용하는 인터넷 사이트가 됐다. 11억 인구가 사용해봤으며 6억 인구가 매일 들여다보는 페이스북은 이제 삶의 매체, 즉 라이프 플랫폼 life platform 이 된 것이다.

인터넷 이용자들은 자신들의 세컨드 라이프 second life (인터넷상의 가상 세계)를 점차 페이스북에 구축하고 있다. 라이프 플랫폼이란 검색 등 인터넷 사용자들이 정보가 필요할 때 찾아 들어가서 보는 웹(또는 모바일) 페이지가 아니라 가장 먼저 들어가서 항상 켜놓고 지켜보고 체류하며 연결된 이용자들과 콘텐츠를 공유하는 웹이란 뜻이다. 특히 21세기형 라이프 플랫폼은 인터넷에 연결되고 실시간으로 정보와 대화를 주고받을 수 있어야 한다. 모바일이 그것을 가능하게 했기 때문이다.

라이프 플랫폼의 역사는 곧 미디어의 역사와 같다. 인류는 언제나 자신의 삶을 담을, 그리고 대화 communication 를 중계하는 매체를 원했다. 19세기 이후 최근까지 인류의 삶에 가장 중요한 라이프 플랫폼은 단연 신문과 방송 등 대중매체 mass media 였다. 정보가 필요하거나 찾고 싶을 때 집으로 배달된 신문을 펴 보고 TV를 켰다. 미디어가 라이프 플랫폼이었기 때문에 기업들의 광고를 신문과 방송에 하는 것이 자연스러웠다.

'넓게 뿌린다 broadsheet, broadcast. 그래서 더 많은 독자(시청자)를 확보한다'는 것이 기존 미디어의 규범이다. 미디어는 이를 위해 더 많은 중간 유통 채널을 확보하고 더 넓게 뿌리는 기술을 확보하려 했다. 더 많은 사람에게 다가가 정보를 줄수록 더 많은 효과를 발휘한다는 것을 믿었다.

하지만 라이프 플랫폼으로서의 신문과 방송은 인터넷, 모바일 기술이 등장하면서 점차 한계를 드러내기 시작했다. 스스로 한계를 나타냈다기보다는 인터넷과 모바일에 의해 대체되고 있다고 해야 할 것이다. 왜냐하면 신문과 방송은 넓게 뿌리는 속성을 가지다 보니 받는 사람(독자, 시청자)을 깊게 고려하지 않을 뿐만 아니라 무엇보다 독자(시청자)끼리 서로 연결되면서 일어나는 상승 효과를 제대로 이해하지 못하기 때문이다.

그런 의미에서 종이로 배달되는 신문과 케이블이나 지상파로 전달되는 방송 등 기존 미디어는 연결된 미디어의 상대적 개념인 비연결 미디어라고 재정의 내릴 필요가 있다. 물론 신문과 방송은 인터넷 사이트가 있고 모바일 앱도 존재한다. 이를 통해 독자(시청자)를 만나고 있다. 그럼에도 비연결 미디어라고 부를 수 있을까?

다수 신문과 방송의 인터넷 사이트와 모바일 앱은 독자(시청자)와 연결성을 중요시하기보다는 기존 미디어 콘텐츠를 디바이스에 맞게 포맷해서 전달하는 레플리카replica(복제)에 불과하다. 독자들끼리 연결하게 하고 이를 통해 가치를 높이는 의미의 연결 미디어와는 거리가 멀다. 이는 기존 미디어가 여전히 인터넷과 모바일 그리고 소셜의 의미를 이해하지 못하기 때문이다. 그래서 신문, 방송사 인터넷 사이트와 모바일 앱이 외면을 받는 대신 구글, 페이스북, 트위터 등이 스스로를 미디어로 규정하며 독자를 빠르게 확보해가고 있는 것이다.

기존 미디어를 대신해 라이프 플랫폼이 된 페이스북이 2013년 뉴스피드를 대대적으로 개편하면서 '맞춤형 신문customized newspaper'이라고 명명한 것은 이유가 있다. 기존 미디어들이 개개인에 맞춘 정보를 제공해주지 못해서 자신들이 하겠다는 뜻이다. 실제로 뉴스 소비자를 대상으로 "뉴스를 가장 먼저 접하는 매체는 무엇인가?"라는 질문을 던졌을 때 가장 크게 성장하는 답변은 소셜네트워크다. 아직은 1위나 2위는 아니다.

하지만 소셜네트워크라고 답변하는 독자들이 놀라운 속도로 빠르게 증가하고 있다. 페이스북에서 친구들이 전해주는 소식이나 트위터에서 친구들이 트윗하는 정보를 통해 새 소식을 접하는 비중이 신문이나 방송 속보를 통해 접하는 비중에 비해 매우 증가하고 있는 것이다.

라이프 플랫폼으로서의 웹은 발전 가능성이 많다. 소셜네트워크가 전부는 아니며 나라별로 상황이 다르다.

이메일은 라이프 플랫폼이 될 수 있다. 이메일을 항상 확인하고 이메일을 통해 검색 창으로 나갈 수 있기 때문이다. 구글이 추구하는 지메일도 이메일 서비스가 아니라 라이프 플랫폼으로 진화시켜나가고 있다.

한국에서는 네이버가 라이프 플랫폼 역할을 하고 있다. 네이버를 더 이상 검색엔진이나 검색 회사로 부를 수는 없다. 네이버에서 뉴스를 보고 네이버에서 쇼핑을 하며 댓글을 달고 '노는' 것이다.

미국, 브라질, 인도, 인도네시아 등 많은 국가에서는 페이스북이 그 역할을 하고 있다. 사진을 공유하고 채팅을 하며 정보를 나눈다. 페이스북, 트위터, 핀터레스트, 구글 플러스, 텀블러, 패스Path 등이 처음에는 소셜네트워크의 이름으로 시작했지만, 이제는 각기 다른 방향과 성격으로 진화하고 있는 것은 페이스북이 라이프 플랫폼으로 확실히 자리매김했기 때문이다. '사람들을 엮는다'는 뜻에서 소셜이지만 트위터와 구글 플러스나 텀블러는 미디어로 진화하고 있으며 레딧은 다음 아고라와 같은 역할을 하고 있다. 모두 라이프 플랫폼을 지향했지만 지금은 다른 방향으로 진화 중이다.

라이프 플랫폼이란 말을 웹 비즈니스로 해석해보면 체류 시간이 길다는 뜻이다. 체류 시간이 길기 때문에 그만큼 핵심 비즈니스 모델인 광고를 볼 확률이 높아지고 이는 곧 기업의 성장을 의미한다. 가장 많이 체류하고 탐색하며 놀 수 있는 웹만이 라이프 플랫폼이 될 수 있을 것이다.

확실한 것은 인류가 문명을 만든 이후 라이프 플랫폼은 항상 존재했다는 것이다. 커뮤니케이션 기술의 발전에 따라 달라졌을 뿐이다. 21세기 들어 인터넷이 발명된 이후 그 이전 기술을 대체하고 수많은 라이프 플랫폼이 등장했다. 하지만 이제는 단연 소셜네트워크 하나로 좁혀지고 있다.

소셜네트워크는 인게이지먼트다

그렇다면 페이스북 및 소셜네트워크서비스는 어떻게 이렇게 급성장을 하고 라이프 플랫폼이 됐을까?

잘 알려져 있지만 페이스북은 소셜네트워크서비스의 시초는 아니다. 미국에서는 마이스페이스, 한국에서는 싸이월드, 일본에서는 믹시가 사람과 사람을 인터넷에서 연결시켜주는 서비스로 각광을 받았다. 페이스북의 뉴스피드, 타임라인 기능 때문일까? 페이스북이 다른 소셜네트워크보다 더 편하고 멋있었는가? 정보가 물 흐르듯 지나가게 하는 뉴스피드는 트위터가 먼저 도입한 것이며 개인의 히스토리북 역할을 하게 해주는 타임라인도 페이스북이 처음 도입한 것이 아니다. 더구나 페이스북의 사용자 환경UI은 멋짐과는 거리가 멀었다.

페이스북이 급성장하게 된 계기 중 하나는 2010년 4월 '좋아요' 버튼을 시작한 것이라고 볼 수 있다. '좋아요'는 이용자들이 올린 포스트나 사진에 반응을 보여주는 것으로 페이스북의 가장 큰 상징이자 기능이 됐다. 페이스북이 멘로파크 본사 입구에 회사 이름 대신 '라이크'를 배치한 것도 이유가 있다. 페이스북의 상징이라는 것이다. 페이스북에 따르면 이용자들은 매일 10억 개의 '좋아요' 버튼을 누른다. 이용자들의 '좋아요' 버튼을 모으면 10억 번이 된다는 뜻이다.

하지만 페이스북 이용자들이 '좋아요' 버튼을 정말 좋아서 누르는 것이 아니다. 콘텐츠가 좋아서 누르는 경우도 있지만 대부분은 페이스북 친구 간의 관계에 대한 반응이 '좋아요' 버튼이다. 페이스북 정보 생산자와 이용자와의 끈끈한 관계, 즉 인게이지먼트 engagement 를 보여주는 아이콘인 것이다.

'좋아요' 버튼을 누르면서 친구 간 관계가 하나 더 이어지게 되는 것이며 페이스북은 이를 파악하고 관련성 relevance 을 알게 된다. 페이스북 타임라인에는 모든 친구가 올린 글이나 사진이 올라가지 않는다. 페이스북은 이용자 간의 관계를 자동으로 파악해 좀 더 관련 있는 사진이나 글을 상위에 올라가도록 배치하고 있다. 이 같은 관계를 파악하는 가장 핵심적인 기능이 '좋아요'인 것이다. '좋아요'는 연관성을 크게 늘리는 간단한 장치이면서도 페이스북에 오래 머무르게 하는, 그리고 이용자가 실제로 관심 있어 하는 것을 알게 하는 마법과 같은 버튼이다.

소셜네트워크 중심의 웹과 기존 웹의 가장 큰 차이는 이 같은 인게이지먼트에 있다. 기존 웹은 페이지뷰 PV: Page View 나 순방문자수 UV: Unique Vistors, 즉 얼마나 많은 이용자가 방문했는가를 중심으로 보는 양적 웹이라고 볼 수 있을 것이다. 이 같은 PV, UV 중심의 시각은 실제 이용자가 그 페이지에서 어떤 활동을 하고 얼마나 머물렀으며 어떤 콘텐츠를 즐겼는지는 크게 관심을 두지 않는다.

소셜네트워크는 얼마나 많이 관계했는가를 중심에 두고 보는 질적 웹이라고 볼 수 있을 것이다. 페이스북이 페이스북 홈 Facebook Home 을 시작한 이후 가장 중점을 둔 부분도 인게이지먼트가 얼마나 올라갔는가 하는 것이다. 페이스북은 "페이스북 홈 도입 이후 홈을 설치한 이용자의 인게이지먼트가 20% 증가했다"고 밝히기도 했다. 페이스북 홈에 초기 화면이 크게 보임에 따라 '좋아요' 버튼을 일반 웹이나 모바일 앱보다 더 많이 눌렀다는 뜻이다.

트위터에서 '리트윗$_{Retweet}$' 버튼이나 해쉬테그(#)도 공유하는 기능이면서 관계하는 버튼이다. 얼마나 많은 메시지가 리트윗됐는가는 해당 트윗$_{Tweet}$이 얼마나 많이 퍼졌는가를 알 수 있게 하고, 쉽게 메시지를 검색하게 하는 의미도 있지만 얼마나 많은 사람과 관계했는가를 알 수 있게 한다.

최근 미국 미디어의 가장 중요한 트렌드 중 하나는 해쉬테그를 붙이는 것인데, 이는 트위터나 페이스북에서 검색을 쉽게 할 수 있게 하는 것뿐만 아니라 연관성을 높여서 콘텐츠 충성도를 높이기 위함이다. 이용자들은 소셜네트워크를 아이디어와 사진, 글 등을 공유하기 위해 사용하지만, 기업들은 소비자의 참여를 늘리기 위해 사용하며 특히 미디어 기업들은 콘텐츠가 더 많이 노출되고 더 많은 독자와 소통하기 위해 사용한다.

인터넷은 웹 2.0에 이르러 일방향이 아닌 양방향 미디어가 됐다. 하지만 이제 소셜네트워크로 인해 웹은 '많음(클릭수 등)'보다 인게이지먼트가 중요하게 됐다. 양에서 질로 전환된 것이다. 웹의 양질 전환, 이것이 소셜네트워크의 진정한 의미다.

빅데이터와 머신러닝: 21세기 원유를 캐라

스탠퍼드대학 '네트워크' 수업 시간. 안드레아스 웨이겐드Andreas Weigend 스탠퍼드 교수가 초빙 강사로 왔다. 강의 제목은 '빅브라더 2.0', 굉장히 흥미로운 주제였다. 그는 스탠퍼드 컴퓨터과학과Computer Science에서 '대용량 데이터 마이닝Mining Massive Data Sets'을 가르친다.

수업 시간에 들어온 그는 왼쪽과 오른쪽이 다른 짝짝이 신발을 신고 있었다. 왼쪽은 평범한 신발이고 오른쪽은 팀버랜드와 공동 작업을 한다는 추적 장치가 달린 신발이었다. 짝짝이 신발은 정말 오랜만에 본 것이었다. 어릴 때 좀 모자란 아이들을 상징하던 단어 아니었던가. 하지만 놀랍게도 그는 짝짝이 신발로 자신의 모든 걸음을 추적한다고 했다.

실제로 그의 홈페이지에는 매일 어디로 가는지, 무엇을 하는지, 한 달 동안 무엇을 할 것인지 모두 공개되어 있다. 심지어 핸드폰 번호도 "언제나 저에게 연락하세요"라며 친절하게 공개해놓았으며 외국에 가면 전화가 안 될까 봐 중국, 독일, 싱가포르, 태국 등으로 갈 출장 일정과 출장 가서 사용할 현지 핸드폰 번호도 공개해놓았다. 누구나 자신을 추적할 수 있도록 한 것이다.

'빅브라더'는 영국의 소설가 조지 오웰의 《1984》에 나오는 독재자를 따서 만든 용어다. 지금은 정보 독점을 통해 권력자들이 행사하는 사회통제 수단을 지칭하는 말로 널리 쓰인다. 정보가 감시의 수단이 되고 있는 상황을 빗댄 것이다. 웨이겐드 교수는 "나에게 연락하거나 나를 추적하면 나도 그 사람을 알게 되면서 우리 사이에 관계가 형성된다. 그것이 소셜데이터의 시작이다"라고 말했다.

웨이겐드 교수의 운동화. 왼쪽과 오른쪽 운동화가 다르다.

웨이겐드 교수의 '빅브라더 2.0' 강의에서 전 세계적인 감시 사회를 역설할 것으로 예상했다. 하지만 그는 역발상을 했다. 스스로 빅브라더가 된 것이다. 그는 자신이 빅브라더가 되어 스스로 추적한다. 다만 빅브라더가 개인을 통제하고 제어한다는 것이 아니라 자신이 공개할 수 있을 만한 개인정보를 공개하면서 대가로 새로운 정보를 얻는다는 발상이다.

그는 "나는 모든 일정을 구글에 남긴다. 내가 왜 내 정보를 구글에 주겠나? 나는 내 모든 정보를 구글에 주고 구글은 나에게 최적의 판단을 할 수 있도록 도와준다. 내 정보를 주고 새 정보를 받는 것이다. 공정하지 않은가?"라고 반문했다. 웨이겐드 교수는 상시 감시 체제에 대한 우려에 대해 "데이터 수집과 개인정보는 동전의 양면과 같은 것이다. 불fire도 인류에 없어서는 안 될 것이지만 잘못 사용하면 집과 회사를 태운다. 소셜데이터도 비슷하다"라고 말했다.

"개인정보는 없다"라고 선언하는 것같이 자신의 모든 발자국footprint을 추적 가능하게 하는 웨이겐드 교수는 바보일까. 그는 아마존 최고기술경영자CTO와 최고과학자Chief Scientist를 지내면서 제프 베조스 아마존 최고경영자와 함께 아마존의 유명한 '원클릭' 알고리즘과 시스템을 설계했다. 누구보다도 개인 데이터의 중요성과 위험에 대해 알고 있고 기업들은 개인의 데이터를 어떻게 이용하는지 알고 있다. 하지만 자신의 모든 발자국까지 추적하는 웨이겐드 교수는 왜 이렇게 역발상을 하게 된 것일까? 그는 왜 스스로 자신의 데이터를 추적해서 남기고 공개하며 공유하는 것일까?

웨이겐드 교수는 "데이터는 석유와 같다. 새로운 산업의 원동력이다. 정유 회사들이 석유를 정제해서 휘발유, 경유, 가스 등을 만들어내듯 데이터를 시추하고 정제refinery해서 쓸모 있는 정보로 만들어야 한다. 이것은 큰 혁명을 만들어낼 것이다"라고 강조했다.

웨이겐드 교수가 스스로 추적하며 구하고자 하는 것이 바로 빅데이터다. 빅데이터는 데이터가 너무 많아 기존 방법으로는 수집, 저장, 검색, 분석이 어려운 방대한 데이터를 말한다. 빅데이터는 향후 정치, 경제, 사회, 산업, 문화 전 분야에서 큰 혁명적 변화를 가져올 원유와 같은 존재가 될 것이다. 이미 수많은 책이 나왔고 적잖은 대중들이 이해하고 있듯 빅데이터는 실제로 세상을 바꿀 것으로 예상된다(책 제목에 '빅데이터'가 들어가거나 최소 큰 목차에 소개되어 있는 책이 한국에 이미 300권 이상 나와 있다).

다만 웨이겐드 교수가 다른 점은 그는 회사나 조직이 아닌 개인의 위치에서 빅데이터를 활용한다는 점이다. 그는 개인이 빅데이터를 활용했을 때 오는 경쟁력의 차이를 알고 있고 이를 실천하고 있다. 그는 미국 스탠퍼드, UC버클리는 물론 중국 칭화대학교 등에서도 강의한다. 전 세계를 돌아다니며 빅데이터의 중요성과 활용에 대해 연설하며 스스로 빅데이터가 되고 있는 셈이다.

인터넷 데이터는 21세기 지식 석유다

많은 전문가는 빅데이터가 산업의 근본적 변화를 일으킬 석유와 같은 존재가 될 것으로 분석하고 있다. 글로벌 기술 영역에서 수없이 많은 용어가 들어왔다가 사라졌고 기업들이 명멸했다. 하지만 그 어떤 기술도 20세기 산업 발전의 핵심 동력이 된 석유에 비견되지 못했다.

반도체는 산업의 쌀로 비유됐다. 쌀은 주식으로 하는 인구가 있는 반면 안 먹는 인구도 있다. 하지만 데이터data는 다르다. 데이터는 감히 '석유'에 비견된다. 인터넷을 이용하는 약 20억 인구가 인터넷, 모바일, 소셜미디어, 웨어러블 컴퓨터(구글 글라스 등), 커넥티드 자동차 등에서 생산해내는 큰 규모의 데이터는 새로운 석유가 될 것이다. IBM, 오라클과 같은 기업은 21세기의 BP, 로열더치셸, 칼텍스와 같은 정유사가 되어 데이터를 캐내고 이를 정유해서 쓸모 있는 데이터와 그렇지 못한 데이터를 분류하고 이를 파는 회사가 되고 있는 셈이다.

인류가 생산해내는 데이터의 규모는 이미 빅 수준을 넘어 메가mega의 단계로 진입하고 있다. 곧 빅데이터를 넘어 메가데이터의 시대가 올 것이다. 실제로 시스코가 2013년 5월 발표한 보고서 〈제타바이트의 시대가 온다〉에 따르면 5년 후 인터넷 트래픽은 지금(2012년 수준)보다 3배 늘어난 1.4제타바이트에 이를 전망이다.

제타바이트는 1조 기가바이트인데 2017년이 되면 매달 300억 장의 DVD, 28조 개의 MP3 파일, 75경 개의 문자메시지 정도로 엄청난 분량의 IP 트래픽이 생성된다. 인터넷 트래픽은 2017년까지 매년 21%씩 증가하고 모바일(스마트폰, 태블릿 등)은 더 크게 성장한다. 2012년에는 인터넷 트래픽

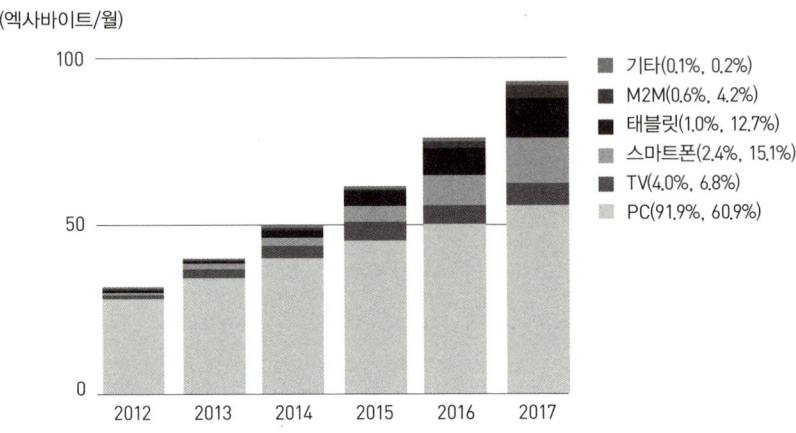

자료: 시스코, 2013

의 91.9%가 PC에서 나왔으나 2017년에는 60.9%로 비중이 줄어든다.

상상이 가지 않는 숫자다. 이미 구글과 야후는 테라바이트 분량의 데이터 용량을 이용자들에게 무료로 주고 있다. 테라바이트는 3~4년 전만 해도 10만 원 규모의 외장 하드디스크 드라이브를 사야 하는 용량이었다. 이제는 무료로 제공된다.

앞으로 인류는 얼마나 많은 용량의 데이터를 만들어낼까? 예측이 잘 안 되면 과거를 돌이켜보면 쉬워진다. 10년 전인 2002년에 인류는 초당 100기가바이트의 용량을 만들어냈다. 지금은 초당 1만 2000기가바이트를 만들어낸다. 5년 후에는 초당 3만 5000기가바이트가 만들어지고 10년 후인 2022년에는 7만 기가바이트를 훌쩍 넘어 8만 기가바이트에 육박할 것으로 예상된다.

이처럼 도저히 계산이 안 되는 분량의 데이터 석유 속에서 휘발유와 경유, 등유, 가스 등을 분류하고 남는 찌꺼기는 아스팔트로 처리할 수 있는 능력이 갈수록 중요해질 수밖에 없다. 21세기 지식 석유 산업의 규모도 커진다. IDC는 빅데이터 산업이 매년 30%씩 성장해 2016년에는 240억 달러(27조 2480억 원) 규모로 커질 것이라는 예측이다.

빅데이터. 메가데이터. 테라바이트, 제타바이트, 요타바이트……. 이같이 현란한 용어와 규모의 등장은 정작 중요한 것을 놓치게 하기 쉽다. 일부러 그런 것은 아니겠지만 어려운 용어를 등장시켜 눈길을 끌고 굉장히 특수한 회사나 조직만 할 수 있는 것처럼 포장하기도 한다. 빅데이터도 본질과 상관없이 어려운 일이 되고 있고 외국계 기업의 솔루션을 사용하거나 믿을 만한 대기업에 맡겨야 하는 것으로 이해하기 쉽다.

빅데이터 수집, 분석, 예측에 이르는 과정을 먼저 시추한 것은 미국의 IT 대기업들이다. 빅데이터란 개념을 만들고 전 세계에 확산시켜 인식하게 한 기업은 미국의 IBM이다. 그들은 전 세계를 상대로 데이터라는 석유를 뽑아 올리기 위해 곳곳에 시추선을 놓고 열심히 데이터를 추출해내고 활용하고 있다.

사실 이들 기업의 국적은 그다지 중요하지 않다고 본다. 정부나 대·중소 기업 등 규모를 막론하고 자신들이 쌓아놓은 데이터가 21세기의 석유라는 인식 없이는, 그리고 스스로 시추해서 휘발유, 경유, 등유 등을 분류해내는 기술 없이는 이를 어느 곳에다 사용할지 모르는 상황에서 빅데이터, 메가데이터 등 데이터 규모는 중요하지 않을 것이다. 한국을 포함한 전 세계 어느 국가나 자국민이 하루에 제타바이트급으로 만들어내는 데이터가 '21세기 지식 석유'라는 인식 없이는 지하에 매장된 쓸모없는 검은 기름 덩어리일 뿐이다.

빅데이터는 미국 IT 기업이나 대기업만 할 수 있는 기술이 아니다. 유행가처럼 만들었다가 사라질 단어도 아니다. 개인화가 가능한 기술이자 예술이다. 빅데이터가 산업을 뒤흔들 잠재력을 지닌 개념으로 인정받고 있는 것은 웨이겐드 교수처럼 개인이 할 수 있을 정도로 진입장벽이 낮기 때문이다.

오픈 소스 소프트웨어를 기반으로 한 IT 기술의 민주화democratization 때문이다. 광범위하고 다양한 데이터가 저렴하고 똑똑한 소프트웨어를 만나 빅데이터라는 새로운 문을 연 것이다. 웨이겐드 교수가 스스로 빅데이터가 될 수 있었던 것은 그가 스스로 만든 데이터를 처리할 수 있는 오픈 소스 소프트웨어(하둡Hadoop: 대량의 자료를 처리할 수 있는 컴퓨터에서 동작하는 분산 응용 프로그램을 지원하는 자바 소프트웨어)를 알고 있기 때문이고 알고리즘을 설계할 수 있기 때문이다. 클라우드 컴퓨팅, 하둡 등을 사용하기 위해 과거에는 큰 자본이 필요했다. 하지만 지금은? 무료다. 오픈 소스 소프트웨어이기 때문에 이용할 줄 알면 누구나 돈을 거의 안 들이고 사용할 수 있다.

여기서 끝이면 컴퓨터 사이언스 엔지니어에 불과할 것이다. 하지만 아마존 CTO를 역임한 그는 수집된 수많은 데이터 중에서 의미 있는 데이터를 골라 해석할 줄 알고 이를 자신이 필요한 작업(수업, 외부 강연, 책 출간 등)에 활용할 줄 안다. 더구나 앞으로 무슨 일을 하고 자신을 추적한 사람들이 어떤 것을 원하는지 예측할 수 있다. 개인에 불과한 웨이겐드 교수의 실험은 빅데이터의 모든 것을 보여준다. 즉 정부가 '육성한다'며 떠들거나 기업들이 성장동력으로 삼겠다며 요란 떨지 않아도 혼자 할 수 있는 것이며 무엇보다 데이터를 어디에 쓸 것인가에 대한 확실한 비전과 데이터를 해석하고 분석할 줄 아는 능력이 중요하다.

빅데이터의 철학

지금 대중은 빅데이터에 대해 아는 것도 없고 모르는 것도 없는 상황인 것으로 보인다. 언론에서 수차례 빅데이터가 미래라며 기획 기사를 쏟아내고 있지만 여전히 알 듯 모를 듯한 용어가 빅데이터다. 그도 그럴 것이 빅데이터는 기술이면서 철학이기도 하기 때문이다. 즉 수없이 생성된 데이터 속에서 관련 있는 데이터를 찾아내고 분석하는 '기술의 묶음bundle of technologies'이면서도 이 데이터가 쓰이는 목적이 결국 인간이 결심하고 판단하는 데 도움을 줘야 하기 때문에 철학이기도 하다.

빅데이터가 기술의 묶음인 이유는 하나의 기술을 지칭하지 않고 예전 데이터와 새로운 데이터를 모두 포괄하고 있기 때문이다. 이용자들이 사용하는 웹 페이지 방문 기록, 인터넷 브라우징 습관, 각종 센서에서 수집된 신호와 데이터, 페이스북이나 트위터 등 소셜미디어에 올라온 글이나 사진 및 동영상, 스마트폰 GPS 위치 데이터, 도시에 널려 있는 감시 비디오, 개인의 바이오 정보, 신용카드 사용 정보, 회원카드 정보 등이 모두 수집 대상이다.

특히 페이스북, 트위터 로그인 정보는 인터넷 기업들의 제1의 수집 대상이다. 페이스북 데이터를 긁어 오면 무려 100가지 정도의 개인정보를 확보할 수 있다(물론 한국은 주민등록번호나 전화번호도 있을 것이다. 하지만 주민등록번호를 통해 수집할 수 있는 정보인 나이와 생일, 성별 정도와 전화번호는 페이스북 로그인으로도 확인할 수 있기 때문에 수집할 필요가 적어진다). 페이스북, 트위터 로그인 정보를 확보하는 것은 콘텐츠의 관련성을 높일 수 있는 가장 중요한 도구이기도 하다. 이 때문에 페이스북은 거대한 스파이라는 주장도 나올 정도다.

상시로 쓰는 이메일은 제2의 수집 대상이다. 이메일 마케팅은 가장 기본적이면서도 저렴한 마케팅 수단이다. 이메일이 등장한 이후 단 한 번도 중요도에서 빠진 적이 없다. 하지만 빅데이터 시대에 이메일 마케팅이 달라진 것은 필요한 사람에게 필요한 이메일을 보내지 않으면 모두 스팸 처리된다는 점이다. 구글, 야후, 네이버 등 이메일 서비스 제공 사업자들은 모두 '스팸 신고' 아이콘이 있어서 불필요한 이메일을 보내면 모두 스팸 처리된다. 필요한 사람에게 정확하고 관련 있는 정보를 이메일로 보낸다면 이보다 효과적인 마케팅, 알림 수단은 없다. 더구나 이용자가 필요한 시간과 장소에 정보(광고 포함)를 배달해준다면 스팸이 될 확률이 낮아진다.

인터넷 브라우징 습관은 제3의 수집 대상이다. 이용자가 인터넷에서 무엇을, 어떤 콘텐츠를 클릭했는지를 아는 것은 그 사람을 잘 알 수 있는 수단이 될 수 있다. 아마존은 '이용자가 클릭한 상품은 반드시 구매하게 되어 있다'고 믿고 있는 회사다.

카드(신용카드, 체크카드, 회원카드) 정보는 제4의 수집 대상이다. 신용카드를 통해 무엇을 구매했는지 파악하는 것은 중요하고 추적하기도 어렵지 않다. 실제 구매 정보는 다음 구매를 하는 데 영향을 미칠 수 있다.

이 같은 정보를 수집하는 것은 기술이 필요하다. 하지만 기술을 알고 있다면 생각지도 못하게 저렴한 비용으로, 심지어는 돈을 거의 들이지 않고 원하는 데이터를 수집할 수 있는 것이 빅데이터의 특징이다. 중요한 것은 원하는 데이터가 무엇인지 아는 것이다. 데이터를 수집해서 활용하면 기업들은 소비자가 원하는 것을 더 정확히 얻을 수 있고, 정부는 국민이 원하는 것을 더 정확히 알 수 있으며, 병원은 환자들이 원하는 것을 실시간으로 알 수 있게 한다. 하지만 실제로는 원하는 데이터가 무엇인지 잘 모른다. 그래서 실제 생성된 데이터의 0.5%만 분석 대상에 오른다는 조사도 있다.

미 국가안보국이 세계인을 상대로 인터넷 접속 등 온라인 활동을 광범위하게 감시할 수 있는 프리즘을 통해 테러를 막았다고 한다면 이는 성공적인 빅데이터 활동이라고 볼 수 있는 것이다(개인정보의 광범위한 수집에 대한 도덕성에 대해서는 여기서 논하지 않기로 한다). 30억 인구의 인터넷 활동 중에서 테러 관련 데이터를 찾는 것은 마치 모래사장에서 바늘 찾는 행동이었을 것이다. 하지만 그들은 확실한 목적이 있었기 때문에 찾아내는 것이 가능했다.

빅데이터의 철학은 '개인 맞춤형 결심 도우미'다. 자동차를 사든, 마트에서 사과를 사든, 길을 걷든, 여행을 하든 인간의 삶은 선택과 결심의 연속이다. 올바른 선택은 삶에 직접적인 영향을 미친다. 지금까지 선택이 인간의 직관intuition과 경험에 의한 것이었다면 이제는 데이터에 의해 과학적으로 선택할 수 있게 한다. 이것이 빅데이터의 철학이다.

사람들이 실시간으로 결정real time decision할 수 있도록 도와줘야 한다. 한마디로 스마트폰 내비게이션 같은 역할을 할 수 있어야 한다는 것이다. 내비게이션은 차가 막히면 돌아가라고 알려주고, 갈림길에서 왼쪽으로 가야 할지 오른쪽으로 가야 할지 알려준다. 내비게이션이야말로 사람이 어디로 가야 할지 실시간으로 결정할 수 있게 해주는 기능을 하는데 이는 교통 정보를 수년(혹은 수십 년)에 걸쳐 쌓았기 때문이다.

자동차를 구매하기 위해 사람들은 인터넷에서 정보를 검색했다. 그리고 자동차 업체들은 이를 파악하고 이메일을 통해 선택할 수 있는 자동차를 보여주거나 대규모 광고를 통해 신차를 소개했다. 하지만 빅데이터를 활용하면 소득수준이 높은 소비자에게는 럭셔리 자동차를 보여주고 중산층으로 파악된 소비자에게는 중형 세단을 보여준다. 어차피 럭셔리 자동차 중에서도 선택할 여지가 많고 중형차도 너무나 많다. 하지만 소비자를 알면 마케팅도 편해지고 소비자도 더 현명하게 선택할 수 있게 해준다.

이를 재표적re-targeting이라고 한다. 인터넷의 대중화로 가능해진 표적(타깃target) 마케팅도 빅데이터 앞에서는 무용지물이다. 타깃 중에서 10점이나 9점 타깃만 노리는 '재표적'이 가능해졌기 때문이다. 소비자에게 제공하는 정보가 자동차나 신발 또는 노트북PC가 아니라 럭셔리 자동차나 중형 세단, 부츠 또는 구두, 12인치 또는 13인치와 같이 정교하게 제공해야 하고 이것이 가능해졌다.

이뿐만이 아니다. 몇 년 전까지만 해도 '빅데이터의 시대가 온다'며 한국 언론에 언급된 사례 중에 가장 대표적인 것으로 구글 독감 트렌드 Google Flu Trends가 있었다. 구글 독감 트렌드는 집계된 구글 검색 데이터를 사용해 전체 미국의 독감 유행 수준을 예측한다. 이는 미 보건 당국이 독감이 유행할 것으로 예측된 지역에 백신을 다른 지역보다 빨리 투입해 독감을 줄이는 데 크게 기여했다.

하지만 이 트렌드는 조류독감이나 사스와 같은 인체에 치명적인 질병을 예측하는 데는 부족하다. 그래서 나온 것이 바이오모자이크 BioMosiac 와 같은 프로젝트다. 이 프로젝트(빅데이터로 생명을 구한다)는 치명적 질병이 나오기 쉬운 인도 갠지스 강이나 중국 상하이의 도살장 등에서 나올 수 있는 질병 정보와 항공 정보, 인구 정보 등을 조합해서 치명적인 질병의 발생부터 퍼져나가는 경로까지 예측할 수 있는 단계까지 도달했다.

머신러닝: 빅데이터의 방법론

이렇게 인류가 쌓은 천문학적인 데이터는 어떻게 활용되는가? 아니, 어떻게 활용해야 하는가? 구글은 실제 빅데이터 활용 사례를 검색을 통해 가장 잘 보여주고 있으며 미래도 제시하고 있다고 보인다.

2013년 6월 샌프란시스코에서 열린 구글 연례개발자대회 I/O에서 구글은 기계학습(머신러닝 machine learning)의 현재와 미래를 보여줬다. 구글은 I/O 2013에서 검색, 구글 맵스, 구글 플러스, 안드로이드 등 많은 내용을 발표했는데 이 주제를 관통하는 화두이자 핵심 트렌드는 머신러닝이었기 때문이다. 구글은 한 번도 머신러닝이나 그 상위 개념인 인공지능 AI에 대해 언급한 적이 없다. 하지만 전문가들은 구글을 움직이는 힘이자 오늘날 테크놀로지의 핵심 트렌드는 이것임을 알고 있다.

머신러닝은 스탠퍼드에서 요새 가장 인기 있는 수업(개방형 온라인 대학

코세라의 창업자 앤드류 응 스탠퍼드 교수가 머신러닝을 가르친다)이기도 하고 실리콘밸리의 가장 뜨는 기술 분야이기도 하다. 머신러닝, 데이터 분석data analytics 전공자들은 무조건 데려간다는 말이 나올 정도다. 구글이 수집하는 수많은 데이터 언어language, 말speech, 번역translation, 비주얼 프로세스 등은 모두 머신러닝에 의존하고 있다.

머신러닝이란 데이터를 쌓아 기계가 스스로 생각, 판단할 수 있게 하는 방법이다. 기계학습이라고도 번역을 하는데 정확한 표현은 아닌 것 같다. 기계적 학습이 아니라 기계가 스스로 생각할 수 있도록 가르친다는 말이기 때문이다. 천문학적으로 쌓이는 데이터를 기계가 스스로 판단할 수 있도록 가르치는 것이 머신러닝이다.

예를 들어 스팸 메일 구분법이 그렇다. 구글 지메일은 스팸 메일이 가장 적기로 유명한데 이는 수억 명의 지메일 사용자들이 구글 지메일 상단의 '스팸메일 신고'를 통해 매일 스팸과 스팸이 아닌 메일을 구글의 이메일 엔진에게 가르쳐주고 있기 때문이다. 구글이 스팸과 정상 메일을 구분해주는 것이 아니다. 이용자들이 학습해주고 있는 것이다. 이렇게 스팸 메일과 정상적인 메일을 사람들이 구분해주다 보니 이제 기계적으로 학습되어 스스로 스팸과 정상 메일을 구분할 수 있게 됐다.

스팸 메일 구분은 머신러닝의 시작에 불과했다. 지메일과 웹 검색 그리고 모바일 검색을 바탕으로 구글은 이용자들의 관심사와 관계를 파악할 수 있게 됐고 이것을 바탕으로 이용자의 취향과 필요한 정보를 분석, 추천해주고 예측도 가능하게 된 것이다. 데이터 마이닝data mining이 기존의 데이터를 추출하고 분석하는 일이라고 한다면, 머신러닝은 훈련된 데이터(예를 들어 스팸 메일과 정상 메일 구분)를 바탕으로 예측하는 것이라고 보면 이해하기 쉬울 것 같다.

이처럼 머신러닝에 대해 설명한 이유는 구글이 I/O 2013에서 새로 선보인 서비스 대부분이 이 같은 머신러닝을 기반으로 하고 있기 때문이다. 즉 빅데이터가 원유라면 머신러닝은 이를 추출해내는 방법론인 셈이다. 실제로 구글이 자랑하는 개인화personalized된 이용자 맞춤형customized 서비스는 머신러닝을 기반으로 하고 있다.

구글이 한 단계 업그레이드시킨 검색이 대표적이다. 아밋 싱할 구글 수석부사장(검색 총괄)은 "우리가 알던 검색은 끝났다"라며 새 검색 시스템을 공개했다. 싱할 부사장은 "검색은 이제 근본적으로 바뀌고 있다. 이제 검색이 전 세계를 향해 응답하기 시작했다. 이것은 삶이라는 여행을 바꿀 것이다"라고 말했다. 싱할 부사장은 대화형 검색과 지식 그래프knowledge graph 그리고 이용자의 다음 질문을 예측해서 결과를 보여주는 검색을 선보였다.

대화형 검색은 구글 검색창에 "오케이 구글OK Google"이라고 하면서 질문하면 구글이 말로 검색 결과를 보여주는 것이다. 이 대화형 검색은 모바일(스마트폰, 태블릿PC)뿐만 아니라 PC에서도 할 수 있다. 사실 구글의 대화형 검색 도입은 적잖은 의미가 있다. 말로 입력하고 말로 대답한다는 것은 음성 검색 및 음성 인식에서 이미 시도된 것이다. 구글이 꾸준히 시도하고 애플이 시리Siri를 통해 대화형 검색의 대중화를 알렸다. 여기에서 구글은 한발 더 나아가 컴퓨터에 입력하는 명령어까지 말로 해결했다. 예전에는 음성 검색을 하려면 마이크 표시가 된 아이콘을 누르고 해야 했으나 앞으로는 "오케이 구글"이라고 말하면 '이 사람이 검색을 하려는구나'라고 인지하고 대답할 준비를 하게 되는 것이다.

구글이 2012년 처음 도입한 이후 2013년 I/O에서 발전시킨 지식 그래프도 예측형 검색이 무엇인지를 보여준다. 지식 그래프 기술은 서로 다른 정보 간 연결을 만들고 사람들의 검색에서 맥락을 이해하는 것이 핵심이다. 예를 들어 구글에서 '한국의 인구South Korea Population'를 검색하게 되면 구글은 한국의 인구 정보만 보여주는 것이 아니라 북한 및 일본, 중국, 미국과의 인구 비교, 한국의 GDP 등 다음 검색까지 예측해 한 번에 보여주는 것이다. 그리고 중국 상하이로 여행을 가기 위해 구글 검색을 하게 되면 상하이까지 가는 비행기 스케줄뿐만 아니라 호텔, 식당 등 다음에 할 검색을 예측해 미리 보여주게 된다.

또 구글의 모바일 검색엔진 구글 나우Google Now를 실행하면 날씨, 교통 상황, 식당 등을 이용자의 위치에 따라 제시하게 되는데 곧 음악, 영화, 책, 비디오 게임 등 이용자가 좋아할 만한 콘텐츠를 추천한다. 구글이 쌓은 방대한 데이터를 기반으로 이용자의 취향을 파악해 추천하고 예측하는 시스템이 검색에 그대로 반영된 것이다.

이는 구글 맵스에서도 그대로 반영됐다. 구글 맵스에서도 추천과 예측 기능이 포함됐다. 샌프란시스코를 검색하면 지도에 이용자가 구글에서 했던 검색을 기반으로 좋아할 만한 식당과 주변 상점을 추천해준다. 그리고 실시간 교통 정보를 반영해 실시간으로 내비게이션 방향을 바꿔주고 Turn by Turn 특정 장소에 갈 때 현재 시각 기준으로 대중교통이 빠른지, 자가용을 운전해서 가는 것이 빠른지 예측하고 알려주기도 한다. 구글의 이 같은 서비스는 이미 구글 맵을 통해 방대한 이용자 정보를 쌓았고 이를 개인화하는 단계에 도달했다는 것을 의미한다. 구글은 500억 회의 턴바이턴 정보를 쌓았다고 밝히고 있다.

한국에서도 이 정도 서비스는 될 수 있다. 하지만 미국뿐만 아니라 전 세계 20억 명을 대상으로 서비스를 하려면 사람의 손이 아닌 기계에 맡겨야 한다. 한국처럼 수작업에 의지하는 서비스가 아니라 기계의 학습에 의한 예측 시스템인 머신러닝이 필요할 수밖에 없다.

이처럼 머신러닝을 기반으로 한 개인화된 추천, 예측 엔진을 구축한 것은 구글이 처음은 아니다. 오히려 아마존이 원조라고 볼 수 있다. 아마존

구글 I/O 2013에서 래리 페이지 CEO가 구글의 미래에 대해 설명하고 있다.

은 이용자의 쇼핑 습관과 같은 물건을 산 다른 사람들이 어떤 물건을 구매했는지를 분석해 이용자가 구매할 만한 상품들을 보여준다.

아마존은 이용자가 한 번 클릭한 물건은 언젠가는 구매한다는 것을 알고 있다. 그래서 클릭한 물건을 바탕으로 지속적으로 패턴을 분석, 구매율이 높은 상품을 추천해 실제 구매로까지 이어지게 하는 것이다. 한 번 아마존에서 쇼핑을 하면 벗어날 수가 없는데 이는 배송 시스템이 훌륭한 점도 있지만 상품 관련성이 높으면서도 질 좋은 상품을 추천해주기 때문이다.

아마존뿐만 아니라 넷플릭스도 이용자 개개인에 맞춘 영화 및 TV 시리즈를 보여준다. 개인화 및 맞춤형 검색과 추천은 실리콘밸리 기업의 핵심 트렌드다.

여기서 질문. 인터넷이 등장한 이후 개인화, 맞춤형이 화두가 아닌 적이 있었나? 그렇다. 개인에게 맞는 콘텐츠를 보여주는 것은 인터넷 기업의 영원한 숙제다. 하지만 기존 개인 맞춤형이 이용자가 먼저 정보를 입력하고 이에 맞게 이용자 환경을 바꾸는 것이 주류였다면 이제는 이용자가 따로 정보를 입력하지 않더라도 사용 패턴을 추적해 알아서 추천하고 예측하는 것이 달라진 것이다.

빅데이터, 모든 변화의 시작

변화는 시나브로 찾아온다. 하지만 빅데이터가 일상화되면 더 크게,

근본적으로 찾아오게 된다. 예를 들어 자동차 산업을 떠올려보자. 자동차의 타이어와 핸들 등 각 부품에 센서를 부착해 GPS와 통신 기능을 할 수 있게 된다. 이렇게 되면 운전자는 자동차 관련 데이터를 통해 최적 경로를 확보해 연비를 향상시키고 시간을 단축하며 궁극적으로 보험료를 내릴 수 있다. 정부와 지방자치단체는 차량 정체를 해결해 많은 사회적 낭비를 해소할 수 있다.

통신 사업자나 위치기반 서비스 사업자는 도로 정보, 주차 정보, 긴급 서비스 등을 통해 낭비를 줄일 수 있으며 자동차 업체들은 자동차에 문제가 생기기 전에 진단할 수 있게 된다. 엔진, 타이어에 부착된 센서가 주행 기록을 세분화해서 파악하기 때문이다. 차량에서 수집된 정보는 위치기반 서비스 업체에 보내진다.

어떤가? 미래가 정말 바뀔 것 같은지 모르겠다. 하지만 여기서 중요한 것을 잊지 말아야 한다. 데이터는 센서가 수집하고 저장은 서버에서 하지만 이를 해석하고 활용하는 것은 '인간'이라는 점을 말이다. 또 정작 빅데이터에서 가장 중요한 것은 데이터, 숫자가 아니라 '스토리'라는 점을 말이다. 데이터는 널려 있다. 이를 스토리로 만들어낼 줄 아는 사람이 변화의 주인공이 될 것이다.

슈퍼개인: 우리는 역사상 가장 강한 개인이다

> 나는 사람들에게 그들의 존재가 지니고 있는 의미를 터득시키고자 한다. 그것은 위버멘쉬Ubermensch요. 사람이라는 먹구름을 뚫고 내리치는 번갯불이다.
>
> — 니체, 〈짜라투스트라는 이렇게 말했다〉

만약 니체가 지금 이 시대를 본다면 어떻게 생각했을까? "신은 죽었다"며 사유의 중심을 종교적 관점에서 인간 그리고 무엇보다 '개인(나)'으로 내려오게 만든 현대 철학의 창시자 니체가 만약 타임머신을 타고 1885년에서 2013년으로 왔다면 어떻게 이 시대를 평가했을까? 얼굴에는 구글글라스라는 이상한 물건을 착용하고 돌아다니는 사람들. 스마트폰을 항상 들고 다니며 언제 어디서나 정보를 얻고 질문에 대답할 준비가 되어 있는 사람들. 집이나 지하철에서도 스마트폰을 끼고 이웃과 대화하지 않는 사람들.

'이거 뭐지?' 영화 한 편 나올 만한 스토리다. 하지만 니체는 2013년을

보고 더 깊은 사유에 빠졌을 것이 분명하다. '위버멘쉬가 실제 존재하는 것 아닌가?'

위버멘쉬란 항상 자기 자신을 넘어서고 자기 극복적인 삶을 영위하는 인간이다. '힘에의 의지'를 기준으로 가치를 설정하고 경험을 스스로 관점대로 구성하는 주체다. 니체의 위버멘쉬를 2013년 버전으로 해석해보면 '본 대로 생각한다고 믿는 존재'이며 전통적 관점으로 보면 도덕적이지 않은, 지극히 개인적이고 이기적인 존재다. 특히 니체가 말한 위버멘쉬의 중요한 포인트는 자기 극복이다. 끊임없이 자기를 창조하는 능동적 인간이 위버멘쉬다.

"(개인적이고 이기적인) 나는 언제나 나를 넘어선다." 어디서 많이 본 광고 카피 아닌가?

니체는 독일 본Bonn대학의 어느 헌책방에서 쇼펜하우어의 책을 만났고 이후 스스로 깨우치는 경험을 하게 됐다. 니체가 살던 19세기 중후반 대표적 미디어(디바이스)는 종이로 인쇄된 책과 신문이었으며 헌책방 또는 책방, 도서관 등이 콘텐츠 유통 허브였다.

하지만 지금 대다수 세계인은 스마트폰에서 마음만 먹으면 쇼펜하우어의 책을 발췌독할 수 있으며 위키피디아에서는 쇼펜하우어가 니체에게 준 영향에 대해 자세히 소개되어 있다. 쇼펜하우어에게는 못 미칠지라도 당대 훌륭한 사상가들의 시각을 테드TED에서 15분 만에 요약해서 들으며 깨우칠 수도 있다. 구글 검색을 하면 초등학생 어린이도 니체가 1885년에 한 말을 니체 앞에서 대답할 수 있다.

니체는 까무러칠 것이다. '아니, 이렇게 강할 수가……'

스마트폰을 손안에 든 개인은 그렇지 못한 개인과 분명 다를 수밖에 없다. 저녁 시간에 먹을 맛집을 찾아내는 시간도 다르고 학교 숙제나 회사 업무를 처리하는 속도나 양이 다르다. 휴일이나 공휴일에 막히는 길만 피해 가서 집에서 목적지까지 가장 빠르게 도달할 수 있다. 친구들이 페이스북이나 트위터를 통해 알려주는 뉴스는 매우 빠르며 심지어 140~300자 내외에서 요약해 핵심 정보들을 알려주기도 한다. 정보를 찾기 위해 도서관에서 1주일 동안 찾아야 할 정보를 단 몇 초 만에 구글링을 통해 해결할 수 있다. 남는 시간에는 다른 일을 찾아 나선다.

오늘날 개인은 그 어떤 시대의 개인보다 강력해졌다. 인도를 발견하기 위해 어설픈 지도로 대서양을 건넌 1492년의 콜럼버스를 굳이 얘기할 필요가 없다. 지금은 스마트폰으로 인도 바라나시의 호텔에 있는 개집까지 구글 맵스로 찾아낼 수 있다.

처음 가보는 여행지에서도 헤매거나 길을 잃어버릴 염려가 없다. 실시간 안내 Turn by Turn 기능은 목적지를 정확히 찾아준다. 유명한 레스토랑이나 숙박 시설을 찾기 위해 지역 주민에게 물어볼 필요도 없다. 집단지성으로 만든 옐프 평가는 오랫동안 거주한 지역 주민의 평가에 뒤지지 않는다. 호텔닷컴 www.hotel.com 이나 핫와이어 www.hotwire.com 는 실시간으로 빈집을 찾아 예약해준다. 그동안 길, 레스토랑, 숙소를 찾기 위해 소비한 시간을 생각해보라.

스마트폰과 소셜 그리고 데이터로 무장한 2013년에 사는 세계인들은 니체도 놀랄 만한 역사상 가장 강력한, 가장 똑똑한 개인 individual 임에 틀림없다. 삶에 대한 의지와 더 나은 삶에 대한 희망도 어느 때보다 강하다. 디지털로 무장한 슈퍼개인의 출현, 위버멘쉬가 등장하고 있다. (물론 이 같은 디지털 미디어 기술이 발전하면 할수록 니체와 같은 시대를 넘는 사상가는 나오지 않는다는 것이 디지털의 역설이지만 말이다.)

모든 개인은 브랜드다

여기서 질문 하나. 2013년의 개인이 역사상 가장 강력한 개별 존재로 규정됐지만 이 개인은 우리가 알던 개인과 같은 존재인가? 물론 같은 존재다. 하지만 커넥티드 디바이스를 들고 다니며 소셜네트워크를 통해 친구들과 콘텐츠를 주고받고 실시간으로 정보를 얻을 수 있는 개인은 분명 이전과 다른 능력을 가진 사람일 것이다.

질문 둘. 여기에서 개인을 소비자 또는 독자, 사용자로 바꿔보자. 각 회사에서 인식하고 있는 '소비자'는 스마트폰으로 무장하고 소셜의 영향을 실시간으로 받고 있으며 데이터가 축적되어 행동 패턴이 예측되는 그 소비자 맞나? 아니면 CEO 및 임직원의 인식 속에 있는 경영학 교과서, 컨설팅 업체에서 제공하는 페이퍼 속에 존재하는 소비자 아닐까?

신문, 방송, 전통 인터넷 기업들이 규정하는 '독자'는 과연 2013년을 살고 있는 독자가 맞는가? 아니면 아침이면 꼭 커피와 함께 신문을 펼쳐야 살맛이 난다고 하는 1980~1990년대의 독자 아닌가?

식당이나 레스토랑의 경우 개인을 손님으로 바꿔보자. 우리 식당에 오는 손님은 수십 년간 알고 지내는 단골과 같은 존재인가? 아니면 스마트폰을 들고 실시간으로 추천되는 맛집을 찾아가는 손님인가?

사람은 다르지 않다. 하지만 1980~1990년대의 독자, 소비자, 손님은 손가방에 신문이나 잡지를 들고 다녔지만 2013년의 독자, 소비자, 손님은 스마트폰, 태블릿 등 인터넷 디바이스 최소 2~3개를 동시에 지니고 소셜네트워크를 즐겨 이용하는 사람들이다.

이들이 같은 개인인가? 다르다. 들고 다니는 디바이스만 진화한 것이 아니다. 스마트폰 앱에 평가된 것이 아르바이트에 의해 고용된 평가인지 따져보는 개인이다. 그리고 협력적 소비를 할 줄 알고 정보를 공유할 줄 아는 '따로 또 같은 Alone Together' 존재인 것이다.

이처럼 모바일과 소셜을 결합한 힘을 갖춘 슈퍼개인은 브랜드를 만들어내기 시작했다. 개인의 브랜드 활동은 부지불식간에 너무나 당연해졌다. 왜냐하면 페이스북에서 아이디를 만들어 자신의 콘텐츠를 공유하며 트위터 개인 계정을 통해 미디어 활동을 하는 것 모두 개인 브랜드를 만들기 위한 활동이기 때문이다.

페이스북이나 트위터, 카카오 스토리에서의 '개인'이 '나'와 정확히 일치하지는 않는다. 소셜에서의 자아나 그룹 활동은 개인 활동과 구분된다. 소셜 공간에서 개인은 예외 없이 브랜드 활동을 하기 때문이다.

소셜 공간에서 좋은 이미지를 쌓아 올리기 위해 부단히 노력하며 개인이 돋보이는 포스팅을 올린다. 또 타인과 구분 짓는 콘텐츠를 만들고 공유하기 위해 노력한다. 심지어 플랫폼에 따라 다른 브랜드 활동을 하기도 한다. 핀터레스트에서는 요리, 패션 등에 대한 애정을 드러내며 트위터에서는 기자가 되려고 한다. 페이스북에서는 진정성을 보여주기 위해 애쓰고 텀블러나 레딧에서는 누구나 20대가 된다. 카카오 스토리에서는 가족적인 모습을 갖춘 개인이라고 브랜딩한다.

과거에도 개인 브랜드는 있었다. 루이비통, 샤넬, 아르마니 등 세계적 명품 반열에 오른 개인 브랜드도 있다. 하지만 예전에는 나만의 콘텐츠를 팔겠다는 마인드를 갖춘 일부 개인만 브랜드가 됐지만 이제는 '모든' 개인이 브랜드다.

개인, 조직을 넘어선다

"나는 더이상 당신이 알던 내가 아니다."
"모든 개인은 브랜드다."

브랜드 파워를 갖춘 슈퍼개인의 출현. 이 같은 선언을 듣고 가슴이 뛰는가 묻고 싶다. 특히 개인의 브랜드를 높이고자 한다면 과거보다 더할 나위 없이 좋은 환경을 갖추고 있다. 소셜네트워크를 활용하면 거의 실시간으로 국경의 장벽 없이 전 세계적으로 퍼져나갈 수 있다.

애플의 에반젤리스트였으며 현재 모토로라에서 자문역을 맡고 있는 가이 가와사키Guy Kawasaki는 트위터와 페이스북에서의 활발한 활동으로 전 세계에 수많은 팬(팔로어)을 확보하고 있다. 과거에는 가이 가와사키를 알 수 있는 방법은 각국 언어로 번역된 책이 전부였지만 이제는 소셜네트워크를 통해 그의 일거수일투족을 파악할 수 있고 그가 누구를 만났는지, 어떤 생각을 하고 있는지도 알 수 있다.

이런 활동 중에 그는 세계적으로 개인 브랜딩을 가장 잘하는 인물 중 한 명으로 꼽히고 있다. 이 과정에서 그가 들인 비용은 제로에 가깝다. 그저 모바일을 통해 실시간으로 그의 소셜 활동과 얻고 배운 것들을 공유했을 뿐이다.

하지만 이 슈퍼개인, 즉 디지털 위버멘쉬의 고민은 따로 있다. 개인 브랜드의 성장은 조직(회사 등)과 종종 충돌할 가능성이 높기 때문이다. 조직은 개인 브랜드의 성장을 돕기도 하고 적이 되기도 한다. 그리고 슈퍼개인들은 조직의 역량을 강화시켜주고 때로는 조직 브랜드의 상승에 도움이 된다. 하지만 조직의 이익을 위해서는 슈퍼개인의 욕구를 억눌러야 할 때가 있다. 이럴 때 긴장 관계가 형성된다.

조직의 우산 아래 있으면서 조직의 힘과 지원 능력 등의 혜택을 얻으려 하는 개인의 욕구는 당연한 것이다. 슈퍼개인은 브랜드로 성장하고 있지만 아직 조직이 되고 싶지는 않기 때문이다. 그러나 이미 브랜드로 성장한 개인은 조직의 위계질서와 의사결정 구조가 개인의 성장을 방해하는 것을 느끼며 갈등을 한다.

이처럼 슈퍼개인의 출현과 조직의 갈등 그리고 슈퍼개인과 조직의 새로운 관계 설정은 향후 주요 사회 이슈로 부상할 것으로 예상된다.

스포츠 분야에서는 이미 현실화되고 있다. 스포츠는 어떤 분야보다 개인과 조직(팀, 구단)의 관계가 중요하다. 개인의 능력이 중요하지만 골프 등

《베니티페어》 2013년 11월호 표지 모델이 된 제이지. 제프 베조스와 함께 올해의 혁신가로 선정됐다.

일부 스포츠를 제외하고는 혼자만 잘해서 뛰어난 성취를 발휘할 수 있는 종목은 거의 없다. 하지만 슈퍼 탤런트를 보유한 슈퍼개인이 없으면 우승이 힘든 것도 사실이다. 고만고만한 선수들로는 우승은커녕 시리즈 무대에조차 진출하기 어렵다.

힙합 가수로도 유명했으며 비욘세의 남편으로 더 유명한 제이지Jay-Z는 최근 미국에서 가장 주목받는 사업가이기도 하다. 거대 힙합 레이블 데프잼 레코드의 사장을 했고 락커펠라 레코드, 락커필름 등도 소유하고 있다. 제이지는 음악 세계에서는 가수이자 프로듀서 그리고 사장으로 유명하지만 스포츠 팬들에게는 NBA 브룩클린 네츠Brooklyn Nets로도 유명하다. 브룩클린에서 태어난 그는 농구와 고향 팀을 너무 사랑한 나머지 브룩클린 네츠에 100만 달러를 투자해 공동 구단주로 올라섰기 때문이다. 비록 소액이었지만 유명 가수 제이지의 브룩클린 네츠 지분 인수는 크게 화제가 됐다. 그가 비욘세와 함께 네츠의 경기를 보러 온 날은 항상 스포트라이트를 받곤 했다. 그들의 주요 데이트 장소 중 하나가 바로 브룩클린 네츠 홈구장이었다.

브룩클린 네츠를 사랑하던 제이지는 2013년 4월 이 지분을 팔고 스포츠 에이전트 사업을 시작한다고 발표해 또 한 번 화제를 불러일으킨다. 《뉴욕타임스》 1면에 크게 보도될 정도였다.

제이지는 스포츠 에이전트 회사 락네이션스포츠Roc Nation Sports를 설립하고 뉴욕 양키스의 2루수 로빈슨 카노Robinson Cano와 에이전트 계약을 맺었다. 로빈슨 카노는 LA 다저스 류현진의 에이전트이기도 한 스캇 보라스를 떠나 제이지의 품에 안긴 것이다. 구단주의 에이전트 변신이 놀라운 것이었지만 첫 번째 대상이 뉴욕 양키스의 프랜차이즈 스타이자 '타격의 신' 카노라는 점도 놀라웠다. 제이지가 브룩클린 네츠 지분을 정리한 것은 에이전트가 되기 위해서는 구단의 오너십이 없어야 한다는 규정 때문이었다.

그는 메이저리그뿐만 아니라 농구, 미식축구 등 미국 인기 프로 스포츠의 에이전트로 본격적으로 뛰어들 계획이다. 미국의 프로 스포츠는 뛰어난 흑인들이 맹활약을 펼치고 있으며 제이지는 '흑인 워렌 버핏'으로 불릴 정도로 비즈니스 수완을 발휘하고 있어 미국 에이전트 산업에 지각변동을 불러일으킬 것으로 예상되고 있다.

제이지가 구단이라는 '조직' 지분을 팔고 에이전트라는 '개인' 장사에 나선 것은 의미심장한 변화로 받아들여진다. 슈퍼 탤런트를 보유한 위버멘쉬가 구단보다 더 중요해졌다는 것이다. 르브론 제임스의 팬들에게는 그가 마이애미 히트에서 뛰건 클리블랜드 캐벌리어스에서 뛰건 중요한 것은 그가 '킹 제임스'라는 사실이다. 이 사실을 잘 아는 르브론 제임스는 르브론 제임스 닷컴을 만들고 그의 취미부터 음식까지 모든 것을 연계해 판매하는 등 자신만의 브랜드를 구축해가고 있다. 르브론 제임스가 아무리 뛰어난 선수라고 하지만 혼자서 농구를 할 수는 없으며 팀 없이 리그에 뛸 수 없다. 하지만 팬들에게 중요한 것은 르브론 제임스이지 마이애미 히트는 아니라는 것이다. 이를 제이지식으로 해석하면 돈벌이가 되는 것은 위버멘쉬 르브론 제임스의 에이전트를 하는 것이지 마이애미 히트를 소유하는 것은 아니라는 것이다.

마이클 조던을 떠올려보면 향후 변화도 짐작할 수 있다. 마이클 조던은 '킹 르브론 제임스'조차 비교할 수 없는 글로벌 레전드다. 1990년대 당시 마이클 조던과 시카고 불스는 동일시됐으며 NBA 팬뿐만 아니라 세계 농구 팬들도(심지어 북한의 김정은조차도) 마이클 조던을 사랑했고 시카고 불스에 열광했다.

하지만 르브론 제임스는 어떨까? 세계 스포츠 팬들은 르브론 제임스를 들어봤어도 그가 어디서 뛰고 있는지는 NBA 팬들을 제외하고는 잘 모르는 것이 사실이다. 코비 브라이언트가 훌륭한 농구 선수라는 것은 알고 있어도 그가 LA 레이커스에서 뛰고 있다는 사실은 그다지 중요한 것이 아니다.

앞으로는 어떻게 될까? 마이애미를 연고로 하는 구단이 아니라 미 전역을 홈구장으로 하는 '팀 르브론 제임스'가 나올 법하다. 위버멘쉬 르브론 제임스가 자신의 팀을 만드는 것이며 코비와 그의 NBA 팀으로 구성된 '팀 코비 브라이언트'와 대결하는 그림이다.

축구도 마찬가지다. FC 바르셀로나의 메시가 중심이 된 'FC 메시'나 호날두의 '레알 호날두', 웨인 루니의 '루니 유나이티드'가 나오지 말라는 법이 없다. 실제로 최근 은퇴를 선언한 영국의 축구 스타 데이비드 베컴은 미국 축구리그 MLS의 대주주로 구단을 소유할 것이란 전망이 나오고 있다. 이렇게 된다면 이름은 지역 연고를 빌리겠지만 사실상 'FC 베컴'이나 다름없는 셈이다.

스포츠뿐만 아니라 대학 교육 분야에서도 이 같은 변화의 움직임이 나타나고 있다. 대학 교육은 그동안 사회의 변화에도 끄떡없는 변화의 무풍지대와 같았다. 대학 등록금이

르브론 제임스의 홈페이지. 개인 홈페이지를 넘어선 브랜드 사이트다.

갈수록 비싸지고 있는 만큼 교육의 질이 좋아지고 있는지는 의문이다. 학교 시설 투자와 재산 증식에 정성을 쏟는 만큼 수업의 수준을 끌어올리는 데 정성을 쏟고 있는지 의문이며, 동문들의 기부금을 받는 데 열을 올리는 만큼 장학금 혜택을 넓히는 데도 열을 올리고 있는지 회의가 드는 것은 미국도 비슷하다.

하지만 스탠퍼드는 실리콘밸리에 위치한 대학답게 다른 길을 걷고 있다. 대학 교육을 근본에서부터 바꿀 잠재력을 갖춘 것으로 평가받고 있는 개방형 온라인 대학MOOCs 상당수가 스탠퍼드로부터 나왔다. MOOCs의 대표 코세라Coursera 공동 창업자 앤드류 응Andrew Ng, 다프네 콜러Daphne Koller 교수는 모두 현직 스탠퍼드 교수들이다.

하워드 라인골드 교수는 아예 '라인골드 유니버시티Rheingold U'를 만들었다. 라인골드 교수는 스탠퍼드에서 소셜미디어 및 인터넷 커뮤니티에 대해 가르치고 있는데 수업 내용 중 핵심을 담아 개인의 지식관리 노하우를 가르치는 'Think-Know Tools'라는 6주 강좌를 개설했다. 개인은 300달러이고 회사에서 지원하는 금액으로 등록하면 500달러를 내야 한다. 인터넷 커뮤니티의 대가답게 그는 블로그, 마인드맵, 소셜북마크, 소셜네트워크에 대한 강좌를 한다.

강의실이 있는 것은 아니다. 라이브 비디오 채팅을 통해 강의를 하고 집단지성, 블로그 등을 이용해

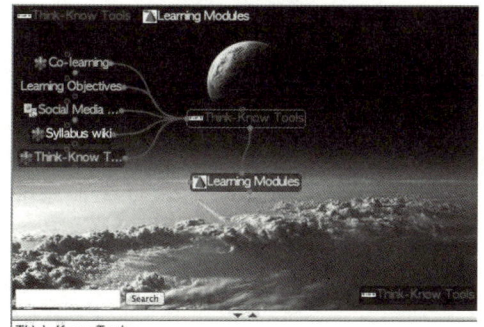

라인골드 교수가 운영하는 라인골드 유니버시티 강좌

숙제를 하게 한다. 라인골드는 이를 협습co-learning이라고 정의하고 있다. 교수가 일방적으로 강의하는 것이 아니라 수업을 듣는 학생들끼리 서로 배울 수 있게 하는 것이다. 라인골드 교수는 스탠퍼드 수업 시간을 통해 검증을 마친 수업 방식을 자신의 이름을 딴 가상 대학을 만들어 대중화하고 있는 것이다.

앤드류 응과 다프네 콜러 교수는 '코세라'라는 무료 플랫폼을 만들어 전 세계에 확산시키고 있으며 라인골드 교수는 라인골드 유니버시티를 만들어 유료로 사업모델화하고 있다. 스탠퍼드 대학의 반응은 어떨까? 교수가 연구와 수업은 등한시하고 개인 장사를 한다며 비난할까? 일부 튀는 교수 때문에 연구와 수업에 매진하는 일반 교수들이 피해를 받는다며 얌전히 있으라고 할까?

스탠퍼드는 교수들의 이 같은 활동을 적극적으로 장려한다. 학생들에게도 창업하라고 독려하는데 교수들이 못할 이유가 없다. 실제로 회사의 공동 창업자 또는 기업의 이사회 멤버로 이름을 올려놓는 스탠퍼드의 교수는 수를 셀 수가 없다. 교수들이 학교에서 가르치는 수업의 외연이 확대되기도 하고 밖에서 나온 아이디어가 교수들을 통해 스탠퍼드로 들어오기도 한다.

그 결과 슈퍼개인이 모인 집단이 스탠퍼드대학이 되고 있으며 스탠퍼드는 이들을 지켜주는 우산이 되고 있다. 코세라나 라인골드 유니버시티는 스탠퍼드의 일부가 되고 있지 스탠퍼드를 잠식하는 것이 아니기 때문이다. 스탠퍼드의 슈퍼개인(학생, 교수)은 이구동성으로 "나도 스탠퍼드 제품"이라며 자랑스러워하고 각종 기부금으로 고마움을 표시한다. 슈퍼개인의 집합이자 슈퍼개인을 만들어내는 발전소와 같은 스탠퍼드. 21세기 세계 최고의 대학으로 발전하고 있으며 지금도 성장하고 있는 데는 이유가 있다.

조직, 슈퍼개인이 모인 집단

슈퍼개인의 등장. 조직은 고민스러울 수밖에 없다. 조직은 스타급 개인이 필요하기는 하지만 조직을 넘어선 개인은 부담스럽기 때문이다. 조직은 때로는 지휘와 통제가 필요하기도 하고 이를 통해 빠른 의사결정을 추구하기도 한다. 스타 플레이어가 즐비한 야구팀이나 축구팀이 항상 우승하는 것은 아닌 것과 같은 이치다.

그렇다고 스타급 개인(인재)이 없으면 내부 변화를 이끌어낼 수도 없고 정체할 수밖에 없다. 아무리 훌륭한 감독과 수비수를 보유한 축구팀이라 하더라도 스트라이커는 필요하게 마련이며 확실한 4번 타자가 없는 야구팀은 우승하기 어렵다. 슈퍼개인도 훌륭한 조직이 필요하다. 혼자 프리랜서 생활을 할 수는 있겠지만 훌륭한 조직과 함께한 슈퍼개인은 더 빛이 나게 마련이다. 조직의 리소스를 활용할 수 있기도 하고 조직은 개인의 우산이 되기도 하는 것이다.

이렇게 조직과 개인의 관계를 다시 설정하는 것은 21세기 개인의 능력을 극대화해 조직의 위대한 성과를 이끌어내는 데 중요한 기초가 될 것이다. 특히 슈퍼개인이 잇따라 등장하는 이 시대에는 더할 나위 없이 중요하다. 그렇다면 어떻게 새로운 조직과 개인의 관계를 만들어낼 것인가?

미국의 스타 저널리스트 네이트 실버Nate Silver는 조직과 개인의 새로운 관계 설정의 아이콘이 되고 있다. 네이트 실버가 "조직과 개인의 새로운 관계의 아이콘이다"라는 말에 쉽게 동의하지 않을 수 있다고 본다. 왜냐하면 그는 새로운 유형의 저널리스트의 아이콘이며, 빅데이터의 아이콘이며, 통계 스토리텔링의 아이콘이며, 미국 선거의 새로운 지평을 연 인물로 평가받고 있기 때문이다. 지난 2012년 미 대선에서《뉴욕타임스》의 선거 블로그 '파이브써티에잇Five Thirty Eight'을 운영하면서 선거 결과를 오차 없이 정확히 맞힌 이후 그는 미국의 내로라하는 정치인이나 저널리스트 못지않은 유명세를 탔다.

그가 운영한 파이브써티에잇은 미국 선거구 숫자 이름이다. 네이트 실버는 지난 대선에서 기존 여론조사 전문 기관과 신문, 방송사의 예측 조사보다 정확히 오바마의 압승을 점쳤다. 기존 여론조사 전문기관에서는 오바마와 롬니가 박빙의 승부를 할 것이라고 예상했다. 실제로 롬니는 선거 당일 선거 패배 수락이 늦기도 했는데 '도저히 믿을 수 없다'고 생각했기 때문이었다. 롬니 선거 캠프에서는 당선을 확신하고 있었다.

하지만 네이트 실버는 거의 모든 선거구의 예측 결과를 맞혔고 그 결과 오바마의 승리를 예상했던 것이다. 그는 스스로 여론조사를 하지 않는다. 다만 여론조사를 통계적으로 분석할 뿐이다. 그는 수백 개의 여론조사를 과학적으로 분석한 뒤 하우스 효과를 뺀 조정치를 산정해 결과를 예측했다. 하우스 효과란 조사자의 편견이나 당파성, 조사 대상자가 누구냐에 따라 특정 정당에 유리한 결과를 산출하는 것을 말한다. 그는 이 조정치에다 경제적 요인에 의한 표심의 변화를 가미해 득표율을 예측해 냈다.

네이트 실버는 전통적 의미의 기자가 아니었다. 2008년 미 대선 이후 파이브써티에잇닷컴이라는 사이트를 운영하고 있었는데 그의 재능을 알아본 《뉴욕타임스》가 그의 홈페이지를 《뉴욕타임스》 블로그로 끌어들인 것이다. 지난 대선 기간 그의 블로그가 《뉴욕타임스》 트래픽의 20%를 차지할 정도로 대단한 유명세를 끌었고 《뉴욕타임스》 신문 지면에도 고정으로 등장했다. 그의 칼럼은 토머스 프리드먼이나 폴 크루그먼과 같이 《뉴욕타임스》의 대표적인 인기 칼럼이 되기도 했다.

《뉴욕타임스》는 네이트 실버의 든든한 우산이 됐다. 《뉴욕타임스》라는 세계 최고의 권위 있는 매체가 아니었다면 네이트 실버의 예측은 빛이 바랬을 것이다. 《뉴욕타임스》도 네이트 실버라는 블로거를 전통적 의미의 기자가 아니라는 이유로 지면에 그의 예측을 반영하지 않았다면 권위 있는 신문의 격을 만들어내지 못했을 것이다. 《뉴욕타임스》는 네이트 실버의 빅텐트big tent가 되어주었고 슈퍼개인 네이트 실버는 빅텐트 아래에서 능력을 마음껏 발휘할 수 있었다.

이 같은 명성에 힘입어 네이트 실버는 2013년 8월 3년간 몸담았던 《뉴욕타임스》를 떠나 디즈니 그룹의 스포츠 채널 ESPN으로 이적했다. 그는 미국의 스포츠 채널 ESPN과 역시 디즈니 그룹의 지상파 방송 계열사 ABC 뉴스의 홈페이지에 스포츠와 정치 등의 다양한 분석과 통계를 제공할 것으로 예상된다. 이는 《뉴욕타임스》와 네이트 실버의 계약 기간 3년이 끝났기 때문으로 많은 언론이 네이트 실버의 ESPN 이적을 상세하게 보도하기도 했다. 《뉴욕타임스》는 그와 재계약하기 위해 많은 노력을 기울였지만 디즈니 그룹은 '다년간 계약, 많은 계약금'을 주고 그를 영입할 수 있었다.

네이트 실버의 스토리, 어디서 많이 본 것 같다. 천문학적 이적료, 이적 경쟁, 다년간 계약 등 스포츠 스타의 프리에이전트FA를 보는 듯하다. 하지만 그는 기자이며 그 이전에 블로거다. 그리고 무엇보다 가장 유명한 슈퍼개인 중 한 명이다.

인터디펜던스: 혁신은 전염되는 것이다

4년 더Four more years.

이 사진은 버락 오바마 대통령이 대선을 앞둔 2012년 11월 6일 올린 사진이다. 이 사진은 2012년 트위터에서 선정한 '올해의 골든 트윗Golden Tweet'이었다. 이 사진은 오바마 대통령 계정에 올라간 지 22분 만에 22만 6249번의 리트윗이 이뤄졌고 2012년 12월 말 기준 약 82만 번 리트윗됐다. 이후 불과 1시간 만에 2012년 가장 많이 리트윗된 사진으로 기록됐다. 무려 200개국이 넘게 사진이 퍼졌다.

이뿐만이 아니었다. 선거 당일 오바마 대통령의 재선이 확정되는 순간 분당 트윗

수는 32만 7452건이었고 그가 시카고에서 승리 연설을 할 때는 무려 45만 5000건의 축하 메시지가 리트윗됐다. 이렇게 2012년 미 대선은 트위터 역사의 거의 모든 기록을 갈아치웠다.

트위터 등 소셜네트워크서비스는 올림픽 등 스포츠 행사, 정치, 콘서트, 자연재해, 유명인의 죽음 등 각 이벤트에 큰 힘을 발휘하며 재빠르게 여론 형성의 장이 된다. 특히 대통령선거와 같은 메이저 정치 이벤트에는 더욱 큰 힘을 발휘했다. 댄 발즈 《워싱턴포스트》 정치 전문기자는 2012년 미국 대선에 대해 "트위터는 모든 것을 바꿨다. 이번 대선은 트위터, 페이스북 등 소셜미디어와 스마트폰이 중심 매체central vehicle가 된 첫 선거였다. 트위터에 쏟아부은 시간과 돈은 적었지만 영향력은 매우 컸다"라고 평가했다.

미국은 물론 한국, 일본 등 아시아 각국에서 트위터, 페이스북 등 소셜네트워크서비스가 삶에 어떤 영향을 미치고 있는지 궁금해하고 있으며 연구가 진행 중이다. 소셜네트워크는 모바일, 데이터와 결합되어 인간 세상을 바꾸고 있다. 정치 그리고 선거는 이를 가장 극적으로 파악할 수 있는 공간이다. 선거, 특히 대통령선거는 올림픽이나 월드컵 못지않은 빅 이벤트이며 사람들의 관심이 집중되기 때문이다.

소셜네트워크, 모바일, 데이터의 결합은 인간의 상호 의존성을 가속화시킨다. 그동안의 인류는 독립을 지향했다. 민족의 독립, 국가의 해방, 독립적 회사의 구성, 개인의 독립 등이다. 하지만 21세기 초연결 기술에 의한 연결사회는 상생의 가치가 독립의 가치를 넘어선다. 서로 연결된 세상에서는 독립의 가치보다 서로 기대고 의지하고 나누는 가치가 더 크다는 것이다. 인터디펜던스interdependence는 21세기 포스트 산업화 시대의 핵심 키워드 중 하나가 될 것이다.

소셜 투표: 나의 인증샷, 친구의 친구의 동생이 본다

2012년 한국과 미국 대선의 가장 큰 공통점을 꼽자면 역시 소셜 투표 social voting 행위가 일어났고 선거 캠페인 과정에서 소셜네트워크서비스가 상당한 영향력을 발휘한 소셜 선거 social election 가 벌어졌다는 점일 것이다. 소셜 투표 행위는 특히 젊은 층에 영향을 줬다.

한국 대선에서 78.5%라는 기록적인 투표율을 보인 것은 SNS 영향이 적지 않았다. 약 100만 명 이상은 SNS를 통한 투표 독려 행위로 인해 추가로 투표장에 나왔을 것으로 보인다. 트위터와 페이스북에는 인증샷 열풍이 불었고 이는 한국의 독특한 선거 문화로 정착했다. SNS에서의 인증샷 열풍과 투표 독려는 20~30대 유권자를 중심으로 투표율을 끌어올렸다는 점에 대해서는 이견이 없을 것이다.

실제 트위터 측에서도 "투표 및 투표 인증샷 관련 트윗이 오후 4시에서 6시 사이에 크게 상승하면서 대선 막바지 투표 열기를 느낄 수 있었다"고 밝히기도 했다. 그렇다면 이 같은 소셜 투표 행위가 2012년 미국에서도 벌어졌으며 투표율을 끌어올리는 데 영향을 줬을까?

대답은 '예스Yes'다. 미국의 퓨리서치센터 조사(Social Media and Voting, 2012. 11. 6)에 따르면 미국 유권자 22%는 소셜네트워크를 통해 투표를 했는지 여부와 함께 어떻게 했는지를 알렸다. 더 재미있는 것은 유권자 약 30%는 가족이나 친구들에게 SNS 포스팅을 통해 투표를 독려했다는 것이다.

미국에서도 18~29세 젊은 유권자일수록 이런 성향이 짙었다. 미국 20대(18~29세) 유권자 중 45%가 친구나 가족에게 투표할 것을 권유했고, 29%는 투표를 소셜미디어를 통해 밝혔고, 34%는 특정 후보를 지지할 것을 독려했다.

투표는 독립적인 개인의 이성적인 판단에 의한 정치 행위라는 것이 그동안의 이론이다. 어른들은 자신의 지지자들을 당선시키기 위해 투표장에 아침 일찍부터 나가고 20~30대 젊은이들은 휴일을 즐기기 위해 투표하지 않고 나간다고 생각한다. 개인의 이성적 판단 때문이라는 것이다. 하지만 생각보다 그렇지 않다.

투표 행위는 전염된다. 우리가 생각하는 것보다 훨씬 더 많은 사람이 친구들이 투표하면, 부모님이 투표하면 따라서 투표를 한다는 뜻이다. 인증샷을 보고 실제로 투표장에 나가는 사람이 예상보다는 많다. 진짜 그럴까?

제임스 파울러 캘리포니아대학 샌디에고UCSD 정치과학과 교수는 '친구 따라 투표한다'는 소셜 투표론을 검증하기도 했다. 파울러 교수는 사회 연결망 안에서 친구들이 비만이면 나도 비만일 확률이 높다는 논문으로 세계적인 주목을 받기도 했다. 파울러 교수는 2012년 9월 발표한 〈6100만 명 조사-사회적 영향과 정치적 이동〉이라는 논문에서 2010년 미국 중간선거 때 페이스북의 '나는 투표했다IVoted' 메시지로 유권자 34만 명이 추가로 투표장에 나오게 했다고 분석했다. 이 논문은 유력 과학잡지 《네이처》의 표지 논문으로 게재됐다.

파울러 교수는 이 논문에서 "친구가 투표한 것을 본 페이스북 이용자들의 실제 투표율이 높았다. 친구의 투표 행위는 페이스북을 통해 또 다른 상대방에게 영향을 미친다. 페이스북에서의 투표 독려는 단순히 친구 사이에서만 효과를 본 것은 아니다. 한 사람의 투표는 친구의 친구까지 영향을 미친다. 한 사람이 투표했다는 버튼을 누르면 이는 총 4명에게 투표를 독려한 효과를 일으킨다. 페이스북의 활동은 오프라인에 영향을 미친다. SNS를 이용하면 다른 사람의 생각을 유도하거나 행동의 변화를 일으키는 것이 가능하다"라고 주장해 화제를 불러일으켰다.

미국의 공영방송 NPR은 이 논문에 근거한 방송에서 "페이스북은 타깃

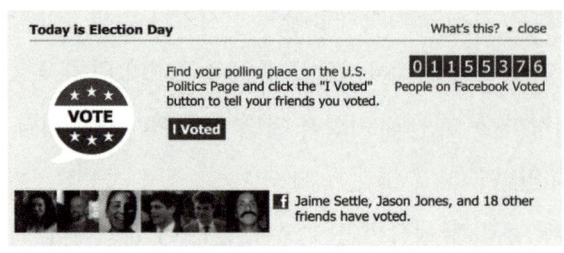

미 민주당의 "나는 투표했다"는 것을 독려한 캠페인. 지인들에게 투표를 권유하면서 사실상의 선거운동을 하는 방식이다. 민주당은 꽤 재미를 봤다.

유권자에게 파워풀한 도구로 활용될 수 있다"고 방송하기도 했다. 이 논문은 2012년 발표된 정치과학, 정치심리학 분야 중 가장 주목받았던 논문 중 하나다.

파울러 교수는 지난 2009년(한국에서는 2010년) 출간한 《행복은 전염된다 Connected》란 책에서 사회적 네트워크 안에서 이렇게 영향력이 전염되는 현상을 3단계 영향력론 Three degree of influence rule 으로 규정했다. 유권자 자신과 직접 연결된 사람은 가족, 친구 등 포함하면 3~4명밖에 없지만 한 유권자의 투표 행위는 최대 100명에게 연쇄 파급 효과를 나타낸다고 설명했다. 한 사람이 투표를 결정하기로 하면 평균 3명을 추가로 투표장으로 향하게 하는 영향을 미친다는 분석이었다.

다시 말해 투표 독려 행위는 실제로는 3단계를 뛰어넘어 4배 이상의 효과를 일으킨다는 것이다. 나의 투표 행위는 내 친구뿐만 아니라 내 친구의 친구, 내 친구의 친구의 동생에게까지도 영향을 미칠 수 있다는 얘기다. 6단계만 거치면 세상 사람들을 누구나 만날 수 있다고 하는데 소셜네트워크서비스가 형성된 세계에서는 그 단계는 짧아질 수밖에 없다.

왜 투표하는가? 민주주의의 꽃이기 때문에? 국민의 권리이기 때문에? 하지만 어떤 이들에게는 '친구가 투표하라고 했기 때문에' '친구의 친구가 투표했기 때문에'일 수 있는 것이다.

10살 소녀의 급식 혁명

"나는 한창 자라는 아이예요. 오후 수업에 집중하려면 크로켓 하나로는 부족해요."

지난 2012년 여름. 런던 올림픽과 함께 영국을 가장 뜨겁게 달궜던 뉴스는 9살짜리 어린 학생의 블로그였다.

스코틀랜드의 소녀 마사 페인Martha Payne 양. 페인 양은 2012년 4월 30일부터 블로그neverseconds.blogspot.co.uk를 만들어 학교에서 매일 제공하는 2파운드 급식 사진을 올렸다. 학교에서 미니 치즈버거, 크로켓, 오이 세 조각 등을 제공한 사진을 올렸고 그 이후에도 케첩과 소시지만 덜렁 든 핫도그, 인스턴트 식품이 주를 이룬 점심 사진도 계속 올렸다. 점수도 매겼다. 치즈버거 같지 않은 치즈버거에는 2점을 줬다. 순수한 소녀적 감성으로 올린 것이다.

하지만 이 사진은 일파만파로 번졌다. 페인 양의 블로그가 언론을 통해 이슈화되고 결국 영국 초등학교의 급식 문제로까지 확산됐다. 미국, 일본의 초등학생들도 마사 페인의 이메일로 자신의 급식 사진을 보내고 페인 양의 학교 것과 비교할 수 있도록 했다. 페인 양은 실제로 영양소가 골고루 들어간 일본 초등학교 급식 사진과 자신의 학교 급식 사진을 비교해 올리기도 했다.

언론에 보도가 나고 세계적으로 알려진 후 이 학교를 관리하는 스코틀랜드 지방의회의 결정은 어땠을까? 식단을 바꾸는 것이 아니었다. '더 이상 블로그에 학교 급식 사진을 올리는 것을 금지한다'는 결정이었다.

결국 이 학교는 된서리를 맞았다. 영국의 유명 요리사 제이미 올리버도 마사 페인을 거들었고 스코틀랜드 교육 장관도 지방의회의 결정을 비난하기에 이르렀다. 결국 스코틀랜드 지방의회 의장은 사진 금지 결정을 철회하고 의회가 부실 급식을 시정하기로 했다.

마사 페인 양과 자신의 블로그에 올린 점심 식단

여기서 끝일까? 마사 페인 양의 놀라운 행보는 계속됐다. 아프리카 말라위 등의 자신과 비슷한 나이 또래 학생들이 점심을 먹지 못한다는 사실을 알고 인터넷과 블로그를 통해 모금을 시작해 10만 파운드 모금에 성공했다. 영국에서는 학교에서 패스트푸드를 몰아내자는 운동이 생겨나고 아프리카 말라위뿐만 아니라 케냐, 라이베리아, 아이티를 포함한 16개국 60만 명의 어린이에게 급식하자는 운동이 시작되기도 했다.

블로그에 재미로 급식 사진을 올려본 마사 페인 양은 6개월도 안 되어 세계 어린이를 위한 학교 급식 운동의 상징이 됐다.

페인 양의 부모가 시켜서인가? 페인 양이 애초에 그렇게 영향을 주는 인물이 되고 싶었을까? 아닐 것이다. 페인 양은 급식에 점수를 매기는 재미로 올렸다. 페인 양은 블로그를 이용했고 영국 언론이 페인 양을 발견했으며 전 세계 어린이들이 페인 양에게 급식 사진을 담은 이메일을 보내 페인 양을 격려했다.

마사 페인양의 스토리는 큰 시사점을 주고 있다. 9살(2013년 현재 10살)짜리 소녀의 조그만 행동이 전 세계 어린이들에게 영향을 줬다. 이 같은 현상은 전 세계가 연결되지 않았다면 결코 벌어지지 않았을 현상이다. 더구나 6개월이라는 비교적 짧은 시간 안에 10만 파운드 모금도 이뤄냈다.

재미로 사진을 올린 마사 페인이 발견된 것도 싸이(박재상)의 〈강남 스타일〉이 발견된 과정과 비슷한 그것을 거쳤다. 처음부터 의도된 것은 아니지만 파급력은 어느 나라 대통령 못지않다. 어떻게 이런 일이 가능하게 됐을까?

새 기준, 새로운 현실

연결된 세상에서는 인간, 사회, 국가가 서로 의존하고 의지한다. 개인이 페이스북에 올리는 행복한 메시지는 친구들에게 전염되고 친구의 친구들에게까지 영향을 준다. 국가와 국가도 서로 크게 의존하고 즉각적인 영향을 주고받는다. 페이스북에 올린 우울한 메시지는 페친(페이스북 친구)들도 우울하게 만든다. 페이스북은 글과 사진만 전달되는 것이 아니다. 감정도 뉴스피드된다.

미국 경제에 가장 크게 영향을 미치는 것은 미국 내 대기업의 파산이 아니라 그리스, 포르투갈, 키프로스의 유로존 탈퇴 여부다. 그리스나 포르투갈, 키프로스 국민이 유로존을 탈퇴하겠다고 국민투표를 하는 것은 그들의 자유다. 하지만 그들의 결정은 유로화의 안정을 해치고 유럽 경제를 뒤흔들며 결국 미국 경제에도 악영향을 미친다.

미국 경제에 미치는 악영향은 고스란히 한국, 일본, 중국 등 아시아에도 주게 된다. 미국 대통령이 자국 내 실업률보다 그리스 등 유럽의 재정 불안정 국가의 경제적 안정을 더 걱정해야 하는 시기인 것이다. 한국 경제를 좌지우지하는 것은 한국 경제정책 당국의 통화율이나 이자율 조정 또는 코스피나 코스닥의 진폭이 아니라 미국 연방준비위원회의 양적 완화 조치 지속 여부다. 버냉키 연준 의장의 한마디가 한국 대통령의 정책보다 한국 경제의 펀더멘털에 더 영향을 미쳤던 것은 한국 경제가 미국 경제에 의존하고 있으며 미국과 한국 경제가 동조화되고 있기 때문이다.

한국인들은 강남 집값 못지않게 미국 캘리포니아 지역 집값에 대해 관심이 많고 중국 상하이 지역 부동산 가격에 대해 관심이 많다. 그 지역에 직접 투자를 하기 위해서가 아니다. 미국 캘리포니아와 중국 상하이 집값이 강남 집값, 넓게는 서울 부동산 가격에도 즉각 영향을 미친다는 사실을 알기 때문이다.

미국 소비자 경기는 삼성의 스마트폰 갤럭시S 시리즈 판매에도 직결된다. 한국인들은 자국 경기 못지않게 미국 소비자 경기에도 민감하다. 미국의 최대 쇼핑 시즌인 블랙 프라이데이 black friday 는 한국에도 명절과 같다. 공구(공동구매)나 직구를 통해 블랙 프라이데이 때 미국 인터넷 쇼핑몰에서 한국 소비자들이 사재기를 하기 때문이다. 이 같은 현상을 파악한 미국의 일부 인터넷 쇼핑몰들은 서서히 한국, 일본 등 소비자들에게도 손짓하며 한국어, 일본어 서비스를 시작하기도 했다(물론 GAP 같은 브랜드는 사재기를 우려해 한국 접속을 차단했다). 블랙 프라이데이는 미국에만 있는 날이다. 하지만 연결된 세상에서 한국, 일본 소비자들에게도 중요한 날이 됐으며 매출에도 직결된다. 이는 과거에는 없던 현상이다.

Free to what?

회사에서 혼자 독립적인 공간에서 조용히 일하는 것(생산성 중심 사고)보다 함께 아이디어를 나누고 일하는(협업 collaboration) 것의 가치가 높아졌다. 혁신 아이디어는 혼자 골방에 앉아 만들어내는 것이 아니라 생각이 다른 사람과 섞을 때 나오기 때문이다.

교실에서는 선생님(교수님)이 학생들에게 일방적으로 강의를 통해 가르치는 것보다 학생들끼리 서로 가르치고 배우고 선생님은 지도하는 방식의 협습 co-learning 의 가치가 높아졌다. 학생들이 서로의 눈높이에 맞게 서로 가르치고 배우는 것이 학습 효율이 더 높다는 연구 결과가 이를 증명한다.

재화를 개인이 소유해서 사용하는 것보다 집과 차를 나눠 소유하고 개인은 접속 권한을 가지는 공유 경제 sharing economy 는 빠르게 대중화되고 있다. 이렇게 서로 의존하고 있다는 현실을 인정한다면 세계는 더 많은 문제를 '같이' 해결할 수 있을 것으로 보인다. 기후변화, AIDS, 해킹, 이민법, 테러리즘, 인종차별 등 인류가 공동으로 해결할 문제를 풀어나갈 수 있을 것이다. (실제로 이 같은 문제를 공동으로 해결하자는 인터디펜던스 데이 운동이 벌어지고 있기도 하다.)

무바라크 대통령이 하야한 후 아직도 이집트가 혼란에 빠져 있는 것은 그들은 독재로부터 Free from dictator의 해방을 원했지만 무엇을 위한 자유인가 Free to what에 대한 합의가 없기 때문이다. 'Free from'보다 'Free to'가 더 지속가능한 생각이다. 우리는 세상을 다시 생각하고 다시 정의할 용기가 있어야 한다.

초연결사회에서는 누구도 혼자 잘할 수 없고, 어느 국가도 혼자만 잘살 수는 없으며, 어느 회사도 혼자만 잘나갈 수는 없다. 무엇으로부터 자유롭게 Free from 독립적으로 잘살겠다는 개인이나 조직, 회사, 국가는 더 이상 존재할 수가 없다. 서로 영향을 주고받으며 전염된다. 이제는 무엇을 향한 자유 Free to what인가를 고민해야 할 때다.

행복을 위한 자유를 고민하고 이를 실천하면 주위 동료들도 영향을 받고 전염된다. 소셜, 모바일의 시대에 개인의 행동은 독립적 결과물이 아니다. 영향을 받아 실천하는 것이며 이 같은 실천은 주위 사람, 최소 3인에게 영향을 준다. 인터디펜던스, 21세기를 살아가는 사람들의 특징 중 하나다.

경험의 충돌: 경험은 정보를 대체한다

2013년 4월, 미국 뉴욕대학에 싸이가 나타났다. 싸이는 〈강남 스타일〉에 이은 신곡 〈젠틀맨〉을 내고 월드 투어에 나선 길이었다. 그가 이곳에 나타난 이유는 뉴욕대학의 유명한 경영대학원인 스턴스쿨에서 수여하는 트라이베카 필름 페스티벌 '디스럽티브 이노베이션 어워드'를 받기 위해서였다.

이 상은 '파괴적 혁신'의 대표적 이론가인 클레이튼 크리스텐슨 교수에 의해 시작된 행사로 사회 각 분야에서 혁신적인 아이디어로 바람을 일으킨 문화 현상과 인물에게 수여한다. 2012년에는 저스틴 비버가 받았는데 2013년에는 싸이가 받게 됐다. 전문가들에 의해 그는 명실상부한 디스럽터disruptor, 즉 혁신가 또는 파괴자로 인정받은 것이다.

기자들이 싸이에게 물었다. "왜 이 상을 받게 됐다고 생각하시나요?"

싸이는 이렇게 말했다. "음…… 내가 잘생겨서가 아닐까요? 하하, 농담입니다. 누가 알겠어요? 제가 이 자리에 있는 것 자체가 혁신이라고 생각합니다."

싸이의 이 말을 재미있게도 크리스텐슨 교수가 싸이 사진과 함께 자신의 페이스북에 올려놓았다.

싸이는 아직도 왜 자신이 이 상을 받았는지 알지 못하는 것 같다. 싸이는 아시안으로서 인기가 있어 이 상을 받은 것이 아니다. 〈강남 스타일〉이라는 노래가 한국어이기 때문에 받은 것도 아니다. 그는 시장을 파괴하고 혁신했다는 파괴자(디스럽터)라고 평가받았기 때문에 이 상을 받았다. 그렇다면 싸이는 무엇을 혁신하고 파괴했을까?

싸이 〈강남 스타일〉은 한국에서 처음 음원을 공개한 것이 2012년 7월이었다. 싸이는 음원 공개와 함께 유튜브에 뮤직비디오를 올렸다. 음원과 함께 뮤직비디오를 유튜브에 올리는 것은 한국 기획사들의 전형적인 신곡 홍보 방법이다. 새로 개척한 것은 아니다.

하지만 〈강남 스타일〉은 1년 만에 유튜브 조회수 17억 뷰라는 경이적인 기록을 쌓아 올렸다. 유튜브 동영상 17억 뷰 기록은 당분간 깨지기 어려울 것으로 예상된다. 2위는 저스틴 비버의 〈베이비Baby〉로 8억 7000만 뷰다. 〈강남 스타일〉이 8억 뷰를 돌파할 때도 대중들은 믿기 어려운 기록이라고 생각했다. 하지만 이제 20억 뷰라는 대기록을 향해 가고 있다.

지난 2012년 미국에서는 사람들이 많이 모이는 곳이라면 어김없이 싸이의 〈강남 스타일〉이 흘러나왔으며 전 세계적인 패러디 열풍을 낳았다. 〈강남스타일〉이 이처럼 전 세계적인 신드롬을 낳게 된 결정적 이유는 패러디일 것이다. 'OO 스타일'이라고 이름 붙일 수 있다면 모든 것이 〈강남 스타일〉 패러디가 됐다. 2012년 미국 대선 정국에서 미트 롬니 공화당 후보 측을 풍자한 〈롬니 스타일〉이라며 패러디 작품이 나왔을 때가 정점이었다.

싸이가 〈강남 스타일〉이란 노래 속에서 한국어로 뭐라고 말하는지는 중요하지 않았다. "오빤 강남 스타일" 하면서 말춤을 따라 하는 것, 그것만이 중요했다.

싸이가 〈강남 스타일〉로 이뤄내지 못한 것은 없었다. 2012년 연말 미국 지상파 방송사의 송년 방송에도 나왔고 슈퍼볼 광고에도 등장했다. MTV 뮤직어워드도 받았다. 2012년 전 세계 모든 가수 가운데 싸이만큼 전 세계적 신드롬을 불러일으킨 가수는 없었다. 싸이, 그는 2012년의 가수였다. 하지만 그가 해내지 못한 것이 하나 있었다. 빌보드Bilboard 차트 1위다. 싸이의 〈강남 스타일〉이 빌보드 1위를 하게 될지 여부는 한국뿐만 아니라 전 세계적인 관심사였다. 빌보드도 관심 있게 지켜봤다. 하지만 싸이의 〈강남 스타일〉은 7주 연속 2위를 한 끝에 순위가 내려갔다.

55년 역사의 권위와 전통을 자랑하는 빌보드는 싸이의 〈강남 스타일〉이 1위를 차지하지 못하는 것을 보고 스스로 생각했다. 시대를 반영하지 못하는 것이 아닐까. 싸이의 〈강남 스타일〉은 명실상부한 2012년의 노래였다. 하지만 그는 빌보드 1위를 하지 못했다. 무엇이 문제였을까.

빌보드는 2013년 2월 순위 집계 방식을 바꿨다. 그동안 빌보드는 닐슨 BDS에서 조사한 1000여 개 방송사의 방송 횟수와 유료 스트리밍, 음원 판매 순위를 합산으로 순위를 매겼다. 하지만 여기에 유튜브 조회수를 포함시켰다.

싸이는 2012년 〈강남 스타일〉로 빌보드 7주 연속 2위를 기록한 바 있는데 만약 빌보드가 좀 더 일찍 유튜브 조회수를 포함시켰다면 싸이는 '빌보드 1위'라는 한국인으로는 전무후무할 기록을 세웠을지 모른다.

빌보드의 이 같은 결정에 싸이 〈강남 스타일〉이 결정적 영향을 미쳤다. 그래서 유튜브에서 또 다른 패러디로 인기를 끌고 있는 힙합 뮤지션 바우어의 〈할렘 쉐이크〉가 싸이 효과를 톡톡히 봤다. 순위에 진입하자마자 빌보드 1위를 기록했기 때문이다. 〈할렘 쉐이크〉는 가사와 노래가 스토리를 타고 흐르는 정상적(?)인 노래는 아니다. 의미 없이 반복되는 가사에 같은 음률을 타고 사람들이 미친 듯이 춤을 추게 만드는 것이 특징이다. 싸이 〈강남 스타일〉이 그랬던 것처럼 〈할렘 쉐이크〉도 유튜브에 엄청난 패러디 동영상이 올라왔고 이를 배경으로 빌보드 1위를 할 수 있었다.

〈할렘 쉐이크〉의 빌보드 1위 등극이 더욱 충격적이었던 것은 이 동영상은 원작을 아예 찾을 수 없다는 점이었다. 워낙 많은 패러디가 올라가 있어서 원작자가 올린 〈할렘 쉐이크〉를 찾기 어렵고 의미도 없다. 싸이 〈강남 스타일〉은 그래도 싸이가 올린 오리지널 비디오가 있었다. 하지만 〈할렘 쉐이크〉는 원작 없이 패러디만 존재한다.

빌보드가, 싸이가 바꾼 것은 무엇일까? 그것은 음악은 듣는 것Listening to Music만이 아니라 경험하는 것Exprience Music이라는 점이다. 음악을 들을 수도 있고 뮤직비디오를 통해 볼 수도 있다. 하지만 싸이 〈강남 스타일〉 이후 달라진 점은 음악은 유튜브 동영상으로 올릴 수 있어야 하고 패러디할 수도 있어야 한다는 것이다. 마이클 잭슨은 1980년대 초 〈스릴러〉라는 뮤직비디오를 통해 '보는 음악'의 시대를 열었다. 2012년 싸이는 '경험하는 음악'의 시대를 연 주인공이 됐으며 빌보드가 이 같은 시대 흐름을 적극 수용해 새로운 흐름을 만들어낸 것이다.

이처럼 대중은 음악, 영화, 뮤지컬 등의 콘텐츠를 수동적으로 듣고 보고 하는 것을 떠나서 직접 '경험'하기를 원한다. 이것은 '참여한다'는 것과도 차이가 있다. 참여한다는 것은 콘텐츠에 직접 뛰어들어 바꾼다는 의미를 내포하고 있다. 하지만 경험한다는 것은 그 이상, 즉 자신의 것으로 가져와서 재창조한다는 의미를 지니고 있다. 〈강남 스타일〉의 수많은 패러디는 창작자의 것이지 싸이의 것이 아닌 것과 같은 이치다.

이처럼 대중은 콘텐츠를 수동적으로 즐기는 것에서 벗어나 경험하기를 원한다. 대중은 이성적인 것 같지만 사실은 세상을 경험에 의해 판단하기 때문이다. 커넥티드 시대에 경험의 중요성은 날로 커지고 있다. 조직은 물론 개인의 판단의 근거가 되고 있다.

2012년 한국과 미국의 대통령선거에서도 당락을 좌우한 것은 개인의 경험이었다. 이는 지난 2012년 가을학기 Fall Quarter(2012~2013)에 스탠퍼드에서 '캠페인, 투표, 미디어 그리고 선거'란 수업에서 교수와 학생들 간 토론에서 내려진 결론이기도 했다.

한국 언론에서는 지난 2012년 대통령선거 때 박근혜 후보에게 표를 몰아준 50대가 이번 선거의 핵심으로 '50대의 반란'이라며 분석기사를 쏟아낸 것을 볼 수 있었다. 미국도 마찬가지였다. "미국이 변했다. 미국은 더 이상 백인만의 국가가 아니다"라며 기사가 쏟아졌었다.

2012년 한미 대선의 가장 큰 특징 중 하나는 인구충격 demographic shock이었다. 이제는 인구충격이란 말을 넘어 인구변화로 인한 사회변화의 지각변동인 '인구지진 age-quake'이란 말이 다시 화두로 등장할 법하다. 미국에서는 소수민족, 이민자의 표심이 박빙인 선거에서 결정적 역할을 했고 한국에서는 고령화가 선거에 영향을 미쳤기 때문이다. 미국의 인구변화는 예측된 것이지만 선거에서 영향력이 현실화된 것은 2012년 대선이 처음이었다.

흑인 대통령에 이어 곧 히스패닉 대통령이 나오고 20~30년 사이에 백인이 전체 인구의 50%를 밑돌 것이란 예측이 있었다. 이는 어느 정도 사실이긴 하지만 쉽사리 받아들일 수는 없는 것이었다. 그러나 2012년 미국 대선에서는 오바마에게 93%에 가까운 몰표를 준 흑인은 물론 70%를 넘었던 히스패닉과 아시아 등 소수민족들이 오바마에게 투표한 것이 당선에 영향을 미친 것이 드러나면서 현실화됐다.

미국 정계와 언론에서는 아시아인들이 오바마에게 몰표를 준 것을 충격으로 받아들였다. 흑인과 히스패닉은 미국에서는 사실상 미국의 저가 노동력의 핵심으로 받아들이기 때문에 그렇다고 보더라도, 소수민족 중에서는 그래도 잘사는 편에 속하는 아시안들이 히스패닉(71%)보다 더 많이 오바마를 지지(73%)했다는 것은 어떻게 해석해야 할지 난감해했다.

어쨌든 이민자 소수민족의 영향력이 커짐에 따라서 공화당은 스스로 변하지 않으면 당분간 집권이 힘들다는 분석도 나왔다. 공화당이 백인(59%가 롬니 지지) 남성(52%가 롬니 지지)의 이익을 대변하는 정당으로 인식되는 한 한계를 넘어서기 어렵다는 것이다. 민주·공화당 전당대회 모습을 보면 양당의 차이를 크게 확인할 수 있다. 공화당은 전당대회를 채우는 사람들이 거의 백인인 반면 민주당은 다양한 인종과 다양한 언어를 쓰는 사람들이 모여 있었다.

이런 상황만으로도 앞으로 더 많아지는 이민자들을 과연 어떤 정당이 표로 흡수할 것인가는 쉽게 예측이 가능하다. 후보자와 공약, 대외 상황, 실언 등 변수가 많으므로 인구구성이 당락에 영향을 미치는 절대적인 변수는 아니더라도 기본적 토대가 변했다는 것은 확실해 보인다.

한국에서는 인구충격이 고령화에서 왔다. 고령화가 진행되고 있다는 것은 알고 있었는데 이번 선거처럼 확실히 보여준 적은 없었다. 고령화가 이제 선거뿐만 아니라 경제사회에도 순차적으로 충격을 줄 것임을 예상하고 이에 대비해야 한다는 것을 시사한 선거였다. 이를 대비하는 것이 바로 미래를 준비하는 것이며 이는 5년, 10년 후 선거에 대비하는 것이기도 하다.

한국은 평균연령(2011년 기준)이 39세로 아태 국가에서는 일본(45.4세)에 이어 2위다. 호주는 37.9세, 미국은 37.1세, 중국은 35.9세, 싱가포르는 33.5세다. 미국인 평균보다는 2세, 중국인보다는 3세 정도 나이가 많은 상황이다.

숙련 노동자의 은퇴, 생산인력 고령화, 복지에 대한 사회적 부담 가중, 사회 역동성 상실, 보수화 등등 앞으로 답 안 나오는 논쟁거리들이 수두룩하게 쏟아진다. 여기에 저출산 충격이 곧 겹친다. 2020년부터는 한국의 인구가 순감으로 돌아서게 된다. 생산가능인구도 줄고 순수인구도 줄어든다.

이 같은 인구지진은 무엇을 말하는가? 당연히 경제성장률은 낮아지고 복지에 대한 국민의 기대수준은 높아진다. 지금까지 앞선 세대들은 걱정해보지 않았던 새로운, 예측 안 해본 '걱정할 만한 일'이 계속 나온다는 것이다.

경험에 근거한 판단은 정보를 대체한다

미국의 노동자, 서민층은 투표수로 보면 연봉 10만 달러 이상을 받는 자들에 비해 절대적인 수가 많다. 오바마는 의료개혁 법안인 '오바마 케어'를 1기의 중점 과제로 공화당의 반대에도 밀어붙여 통과시켰다. 오바마 케어는 분명 서민들이 더 이득을 보는 정책이다. 워낙 복잡하지만 단순히 말하면 군수 산업과 해외에서 벌어지는 전쟁에 쓰이는 금액을 줄여서 서민들의 헬스케어에 쓰겠다는 공약이었다. 미국의 의료보험 체계는 너무나 복잡하고 불안해서 "병 걸리면 파산한다"는 말이 나올 정도다.

오바마의 공약은 서민들을 위한 것이 많았다. 반면 롬니는 부자를 대변하는 정당에 속해 있고 스스로 베인앤컴퍼니의 CEO를 지낸 백만장자이며 아버지도 정치인이었던 '엄친아'였다. 선거인단 투표에서 오바마는 332석을 차지해 206석을 차지한 롬니를 압도적으로 이겼지만 득표수로는 50.1% 대 48.4%로 2%가 안 되는 차이로 간신히 이겼다.

계급의 관점으로 봤을 때 오바마가 선거인단 투표는 물론 득표수에서도 압도해야 하지만 사실은 그렇지 않았다. 유권자들은 자신의 계급과 선거 때 나오는 정보에 의해 투표한다기보다는 경험적 지식에 의해 투표하기 때문이다.

이를 휴리스틱스heuristics라고 한다. 휴리스틱스는 심리학, 정치학, 경제학 등에서 다양하게 쓰이고 있다. 경험학, 어림법 등으로 해석할 수 있는데 한마디로 표현하면 '경험에 근거해 판단한 지식'을 말한다. 샨토 랜거 스탠퍼드대학 정치과학과 교수는 이에 대해 "선거에서 점차 경험에 근거해서 판단한 지식이 정보를 대체하고 있다"고 분석했다.

유권자들은 장기적·단기적 경험을 통해 투표 여부를 결정하고 실제 투표를 한다는 것이다. 장기적 경험은 오랫동안 형성된 정치적 아이덴티티Party ID, 그동안 자신이 투표한 결과Retrospective Voting, 후보자의 지원자 그룹, 후보자의 태도(진실한가, 경쟁력이 있는가, 나를 케어할 수 있는 후보인가), 세대의 경험Generation Model(즉 전쟁 산업화 등) 등을 꼽을 수 있다. 단기적 경험으로는 가족과 친구, 회사 동료 등이 미치는 영향과 미디어에서 나오는 정보 등이다. 유권자는 이같이 장기적·단기적 경험적 지식을 바탕으로 종합적 판단으로 투표하는 것이지 자신의 계급과 같은 이성에 의해 투표하는 것이 아니라는 것이다.

샨토 랜거 교수는 "미국 대선은 펀더멘털 분석만 보면 롬니가 이길 확률은 47.5%였다. 정치학 교수인 나도 친구들과 내기에서 롬니가 이긴다고 걸었다. 하지만 오바마는 예측을 넘어섰다. 실업률이 높으면 야당 후보가 이긴다는 등의 기존 분석이 작동하지 않았다. 역시 휴리스틱 보팅이 작동한 것으로 보인다. 휴리스틱 투표 가운데 중요한 것 중 하나는 퍼스낼러티다. 롬니는 공감을 얻지 못했다. 그는 나를 케어하지 않을 것 같다는 것이다. 그는 리더십이 강하고 경제를 잘 이끌어갈 것 같다는 이성적인 판단은 있지만 대중의 공감을 얻는 데는 실패했다. 선거에서는 이념보다 공감empathy과 태도가 중요하다"라고 분석했다.

넘쳐나는 정보가 오히려 감성에 의존하게 한다

휴리스틱 투표는 인터넷 선거, SNS 선거가 될수록 그 경향성이 짙어지고 있는데 이는 후보자의 공감 능력뿐만 아니라 정보가 넘쳐나는 것도 영향을 미치고 있다. 이는 TV나 신문, 인터넷은 물론 SNS를 통해서도 접할 수 있는 정보가 넘쳐 흐르는 상황에서 유권자는 정부나 캠프, 언론으로부터 나오는 정확한 데이터보다는 오히려 경험에 의존한다는 것이다.

유권자들이 과연 공약집에 나오는 정확한 데이터를 중요하게 생각할까? 표심에 큰 영향을 미칠까? 그렇지 않다. 유권자의 60%는 오로지 혹은 대체로 '정당'을 기준으로 후보자를 선택하는 경향이 있다. 그다음 기준은 후보자들이 쟁점에서 보이는 '견해'다. 특정 사안에 대해 후보자들이 어떻게 생각하느냐의 여부다. 특히 오직 한 가지 쟁점이 중요하다고 생각하는 유권자는 자신과 견해를 달리하는 후보자들에게는 결코 표를 주지 않는다. 유권자들은 수많은 신문과 방송이 정책선거를 하자며 정책을 비교하고 구체적인 방안을 제시해도 실제로는 각 후보자의 공약을 잘 알지 못할 뿐만 아니라 심지어 꼼꼼히 따져보고 싶지도 않아 한다.

UCSD 정치과학과 사무엘 팝킨 교수는 《미국 유권자 The American Voter》라는 책에서 미국인들이 미국의 정치적 인물과 사건에 대해 지식이 부족하다며 실제 경험을 통해 알려 한다고 분석했다. 예를 들어 미국인들은 정부와 의회의 각종 에너지 계획안의 세부 사항을 이해하지는 못하지만 주유소의 기름값을 통해 에너지 정책에 대해 일반적 상식을 가지고 있다는 것이다. 공약도 세세하게 알려 하지 않는다. 후보자들이 어떻게 말하는가, 어떻게 행동하는가에 따라 판단한다는 것이다. 팝킨 교수는 이를 '감성적 합리성 gut rationality'이라고 분석했다.

유권자들은 아이폰이나 갤럭시폰이 아니다. 그 모든 이슈를 다 저장하고 기억하고 공유하지 못한다. 선거운동 기간 내내 나오는 많은 이슈 중에 자신이 이해할 만한 것만 스스로의 판단 기준에 따라, 그것이 매우 비합리적이라고 하더라도 판단하고 결정한다. 정확성은 그다지 중요하지 않다.

미국 대선에서는 사례가 많다. 대표적인 사례가 1992년 조지 부시와 빌 클린턴의 TV 토론이다. 토론 도중에 조지 부시는 자신의 손목시계를 계속 쳐다봤다. 이 장면에서 유권자들의 감성적 합리성이 받은 메시지는 "부시는 토론에 참여하고 싶어 하지 않는다. 그는 미국을 이해하려 들지 않는다. 건방지다. 나는 그를 신뢰할 수가 없다"로 이어졌다.

클린턴은 이와는 반대로 같은 토론장에서 관중석의 한 여성이 질문하자 그 여성이 제기한 문제에 대해 성실히 대답했고 그 여성은 계속 고개를 끄덕였다. 사람들은 클린턴이 무엇을 얘기했는지 기억 속에 없다. 다만 클린턴의 성실한 태도와 여성이 연신 고개를 끄덕이는 모습만 기억에 남은 채 투표장에 갔다. 작은 동작이 수십만 명의 마음을 바꿔놓은 것이다.

2012년 미 대통령 선거에서도 마찬가지였다. 오바마가 재선이 안 됐다면 결정적 장면은 아마 1차 TV 토론이었다는 것에 이론이 없을 것이다. 1차 토론에서 오바마와 롬니는 말솜씨와 이슈 장악 능력에서는 크게 차이가 나지 않았다. 나는 오히려 내용에서는 오바마가 이기지 않았나 봤다. 하지만 미국 유권자들은 다르게 생각했다.

냉정하지만 오바마에 비해 토론 능력에서는 떨어진다고 봤던 롬니가 차분히 "내가 대통령이 되면 첫날 이렇게 할 것이다" "대통령, 나는 저렇게 하겠소" 하면서 오바마를 몰아세운 반면 오바마는 자꾸 대본을 보고 땅을 쳐다보면서 자신 없는 모습을 보여줬다.

이 TV 토론으로 오바마는 2기를 이끌 자신이 없어 보인다는 이미지를 각인시켰고 롬니는 준비된 후보라는 이미지를 얻었다. 이날 TV 토론 이후 지지율이 역전되는 현상까지 벌어지기도 했다. 유권자들이 감성적 합리성에는 오바마가 두 번째 정부를 이끌 자신감이 없는 것으로 비쳤던 것이었다. 표심이 머리와 가슴, 이성과 감성 중 무엇에 따라 움직이느냐는 논쟁은 끝났다.

정보 과잉 시대, 탈산업화 시대의 선거에서 중요한 것은 유권자들이 무엇을What 생각하느냐, 유권자에게 어떤 정보를 주느냐보다 그들이 어떻게How 느끼느냐, 왜 그렇게 느끼느냐Why다. 무엇What이 얼마나 많은How many 것이 중요한 시대는 이미 지났다. 대중들은 인터넷 검색으로, 스마트폰 앱으로, 그리고 무엇보다 경험으로 이미 많은 것을 알고 있다. 이제는 어떻게How와 왜Why의 시대다.

2장

혁신가들:
시대를 만드는 그들의 선택

Disruptors

디지털 스타벅스: 브랜드를 경험하게 하라

미국 워싱턴 주 시애틀의 가장 유명한 관광지 중 하나는 스타벅스 1호점Pike Place이다. 스타벅스 1호점에는 언제나 사람이 붐빈다. 방문 기념으로 1호점 로스트 원두커피Pike Place Roast를 샀고 머그컵도 구매했다. 스타벅스 커피를 사려고 줄을 서 기다리다가 재미있는 생각이 머리를 스쳤다. '내가 왜 여기 와 있는 것이지?'

스타벅스는 한국, 미국에 널려 있다. 1호점 로스트는 굳이 1호점에서만 살 수 있는 커피도 아니었다. 관광 명소라서 방문했던 것일까? 혹시 스타벅스 원조의 경험을 해보고 친구들에게 '다녀왔다'며 자랑하고 싶었던 것이었을까.

모든 브랜드의 1호점 매장이 역사가 되는 것은 아니다. 하지만 스타벅스는 존재만으로 시애틀을 방문하는 모든 관광객에게 반드시 방문해야 할 관광지가 됐다. 그것은 수많은 스타벅스 경험 속에서 원조를 찾고 싶었기 때문일 것이다. 21세기 스타벅스는 커피전문점 이상의 의미를 만들어내고 있다. 전 세계 소비자들에게 자신들이 만들어내는 경험을 주기 위해 끊임없이 사업을 확장하고 있는 것이다.

　미국 코스트코Costco 매장에서 가장 많이 발견할 수 있는 브랜드는 자체 상표PB 브랜드인 커클랜드 외에 스타벅스임을 어렵지 않게 발견할 수 있다. 단일 브랜드로는 코스트코에서 커클랜드 다음으로 가장 많이 발견할 수 있다. 스타벅스는 실제로 코스트코에서 로스트 커피뿐만 아니라 카페 베로나 컵커피, 핫초코캔, 다양한 커피와 컵을 담은 기프트세트 등을 판매하고 있다. 스타벅스의 트레이드마크인 '사이렌' 여신을 코스트코에서 카트를 끌고 한 줄 한 줄 지나갈 때마다 발견하게 될지는 상상하지 못했던 것이다.

　코스트코뿐만 아니다. 월마트Walmart, 타겟Target, 세이프웨이Safeway 등 매장에서 스타벅스를 찾는 것은 어려운 일이 아니다. 여기에 그치는 것이 아니라 스타벅스는 '집에서 만들어 마시는 스타벅스'라는 개념으로 선보인 캡슐 커피 머신 '베리스모Verismo' 판매에 총력을 기울이고 있다. 스타벅스 매장을 집에 가져다 놓는다는 개념이다.

　이처럼 스타벅스는 하워드 슐츠 회장 지휘 아래 놀랍도록 회사가 성장하고 있다. 2013년 8월 현재 주가 71달러를 기록하고 있다. 3년 전인 2010년 8월에는 25달러 수준이었다. 과거 음료 시장은 코카콜라와 펩시콜라의 펩시코PepsiCo가 양분해왔고 이슈도 많이 만들어냈다. 하지만 지금 이슈의 중심은 단연 스타벅스다.

　슐츠 회장이 스타벅스 브랜드를 확장해야겠다는 아이디어에는 끝이 없다. 차와 주스 시장으로 매출을 끌어올리기 위해 미국 캘리포니아의 유기농 주스 생산업체(에볼루션프레시)를 인수했고 제과 제빵 업체(라 블랑제 제과)도 인수했다. 이뿐만이 아니다. 6억 2000만 달러를 들여 차tea 전문업체 티바나 홀딩스도 인수했다. 이로써 앞으로 스타벅스 브랜드를 가진 차와 빵, 주스까지 나올 가능성이 높아졌다.

스타벅스 창업자 하워드 슐츠 회장은 스타벅스가 적자 상태로 경영위기에 빠졌을 때 다시 CEO로 컴백했다. 그가 CEO로 다시 복귀하고 나서 첫 작품이 전 세계 스타벅스 매장에서 아침 메뉴를 없앤 것이다. 스타벅스는 아침 메뉴에 머핀을 판매했는데 머핀의 버터 냄새가 매장에 진동해서 커피 향을 죽인다는 판단 때문이었다. 아침 메뉴를 판매하면 매출은 높아지겠지만 스타벅스를 유지하는 커피 판매에 마이너스 영향을 미친다고 판단해 과감히 메뉴를 없앴다.

또한 슐츠 회장은 "손님 떨어져 나간다"는 비판이 사내외에 제기됐음에도 캡슐커피 시장에 뛰어들고 자사 브랜드 제품을 코스트코에서 판매하는 것을 결정했다.

스타벅스는 고급 커피 시장은 포기한 것으로 보일 정도다. 대신 소비자를 얻겠다는 것이다. 슐츠 회장이 진정으로 노렸던 것은 무엇일까?

브랜드를 경험하게 하라

하워드 슐츠 회장이 찾아낸 키워드는 브랜드 경험 BX: Bland eXperience이다. 오늘날 소위 브랜드를 만들려 한다면 소비자들의 모든 삶에 관련성 있는 제품을 선보이고 브랜드를 경험하게 해줘야 한다는 것이 하워드 슐츠 회장의 생각이다. 그래서 고급 커피 시장을 포기하고 과감히 브랜드를 확장, 캔커피나 1회용 커피, 음료수 등으로 시장을 넓혀가고 있다.

기업들은 소비자에게 많은 사용자 경험을 주려 한다. 하지만 브랜드 경험처럼 종합적이고 정교한 경험은 없을 것이다. 소비자들이 브랜드 경험을 가지려면 제품을 소비하는 것 외에 공간감을 느낄 수 있어야 한다. 애플, MS, 삼성전자 등 글로벌 플랫폼 기업들이 엄청난 운영비용이 들어감에도 시내 가장 비싸고 좋은 자리에 애플스토어, MS스토어, 삼성 익스피리언스 스토어와 같은 오프라인 매장을 두면서 소비자들에게 자사 제품을 경험하게 하는 것은 이유가 있다.

스타벅스는 한때 커피전문점이었지만 이제는 세계에서 가장 큰 카페 체인이며 세계에서 가장 흔한 살롱(객실, 응접실)이다. 프랑스 파리, 이탈리아 로마, 영국 런던에는 100년에 가까운 역사를 자랑하는, 유명 소설가, 역사가들이 커피를 마셨던 전통의 카페가 있다. 하지만 오늘날 관광객들은 파리 개선문, 로마 스페인 계단, 런던 피카딜리 서커스에 있는 스타벅스를 먼저 찾는다. 스타벅스에 들어가서 마치 집에 온 것 같은 편안함을 느끼며 와이파이에 접속해 개선문, 스페인 계단, 피카딜리 서커스에서 찍은 사진을 고향에 있는 친구, 가족들과 공유한다.

스타벅스를 떠올리는 사람들은 약간 탄 맛의 커피와 함께 스타벅스의 안락한 의자를 머릿속에 그린다. 커피 맛과 함께 안락한 의자, 편안한 대화, 도서관 같은 분위기가 동시에 떠오르는 것이다. 이같이 스타벅스는 제품과 공간 경험이 결합되어 소비자들에게 충분한 브랜드 경험을 주고 있다.

스타벅스는 21세기형 지식 공장이다

미국 산타클라라 로렌스익스프레스웨이Lawrence Expressway와 엘카미노El Camino가 만나는 교차로의 스타벅스 매장. 밤 12시까지 하는 이 매장은 종일 손님들로 북적거린다. 그런가 하면 차를 탄 상태에서 커피를 살 수 있는 드라이브 스루Drive Through가 있어서 한편에서는 차를 타고 커피를 픽업하는 손님이 줄을 서 있다.

이 매장은 한때 전미 매출 2위를 기록하기도 했다. 뉴욕이나 샌프란시스코, 애틀랜타 같은 대도시가 아닌데 전미 매출 2위까지 하게 된 것은 워낙 많은 사람이 다녀가서일 것이다. 이렇게 많은 사람이 몰리고 있음에도 주문에서 커피가 나오기까지 시간이 매우 빠르다는 것을 느낄 수 있었다.

직원들이 마치 공장 컨베이어벨트에서 제품을 만들어내듯 매뉴얼에 따라 커피를 만들어내고 있었다. 스타벅스의 커피 제조공정도 맥도널드 햄버거 제조공정 못지않게 시스템화해 직원들이 최소한의 동선으로 객장과 드라이브 스루 손님들에게 최고의 커피를 제공할 수 있도록 하고 있다.

이 매장이 더욱 흥미로운 점은 매장 안에 '콰이어트 룸', 즉 떠들면 안 되는 도서관 같은 공간이 있다는 점이었다. 이 콰이어트 룸 안에서는 스타벅스 손님들이 노트북을 들고 조용히 일을 하거나 공부를 하고 있다. 이 매장은 커피숍인지 도서관인지 사무실 카페인지 구분이 가지 않는다.

스타벅스는 커넥티드 시대의 지식 공장factory이다. 스타트업Start-up(초기기업)에 근무하는 지식 노동자들은 스타벅스에서 맥북과 아이폰 등 스마트 기기를 가지고 일을 하며 비즈니스를 만들고 새 생활양식을 창조해낸다. 스타벅스가 과거 포드에서 자동차를 만들어냈던 공장과 다를 것이 없다. 스타벅스라는 공장에서 새로운 지식을 창조해낸 노동자들은 집에서 스타벅스 캡슐 커피(베리스모)를 만들어 먹고 놀러 가서는 스타벅스 캔 커피를 사다 마시는 것이다. 소비자들은 스타벅스의 브랜드를 경험하고 이를 소비한다.

스타벅스의 디지털 전환

스타벅스가 2013년 들어 가장 공들이고 있는 비즈니스가 바로 '디지털 전환digital transformation'이다. 스타벅스의 디지털 전환? 스타벅스가 온라인화한다는 것인가?

아니다. 홈페이지를 더 세련되게 만들고 트위터, 페이스북 계정을 만들어서 소비자와 대화하며 애플리케이션을 만들어서 다운로드 받게 하는 것을 디지털이나 소통으로 이해한다면 이는 디지털을 평면적으로 이해한 것이다.

스타벅스는 오프라인과 온라인의 결합을 통해 새로운 시장을 만들려 하고 있다. 특히 스타벅스 매출의 70% 이상을 차지하는 계층인 17~37세가 디지털 세대이기 때문에 이들과의 결합을 위해서라도 디지털 전환은 반드시 필요한 일이다. 사실 디지털 전환은 이 시대가 맞고 있는 숙명이다. 이것을 이해하는가 하지 못하는가, 실행하는가 하지 않는가에 따라서 기업의 운명이 바뀔 것이다.

스타벅스는 전사적인 디지털 전환을 위해 2012년 6월 최고디지털책임자_{CDO: Chife Digital Officer} 아담 브로츠먼을 임명하기도 했다. 아담 브로츠먼은 스타벅스 디지털벤처스의 부사장을 역임했는데 CDO 역할을 맡으면서 스타벅스의 웹, 모바일, 소셜미디어, 디지털 마케팅, 스타벅스 카드, 전자상거래, 와이파이, 스타벅스 디지털 네트워크, 매장 내 신기술 등을 총괄하고 있다.

세계 최고의 카페 체인 스타벅스가 최고디지털책임자를 두고 디지털 전환에 정말 사력을 집중하는 것은 시사하는 바가 적지 않다. 스타벅스가 테크 회사가 되고 있음을 알려주는 것이기 때문이다. 모바일, 소셜, 데이터에 미래가 있다는 것을 이해했을 뿐만 아니라 실행하고 있는 것이며 이를 통해 실제 성장을 이끌어가고 있는 것이다.

스타벅스는 인터넷과 스마트폰으로 무장한 소비자들이 신뢰를 준 브랜드에 충성도가 과거보다 비교할 수 없이 높다는 것을 알고 있으며 브랜드들은 소비자들과 관련성 있는 제품을 찾아 끊임없이 서비스를 제공해야 한다는 것을 파악했다. 이제 BX_{Brand eXprience}는 디지털에서 나온다는 것이다. 브로츠먼은 "디지털은 우리가 브랜드를 만들고 소비자들과 연결하기 위한 필수적인 부분이다. 우리는 매우 큰 변화_{seismic shift}를 준비하고 있으며 이것이 회사의 모든 분야에서 가장 우선시될 것이다"라고 말했다.

스타벅스가 디지털 전환의 실마리를 찾은 것은 '스타벅스 카드'다. 미리 충전해놓고 사용할 수 있으며 애플리케이션을 내려받아 스마트폰에서 결제할 수도 있게 했다. 스타벅스 카드로 커피나 음료수만 살 수 있는 것은 아니다. 미국에서 스타벅스는 디지털 음원도 구매할 수 있게 했는데 이것을 스타벅스 카드로 결제할 수 있다.

스타벅스는 스마트폰에 스타벅스 카드를 내장시켜 결제할 수 있는 시스템을 만드는 데 많은 투자를 했는데, 그 결과로 2013년 상반기 미국 내 전체 스타벅스 결제의 10%가 모바일 결제가 되고 있다고 밝혀 투자자들을 놀라게 했다. 스타벅스 매장 내 의자도 모바일 디바이스를 충전할 수 있도록 하는 의자로 교체하는 데도 큰 투자를 하고 있다.

이처럼 디지털로 무장한 모바일, 소셜, 데이터와 결합된 스타벅스의 경쟁 상대는 커피빈이나 던킨도너츠, 코카콜라나 펩시코가 아니다. 마스터카드, 비자 그리고 아메리칸익스프레스카드 등 디지털 결제 회사가 경쟁 상대가 되고 있는 셈이다.

아담 브로츠먼은 "스타벅스 트위터 팔로어는 400만 명이 넘고 페이스북 친구도 급속도로 늘어나고 있다. 매장 내 충전이 되는 의자로 교체하는 작업도 순조롭게 진행되고 있다. 이것은 디지털 경험Ditital eXperience에 대한 소비자의 기대를 충족시키고 향상시키기 위해서다. 이 같은 디지털 이니셔티브에 대해 우리 내부에서 측정하는 결과는 상당하다"라고 말했다. 디지털은 스타벅스의 모든 것을 바꾸고 있다. 이는 하워드 슐츠의 경험에서 나온 의지이기도 했다.

하워드 슐츠 스타벅스 회장은 미국의 경제경영지 《패스트컴퍼니》 인터뷰에서 "3년 전에 한국으로 출장을 갔었는데 사람들이 스마트폰과 삶을 얼마나 통합시켜 사는지 발견하고 정말 놀랐다. 스마트폰으로 커뮤니케이션이나 인터넷을 하는 것뿐만 아니라 소셜미디어나 커머스도 쉽게 하더라. 그리고 바로 미국 본사에 와서 직원들에게 말했다. 미래를 봤다고 말이다. 우리는 항상 말한다. 항상 소비자들이 소셜, 디지털과 관련 있는 것만큼 소비자가 있는 곳에 있어야 한다고 말이다. 우리는 브랜드와 스타벅스 경험을 디지털, 소셜, 모바일이라는 멀티 플랫폼과 연결시키려 한다. 이것이 우리가 2012년에 배운 것이다. 만약 다른 회사들이 이 말을 이해 못 한다면 아마 뒤처져 있을 것이다"라고 말했다.

나이키 퓨얼밴드: 헬스케어 컴퍼니

나이키Nike. 오랫동안 소비자의 사랑을 받아온 스포츠 브랜드다. 마이클 조던, 타이거 우즈, 라파엘 나달, 마리아 샤라포바, 세레나 윌리엄스, 맨체스터 유나이티드, 크리스티아누 호날두, 브라질 축구 대표팀 등 승리의 아이콘들에게는 언제나 나이키 마크가 가슴이나 신발에 새겨져 있었다. 월드컵이나 올림픽 등 스포츠 중계를 보면 스타들이나 국가대표팀들이 입는 옷과 신발에 나이키가 새겨져 있는가, 아디다스가 새겨져 있는가를 확인하는 것은 쏠쏠한 재미를 줬다.

신발, 스포츠웨어로 유명한 나이키가 2013년 《패스트컴퍼니》에서 선정하는 '올해의 혁신기업' 50대 기업 중에서 1위를 차지했다. 전년도 순위에 없다가 2013년 혜성과 같이 등장해 아마존, 구글, 애플, 삼성전자 등을 제치고 단숨에 1위를 거머쥔 것이다.

나이키 같은 기업에 '혜성과 같이 등장'이란 표현이 어울리지 않을 수 있다. 하지만 디지털 트렌드를 중심으로 분석하는 이 순위에 나이키가 등장해 단숨에 세계에서 가장 혁신적인 회사로 인정받았다는 것은 의미가 적지 않다. 도대체 나이키에는 무슨 일이 있었던 것일까?

퓨얼밴드

애플, 구글, 아마존과 같은 회사를 긴장시킬 수 있는 회사가 '나이키'가 될 수 있다고 하면 믿기 어려울 것이다. 나도 나이키가 출시한 웨어러블 디바이스 '퓨얼밴드FuelBand'를 경험해보기 전까지는 믿지 못했다.

나이키 퓨얼밴드는 손목에 착용하는 디지털 기기다. 나이키 플러스와 같이 퓨얼밴드도 몸의 상태를 감지해서 이를 아이폰이나 아이패드 등으로 볼 수 있도록 한 기기다. 나이키 플러스가 신발 밑창에 액세서리를 끼워 넣어야 한다면 퓨얼밴드는 손목에 차고 있기만 해도 된다.

퓨얼밴드는 몸의 움직임을 감지해 이를 에너지(퓨얼)로 환산해서 밴드에 보여주는 원리다. 밴드에 3축 가속센서가 내장되어 있어 몸의 움직임을 활동량으로 계산해서 이를 숫자로 보여준다.

걷거나 뛰거나 뜀뛰기를 하면 퓨얼 숫자가 올라간다. 가만히 앉아 있다고 해서 퓨얼 숫자가 멈추는 것은 아니다. 앉아 있어도 좌우로 움직이면 숫자가 올라간다. 심지어 그냥 차 안에서 운전만 하고 있었는데도 퓨얼이

스태판 오랜데르 나이키 디지털 스포츠 부사장이 2012년 1월 뉴욕에서 퓨얼밴드를 소개하고 있다.

조금 올라가는 것을 확인했다. 운동해야만 숫자가 올라가는 것이 아니라 움직임move을 추적한다는 것을 느낄 수 있었다.

아이폰의 '홈버튼'과 같은 밴드 버튼을 누르면 퓨얼, 스탭, 칼로리, 타임이 차례로 나온다. '퓨얼'을 누르면 오늘 하루의 움직임을 확인할 수 있고 '스탭'을 누르면 사실상 만보계가 되며 '칼로리'는 체력관리기, '타임'을 누르면 시계가 된다. 가끔 사용하던 나이키 플러스에 재미를 느끼고 있었는데 퓨얼밴드는 더 재미있겠다는 생각이 들고 그렇지 않더라도 멋진 시계로 사용할 수 있다는 생각에 구입하는 소비자들이 적지 않다. 이런 기기는 누가 뭐래도 남자들의 장난감 아니던가.

퓨얼밴드를 1년간 사용해보면서 나이키가 오랫동안 애플과 협업하며 업의 본질을 이해했구나 하는 생각을 하게 됐다. 퓨얼밴드를 계기로 나이키는 지금은 스포츠 용품을 판매하는 회사이지만 앞으로 디바이스를 판매하는 전자 회사이면서 소비자들의 건강을 챙겨주는 헬스케어 회사가 될 가능성이 높다.

나이키는 소비자에게 즐겁고 빠르지만 (운동으로 인해) 땀나는 브랜드였

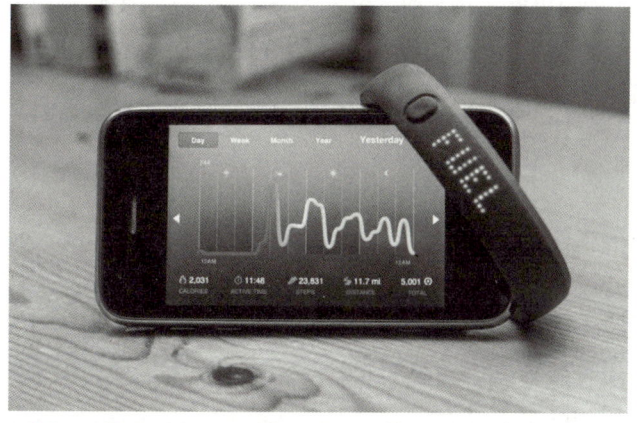

퓨얼밴드를 사용해보면 나이키와 애플 간 협업의 본질을 이해할 수 있다.

는데 퓨얼밴드와 나이키 플러스 등 나이키식 디지털 전환으로 인해 건강을 챙겨주는 브랜드, 즉 헬스케어 브랜드로 거듭날 수 있는 것이다. 이렇게 되면 나이키의 경쟁 상대가 아디다스, 푸마가 아니라 삼성전자나 GE, 필립스가 될 수 있다는 얘기다.

2013년 8월에는 애플이 나이키 퓨얼밴드 책임자를 영입했다는 소식도 들렸다. 애플의 경험이 나이키로 전이됐는데 이제는 나이키가 쌓은 경험을 애플이 필요로 한 것이다. 전통적인 전자 회사나 제조업이 아니라 하더라도 커넥티드 시대에 어디에서 비즈니스 기회를 찾아야 하는지, 어떻게 변신해야 하는지 나이키가 보여주고 있다. 나이키 같은 거대한 회사도 변신하고 새로운 기회를 모색하고 있는 것이다.

나이키 퓨얼밴드뿐만 아니라 조본Jawbone의 디지털 손목밴드 업Up이나 피트빗FitBit 등은 소비자의 움직임을 추적해 디지털로 바꿔주고 관리해주는 건강관리 디바이스로 자리매김하고 있다. 이른바 이들 기기는 디지털 헬스 또는 모바일 헬스의 시대를 열고 있는데 여론조사 기관 퓨리서치센터의 '인터넷과 미국인의 삶' 조사에 따르면 미국인 10명 중 7명은 규칙적으로 자신의 신체 상태와 일상을 측정하고 추적한다. 인간의 기억에서부터 디지털 기억장치나 메모리 스틱까지 모든 것을 이용해 자신이나 다른 사람의 건강 상태를 점검한다는 것이다. 나이키 퓨얼밴드를 착용하지 않더라도 삼성의 스마트폰 갤럭시S 시리즈에는 'S헬스'라는 응용 프로그램이 있는데 걸음걸이나 운동량 등을 측정할 수 있게 해준다.

나이키, 헬스케어 컴퍼니

나이키는 스티브 잡스와의 직접 대화를 통해 선보인 나이키 플러스에서 많은 경험을 쌓은 것으로 보인다. 나이키 플러스 사용자들은 스스로 자신의 정보를 올렸고 이를 아이폰과 아이패드 등에 동기화시켜 서로 경쟁을 하기 시작했다. 이는 나이키가 의도한 바와 맞아떨어졌다. 나이키는 처음 플러스 운동화를 세 종류만 출시했으나 이제는 수십 종에 이르며, 나이키 위런We Run과 같은 러닝 대회를 개최하는 등 이벤트를 만들어 사용자 저변을 넓혔다. 한 번 플러스를 이용해본 사용자들은 이제 '플러스' 운동화만 찾는다.

신발 매출을 유지하는 데 적잖은 기여를 하게 된 것이다. 이처럼 실제 세계(운동, 운동화)와 가상 공간(애플리케이션, 인터넷 사이트)을 연결하는 것이 매출에 기여하는 것은 물론 새로운 비즈니스 기회를 찾을 수 있다고 판단했다. 나이키는 신발에 끼우는 액세서리에 만족하지 않고 직접 디바이스를 만들어 판매하면 매출도 올리면서 사용자들을 유지하는 효과가 있지 않을까 하는 생각이다.

나이키는 2012년 1월 실행에 옮겼고 그 제품이 퓨얼밴드였다. 마크 파커 나이키 회장 겸 CEO는 2012년 1월 19일 뉴욕에서 열린 퓨얼밴드 출시장에서 "나이키 플러스 퓨얼밴드는 나이키가 물리적인 것들과 디지털 세상이 합쳐지는 흥미로운 가능성들을 한 단계 발전시키는 방법이다"라고 말했다.

퓨얼밴드는 149달러다. 나이키 신발 중에서 가장 비싼 제품군에 속할 것이다. 옷 수십 장 파는 것보다 퓨얼밴드 몇 개 판매하는 게 회사 매출에 더 기여할 것이다. 스마트폰과 태블릿PC만 모바일 기기라고 좁게 생각하는 사람들에게 퓨얼밴드가 생각을 확장해줄 수 있다. 나이키는 손목에 차는 웨어러블Wearable 모바일 디바이스다.

구글의 넥서스7은 199달러부터 시작한다. 199달러보다 저렴한 태블릿PC도 언제든 구입할 수 있다. 아마존 킨들파이어HD는 가장 저렴한 제품이 119달러로 퓨얼밴드보다 싸다. 나이키 퓨얼밴드 구매자들은 스마트폰, 태블릿PC 등 이미 많은 디지털 기기를 보유하고 있어서 성능이 업그레이드된 제품을 선뜻 구매하기 어렵게 생각한다. 하지만 퓨얼밴드는 스마트폰이나 태블릿PC가 아닌 액세서리다. 나이키는 헬스케어 디바이스라는 새로운 카테고리를 통해 소비자의 지갑을 열고 있는 것이다.

나이키가 타깃으로 한 지점이 바로 헬스케어다. 당뇨를 재고 혈압을 체크하는 의료기기 형태가 아니다. 건강관리를 당뇨, 맥박, 혈압 체크만으로 하는 것은 아니지 않은가. 나이키 운동화를 신고 나이키 로고가 박힌 옷을 입고 하는 일은 운동, 즉 트레이닝이다. 트레이닝도 광범위하게 보면 헬스케어 아니겠는가. 퓨얼밴드를 의료적으로 바꿔 말하면 퓨얼은 디지털 헬스 다이어리가 되는 셈이다.

퓨얼밴드가 특히 의미가 있는 이유는 디지털과 실제 생활이 만나는 접점라는 것이다. 디지털 기기는 대부분 미디어 소비 기기이자 통신 기기지만 퓨얼밴드 등 추적기는 디지털 기술이 실제 생활에 영향을 주고(운동을 이끌어낸다) 실제 생활이 디지털화해 체계적으로 관리할 수 있게 한다.

더구나 나이키가 가장 잘 아는 영역 중 하나가 게임이다. 나이키는 게임화Gamification를 정확히 이해하고 제품과 서비스에 도입한 대표적 회사로 꼽힌다. 게이미피케이션을 구성하는 데는 몇 가지 핵심 요소가 있다. 어떻게 잘하고 있는지 현재 상태를 알려줘야 하고(피드백) 플레이어가 성장하는 모습을 보여주면서 스스로 성취감을 느끼고 뒤처지면 분발할 수 있도록 해야 하며(성장) 단계적으로 적절한 보상을 줘서 동기를 부여해야 한다(보상). 그리고 다른 플레이어와 경쟁을 시켜서 승부욕을 불러일으켜야 한다(경쟁).

이는 퓨얼밴드가 하는 역할이기도 하다. 퓨얼밴드를 통해 숫자로 나의 활동량을 보여주고 아이폰 및 아이패드 앱과 동기화시켜 과거와 현재 상태를 알 수 있게 한다(피드백). 또 하루 할당량(평시는 2000퓨얼)이 있어서 달성하면 대단히 만족하고, 아니면 퓨얼을 채우도록 동기를 부여한다(성장).

아이폰 퓨얼밴드 앱과 동기화시키면 목표를 달성할 때마다 축하 메시지를 보내주고 2만 퓨얼 등 기록을 세울 때마다 트로피를 준다(보상). 또 페이스북, 트위터 등과 연계시켜서 SNS의 이용자와 경쟁할 수 있도록 했다(경쟁).

애플, 구글처럼 플랫폼 회사가 되려는 나이키

퓨얼밴드는 나이키가 어패럴 회사에서 기술, 데이터, 서비스 회사로 환골탈태하려는 분명한 신호다. 퓨얼밴드가 성공적으로 세계 시장에 안착한다면, 그리고 퓨얼2, 퓨얼3, 뉴퓨얼 등의 디바이스 등이 나와서 진화하게 된다면, 퓨얼밴드 사용자들의 이용 행태를 충분히 추적해서 데이터가 쌓인다면 나이키는 모바일 디바이스 위에 서비스를 얹으려 할 것이고 앞으로는 이 같은 서비스를 판매할 것이다.

퓨얼밴드2나 3에서는 앱을 내려받을 수 있게 하고 사전에 API를 공개해서 개발자들이 앱을 개발할 수 있도록 할 수 있다. 실제로 나이키는 2013년부터 나이키 플러스 플랫폼을 아이폰과 엑스박스Xbox에 제공할 예정이다. 나이키 플러스 플랫폼을 이용해 서비스를 만드는 스타트업 테크스타스TechStars 등과 파트너십을 체결하기도 했다.

나이키 퓨얼밴드를 개발한 곳은 나이키의 연구개발R&D센터인 이노베이션 키친Innovation Kichen이다. 이노베이션 키친에서는 나이키의 플라이니트FlyKnit 등과 같은 차세대 신발을 개발하기도 하고 퓨얼밴드와 같은 디지털 기기를 개발하기도 한다.

마크 파커 나이키 CEO는 "이노베이션 키친에서는 제약 없이 연구개발을 하고 있다. 무엇이 더 나올지 모르지 않나?"라고 말했다. 나이키가 추구하는 방향이 그것이다. 새로운 생태계 그리고 플랫폼이다.

뉴 GE: 산업 인터넷, 1%의 힘

실리콘밸리에 사는 한인과 얘기를 나누다가 재미있는 소식을 들었다. 실리콘밸리에서도 알아주는 팔로알토리서치센터PARC에서 포닥을 마친 유능한 인재가 구글이나 애플, 페이스북을 마다하고 GE General Electric로 취업했다는 것이다. 그것도 이스트베이EastBay 샌 레몬San Ramon으로 갔다는 것이다.

GE? 'GE도 실리콘밸리에 사무실이 있었나?' 하고 혼자 자그마한 의문을 가졌다. 그 후 GE가 샌프란시스코에서 초대형 발표를 하고 이것이 지역 신문과 《뉴욕타임스》 등에 대서특필되면서 그 내용을 구체적으로 알게 됐다. GE가 실리콘밸리에 글로벌 리서치센터를 세우고 약 400명의 소프트웨어 인력을 채용하며 앞으로 산업 인터넷Industrial Internet 분야에 약 10억 달러를 투자한다는 뉴스였다.

이 발표 직후 GE는 샌프란시스코에서 컨퍼런스Mind+Industry Conference를 개최했다. 이 컨퍼런스에 초대받지 못해 직접 가지는 못했지만 유튜브를 통해 생생하게 볼 수 있었다. 이 컨퍼런스를 유튜브를 통해 참석하고 내린 결론은 다음과 같다.

"제3차 산업혁명이 이제 본격적으로 시작되었다. 방금 티핑 포인트를 지났다. 이제는 뒤로 돌아올 길은 없다!"

제프리 이멜트 GE 회장의 고민과 산업 인터넷

GE가 어떤 회사인가. 에디슨의 발명을 모태로 1892년 설립되어 120년 간 세계 정상의 기업을 유지하고 있는 흔치 않은 회사다. 지난 세기 수많은 회사가 명멸했지만 GE는 설립 이후 단 한 번도 에너지, 항공, 운송, 산업설비, 발전, 의료기기 분야에서 주도권을 잃어본 적이 없다. GE의 신사업도 항상 주목을 받아 운송, 금융 서비스, 조명 등도 실패하지 않았다.

GE는 현대 경영학의 교과서 같은 회사다. 워크아웃, SWOT 분석, 전략계획 등의 1970~1980년대 당시로는 파격적인 경영기법을 만들어냈으며 크로톤빌 연수원은 전 세계 모든 최고경영자들이 배우고 싶어 하는 코스다. 지난 2001년 잭 웰치에서 제프리 이멜트로의 회장 및 최고경영자 승계 과정도 세계적으로 주목받아 CEO 승계의 교과서가 되고 있다.

GE는 제조업manufacturing의 세계적인 회사이기도 하다. 소비자들에게 직접 판매하는 냉장고, 세탁기 등 전자 제품을 제조하지만 최근에는 주로 항공용 제트엔진을 만들고 기관차를 만들며 윈드 터바인 등 발전설비, MRI 등 병원 장비 등으로 주력을 옮겼다. GE가 제조하는 산업용 설비와 기계 장치에 있어서는 각 분야 1위를 하고 있기도 하다. 사실 항공용 제트엔진, 병원 장비, 윈드 터바인 등 GE가 강점을 보이는 분야는 특허도 독점하고 있고 경쟁사도 그다지 많지 않다. 그래서 어느 기업보다 안정적인 사업을 할 수 있다.

이 회사의 전략은 간단하다. 해당 분야domain에서 최고의 제품을 생산하는 것이다. 세계 최고의 항공 제트엔진, 더 선명하게 신체를 검사할 수 있는 MRI 장비, 더 빨리 돌고 효율적으로 전력을 생산할 수 있는 윈드 터바인을 만들어 안정적으로 고객(주로 항공사, 병원, 정부 등)에게 제품을 공급한다.

해당 분야에서는 최고로 인정받고 있지만 영역이 제한적이며 인터넷 및 디지털 분야에서 GE는 잘 알려져 있지 않았던 것도 사실이다. 그래서일까. 한때 "GE를 배우자"며 벤치마킹 대상이던 이 회사는 어느 순간부터 경영학자, 언론의 관심에서 멀어져갔다.

제프리 이멜트 회장의 고민도 깊어졌다. 그는 항상 고객과 만나고 저녁을 하면서 커뮤니케이션을 하고 있는데 최근 들어 고객들이 더 좋은 제품better product만을 원하는 게 아니라 그것에 무엇인가를 더한 '플러스 알파'를 원한다는 것을 알게 됐기 때문이다.

예를 들어 에미레이츠항공과 같은 항공사나 보잉과 같은 비행기 제조사들은 GE로부터 '더 빠르고 안전한 제트엔진'만을 원하는 게 아니라 사막에서 더 잘 버틸 수 있는 엔진을 원했다. 에미레이츠항공은 사막 한가운데 있는 두바이가 홈이다. 비행 조종사들이 뉴욕이나 런던에서 뜨고 지는 비행기보다 더 열에 강해야 하고 이착륙하는 특성이 다른 엔진을 원하고 있다는 것을 알게 된 것이다.

병원에서도 마찬가지였다. 더 정확하고 정밀한 MRI 장비뿐만 아니라 거기에 더해서 MRI 장비에서 나오는 '데이터'를 원한다는 것을 알게 됐다. MRI 장비의 주요 고객인 의사들이 판단하는 데 도움이 되는 데이터까지 MRI 장비에서 나오는 것을 병원들이 원한다는 것이다.

그가 최고로 여기는 고객의 요구는 최고의 제품이 아니라 연결된 제품connected product에 있다는 것을 알게 됐다. 여기에 20달러 수준에서 머물고 있는 GE 주가도 생각하지 않을 수 없었다. 전임 잭 웰치 회장 재임 시절 40달러 수준이었는데 지금은 절반 정도밖에 되지 않는다. GE에 무엇인가(알파)를 더하지 않으면 주가가 꿈쩍 안 할 것 같았다.

이멜트 회장은 GE가 생산하는 각 제품에 인터넷을 연결하자는 생각에 이르게 된다. 항공용 제트엔진과 MRI 등 병원 장비 등에 설치된 센서에 인터넷을 연결하고 여기에서 나온 데이터를 분석해서 조종사들과 의사들에게 제공

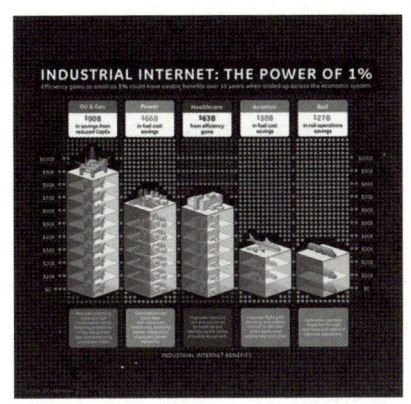

GE는 산업 인터넷이 주는 1%의 힘이 결국 전체 산업지도를 바꿔놓을 것이라고 믿고 있다.

하면 고객들이 원하는 플러스 알파가 된다는 것이다. 그래서 나온 것이 GE의 산업 인터넷이다. 항공용 제트엔진, 풍력발전, 병원 장비 곳곳에 인터넷이 연결된 센서를 달고 이를 분석해 새로운 가치를 만들어낸다는 계획이다.

이멜트 회장은 "인터넷은 단 한 번의 클릭으로 소비자들에게 거의 모든 것을 주었다. 그러나 세계 경제는 여전히 도전적인 상태로 남아 있게 됐다. 인터넷이 가져다주는 변화는 단지 사람이나 데이터를 연결하는 것이 아니라 지능적인 기계들과 연결해야 이룰 수 있는 것이다. 이는 우리가 우리의 고객들에게 줄 수 있는 서비스를 혁명적으로 바꿀 것이고 좀 더 효율적이고 생산적인 장비가 되게 할 것이다"라고 말했다.

1%의 힘

'Industrial Internet'은 산업 인터넷 또는 산업용 인터넷으로 해석할 만하다. 그리고 모든 사물에 인터넷을 연결한다는 사물 인터넷Internet of Things, 사물통신M2M: Machine to Machine의 개념과 일맥상통한다. 또 각 회사마다 비슷한 개념이지만 회사의 핵심역량이 무엇인가, 지향하는 바에 따

라 다르게 부르기도 한다. 네트워크 장비 업체인 시스코와 퀄컴은 만물 인터넷 또는 모든 것의 인터넷이란 개념인 '인터넷 오브 에브리씽Internet of Everything'을 회사의 비전으로 제시하고 있다.

인터넷이 각 산업에 쓰이는 역할을 강조한 '산업용 인터넷'보다는 전체 산업의 바탕이 될 수 있다는 의미의 '산업 인터넷'으로 적극적으로 해석해야 한다고 본다. GE가 발표한 것처럼 각 사업 분야에 인터넷을 연결하는 개념을 좀 더 확장시켜 자동차, 선박 등 중후장대 제조업은 물론 의류, 식품 산업에 이르기까지 기존 1·2차 산업과 제조업에 인터넷을 연결해 새로운 가치를 창출한다는 개념으로 이해해야 한다.

GE의 산업 인터넷은 기기와 기기, 기기와 사람, 기기와 비즈니스 운영을 연결해 항공, 철도, 병원, 제조 및 에너지 분야에서 효율성을 높이고 비용을 절감해 약 1500억 달러의 낭비 요인을 없앨 수 있다는 계획이다. GE는 이를 '1%의 힘The Power of 1%'으로 설명했다. 1%의 힘이란 산업 인터넷으로 전 산업에 걸쳐 효율성을 1% 끌어올리자는 주장이다. 이렇게 되면 산업 각 분야에 큰 규모의 비용을 절감할 수 있다. 향후 15년간 에너지 산업에서 연료 사용량을 1% 줄이면 660억 달러, 항공 업계는 300억 달러를 절감할 수 있으며 헬스케어는 630억 달러를 아낄 수 있다는 것이다.

GE는 산업 인터넷을 위해 약 10억 달러를 투자할 계획이며 캘리포니아 샌 라몬의 연구개발센터도 산업 인터넷 데이터 분석을 연구하기 위해 설립했다.

GE의 산업 인터넷 비전은 단지 사내 차원의 실행 계획으로만 그치지 않는다. 부족한 부분은 합작사를 세워 추진하고 있다. 실제로 GE는 액센추어와 합작사 탈레시스를 설립했다. 이 회사는 항공기 성능 데이터, 고장 예측 기술 등을 분석해 전 세계 항공 기업들에 제공하게 된다.

GE의 계획대로 철도에 인터넷을 연결하면 어떻게 되는가? GE는 철도 인터넷을 위해 '레일커넥트 교통관리 시스템RailConnect Transportation Management System'을 개발했다. 철도 산업에서 정시 출발은 금과옥조와 같다. 정시 출발을 결정하는 것은 역시 정비인데 제때 철도와 차량을 정비하고 고장을 사전에 예방하는 것은 비용과도 크게 연결되어 있다. 미국의 철도 가동률은 73% 정도에 머물러 있는데 이 말은 나머지 27%는 고장으로 쉰다는 얘기다.

GE는 철도와 차량에 인터넷을 연결시켜 고장을 사전에 감지하고 예측, 철도 가동률 1%를 높여 매년 6억 달러 이상의 비용을 아낄 수 있다고 분석했다. 또 철도망 속도를 시속 1마일씩 올려 연간 최대 2억 달러를 절감할 수 있다고 분석했다.

계획에만 머물러 있는가? 아니다. 이 시스템은 북미 지역 철도 사업자인 노폭서던Norfolk Southern이 도입하기로 했다.

항공 분야의 경우에도 지능형 운영Intelligent Operations 시스템의 알고리즘을 이용해 항공기 장비에서 수집된 자료를 모니터하고 항공기 정비 중에 발생할 수 있는 문제를 사전에 진단하고 예측하게 된다. GE는 미국의 항공사가 지능형 운영 서비스를 사용하면 매년 1000건에 달하는 지연 출발과 항공편 취소를 사전 예방할 수 있다고 발표했다. 이렇게 되면 9만 명이 지연 없이 제시간에 목적지에 도달할 수 있다는 것이다.

풍력발전에 센서를 달아 인터넷과 연결시키면 어떻게 될까? 이미 퍼스트윈드First Wind라는 회사가 GE와 함께 실험 중이다. 풍력발전기에 센서와 컨트롤러를 내장하고 소프트웨어를 최적화시켜 외부의 기온, 풍속을 감지하고 바람을 맞이하게 된다. 바람이 세게 불면 프로펠러가 많이 돌아서 풍력발전에 좋을 것이라고 생각하지만 사실은 그렇지 않다.

풍력발전소들은 바람이 지나치게 강하게 불면 프로펠러가 고장 날 우려가 있기 때문에 가동을 멈춰왔다. 하지만 실제로 풍력발전을 저해하는

제프리 이멜트 GE 회장이 마인드+인더스트리 컨퍼런스에서 비행기 엔진에 인터넷을 연결하면 어떤 이득을 줄 수 있는지에 대해 설명하고 있다. ⓒ GE

'강한 바람'은 바람 그 자체에 있는 것이 아니라 얼음이 동반된 바람이었던 것이다. 미세한 얼음이 강하게 프로펠러에 부딪쳐서 터바인을 고장 나게 했던 것이다. 퍼스트윈드는 터바인에 센서를 달아 인터넷에 연결시킨 결과 1년 사이에 풍력발전이 3%가 늘었다고 분석했다.

  GE의 산업 인터넷 비전이 관심을 모으는 이유는 회사의 성장동력, 즉 매출처를 확보할 아이템으로 접근하는 것이 아니라 회사의 체질을 완전히 바꾸는 근본적인 변화의 동력으로 삼고 있기 때문이다. 아이템식 접근법은 회사의 문화, 체질이 바뀌지 않는 가운데 강점을 극대화할 수 있는 새로운 분야를 찾는 방법이다. 예를 들어 부품 회사들이 스마트폰, 태블릿에 이어 웨어러블 디바이스에 들어가는 부품을 개발하고 새로운 매출처를 찾기 위해 뛰는 방식이다. 하지만 GE는 근본적인 변화의 방법을 찾았다. 회사의 주력은 하드웨어 제조이지만 소프트웨어를 통해 통제하는 소프트웨어 중심의 구조로 바꾸겠다는 의도로 풀이된다.

마크 리틀 GE 글로벌 리서치 디렉터는 "GE가 생산하는 터바인에는 이미 센서가 달려 있다. 우리는 이 센서를 통해 터바인 온도가 올라갔는지 모니터링하고 진단했다. 그리고 바로 고칠 수 있었다. 하지만 이제는 이런 데이터를 바탕으로 문제가 생길 수 있는지 여부를 예측한다. 모든 신호를 읽고 어떤 일이 벌어질지 예측할 수 있게 됐다. 이것은 제품의 신뢰도와 생산성 향상에 크게 영향을 줄 것이다"라고 말했다.

왜 넥스트 빅 씽인가?

1800년대 증기기관이 등장한 이후 불기 시작한 산업혁명 이후 우리는 수많은 혁명기를 맞았다. 정보화 혁명 information revolution, 인터넷 혁명, 에너지 혁명, 정치 혁명 등등 각종 혁명이 많았다. 이 중에는 인터넷 혁명처럼 진정한 혁명적 변화를 불러일으킨 것도 있었지만 '새롭다'는 내용을 눈에 띄게 만들기 위해 혁명이란 단어를 가져다 붙인 경우도 적지 않았다. 그래서 우리는 혁명의 보편기에 살고 있는지도 모른다.

하지만 오리지널 산업혁명 the industrial revolution처럼 진정한 혁명이 되기 위해서는 생활양식뿐만 아니라 에너지를 소비하고 물건을 만드는 방식까지도 바뀌어야 한다. 1990년에 본격적으로 개발, 보급되기 시작한 인터넷이 20년이 지난 지금 혁명이라고 불리는 이유는 커뮤니케이션 방식을 바꾸고 정보를 소비하는 모습을 바꿨으며 매장에 가지 않고 클릭만으로 쇼핑이 가능하게 만드는 등 돈 쓰는 구조도 바꿔놓았기 때문이다.

산업 인터넷이 '넥스트 빅 씽 Next Big Thing'이라고 불릴 만한 이유는 산업과 인터넷이 만나 서로를 바꿀 수 있기 때문이다. 산업 인터넷은 기계와 인터넷이 만나 데이터를 만들어내고 생산성을 높이며 기계를 사용하는 인간이 의사결정을 하는 데 결정적 역할을 하게 될 것이다.

산업 인터넷을 한마디로 표현한다면 "기계가 인터넷을 만나 비로소 심장을 얻어 숨을 쉬고 핏줄을 만들어 피가 돌게 됐다"는 표현이 어울릴 것이다. 기계는 인간이 지시하고 입력하는 것만 성실히 수행했으나 인터넷과 결합시켜 생명력을 얻고 스스로 움직일 수 있게 된 것이다.

구글이 실험하고 있는 구글 카 '자율운전 자동차'도 산업 인터넷으로 분류할 수 있다. 자동차에 인터넷을 연결시켜 스스로 운전이 가능하도록 했다. 결국 기계(자동차)와 인터넷이 만나 스스로 움직일 수 있게 됐다.

기계가 스스로 고장 난 부분을 알 수 있을 뿐만 아니라 언제 고쳐야 하는지도 예측할 수 있다면 주인은 기계의 유지보수에 드는 비용을 줄일 수 있을 뿐만 아니라 그 시간에 다른 생산적인 일을 할 수도 있을 것이다. 이같은 산업 인터넷은 장기적으로 글로벌 산업 구도를 바꾸고 인간의 삶을 변화시킬 수밖에 없다. 그동안 각각 발전해왔던 컴퓨팅, 데이터 분석(애널리틱스), 센싱 분야가 산업과 만나서 근본적인 변화를 일으킬 준비를 하고 있다.

닐슨과 소셜 TV: 미디어, 모바일을 끌어안다

2013년 2월 4일 친구들과 함께 처음으로 미식축구 슈퍼볼SuperBowl을 시청했다. 지역 팀인 샌프란시스코 포티나이너스SF 49ners가 올라왔기 때문인지 동네에서는 슈퍼에 맥주가 동나고 슈퍼볼 시간에는 차도 잘 다니지 않았다. 결과는 아쉽게 패했지만 마지막까지 승부를 예측하기 어렵게 경기가 진행되어 재미있었다. 유명한 중간 공연(비욘세)과 기업들이 슈퍼볼에 맞춰 내놓는 광고까지 1년 내 미국의 최대 이벤트로 불릴 만했다. 미식축구 경기 자체보다 주변 이벤트(공연, 광고)까지 즐겨야 슈퍼볼임을 실감했다.

슈퍼볼 이벤트를 모멘텀으로 가져가기 위한 기업들의 치열한 경쟁을 보면 이 경기는 SF와 볼티모어만의 경쟁은 아니었던 것 같다. 이 경기는 미국에서 과연 몇 명이 봤을까? 미국 최고 시청률 조사기관인 닐슨리서치에 따르면 1억 3300만 명에 달한다. 시청률이 무려 48.1%였다. 미국에서 TV를 가진 시청자들의 절반 가까이가 이날 슈퍼볼을 지켜봤다. 포티나이너스가 막판 추격을 한 4쿼터에는 시청률이 52.9%에 달했다.

미국인들은 이 경기를 TV만으로 봤을까? 아니다. 아이패드나 인터넷으로 시청한 사람도 상당할 것이다. 실제 닐슨에서는 이날 아이패드 등 스트리밍으로 경기를 지켜본 사람도 300만 명에 달한다고 조사했다. 인터넷 스트리밍을 통한 TV 시청 경험이 늘어나고 있는 최근 추세를 봤을 때 자연스러운 현상으로 보인다.

그런데 이 사람들이 TV를 켜놓고 아이패드를 동시에 시청한 것일까? 아니면 아이패드만으로 시청한 것일까?

스마트 디바이스가 널리 보급되어 있고 유튜브가 보편화되면서 미디어 소비 방식은 크게 바뀌고 있다. 하지만 대답은 "(아직) 모른다"는 것이다. 얼마나 많은 사람이 TV와 아이패드를 동시에 보면서 시청하는지 아직은 정확히 알 수 없다. 얼마나 많은 시청자가 TV와 온라인으로 동시에 시청하는지, 시청하면서 SNS를 하는지, 오직 온라인으로만 시청하는지, (한국의 경우에는 DMB로도 시청을 하는지) 알아야 하는데 아직 정확히 할 수 없다는 것이 대답이다.

이것은 글로벌 미디어 업계에서는 대단히 중요한 팩트다. 광고비와 직결되기 때문이다. 미국의 한 해 방송 광고비는 750억 달러(약 81조 원)에 달한다. 이 광고비가 어디로 가는지에 따라 미디어 기업의 생존이 갈린다. 광고주들은 광고주대로 시청자들이 TV로만 슈퍼볼을 보는 건 아닌 것 같은데 얼마나 많은 수가 TV를 이탈했는지 알 수 없어 답답해하고 있다. 광고주들은 더욱 과학적인 데이터를 요구하고 있는 것이다.

TV 시청률은 점차 떨어지고 있다. 닐슨에 따르면 최근 미국의 18~24세의 TV 시청률은 8%나 하락했다. 광고의 핵심 타깃인 젊은 층이 TV를 보지 않는다는 것은 마케팅에도 즉각 영향을 미치는 요소다. 하지만 젊은이들이 TV를 아예 보지 않는 것인지 아니면 태블릿, 스마트폰, PC 등을 통해 볼 건 보고 있는지, 얼마나 많이 보는지는 아무도 모른다. 대략 짐작해서는 안 된다. 정확한 팩트가 필요하다.

글로벌 미디어, 특히 뉴미디어 업계에서는 전통적인 시청률 산정 기준을 바꿔야 한다고 주장해왔다. 스마트 디바이스를 통한 시청 경험이 늘어나는 만큼 이 같은 방식도 시청률에 반영해야 한다는 것이다.

지금까지 닐슨은 시청률을 피플미터 방식으로 조사해왔다. 표본으로 선정된 2만 2000가구의 TV 수상기에 셋톱을 달아 시청률을 자동으로 집계하는 방식이다. 한국을 포함해 세계적으로 같은 방식으로 시청률을 조사한다. 닐슨은 인터넷 방송 시청을 추적하기 위해 20만 대의 컴퓨터를 추가 패널로 사용했는데 이것은 그동안 시청률에 반영하지 않았다.

그렇다면 프로그램을 DVR로 저장해놓았다가 보는 것은 어떨까? 넷플릭스는? 훌루는? 로쿠는?

패널 가구에 있는 모든 디바이스에 추적 장치를 달아 미디어 소비 패턴을 분석하는 것이 더 정확하겠지만 샘플 확보가 쉽지 않은 것이 사실이다.

미국의 사례가 전 세계 보편적이라고 볼 수는 없을 것이다. 각국의 미디어 소비 방식은 다를 수밖에 없다. 특히 국민의 절반 이상이 스마트폰, 태블릿을 보유하고 있고 초고속 인터넷 보급률이 90%에 육박하는 한국의 경우에는 미국의 사례보다 미디어 소비 경험이 진일보할 것으로 예상된다. 지금까지 방식으로는 이 변화가 반영이 안 됐다. 뉴미디어 종사자들은 한숨을 내쉴 수밖에 없었다. 열심히 만들었는데 수익을 만들 수 없었다.

나는 그들이 아는 시청자가 아니다

하지만 2013년 들어 시청률 산정 방식에 변화 조짐이 나타나고 있다. 인터넷을 통한 미디어 소비를 더 이상 측정 기술 부재의 이유로 외면할 수는 없었다. 모든 것이 연결되는 커넥티드 라이프가 어느 순간 전통적인 미디어 소비 방식을 넘어설 것이기 때문이다.

《뉴욕타임스》,《LA타임스》 등 미국 언론은 "닐슨이 시청률 산정 방식과 개념을 바꾸기로 했다"고 대대적으로 보도했다. 개념을 새로 정의하고 새로운 디바이스를 수용해 2013년 가을부터 새로운 데이터를 공개하기로 했다.

우선 '가구 household'의 개념이 바뀐다. 닐슨은 그동안 TV를 설치한 가정을 가구로 인정했으나 이제는 초고속 광대역 broadband 인터넷을 TV에 설치한 것도 포함시키기로 했다. IPTV나 애플TV 등 별도의 셋톱박스를 TV에 달아놓은 TV도 포함한 것이다. 여기에 '시청 TV Viewing'의 개념도 바뀐다. 앞으로는 아이패드 등 태블릿, PS3나 엑스박스 등의 게임기, DRV 등도 '시청'에 포함시키기로 했다.

장기적으로는 넷플릭스, 훌루 등의 오버더톱 Over the Top 서비스도 시청률에 포함시키고 케이블이나 미디어 회사들의 아이패드나 태블릿을 통한 시청 확대 TV Everywhere도 포함시키기로 했다. 한국으로 치자면 CJ헬로비전의 티빙 TVing이나 판도라의 에브리온 EveryOn, 지상파 방송사의 N스크린 서비스 푹 Pooq의 시청률이 닐슨의 산정 방식에 포함되는 것이다. 이제는 TV라는 단어보다는 오랫동안 미디어 업계에서 써왔던 스크린 screen이란 개념이 더 어울리게 된 것이다.

닐슨은 트위터와 공동으로 '닐슨 트위터 TV 시청률'을 조사해 2013년 하반기부터 공개한다고 발표하기도 했다. 방송을 보고 트윗을 날리는 이용자뿐만 아니라 방송에 관심 있는 사용자의 트윗도 분석해 종합적인 시청률을 산정하겠다는 계획이다.

트위터 이용자들은 TV를 보면서 트윗을 날린다. 이 같은 이용자는 최대 33%에 달한다. 1/3이 TV를 보면서 스마트폰으로 트윗을 날려 프로그램 내용을 공유하는 것이다. 슈퍼볼·월드시리즈·올림픽·월드컵과 같은 스포츠 이벤트나 대통령선거 등의 정치 이벤트, 골든글러브·아카데미·

그래미 등의 시상식에서는 공유심이 폭발해 TV를 보며 트윗을 날리거나 페이스북에 감정을 공유한다.

이 같은 소셜 TV 현상은 시청률에도 영향을 미치기 때문에 미국의 CBS, NBC, ABC 등 지상파 방송사들과 CNN, 폭스, MS NBC 등의 케이블 뉴스 채널들은 소셜네트워크서비스를 프로그램에 적극적으로 끌어안으려 노력 중이다. 닐슨은 이 같은 경험을 과학적으로 분석해 광고주들을 만족시키겠다는 계산이다.

이것은 미디어의 지형 변화에 중요한 신호다. 시청자들은 TV를 보더라도 TV 수상기라는 단일 스크린만 즐기지 않으며 태블릿과 스마트폰과 함께 듀얼 스크린으로 TV를 본다는 얘기다.

닐슨에서는 또 이렇게 세컨드 스크린으로 TV를 즐기는 시청자의 13%는 라이브 프로그래밍(소셜네트워크서비스나 미디어 앱 등을 즐기는 현상)을 하고 있는데 이들은 물건을 구매하거나 쿠폰을 받을 가능성이 높다. 그래서 미국 방송사들은 방송 프로그램에 트위터 해쉬태그를 사용해 시청자와의 인게이지먼트를 확대하고 있는 추세다. 방송을 보면서 트위터나 페이스북을 한다는 것을 알기 때문에 각 방송의 프로그램이 트위터나 구글에서 검색되기 쉽게 하기 위해서다.

어떻게 보면 상식적인 분석인 것 같지만 현재 지상파, 케이블, 위성 등의 미디어 산업에서는 이 같은 현상을 수용하지 않기 때문에 상식으로 받아들여지는 것은 아닌 것 같다. 하지만 여전히 지상파 방송사와 케이블TV 등 기존 방송사는 쉽게 변하지 않는다.

시청자는 변하고 있다. 닐슨과 같은 시청률 조사기관도 정시에 TV 앞에 앉아서 시청하는 비율이 점차 낮아지고 있다는 현실을 인정하고 이를 반영하려 한다. 모바일 기기, 소셜미디어 앞에서 TV 시청 경험은 급속도로 변하고 있기 때문이다.

뉴욕타임스: 신문을 재정의하다

　미국에 도착하자마자 가장 먼저 한 일은 은행 계좌 열기, 인터넷 및 TV 연결과 함께 《뉴욕타임스》를 구독하는 것이었다. 많은 사람이 말렸다. "신문 보면 계속 구독 독려를 하기 때문에 짜증이 난다. 신문은 도서관에서도 볼 수 있다. 굳이 구독하지 않아도 된다."

　하지만 생각이 달랐다. 《뉴욕타임스》를 읽어야 세상을 알 수 있다. 세계 최고의 저널리즘을 구현하면서 디지털 전환에도 성공하고 있는 《뉴욕타임스》. 1년간 구독할 수 있었던 것은 오히려 행운이었다. 《뉴욕타임스》는 세계의 여론을 이끄는 신문으로서 세계 최고의 미디어로 인정받고 있다. 이는 미국 여야를 막론하고 정치권뿐만 아니라 중국 공산당 정부는 물론 애플까지 비판할 수 있는 높은 수준의 저널리즘 때문이다.

　또 《뉴욕타임스》는 전격적인 유료화 도입을 통해 성공적인 디지털 전환을 이뤄내고 있으며 신문과 멀티미디어, 인터넷을 결합한 멀티미디어 스토리텔링 기사 '스노우폴Snowfall'과 같은 새로운 시도로 언론의 새로운 지평을 열어나가고 있다.

이 같은 성과로 《뉴욕타임스》는 2013년 퓰리처 저널리즘 부분에서 4개 상(탐사보도, 피처보도, 국제보도, 설명보도)을 휩쓸었다. 글로벌 미디어 지형에서 《뉴욕타임스》와 같은 지명도, 여론을 선도하는 지도력이 있으면 당연히 경영도 문제가 없어야 한다. 하지만 《뉴욕타임스》도 신문이다. 신문 구독률과 영향력이 떨어지고 광고 단가가 떨어지면서 경영이 어려워지는 추세에 《뉴욕타임스》도 자유로울 수 없다.

《뉴욕타임스》는 2013년 2분기 매출이 전년 동기 대비 0.9% 하락한 4억 8540만 달러를 기록했다. 광고 매출 등의 하락이 원인이 됐다. 천하의 《뉴욕타임스》도 마이너스 성장을 기록하고 있는 이유는 하나다. 독자들이 더 이상 신문을 보지 않는다는 것이다. 신문 매출은 떨어지는데 온라인과 모바일 등 디지털 매출은 신문 매출 하락을 보충해주지 않기 때문에 이 같은 현상이 나타난다.

신문 산업, 얼마나 위기인가?

신문 종사자들의 위기감은 상당하다. "10년 내 신문이 없어질지 모른다"는 말을 공공연하게 하고 있다. 사실 "10년 내 없어질지 모른다"는 말은 지난 2000년대 초반 초고속 인터넷이 급속도로 확산됐을 때도 나왔다.

하지만 지금은 다르다. 18세부터 24세까지 젊은 세대들의 신문 구독률이 급감했으며 신문 읽기에 그나마 익숙한 30~40대도 스마트폰, 태블릿 PC의 확산으로 종이신문을 보는 시간이 매우 줄어들었다.

이 같은 현상은 실제 구독률보다 광고 매출에 즉각 영향을 줬다. 구독률은 크게 줄지는 않았다. 신문 구독을 늘리기 위해 가정 독자보다는 기업으로 확장하거나 주말판 독자를 끌어들이는 데 노력을 했기 때문이다. 하지만 광고는 달랐다. 젊은 세대들이 신문을 읽지 않는다는 사실을 광고주들인 기업들이 누구보다 잘, 빨리 인지했다. 기업들의 핵심 광고 타

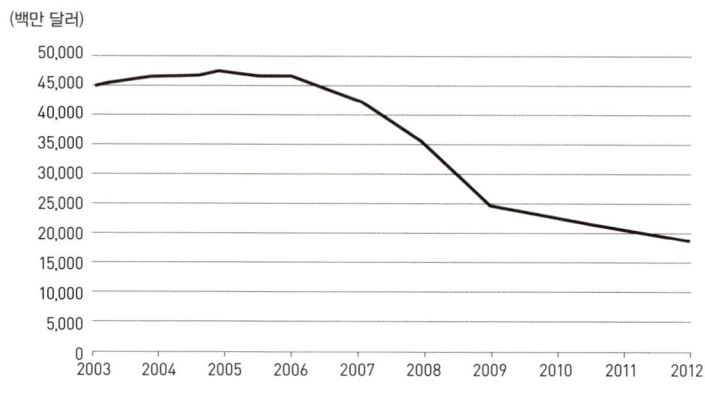

자료: Newspaper Association of America

깃 대상인 18~24세가 신문을 안 본다는 것은 광고할 가치가 떨어진다는 뜻과 같다.

미국에서는 전체 신문 광고 매출이 지난 2012년 전년 대비 6.8% 정도 줄었다. 7년 연속 감소세를 보이고 있는데 2012년 신문 광고 매출 규모는 지난 2006년의 41% 수준에 불과하다.

광고주들이 신문에 광고를 줄이는 이유는 이미 자신의 소비자들이 주로 미디어를 소비하는 시간과 자신들의 광고비를 집행하는 것 사이에 큰 차이가 있다는 것을 알게 됐기 때문이다. 소비자들은 신문을 포함한 프린트 매체에 소비하는 시간이 6%에 불과한데 광고비 집행은 23%를 차지한다. 반면 인터넷은 26% 정도 소비하는 데 비해 광고비 집행 비율은 22%에 불과하며 모바일은 12% 대비 3%에 그쳤다.

미국 상황이지만 글로벌 트렌드와 다르지 않다고 보인다. 2012년 미디어 소비 시간이 모바일이 신문에 비해 2배이지만 광고비는 1/7에 불과하다. 이 지점에서 앞으로 큰 변화가 올 것임을 짐작하는 것은 어렵지 않다.

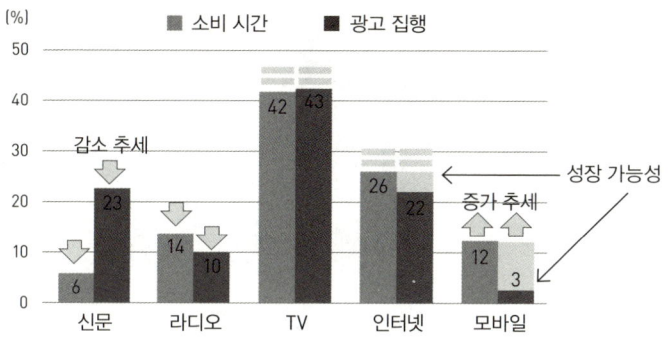

인터넷 분석가 메리 미커의 2013 인터넷 트렌드 중에서 미디어 소비와 광고 비중 분석

신문사들은 프린트 부분 광고 매출이 급격히 줄어드는 것을 보충하고 온라인 독자를 사로잡기 위해 인터넷과 모바일 매체에 적극적으로 뛰어들었다. 하지만 신문 광고 매출이 줄어드는 것을 보완하기에는 역부족이다.

2012년 디지털 광고 매출은 전년 대비 3.8% 늘어난 33억 7000만 달러를 기록했지만 여전히 신문 광고 매출의 15%밖에 차지하지 못했다. 신문 매출 그래프가 급격하게 우하향하는 추세를 디지털이 보충해주지는 못했다는 뜻이다.

모바일은 어떨까? 비슷하다. 미국뿐만 아니라 한국의 언론사들도 아이폰, 갤럭시폰 등장 이후 경쟁적으로 앱을 만들고 광고를 붙였다. 하지만 매출이라고 부르기에 민망할 정도다.

그렇다고 광고주들이 성장시장인 모바일에 광고를 안 하는가? 그렇지 않다. 모바일 광고 집행은 점차 늘고 있다. 다만 기존 언론사에 가지 않을 뿐이다.

퓨리서치센터에 따르면 지난 2012년 모바일 디지털 디스플레이 광고는 구글, 트위터, 페이스북, 애플iAds 등 플랫폼 회사와 판도라와 같은 모바일

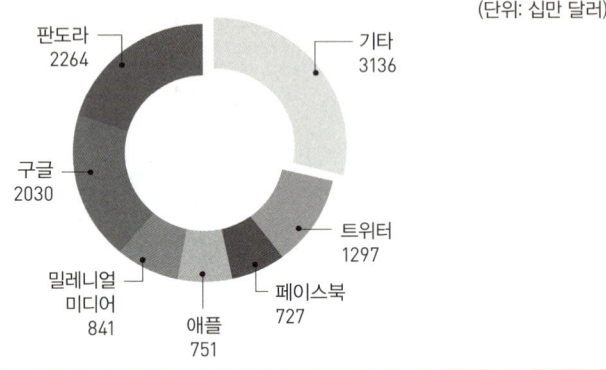

브랜드별 미국 모바일 디지털 광고 매출. 상위는 구글, 트위터, 페이스북 등 플랫폼들이 대부분이다.

음원 서비스 등에 50% 이상 집행됐다. 광고주들이 모바일 광고를 미디어에 하지 않고 기존 플랫폼 회사에 하고 있다는 얘기다. 언론사가 디지털과 모바일에서 수익이 나지 않는다고 하소연하는 것은 당연한 것이다. 광고주들이 광고를 하지 않기 때문이다. 그만큼 기존 미디어의 모바일 앱의 매력이 떨어지고 사용자가 몰리지 않는다는 증거이기도 할 것이다.

이렇게 신문이 사양 산업화되다 보니 신문사를 떠나는 기자들도 많아졌다. 자발적으로 떠나는 기자들도 있을 것이고 회사가 더 이상 유지되지 못해 어쩔 수 없어 떠나야 하는 기자도 있을 것이다. 그래서 미국에서는 1978년 조사를 시작한 이래 처음으로 기자 수가 4만 명에 미치지 못하는 일이 생겼다. 일간지 기자 수는 2011년에 비해 2012년 6.4% 감소했다.

미국에는 각 지역별로 일간지가 많은데 기자 수가 4만 명이 되지 않는다는 것은 사실 충격적인 일이기도 하다. 미국의 기자들은 5만~6만 명 수준을 유지하다가 2007년 이후 급감, 결국 3만 명대로 떨어졌다. 이는 신문의 영향력 감소와 경영의 어려움으로 지역 일간지가 폐간되어 기자들이 어쩔 수 없이 떠나야 하는 상황과 맞물려 있었다.

역사와 전통 그리고 저널리즘을 상징하는 워싱턴포스트, 보스턴글로브, 뉴스위크가 매각된 것은 이상한 것이거나 충격적인 사건이 아니다. 제프 베조스는 워싱턴포스트를 2억 5000만 달러, 존 헨리는 보스턴글로브를 7000만 달러에 매입했다. 하지만 야후는 소셜네트워크서비스 텀블러를 11억 달러에 샀다. 텀블러 창업자인 20대 데이비드 카프는 텀블러를 야후에 매각하는 대가로 받은 돈이 2억 5000만 달러인데 이는 제프 베조스가 워싱턴포스트를 인수한 금액과 같다. 워싱턴포스트가 워터게이트 특종을 하면서 닉슨 대통령을 하야시킬 때 데이비드 카프(1986년생)는 태어나지도 않았다.

이는 무엇을 상징하겠는가? 신문을 대표하는 전통 legacy 미디어 산업이 총체적인 디스럽션 시기에 직면해 있다는 것을 뜻한다.

디지털 전환이 답이다

신문사는 당분간 매출 감소, 구독률 하락, 영향력 쇠퇴, 기자 이직 등 혹독한 구조조정의 시기를 겪을 것으로 보인다. 해가 진 산업의 운명이기도 하다.

2007~2008년 아이폰의 등장과 삼성 갤럭시폰의 승승장구로 사라진 산업과 기업들을 보자. 모토로라는 구글에, 노키아는 MS에 인수됐으며 소니에릭슨은 에릭슨이 모바일 사업에서 손을 털고 나가 소니모바일로 바뀌었고 블랙베리는 끊임없는 매각설에 시달리고 있다. MP3 산업이 사실상 사라졌으며 디지털카메라 업체들도 해마다 매출 감소 추세가 이어지는 힘겨운 시기를 보내고 있다.

신문이라고 다를까? 물론 같지는 않을 것이다. 신문사가 경영의 어려움에 직면해 기자를 해고하는 것과 노키아가 어려워서 직원을 해고하는 것이 같을 수는 없다. 유능한 기자들이 직업을 잃는다는 것은 그만큼 언론이 사회의 경종을 울리고 탐사보도를 통해 권력의 감추고 싶은 환부를 폭로할 수 있는 기회를 잃는다는 것과 같다.

언론의 쇠퇴는 민주주의의 쇠퇴와 맥락을 같이한다고 해도 과언이 아니다. 이 때문에 뉴욕타임스는 글로벌 신문 산업의 아웃라이어가 되고 있는 것이다. 퓰리처상을 휩쓸 정도로 저널리즘 수준이 높고 매출과 수익이 비교적 안정적이다.

특히 신문사에서 디지털 미디어 기업으로 변신하고 있는 것이 결정적이었다. 뉴욕타임스는 아마존, 구글, 페이스북 못지않은 디지털 미디어 기업이 될 수 있다는 자신감이 있다.

이처럼 뉴욕타임스가 세계적으로 존경받는 미디어가 될 수 있던 비결은 신문 산업이 총체적으로 디스럽션에 직면한 시기에 신문을 스스로 재정의해 디지털에 맞는 뉴스 포맷을 독자들에게 제공하는 디지털 전환에 성공하고 새로운 저널리즘을 끊임없이 시도하고 있기 때문일 것이다.

뉴욕타임스의 디지털 전환을 유료화paywall로만 이해해서는 안 된다. 유료화는 디지털 전환의 일부일 뿐이다. 실제로 《뉴욕타임스》는 정기적으로 "당신이 우리에게 소중하기 때문에 당신이 중요하게 생각하는 사람에게 선물을 드립니다"란 이메일을 보낸다. 구독 요청이다. 이 메일은 《뉴욕타임스》 구독자가 지인들에게 주는 12주(3개월) 무료 쿠폰이다. 이 메일을 친구에게 보내면 친구 한 명은 무료로 제한 없이 《뉴욕타임스》 디지털판을 온라인과 스마트폰, 태블릿에서 볼 수 있다. 12주가 지나면 이 친구는 《뉴욕타임스》 디지털판을 자기 돈을 내고 구독할 수 있을 것이다. 이런 식으로 《뉴욕타임스》 디지털 유료 구독자를 늘려가고 있는데 1년 만에 69만 명의 유료 구독자를 확보했다.

신문을 PDF 형태(레플리카)로 보는 구독자까지 포함하면 《뉴욕타임스》의 디지털 구독자는 모두 113만 3923명에 달한다. 《뉴욕타임스》의 종이 신문 구독자가 73만 1395부에 달하는 것을 비춰봤을 때 디지털 구독률은 상당한 수준이며 곧 디지털 유료 구독자가 신문 독자를 추월할 것으로 예상된다.

《뉴욕타임스》는 디지털 구독자를 확보하기 위해 엄청난 투자를 하고 있다. 종이신문은 독자가 누구인지 정확히 알 수가 없다. 하지만 디지털 구독자는 이름, 주소, 이메일, 나이 등 구독자의 프로파일을 알 수 있어서 타깃 마케팅을 알 수 있다는 장점이 있다.

《뉴욕타임스》 홈페이지 구독 코너에 들어가면 신문을 집에서 받아볼 수 있는 다양한 옵션이 있다. 월요일부터 목요일까지 평일 구독료를 내거나 금, 토, 일 주말판을 받아 보거나 월요일부터 일요일까지 전체를 받아 보는 모델이다. 평일판이나 주말판만 보더라도 디지털(온라인, 스마트폰, 태블릿)은 제한 없이 볼 수 있다.

모든 기사를 횟수 제한 없이 읽으려면 웹사이트+스마트폰 앱은 한 달에 15달러, 웹사이트+아이패드 앱은 20달러, 웹사이트+모든 단말기는 35달러를 내야 한다.

또 《뉴욕타임스》는 다양한 쿠폰을 발행해서 일단 저렴하게 가정배달에 진입한 후 신문 구독과 디지털 버전을 결합해서 구독 유지(리텐션)에 총력을 기울인다. 쿠폰을 발행해서 3~6개월을 구독하면 절반 가격에 집에서 신문을 볼 수 있게 하고 그 이후에는 계속 볼 수 있도록 디지털판을 통해 구독을 유지하는 전략이다.

"뉴스는 신문을 통해 봐야 한다"는 독자들도 존재한다. 이들에게는 《뉴욕타임스》의 구독 모델은 점차 합리적으로 받아들여지고 있다. 신문을 구독하면 디지털 접근권, 이메일 등의 혜택이 있다. 디지털판을 볼 수 있고 친구나 가족과 디지털판을 같이 볼 수 있도록 아이디를 열어주며 주요 뉴스 이메일을 쏴주고 《뉴욕타임스》의 과거 기사를 검색할 수도 있다.

이처럼 뉴욕타임스는 "누가 돈을 내고 뉴스를 보나?"라는 통념을 깨고 있으며 정교한 디지털 전략으로 스스로 디지털 기업이 되고 있는 것이다.

스노우폴 저널리즘

뉴욕타임스가 디지털 전환으로 신문 산업을 재정의redefine하고 있다면 일명 '스노우폴(강설Snow Fall) 저널리즘'으로 신문과 인터넷, 모바일을 묶는 새로운 형태의 멀티미디어 기사로 저널리즘의 새로운 지평을 열었다는 평가를 받고 있다. 스노우폴은 《뉴욕타임스》가 2012년 12월 선보인 멀티미디어 서술형(내러티브) 기사를 말한다.

스키어가 미 워싱턴 주 캐스케이드 산맥 눈사태에 맞서는 르포 기사로 분량은 1만 7000자에 달하며 동영상과 그래픽 등 멀티미디어를 결합한 기사다. 기자들은 기사 작성에 대해 배울 때 주제가 있어야 하고 육하원칙에 의해 작성해야 한다고 배운다. 이 기사는 육하원칙도 없고 강렬한 인상을 주는 리드 문장도 없다. 스키어의 시각으로 산 정상에서 아래로 내려오면서 겪는 어려움과 스키복에 대한 이야기들, 중간에 일어나는 사고의 순간 등을 글과 인터뷰 동영상, 인터넷 그래픽 등으로 보여줬다. 그

래서 이 기사를 읽고 나면 16명의 스키어와 함께 산 정상에서 아래로 내려오면서 같이 고난을 겪은 것같이 느낄 수 있다.

스노우폴은 디지털 시대에 기사의 새 전형을 보여줬다는 평가를 받았으며 이 기사를 쓴 존 브랜치 기자는 2013년 퓰리처상을 수상했다. 이 기사의 웹 기술을 담당한 한나 페어필드는 2013년 5월 텍사스 오스틴에서 열린 국제온라인저널리즘심포지엄ISOJ에서 "우리 팀의 목표는 독자들을 모두 산으로 데려간다는 생각이었다. 제이리 와이트 사진작가는 독자들과 함께 돌아가서 산 정상으로 가는 것처럼 느끼게 하고 싶었다. 그리고 스토리를 계속 읽게 하는 것이 중요했다"라고 말했다.

이 기사를 《뉴욕타임스》 지면에서 처음 봤을 때는 '왜 이렇게 기사가 길어?'라는 느낌이 들었다. 《뉴욕타임스》는 주말판에 별지를 많이 내는데 스노우폴도 별지 형태로 나왔기 때문이다. 글이 너무 많았고 사진은 적어 읽기 어려웠다. 하지만 《뉴욕타임스》 온라인판에서 본 스노우폴은 느낌이 달랐다. 마우스를 내릴 때마다 마치 산 정상에서 눈을 맞으며 내려오는 것 같은 느낌이 들었다. 스키어들의 인터뷰 동영상은 더욱 공감할 수 있게 했다.

이 기사는 신문 기사로만 읽었다면 독자의 상상력을 자극할 수는 있겠지만 종합적인 느낌은 감에 의존해야 했을 것이다. 하지만 인터넷으로 접한 기사 '스노우폴'은 감탄사를 자아내기에 충분했다.

이 기사 이후 스노우폴은 미디어 업계의 새로운 동사가 되고 있다. 신문, 미디어 업계에서는 스노우폴이 강설이라는 뜻이 아니고 "멀티미디어 저널리즘을 구현하다"란 뜻으로 받아들여지고 있다. 스노우폴 저널리즘도 생겼는데 "뉴스는 경험하는 것이다"라는 명제 아래 시도하는 멀티미디어 내러티브 장편 저널리즘을 상징하는 단어다.

이 기사는 미국 저널리즘 스쿨의 큰 주목을 받았다. 왜냐하면 '뉴스는 읽거나 보는 것이 아니라 경험하는 것이다'라는 것을 제대로 증명해낸 시도였기 때문이다.

《뉴욕타임스》 편집국장 질 에이브럼슨은 ISOJ에 연사로 나와 스노우폴을 포함한 뉴욕타임스의 새로운 방향에 대해 설명했다. 그는 "스노우폴은 멀티미디어 내러티브 스토리텔링 기사의 새로운 지평을 열었다. 이 기사는 새로운 모션 그래픽과 비디오, 수많은 종류의 멀티미디어가 합쳐 유기적으로 스토리를 만들어낸 것이다. 이런 스토리를 독자에게 던져주고 우리가 그런 가능성을 가졌다는 것이 놀랍다. 스노우폴은 저널리즘의 새로운 동사가 되고 있다. 뉴욕타임스 소유주들이 저널리즘에 많은 투자를 한다. 나는 이런 훌륭한 저널리즘 생태계에 있다는 것이 자랑스럽다"라고 말했다.

《뉴욕타임스》의 스노우폴은 앞으로 신문 저널리즘은 종이신문을 읽는 경험을 주는 것에 그치지 않고 독자들에게 멀티미디어 경험을 줘야 한다는 것을 알려주고 있다. 방송에서도 1~3분짜리 짧은 리포트보다 인터넷과 멀티미디어를 활용한 멀티미디어 경험을 줘야 시청자들에게 기사의 주제를 좀 더 명확하게 전달할 수 있을 것이다.

이처럼 스노우폴이 21세기 저널리즘의 중요한 실험으로 평가받는 이유는 미디어로서 트위터, 페이스북 등 소셜미디어의 정착과도 맥락을 같이한다. 속보는 트위터와 페이스북에서 먼저 생산되고 유통되기 때문에 신문, 방송과 같은 대중매체는 따라갈 수 없다. 트위터에서 수차례 유통된 뉴스는 그날 저녁 때 방송에, 다음 날 신문에 보도된다. 독자와 시청자들이 신문과 방송에서 떠나가는 이유이기도 하다.

트위터에서 유통되는 140자 속보 뉴스의 확산은 신문과 같은 전통 미디어의 역할 변화를 요구하고 있다. 사실 확인, 취재원 보호, 성역 없는 보도 등 언론 윤리나 육하원칙에 의한 기사 작성 등 뉴스 생산 훈련을 받은 편집국(뉴스룸)과 기자들이 확인되지 않은 뉴스를 트위터로 퍼 나르기보다는 트위터에 비해 속보는 한발 늦더라도 끝까지 진실을 확인하고 속보 이면의 뉴스 스토리에 집중해야 한다는 것이다.

이것은 최근 저널리즘의 흐름인 '장편 저널리즘Longfrom Journalism'으로 옮겨가는 이유이기도 하다. 사실 이면의 스토리 발굴에 보다 취재력을 집중하려는 흐름이다. 질 에이브럼슨 편집국장도 이 점을 주목하고 있다. 그는 《뉴욕타임스》의 핵심 임무는 사건이 발생했을 때 사실을 밝히고 원인을 증명하는 것이다. 이제 언론에는 이야기 이면의 이야기(스토리 비하인드 스토리)가 중요하다. 《뉴욕타임스》는 지난 1년간 애플의 중국 공장 노동문제를 다룬 기사와 중국 권력 핵심부의 부패에 대한 탐사보도를 스토리 중심으로 풀어냈다. 그리고 스노우폴은 새로운 수준의 멀티미디어 서사 스토리텔링의 새로운 수준으로 끌어올렸다. 이것이 앞으로 저널리즘이 가야 할 길이라고 생각한다"라고 설명했다.

뉴욕타임스는 신문이라는 매체에서 벗어나 형식과 내용에서 모두 디지털로의 변신을 가속화하고 있다. 뉴욕타임스는 지난 2008년 유료화를 시도했다가 실패했다는 평가를 받기도 했다. 하지만 이제 뉴욕타임스에 성공과 실패는 더 이상 중요하지 않게 됐다. 디지털 전환으로 회사의 방향이 잡혔으며 앞으로 전속력으로 전진하기만 하면 된다.

질 에이브럼슨 편집국장의 마지막 말은 뉴스룸 내부에도 큰 변화가 오고 있음을 암시하고 있다. "나는 《뉴욕타임스》를 읽기만 하는 것이 아니라 보기도 한다. 이제 글만 잘 쓰는 사람은 《뉴욕타임스》 기자가 될 수 없다. 글쓰기에만 집중하고 디지털 기술을 배우지 않는 것은 '호기심'이라는 기자로서 중대한 자질이 부족하기 때문이다."

오바마처럼 승리하라: 선거도 스타트업처럼

2012년은 미국 선거 역사를 바꾼 해로 기록된다. 계파 정치와 직감에 의한 선거운동, TV 광고 등 전통적인 선거운동 방식이 데이터 과학에 기반한 오바마식 '타깃 선거운동'으로 바뀌었다. 이 글은 오바마가 어떻게 선거에서 승리할 수 있었는가에 대한 스토리다.

오바마가 처음 대선에 나서기로 마음먹은 2007년으로 돌아가 보자. 2012년 미 대선을 이해하기 위해서는 2007년을 복기해야 한다.

2007년 2월, 마크 안드레센Mark Andreessen 안드레센 호로위츠(벤처캐피털) 대표는 버락 오바마 연방 상원의원을 만났다. 당시만 해도 인터넷 업계에서는 오바마보다 마크 안드레센이 더 유명했다. 그는 인터넷 브라우저 넷스케이프의 창업자이자 소셜네트워크서비스 페이스북과 HP의 이사다. 특히 넷스케이프 창업으로 인터넷 브라우징 시대를 연 선구자로 꼽힌다. 반면 오바마 당시 상원의원은 흑인 첫 상원의원(초선)으로 갓 전국적 지명도를 갖춰가는 수준이었다.

당시 오바마 의원은 2008년 11월 치러지는 대통령선거에 나서기로 결심하고 본격적인 민주당 경선을 준비했다. 오바마 의원이 대통령이 될 수 있을 확률은 극히 적었다. 조지 W. 부시의 실망감으로 민주당에 대한 기대가 높아졌지만 당시 민주당에는 '세계에서 가장 유명한 여성' 힐러리 클린턴 의원과 2004년 대선 후보로 지명됐던 존 케리, 부통령 후보로 지명됐던 존 에드워즈 등 쟁쟁한 후보가 있었다.

오바마 의원은 마크 안드레센에게 물었다. "소셜네트워크서비스가 (민주당 경선에서 맞이할) 적들을 물리치는 데 도움이 되겠소?"

오바마 의원은 소셜네트워크가 엄청난 커뮤니케이션 능력을 가지고 있고 데이터베이스를 개발할 수 있는 수단이라는 것을 인지하고 있었다. 안드레센은 후에 이 장면을 이렇게 회상했다.

"당시 오바마는 정치인이 아니라 차고 garage 에서 성공 스토리를 쓰기 시작한 여타 실리콘밸리 창업자처럼 보였다. 그가 하고자 한 것은 당시로는 가능해 보이는 일이 아니었다. 지금에야 해낼 수 있는 일들이었다. 그는 정말 슈퍼 스마트했고 기업 창업가처럼 도전정신이 있었다."

마이너, 두 번의 결정적 승리를 거머쥐다

버락 오바마는 미국의 44대 대통령이다. 미국 최초의 흑인 대통령이자 흑인 재선 대통령이다. 재임 중에 노벨평화상을 받았고《타임》지 올해의 인물에 두 번이나 이름을 올렸다. 그는 변화 change 를 외치고 "우리는 할 수 있다 Yes, we can "를 말하며 전 세계인들에게 감동을 줬다.

오바마 대통령의 이 같은 상징성 때문인가. 마이너였던 그가 어떻게 미국 대통령선거에서 두 번이나 이겼는지에 대해서는 잘 알려지지 않았다.

그는 선거를 많이 경험한 정치인은 아니다. 하지만 그는 두 번에 걸친 결정적인 기적 같은 승리를 거머쥐었다.

정치 초년생에 마이너, 더구나 대통령 이전에 계파 machine 도 없었고, 대통령이 된 이후에도 계파를 만들지 않았던 오바마는 어떻게 두 번이나 대선에서 승리할 수 있었을까? 오바마가 소셜 서비스와 데이터 때문에 당선됐다고는 말할 수 없을 것이다. 하지만 그가 소셜 서비스와 데이터를 활용할 줄 몰랐다면 승리할 수 없었다는 것은 전문가들의 의견이 일치하고 있다.

오바마, 소셜의 위력을 '제대로' 이해한 유일한 정치인

오바마는 트위터와 페이스북, 유튜브 등 소셜네트워크서비스를 선거 승리의 결정적 도구로 활용해 승리한 첫 정치인으로 꼽힌다. 오바마 때문에 전 세계적으로 페이스북과 트위터 등이 널리 알려졌다고 해도 과언이 아닐 정도다.

계파가 없고 자금이 부족했던 그가 믿을 만한 구석이라곤 20~30대 자발적인 힘을 가진 풀뿌리 지지층밖에 없었고 SNS는 이들을 움직이는 도구가 됐다. 더욱 놀라운 사실은 2008년 대선 때 만들어진 사이트를 지금도 지지자들을 묶는 도구로 활용하고 있다는 것이다.

2008년 대선에서 오바마의 SNS 활용은 널리 알려져 있기 때문에 다시 자세히 언급할 필요는 없다고 본다. 하지만 그가 첫 번째 대선에서 어떻게 승리했는가를 핵심만 요약해보면 다음과 같다.

① 오바마는 처음부터 인터넷을 온라인과 오프라인 선거운동을 한데 묶는 도구로 활용했다.
- 2008년 오바마 캠프는 오프라인 선거운동을 중심에 두고 온라인 전략을 부수적으로 활용하지 않았다. 온라인을 선거운동의 중추신경과 같이 활용했다.
- 오바마는 대선 출마 발표 9일 전인 2007년 2월 뉴미디어 업체 블루스테

이트디지털과 계약을 맺고 온·오프라인 통합 선거운동의 중추신경인 마이버락오바마닷컴(일명 마이보)을 구축했다.

- 홈페이지를 홍보용 사이트로 만든 게 아니라 유권자들이 서로 의견을 교감할 수 있는 SNS 사이트로 만들었고 페이스북, 트위터에도 연동시켜 퍼 나르게 했다.
- 소셜네트워크를 메시지를 확대하는 미디어로만 인식한 것이 아니라 지지층을 결집시켜 총알, 즉 선거운동 자금을 모으는 통로로 활용했다. 그래서 오바마는 민주당 후보 경선 직전 690만 달러를 모금, 힐러리 클린턴(490만 달러)을 압도했다. 이는 초반 열세를 극복하는 데 큰 힘이 됐다.
- 실제로 마이보에 등록한 오바마 지지자들은 선거본부와 독자적으로 새 소식을 올렸고 자발적으로 자신의 지역에서 지지 그룹을 만들어 이벤트를 조직하고 자금 모금 행사를 벌였다. 오바마는 마이보를 통해 200달러 미만 소액 지지자 200만 명을 모았다.

② 그는 2008년의 싸이였다: 바이럴 위너 Viral Winner

- 오바마는 소셜의 바이럴 효과를 적극 활용했다. 당시 페이스북과 같은 SNS 사이트에서 대선을 앞두고 후보의 프로필을 요구했는데 오바마 캠프는 즉각적인 반응을 보이면서 자료를 주는 것에 그치지 않고 관련 자료를 자주 업데이트했다. 반면 존 매케인 당시 공화당 후보 캠프는 기존에 있는 자료만 형식적으로 보냈다.
- 버락 오바마 공식 사이트 www.barackobama.com (지금도 잘 활용된다)는 콘텐츠를 풍부하게 업데이트했다. 전화 연결음, 비디오, 사진 등을 꾸준히 업데이트해서 지지자들의 지속적인 방문을 유도했다.
- 당시 오바마 캠프는 특정 계층으로부터 트래픽이 유입되는 사이트(블랙플래닛, 아시안에이브, 글리닷컴, 페이스베이스)를 집중 관리했다. 이들은

오바마의 캠페인 구호였던 "예스, 위 캔Yes, we can"의 다양한 버전을 생산해내며 오바마의 인기를 증폭시켰다.
- 인터넷 부문 참모 간 역할 분담도 적절히 이뤄졌다.

③ SNS에서 투표하지 않는다. 투표는 투표장에서 한다.
- 오바마 캠프는 SNS나 온라인이 지지층을 결집하는 효과가 있다는 것은 알고 있었다. 오바마를 지지하는 메시지가 넘쳐난다고 해서 바로 표로 이어지는 것은 아니다. 실제 오프라인에서 움직여야 효과가 있다.
- 2008년 오바마 캠프는 이메일과 SNS 등을 활용, 정교한 데이터베이스를 구축해 여러 선거구, 지역 현안에 대해 적절한 메시지를 말할 수 있는 사람들과 수시로 연락을 취하면서 투표 참여 운동을 조직화하고 독려했다.
- SNS에서 정보를 흡수하고 메시지를 뿌리는 1차원적인 활동이 아니라 오바마를 위해 무엇인가 해줄 수 있는 사람을 끊임없이 고무하고 격려해 그들이 실질적으로 2~3명을 이끌고 투표장에 나갈 수 있도록 독려했다.

④ 유권자 데이터가 핵심인 것을 알고 있었다.
- 오바마는 '대통령 선거에 출마해야겠다'고 마음먹은 순간 가장 먼저 한 일이 유권자의 데이터베이스DB를 확보한 일이었다. 유권자가 누구인지 알아야 그들에게 득표 행위를 할 것 아닌가.
- 그래서 그는 온라인 사이트 운영과 선거 이벤트로 데이터베이스를 확보하고 이를 '보트빌더www.votebuilder.com'라는 웹사이트에서 통합 관리했다.
- 보트빌더는 2012년 대선에서도 결정적 역할을 했고 민주당의 핵심 자산이 됐다.
- 보트빌더에서 확보한 자료는 이름·나이·주소 등 유권자 등록 정보, 총기소유 면허증 정보, 정치활동 기록, 신용카드 사용 명세, 대출 기록, 자

주 방문하는 웹사이트, 페이스북 개인 기록, 구글 플러스에 적힌 개인 취향, 트위터 사용 내역, 각종 마일리지 등이다.
- 이 같은 자료를 기반으로 유권자를 정밀하게 분석, 타깃 마케팅을 할 수 있었다. 예를 들어 투표 하루 전날 "투표하세요"라는 독려 전화도 오바마 캠프에서는 40대 여성이 좋아하는 남자 배우나 60대 할아버지가 신뢰하는 사람이 한다. 무작정 유명한 사람이라고 전화를 거는 것이 아니라는 것이다.

⑤ SNS에 스토리를 입혔다.
- 오바마 캠프는 선거에서 정책이 중요하지만 유권자들은 정책만 보고 투표하지 않는다는 것을 알았다. 오히려 '나를 케어해줄 것 같은 후보'를 선호한다는 것을 알고 있었다. 그래서 SNS에 "오바마는 진솔하다. 그는 미국인들을 소중하게 여긴다"라는 메시지를 내용으로 하는 스토리를 지속적으로 남겼다.
- 오바마 캠프가 온라인으로 많은 정보를 제공하면서도 오프라인 인터뷰는 철저히 관리했다. 참모들은 오바마의 언론 인터뷰를 철저히 통제했으며 발언 하나하나를 사전에 조율했다. 인화성 있는 발언으로 대사를 망칠 리스크에 선제적으로 대처했다.
- 오바마는 SNS에 귀를 기울였지만 맹목적인 추종도 하지 않았고 배타적인 태도도 취하지 않았다.

2012년 미 대선: 비욘드 소셜, 데이터 분석

오바마는 자칭타칭 최초의 소셜 대통령이었다. 하지만 그는 여기에 만족하지 않았다. '데이터 분석 선거'라는 새로운 구상을 가지고 선거라는 거대한 비즈니스에 CEO는 물론 CIO 역할까지 했다. 소셜을 한 단계 진화시켜 정치에 적용해 최초의 흑인 재선 대통령의 자리를 거머쥐었다.

오바마 캠프는 2008년 당선에 결정적인 역할을 한 캠페인 센터 '마이보mybarackobama.com'를 2012년에 다시 가동시키는 것으로 선거운동을 개시했다. 마이보를 통해 지지자들이 자발적으로 자신들의 개인 정보와 코멘트, 사진, 비디오 등을 올리도록 장려하고 선거자금을 모았다. 마이보는 선거운동의 시작이란 의미가 있을 뿐만 아니라 지지자들이 콘텐츠를 다른 이들과 공유할 수 있도록 지원하고 오바마의 페이스북 페이지나 유튜브 채널 등을 연결하는 일종의 허브 역할을 하도록 했다.

반면 롬니 후보는 4년 전 맥케인 후보에 비해서는 진일보했지만 오바마 후보의 당선 공식을 제대로 이해하지 못하고 겉으로 따라 하는 데 그쳤다. 롬니 후보의 블로그에는 수사적인 문구가 포스팅됐고 TV, 라디오나 신문 기사는 기존 지지자들 외에는 관심을 가지지 않을 만한 것뿐이었다(선거 후에 공화당은 민주당의 선거 전략에 대한 컨퍼런스에서 "우리가 이길 수 없는 선거였다"고 시인했다).

한국에서는 여권 후보가 선거에 유리한 것과 달리 미국에서는 재선에 도전하는 대통령이 선거에서 반드시 유리한 것은 아니다. 상대 당 후보가 오히려 1년 전부터 경선을 거치면서 세몰이를 하는 데다 현재 대통령을 공격하는 위치이기 때문에 유리한 위치를 점하기도 한다. 도전자는 처음부터 선거운동을 하지만 대통령은 백악관에서 국정을 운영하다가 선거운동 개시 시점부터 선거운동에 돌입하기 때문에 본격적인 유세도 도전자보다 늦게 할 수밖에 없다.

또한 미국 언론은 도전자를 격려하며 보도하는 경향이 있기도 하고 TV 토론에서도 대통령은 수세적 입장이고 상대 당 후보는 도전자이기 때문에 공격적이다. 결정적인 것은 실업률이다. 미국에서는 실업률이 8%를 넘으면 현직 대통령의 재선이 힘들다는 불문율이 있다(오바마는 4년 내내 실업률 8%에서 왔다 갔다 했다). 여기에 투표 전날까지 지지자를 결정하는 부동층은 현직 대통령보다 도전자를 지지한다는 '인컴번트 룰Incumbent Rule'이란 것도 있다.

시카고에 위치한 오바마의 선거운동 본부. '동굴(The Cave)'로 불렸다. ⓒ time

해외에서 오바마의 인기와 달리 미국 내에서는 오바마의 재선은 시작부터 어려웠다. 그는 워싱턴 정계에 재선을 위해 도움을 청하지도 않았다. 대신 그는 워싱턴 계파보다 더 '믿을맨'이 있었다. 바로 자신이 쌓아놓은 유권자 데이터와 열혈 지지층 집단인 '소셜 친구들'이었다.

2012년 오바마 캠프가 4년 전에 비해 달라진 것은 4년 전에는 트위터, 페이스북 등 소셜네트워크서비스를 통해 풀뿌리 지지층을 넓히는 데 주력했다면 이번에는 유권자 데이터에 기반해 정교한 타깃 선거를 했다는 점이다.

오바마는 데이터를 믿었다. 그는 개인의 모든 정보는 측정될 수 있으며 이렇게 측정된 정보는 예측 분석에 활용될 수 있다고 생각했다. 그래서 단순히 유권자를 찾아간 것이 아니라 어떤 유권자가 어떤 형태와 내용의 메시지에 관심을 가지고 설득될 것인지 예측하고 선거운동을 진행했다. (오바마의 '데이터에 기반한 타깃 선거'는 대선 후인 2012년 11월 17일 《타임》지가 보도한 사례가 가장 잘 보여준다.)

선거자금 모금운동의 비밀

오바마는 2012년 대선에서 총 11억 달러(1조 1700억 원)를 모았고 기부자는 450만 명이었다. 이는 당초 목표(10억 달러)를 초과한 금액이다.

선거운동 초중반에는 미국 내 보수, 복음주의자들의 뿌리 깊은 '반오(반오바마) 감정' 때문에 공화당을 지지하는 슈퍼팩Super PAC(정치행동위원회)들이 거액을 공화당 및 롬니 후보에 쾌척해 자금 모금에 앞서 있었다. 하지만 오바마가 선거운동을 적극적으로 하기 시작한 중반부터 모금이 앞서 가 결과적으로는 오바마와 롬니가 비슷하게 선거운동 자금을 모았다. 오바마가 롬니와 비슷하게 모아서 선방했다는 평가가 있었다.

어떻게 가능했을까? 4년 전에는 선거자금을 모금하기 위해 SNS를 통해 200달러 미만의 풀뿌리 모금을 주로 이용했지만 이번에는 SNS 외에도 데이터에 기반해 과학적인 방법으로 선거자금을 모았다.

오바마는 선거에 승리하기 위해서는 10억 달러는 필요하다고 보고 자금 모금 계획을 세우기 시작했다. 그래서 가장 먼저 한 일이 부자들을 찾아가 "규제를 해소해줄 테니 돈을 내시오"라고 구걸한 것이 아니라 2011년 6월 선거자금 모금을 위한 팀을 만들고 플랫폼을 구축한 것이었다. 선거운동 초기(2011~2012년 5월)까지는 블루스테이트디지털http://www.bluestatedigital.com을 활용했고 이후에는 간단한 방법으로 모금할 수 있는 자체 플랫폼https://contribute.barackobama.com을 개발했다.

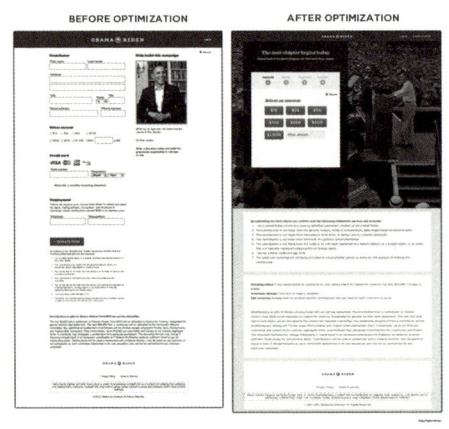

유권자가 오바마 캠프에 후원금을 내면 그다음 이메일은 각각 다른 내용으로 받는다.

자체 테스트 결과 처리 속도가 60%는 빨랐고 플랫폼 내에서 기부 관련 대화도 14%가 늘어났다. (158페이지 사진 왼쪽은 플랫폼을 단일화·최적화하기 전이고, 오른쪽은 최적화한 이후 만들어진 사이트다. 훨씬 간결하고 빠르게 모금할 수 있는 플랫폼이다.)

자체 플랫폼은 약 240개의 'A/B 테스트'로 구성했다. A/B 테스트란 응답자에 따라 완전히 다른 사이트를 보게 만드는 방법이다. 이용자가 A를 선택하면 A의 인생 스토리가 나오고 B를 선택하면 B의 인생 스토리가 나오는 방법이다.

오바마 캠프는 구글이 사용하는 A/B 테스트를 선거자금 모금에 활용했다. 그들은 240개의 다른 스토리를 만들었다. 유권자가 오바마의 이메일 수신자 그룹에 가입하면 그 순간 데이터팀은 해당 유권자를 '설득가능점수'로 환산해 각각 다른 푸시 메일을 보낸다. 실제로 데이터팀은 이메일 수신자 그룹의 이메일에 클릭 한 번으로 소액의 선거자금을 낼 수 있는 '빠른 기부' 버튼을 넣었다.

기부 액수는 개인의 성향에 따라 금액을 다르게 요청한다. 설득가능점수가 낮아 소극적 지지자로 분류되면 '2달러 기부' 버튼이 달린다. 유권자가 만약 '2달러 기부'를 클릭해서 실제로 기부가 이뤄지면 그다음 이메일에는 '5달러 기부' 버튼이 제시된다. 적극적 지지자로 분류되어 '100달러 기부'가 달리고 이를 실제로 낸 사람에게는 다음 이메일에는 250달러 요청 이메일이 발송된다. 오바마 캠프는 이 같은 방식으로 이메일로도 6억 9000만 달러의 선거자금을 모았다.

이뿐만이 아니다. 큰돈을 모으는 데도 데이터는 중요한 역할을 했다. 오바마 캠프는 2012년 5월 캘리포니아 할리우드에서 선거자금 모금 행사를 진행했다. 선거에 쓰일 TV 광고 등을 하려면 선거자금 모금 행사는 중요했다. 최대한 많은 자금을 끌어모아야 했다(2012년 미 대선 선거자금은 2조

2장 혁신가들: 시대를 만드는 그들의 선택

2000억 원으로 역대 최대치를 기록했다).

그들은 "이번 할리우드 정치헌금 디너파티에 돈을 지불할 가능성이 가장 높은 그룹은 누구인가?"를 각종 데이터를 통해 분석해 40대 여성이라고 결론 내렸다. 그래서 이들에게 가장 어필할 수 있는 배우로 조지 클루니를 점찍고 이 파티를 스튜디오시티에 있는 조지 클루니 자택에서 했다. 이날 파티 입장권은 4만 달러였고 약 150명이 참석했다. 대성황이었고 모금 액수는 총 1500만 달러였다. 참석자들은 입장권의 2배 이상인 약 10만 달러 정도를 낸 셈이다.

오바마 캠프는 2012년 6월에는 동부의 뉴욕에서 정치헌금 디너 행사를 하기로 했다. 이때는 롬니가 공화당 후보로 확정된 시기여서 부자들이 롬니에게 선거자금을 몰아줘 오바마로서는 선거자금 경쟁에서 밀릴 위기에 처해 있었다.

역시 40대 여성이 타깃. 그러나 뉴욕은 LA와 달랐다. 이번에는 〈섹스 앤 더 시티〉의 주인공이자 부와 자유의 상징성을 지닌 사라 제시카 파커를 섭외해 그녀의 집에서 행사를 개최했다.

배우 매릴 스트립과 가수 애리사 프랭클린, 패션 디자이너 마이클 콜스 등이 4만 달러씩 내고 참석했다. 사회는 《보그》 편집장 안나 윈투어. 오바마 대통령과 미셸 여사도 함께 참여했고 대 성황리에 끝냈다. 이 자리에 참석한 돈 많은 뉴욕의 40대 여성들은 스타들이 줄을 이어 오바마에게 수만 달러대 정치헌금에 사인하는 모습을 보고 사인을 하지 않을 수 없었다.

더 재미있는 것은 LA와 뉴욕의 정치모금 행사에 일반인 3명을 넣었는데 일반인 추첨을 위한 티켓이 3달러였다는 점이다. 3달러를 내면 일반인 추첨에 당첨될 수 있는 자격을 주는 것이다. 당첨되기 위해 구름과 같이 몰려들었는데 이 3달러도 데이터 분석을 통해 정한 액수였다. 데이터팀은 그래서 '3달러의 마술'이라고 불렀다.

이 같은 사례는 알려진 것에 불과하다. 오바마 캠프는 풀뿌리 모금에도 데이터를 활용했다. 유권자가 오바마 홈페이지에 이메일 리스트를 남겨놓을 때 우편번호를 반드시 입력하게 했다. 이는 단순하게 유권자가 어디 사는지 파악하기 위한 것이 아니라 이 위치 정보를 바탕으로 해당 유권자와 가장 유사한 지지자들이 참가하는 모임을 주선하기 위한 것이었다. 예를 들어 오바마 지지자 중 육아를 고민하는 부모의 모임, 인터넷 정책에 관심 많은 개발자 모임, 인도계 모임 등인데 이 모임을 통해 지지세를 확산하고 후보에 대한 정보를 공유했으며 선거자금도 모았다.

이런 방식으로 모은 자금이 10억 달러다. 물론 제프리 카젠버그나 어윈 제이콥스와 같이 큰손들이 기부한 금액도 포함되어 있지만 데이터를 바탕으로 한 모금 행사, 문자메시지를 통한 기부Text to Donate, SNS 자발적 모금 등이 합쳐져 이런 경이적인 숫자를 만들어냈다. 오바마 캠프 내부에서도 불가능하다는 비판이 있었지만 그들은 기존 모금 방식보다 4배 이상 높은 효과를 거뒀다.

경합주 싹쓸이 비결은?

미국은 일반 국민이 선거인단을 뽑고 그 투표에서 이기는 후보가 해당 주의 선거인단을 싹쓸이하는 '선거인단 투표Electoral College'라는 독특한 선거제도를 운영하고 있다. 전체 득표수가 많아도 선거인단 투표에서 지면 대통령이 될 수 없다. 그래서 미국 대선은 전체 지지율도 중요하지만 그보다는 각 주별로 누가 이기느냐의 싸움이다.

민주당과 공화당의 지지율이 엇비슷한 미국에서 2000년대 이후 대통령선거는 갈수록 '경합주Swing State 싸움'이 되고 있다. 주별 쏠림 현상이 심해지고 있다는 것이다. 캘리포니아, 뉴욕, 뉴저지 등은 공화당에서는 최근 들어 이기는 것을 포기한 주다. 최근 20년간 공화당이 이겨본 적이 없다. 반대로 텍사스, 노스다코타, 오클라호마, 캔자스 등 미 중부 벨트는 민주당에서 한동안 이겨본 적이 없어서 공을 들이지 않는다. 아무리 돈을 써보고 유세를 가봐야 이길 수 없다. 이 때문에 이미 기울어진 주가 아니어서 선거운동으로 판세를 바꿀 수 있는 경합주가 선거 결과를 좌우하고 있다.

미국은 갈수록 경합주가 줄어들고 있는 추세다. 예전에는 50개 주 중에서 최소 12~13개 주가 경합주로 분류됐으나 2012년 대선에서는 오하이오, 아이오와, 위스콘신, 플로리다, 네바다, 콜로라도, 뉴햄프셔, 버지니아, 노스캐롤라이나 등 9개 주로 줄었다. 그만큼 미국에서 정치적 양극화가 심해졌다는 얘기다. 누가 뭐라 해도 '나는 민빠(민주당 빠)' '나는 꼴공(골수 공화당)'이라고 스스로 생각하는 사람들이 많아졌다는 것이다. 이 추세(양극화)는 갈수록 심해질 것이라고 보는 게 미국 정치학자들의 공통적 견해다.

상황이 이렇다 보니 민주·공화 양당은 경합주에 당력을 집중한다. 선거자금을 집중하고 유세도 경합주를 중심으로 돈다. 그래서 오바마는 2012년 선거 기간 중 선거자금 모금 행사 외에 한 번도 캘리포니아에서 대중 유세를 한 적이 없다. 반면 롬니는 텍사스 주나 유타 주 등에서 대규모 대중 집회를 하지 않았다.

승리가 예정된 곳에 유세를 하거나 선거자금을 집중하는 것은 돈 낭비, 시간 낭비다. 대신 오하이오, 아이오와, 플로

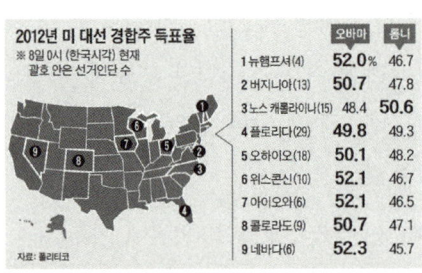

2012년 대선 경합주 득표율. 오바마 대통령이 초박빙 경합주에서 1~3% 차이로 근소하게 이겼다는 것을 확인할 수 있다. ⓒ chosun.com

리다, 위스콘신 등 경합주 중 빅 4에는 각 후보들이 몇 번이고 찾아갔다. 오바마 대통령은 롬니 후보를, 롬니는 오바마를 헐뜯는 수준으로 비난하는 네거티브 광고를 경합주에 몰았다. 이들 주에서는 온갖 네거티브 광고로 주민들이 스트레스를 받을 정도였다.

이렇게 양당 후보가 돈과 시간을 초경합 9개 주에 집중했기 때문에 선거 결과는 비슷하거나 초박빙이어야 했다. 하지만 결과는? 8:1, 오바마 대통령의 압승이었다. 오바마 대통령은 경합주 9개 주 중 8개 주에서 모두 이겼다. 즉 이들 주에서도 스윙보터의 표를 오바마 대통령이 가져간 것이다. 어떻게 이 같은 결과가 가능했는가?

전문가들은 1~3% 차이로 근소하게 승리한 경합주에도 오바마식 데이터 선거가 결정적 역할을 했다고 분석하고 있다. 초박빙에서는 정교함이 승패를 가른다. 오바마 데이터 분석팀은 경합주 유권자 데이터를 바탕으로 6만 6000번에 걸쳐 다양한 시나리오를 적용한 모의 선거를 실시했다.

선거 마지막 주에는 페이스북에서 오바마에게 '좋아요'를 누른 지지자들을 분석했다. 경합주에 친구를 둔 사람에게 "A 때문에, B라는 이유로, C라는 면 때문에 오바마를 지지해달라고 좀 설득해주세요"라고 메시지를 보냈고 메시지를 받은 사람 중 20%가 요청을 수락하고 실제 경합주에 투표권을 가진 친구들을 설득했다.

60만 명 이상의 오바마 서포터들이 500만 명에 달하는 박빙주 친구들에게 타깃 메시지를 보낸 것으로 분석됐다. 실제로 초경합주였던 오하이오에 사는 한 여성은 선거 당일 아침 4명의 다른 오바마 지지자들이 방문해서 오늘 꼭 투표하라는 독려를 받았다고 한다.

오바마 캠프는 뉴스, 시사 프로그램에 대규모 광고를 하지 않았다. 대신 초경합주인 아이오와의 20~30대가 많이 보는 잡지나 TV 프로그램, 플로리다의 40세 이하 여성들이 많이 보는 TV 드라마 등 타깃을 명확하게 해서 그에 맞는 메시지를 담은 광고를 하는 방식이었다. 또 다른 초경합주 오하이오에서는 유권자 2만 9000명의 정보를 모아 선거운동에 활용했다. 오하이오의 오바마 캠프 한 자원봉사자는 "나는 누가 투표할지, 어떻게 하면 그들의 표를 얻을 수 있을지 알고 있다"고 말하기도 했다.

이처럼 정교한 데이터에 기반한 소셜 선거가 없었다면 오바마의 승리도 없었다는 것이 미국 내 정치 전문가들의 공통된 분석이다. 실제로 9개 경합주에서 오바마 캠프의 예측과 실제 선거 결과 간 차이는 0.5%에 불과했다. 그만큼 그들은 데이터를 믿었고 로드맵에 따라 움직였고 승리를 거머쥐었다.

숨은 영웅 데이터팀, 어떻게 일냈나?

그가 재선을 위해 가장 먼저 한 일은 그가 쌓아놓았던 유권자 데이터를 재가동시키는 일이었다. 이를 위해 그의 정치적 고향인 시카고에 대규모 데이터팀을 꾸리고 자신의 필승 공식을 재가동했다. 오바마의 필승 공식은 '정확한 유권자 데이터에 기반한 마이크로 타깃 선거'다. 오바마는 "선거에서 다뤄지는 모든 것은 측정된다"는 것을 모토로 데이터팀을 2008년 선거에 비해 5배로 키웠다.

지역 가르기와 매스미디어 중심의 선거운동 관행을 최대한 억제하고 유권자 개개인을 의미 있는 단위로 나눠 다루는 21세기형 새로운 선거운동 방식을 만들어 선거운동의 새로운 지평을 열었다.

유권자들은 계급 투표를 하지 않는다. 유권자는 자신의 경험을 기반으로 투표하며 '나를 더 배려(케어)해줄 것 같은 후보'에게 표를 던진다. 유권자들이 '나를 배려하고 있구나'라는 생각을 들게 하기 위해서는 무엇보다 유권자의 가려운 곳을 긁어줘야 한다. 가려운 곳을 긁기 위해서는 어디가 가려운지, 어떻게 가려운지 알아야 한다. 그래서 오바마 캠프는 유권자의 모든 정보를 확보했다. 구매 가능한 모든 상업용 데이터(신용카드 구매 정보, 위치 정보 등)는 구매하고 실무자가 직접 발로 뛰며 수집한 정보를 모두 취합했다. 데이터팀이 한 일을 보면 이곳이 선거 캠프인지 실리콘밸리 스타트업인지 구분이 안 갈 정도다.

그들은 세 가지 원칙이 있었다. (데이터를) 사용하기 전에 인사이트를 넣어라, 많은 데이터베이스를 하나의 매우 똑똑한 것으로 바꿔라, 보석을 찾아내기 위해 실험하라는 것이다.

데이터팀에게 '좋아요'는 소스 코드

오바마 캠프는 소셜네트워크서비스 페이스북을 팬을 확보하고 메시지를 전달하는 수단으로만 생각하지 않았다. 페이스북은 유권자의 정보를 수집하는 빨대 역할을 했다.

유권자가 페이스북의 오바마 캠프 페이지에 '좋아요' 버튼을 누르면 캠프는 유권자의 페이스북 정보에 접근해서 정보를 빼 간다. 오바마 페이지에서 '좋아요'를 누르는 순간 이 사람이 어느 대학을 나왔는지, 어떤 언론에 우호적인지, 어느 분야에 종사하며 어디를 주로 여행을 다녔는지, 가족은 누구인지, 결혼은 했는지 등의 수십 가지 정보가 오바마 캠프에 전달된다.

데이터팀은 이 정보를 취합, 집계한다. '좋아요'를 누른 유권자뿐만 아니라 이 유권자의 친구 관계에 있는 사람의 정보도 수집해 입체적으로 유권자를 파악했다. 이 정보는 오바마 캠프가 타깃 마케팅을 하는 데 활용됐다.

이용자 추적 기술

데이터팀은 실리콘밸리에서 최근 유행하는 마케팅 기법인 '이용자 추적user tracking' 기술을 선거에도 적용했다. 유권자가 오바마 캠프의 웹 페이지에 접속하면 수십 개의 추적 장치tracker가 가동되어 마우스가 옮겨 다니는 기록을 모두 저장했다. 어떤 정치적 메시지에 관심을 보이는지를 비롯해 인터넷에서 옮겨 다닌 경로를 최대한 수집해서 유권자의 성향을 파악했다. 이를 리타깃팅retargeting이라 불렀다.

이메일

오바마 캠프는 유권자의 이메일을 수집해 설득가능점수를 매겼다. 점수에 따라 이메일 내용은 천차만별이었다. 이는 '오바마를 지지하겠다'고 마음먹었다고 하더라도 지속 기간이 3주에 지나지 않는다는 것을 알았기 때문이다.

그래서 지속적으로 지지를 유지하기 위해 유권자의 성향에 맞춰 개를 좋아하는 유권자는 오바마가 키우는 개의 근황을 보여주고 환경문제에 관심이 많은 유권자는 오바마의 신재생에너지 정책에 대한 이메일을 보냈다. 이런 방식으로 약 20만 통의 이메일 중 8000개의 다른 메시지와 1만 5000가지의 개인별 변형 이메일을 보냈다.

오바마 캠프는 이렇게 자신의 지지층과 스윙보터 약 1억 명의 데이터를 수집했고 이들의 행동을 분석해 점수를 매겨서 가장 최적화된 타깃팅을 찾아냈다. 선거 승리 외에는 어떤 가정도 있어서 안 된다는 목표로 만든 매우 정교하고 매뉴얼화된 로드맵이었다.

오바마 대통령은 이 로드맵과 데이터 외에는 어떤 것도 믿지 않았다. 선거 캠프 내의 모든 의사결정은 데이터에 근거해야 했다. (그들은 이용자 추적에 따른 개인정보 보호 위반 이슈에 대해 "불법으로 추적한 것이 아니고 상업적으로 이용 가능한 정보를 구입했으며 유권자 정보는 민주당 전국위원회에 등록된 것을 이용했다"고 답변하고 있다.)

오바마 캠프의 데이터 분석팀은 시카고 캠프의 가장 외진 곳에 창문도 없는 방에서 비밀리에 작업했다. 오바마는 젊은 데이터 분석팀을 누구보다 신뢰했고 이 팀이 만든 보고서는 백악관의 오바마와 보좌관들에게 직보됐다. 재선이 확정된 날 오바마는 당선 연설에서 "정치 역사상 최고의 선거팀이었다"고 치하하며 공로를 인정하기도 했으며 2012년 《타임》지 올해의 인물(오바마) 선정 커버 스토리에서 데이터팀이 공개적으로 나와 인터뷰하기도 했다. 그 정도로 이들은 숨은 영웅unsunghero이었다.

오바마처럼 승리하라

오바마 대통령은 집권 2기를 수행 중이다. 오바마는 두 번의 초대형 선거를 모두 새로운 방식을 통해 당선됨으로써 미국 선거운동 역사를 바꿔놓았다는 평가를 받는다. 200년 역사를 자랑하는 미국의 선거 공식과 불문율이 유권자 데이터와 소셜네트워크를 앞세운 그의 선거 방식 앞에 무릎을 꿇었다.

만약 다른 민주당 후보도 오바마의 방식을 이어서 할 수 있을까? 많은 전문가는 "그럴 수 없다"고 단언한다. 왜냐하면 이 같은 방식은 온전히 오바마의 아이디어였고 많은 참모가 오바마를 위해 뛰고 자발적으로 일했기 때문이다.

오바마 이후 다른 후보들은 오바마의 선거 캠프와 자료를 가지고 있더라도 완전히 다른 방식으로 선거를 해야 할 것이다. 유권자 데이터와 SNS 선거가 승리의 지름길이라고 하더라도 결국 후보를 잘 세우고 후보가 올바른 비전을 가지고 있어야 한다는 뜻이다.

오바마가 준 교훈은 또 있다. 오바마는 소셜을 가장 잘 이해하고 활용한 후보였지만 참모들과 지지자들에게 항상 "유권자를 직접 만나서 설득해달라"고 강조했다. 아무리 디지털이 선거 판세를 좌우할 수 있다고 하더라도 최고의 선거 유세는 '대면 접촉'이라는 것이다.

TV와 신문, 라디오 등을 통한 매스미디어와 대형 유세를 통한 선거운동이 보편화되면서 대면 접촉이 줄어드는 추세였다. 하지만 오바마는 거꾸로 대면 접촉을 늘리라고 주문했다. 소셜네트워크와 이메일을 통해 자금을 모금하고 이들에게 "박빙주에 사는 친구에게도 지지해달라고 말하고 직접 방문을 두드려달라"고 호소해 선거 당일 아침 무려 4명이나 지지 후보를 결정하지 않은 유권자를 찾아가게끔 만들었다.

이것이 오바마가 승리할 수 있었던 진짜 비결이다. 결국 선거는 유권자의 마음을 사는 것이며 디지털은 이 같은 일을 효과적으로 할 수 있도록 도와준다. 디지털 기술은 수단이며 본질이 될 수 없지만 기술의 진화를 외면하거나 깊게 이해하지 못하면 결코 승리할 수 없다.

이는 정치뿐만 아니라 비즈니스, 스포츠, 예술, 문학 등 모든 분야에서 통용되는 논리다. 디지털 시대, 하이퍼 커넥티드 사회가 되고 있는 이 시대, 승리하고 싶으면 스티브 잡스가 얘기했듯 디지털과 인문학이 만나는 교차점으로 가야 한다. 거기에 승리가 있다.

삼성전자: 혁신의 아시아적 방법

"갤럭시S4는 우리의 일상을 더 편하고 풍요롭게 만들어줄 제품입니다. 삼성은 인간 중심의 혁신을 통해 소비자들이 열망하는 새로운 가치와 편의를 계속 제공할 것입니다."

신종균 삼성전자 사장이 2013년 3월 미국 뉴욕 라디오시티에서 열린 '언팩 Unpacked' 행사에서 갤럭시S4를 직접 소개하며 한 말이다.

갤럭시S4처럼 삼성전자가 글로벌 소비자, 언론, 관계자의 집중적인 조명을 받고 등장한 제품은 없었다. 그동안 삼성의 갤럭시 스마트폰은 출시 전에 해외 미디어의 관심을 받지 못했다. 심지어 "이번엔 누구를 따라 했나?"라고 조롱을 받기도 했다. 하지만 갤럭시S4는 사양(스펙)부터 모양새 그리고 신 사장의 말 한마디 한마디까지 현지 전문 언론을 통해 생중계됐다.

트위터에서는 갤럭시S4에 대한 평가가 실시간으로 올라갔다. 갤럭시S4 등장 전에 《월스트리트저널》에서는 〈애플의 쿨함이 삼성으로 넘어갔나?〉란 기사가 나오고 수많은 루머도 나왔다.

제품 출시 전에 이 같은 관심을 받을 수 있는 회사는 애플, 구글뿐이었다. 그동안 삼성 갤럭시 시리즈는 시장의 도전자 역할이었지만 이제는 명실상부한 1등 제품이 된 것이다. 불과 1~2년 전만 해도 아무도 예상치 못한 결과다.

신종균 사장을 처음으로 인터뷰했던 2009년 2월이 떠올랐다. 스페인 바르셀로나의 모바일월드콩그레스MWC에서 신 사장은 무선사업부장(당시 부사장)을 맡아 기자 3~4명과 처음 마주했다. 그는 무선사업부를 맡고 있던 최지성 부회장(당시 사장)이 삼성전자 DMC 부문 사장으로 영전하면서 애니콜의 무선사업부를 맡게 된 것이다. 신 사장은 이날 '두 자릿수 이익률, 2억 대, 20%의 시장점유율'을 기록하겠다고 말했다. 당시는 외환위기 직후라 다소 공격적인 목표라고 생각했다. 이후 5년이 흘렀는데 이제 삼성은 4억 대 출하(생산)를 목표로 하고 있다.

5년 만에 2배 성장했다. 노키아, 블랙베리, 소니모바일, HTC 등은 경쟁 구도에서 멀어졌다. 오직 삼성 갤럭시만이 시장에서 아이폰의 대안으로 꼽히고 있는 실정이다. 하지만 여기에서 그치면 안 된다. 삼성의 성과는 대한민국뿐만 아니라 아시아의 기업, 산업에 영향을 미쳐야 한다. 삼성은 어떻게 이렇게 성장할 수 있었을까? 삼성의 비결은 무엇인가? 그리고 한계는 무엇일까를 분석하는 것은 중요한 일이다.

혁신의 아시아적 길Asian way of Disruption이 있다고 믿는다. 혁신기업이나 혁신가를 미국에서만 찾는 것은 혁신의 단면만 이해한 것이다. 혁신은 애플, 구글, 페이스북, 아마존 등 미국의 플랫폼 업체들만 하는 것이 아니다. 삼성전자, 특히 삼성전자 모바일 사업을 통해 혁신의 아시아적 길을 찾아보고자 한다.

빠른 항공모함, 패스트 팔로어의 비결

일본, 중국, 대만 등 아시아인들이 한국인을 만나면 공통으로 묻는 질문이 삼성에 대한 것이다. 일본에서 온 전문가들은 "삼성이 세계적 기업으로 올라선 비결이 무엇인가?"에 대해 많이 물어보고 중국인들은 "삼성이 세계적 기업이 되는 데 정부의 역할은 무엇이었나?"에 대해 물어본다. 미국인들은 "어떻게 삼성이 이렇게 잘할 수 있는가?"에 대해 묻는다.

가장 먼저 떠오른 것이 스피드$_{speed}$였다. 국내외에서 애플 아이폰3G 돌풍에 밀리다가 2010년 3월 갑자기 갤럭시S라는 제품을 내놓고 제품 출시부터 마케팅까지 전사적으로 총력을 기울이던 모습을 잊을 수 없다. '어떻게 저렇게 빨리 출시할 수 있나' 하는 생각이 들었다.

실제로 2009~2010년 애플 아이폰의 급성장세에 고전하다가 2010년 상반기 당시 주류 운영체제$_{OS}$였던 윈도모바일과 자체 개발 OS '바다'를 뒤로 미루고 재빨리 안드로이드로 갈아타 스마트폰 '갤럭시'를 만들어낸 것이 오늘날 삼성 성공의 핵심 비결로 꼽힌다. 2009~2010년 삼성 스마트폰의 핵심 OS는 윈도모바일(현재 윈도폰)이었다. 블랙베리를 겨냥한 블랙잭$_{BlackJack}$을 일찍부터 내놓았고 아이폰에 대응하는 제품으로 '옴니아$_{Omnia}$'를 만들어 대대적인 행사를 하기도 했다.

2009년 하반기에도 삼성은 "스마트폰은 크게 성장하지만 틈새시장이다"는 전략을 고수했다. 모토로라가 구글 안드로이드폰만 제조한다고 선언하고 HTC가 구글 폰 '넥서스원'을 출시했지만 삼성은 안드로이드를 옵션 중 하나로 생각했다.

그러다 한국에서 2009년 11월 말 아이폰이 KT를 통해 출시됐고 태풍이 불었다. 아이폰이 세계는 물론 한국에서도 선풍적인 인기를 끌면서 애플리케이션(앱) 개발 열풍이 부는 등 시장 게임의 법칙이 달라졌다. 너도나도 앱 개발에 뛰어들었고 모든 앱은 '아이폰 앱'으로 통했다. 앱을 다운로드 받아 신문도 보고 게임도 하는 소위 '앱 생태계' 구축이 가장 중요한 과제로 떠올랐다.

한국에서는 "삼성은 도대체 뭐하나?"라는 비판이 집중적으로 제기됐다. 사실 애플 아이폰과 삼성의 피처폰을 비교한다는 것 자체가 어불성설이었다. 이에 대한 삼성의 1차 대답은 자체 OS '바다'였다. 삼성도 독자 생태계를 구축한다는 선언과 같았다. 삼성은 2010년 2월 MWC에서 자체 OS '바다'와 이를 탑재한 스마트폰 '웨이브'를 내놓았다. 대중 스마트폰을 만들겠다는 것이었다.

하지만 삼성은 한 달 뒤인 3월에 안드로이드 OS '갤럭시S'를 공개했다. 이때까지 누구도 삼성이 안드로이드폰에 올인할 것이라고 예상하지 못했다. 하지만 삼성은 갤럭시S에 총력을 기울였다. 한국에서는 그해 6월에 SK텔레콤을 통해 출시했고 마케팅에 집중했다.

삼성은 안드로이드 앱을 만들기 위해 각 SW 업체에 용역을 주기도 했다. 그만큼 삼성은 급했다. 최고위층에서 신속히 결정을 내렸고 전 임직원이 총력을 기울인다는 인상을 받았다. 삼성전자 핵심 관계자는 "2010년 상반기가 가장 힘든 시기였다. 임원들 전부 갑자기 잘려도 할 말 없는 분위기였다. 이때만큼 1분 1초 절박하게 일했던 적도 없던 것 같다"고 회상했다.

삼성은 빠르게 결정을 내렸고 회사가 전속력으로 달려갔다. 이렇게 단일한 의사결정 구조와 빠른 판단은 삼성의 강점으로 꼽힌다.

삼성전자, 더 크게는 삼성그룹과 같이 대재벌 시스템에서는 빠른 판단과 실행은 대단히 힘들다. 삼성전자는 임직원 수가 10만 명이 넘어 단일 기업으로는 최대 규모의 고용이고 해외 직원까지 포함하면 20만 명이 넘는다. 해외 지사는 2011년 기준 343개다.

시장이 변했다는 것을 인지하고 빠르게 결정하며 이를 기업 내 전 조직, 조직원에게 적응시키는 일은 대기업의 숙제이자 약점이다. 항공모함은 기수를 돌리기도 어렵고 돌리는 결정을 내린 이후에도 실제 돌리기까지 시간이 꽤 걸린다. 하지만 삼성은 "이게 아니다"라고 판단, 기수를 돌리자마자 바로 방향을 틀어버린다. 그리고 뒤를 돌아보지 않고 전속력으로 달린다. 하지만 모든 대기업이 이같이 빠른 결정과 실행을 하는 것이 아니다. 오랫동안 소위 삼성 문화로 대변되는 일사불란하고 꼼꼼한 일 처리가 만들어낸 결과인데 삼성 문화에 대해 《비즈니스위크》 등 외신에서는 "마치 군대와 같다"고 평가하기도 했다.

스피드는 커넥티드 시대, 성공 DNA의 1번으로 꼽힌다. 기존 기업은 첩첩산중 조직과 복잡한 의사결정 구조로 인해 빨리 결정하기 어렵고 실행하기는 더욱 어렵다. 그러다 작은 기업들이 빠르게 성장할 여유를 주게 되어 있다. 스티브 잡스가 "애플은 세계에서 가장 큰 스타트업이다"라고 말한 것은 이유가 있다. 스타트업처럼 빠르게 대응하고 결정해야 변혁의 시기에 살아남을 수 있다는 것을 너무나 잘 아는 것이다. 사실 모바일 커넥티드 시대로 인한 비즈니스 변화가 큰 파동이기는 하지만 빠른 의사결정, 빠른 실행은 대기업, 중소기업, 벤처, 스타트업 등 기업 규모와 상관없이 생존의 필요충분조건임에 틀림없다.

프레너미 효과

프레너미frenemy는 친구friend와 적enemy을 조합해 만든 신조어다. 친구이자 적이란 뜻으로 디지털 시대 많은 기업의 운명을 표현하는 언어이기도 하다.

애플과 삼성은 대표적인 친구이자 적이다. 스마트폰 시장을 놓고 치열하게 싸우고 있는 애플과 삼성은 특허분쟁으로 천문학적인 소송전을 벌이고 있다. 하지만 애플의 핵심 부품은 삼성으로부터 공급받는다. 삼성이 개발한 플래시 메모리가 없었다면 스티브 잡스의 아이팟은 출시가 힘들었을 것이다. 삼성은 더구나 애플이 자랑하는 핵심 칩 A4, A5 칩을 파운드리하며 제조하기도 했다. 이렇게 본다면 삼성과 애플은 '절친'이다.

삼성과 구글도 비슷한 사이다. 안드로이드폰으로 세계를 석권한 둘도 없는 친구이지만 플랫폼과 소프트웨어에서는 경쟁 구도를 만들어가고 있다. 애플과 구글, 애플과 마이크로소프트, 마이크로소프트와 구글도 한편으로는 친구이지만 시장에서는 치열하게 경쟁하는 적이 되는 프레너미 관계다.

"애플이 없었다면 삼성이 세계 1위 모바일 기업이 될 수 있었을까?"

이 질문은 사실 정확한 가정에 기반한 것은 아니다. 삼성이 세계 1위 모바일 기업이 된 것은 애플 때문만은 아니기 때문이다. 애플이 아이폰과 아이패드를 내놓지 않았거나, 출시했더라도 시기가 더 늦었다거나, 스티브 잡스가 없었다면(다소 복잡한 가정이 들어가야 한다. 왜냐하면 애플의 성공은 다양한 요인이 한꺼번에 작용했기 때문이다) 스마트폰 시장이 단기간에 폭발적으로 성공하지 않았을 것이고 그렇다면 삼성도 기회를 잡지 못했을 가능성이 크다.

삼성은 스마트폰 시장이 성장할 것이라고는 예측했으나 단기간에 급성장할 것이라고는 예측하지 못했던 것 같다. 삼성은 스마트폰 시장의 퍼스트 무버First Mover가 될 수 있었으나 그렇지 못했다. 사실상 실기한 것이나 다름없다. 이는 삼성이 지난 2009년 6월 글로벌 전략폰 '제트Jet'를 싱가포르에서 출시하는 행사에 직접 취재를 갔을 때 느낀 것이다.

당시 '제트'를 처음 보고 아쉬웠던 점은 이 폰이 삼성 터치위즈 사용자 환경을 사용하고 와이파이 등 외부 네트워크를 사용할 수 있으며 회사 이메일을 동기화할 수 있어서 사실상 스마트폰과 다름없었다는 점이다. 실제 삼성에서 배포한 보도자료에서도 "제트는 일반 핸드폰이지만 스마트폰보다 더 기능이 강력하다"고 적시했다. 그럼에도 제트는 스마트폰이 아니었다.

당시 삼성 임원에게 "차라리 스마트폰을 만들지 그랬냐"고 물어봤다. 당시 삼성 임원의 대답은 "(스마트폰) 시장이 성숙하려면 아직 멀었다. 현시점에서 우리의 대답은 제트다"였다.

이 대답은 당시 삼성의 분위기를 말해준다. 스마트폰과 같은 일반 휴대폰(피처폰). 삼성은 이것에 소비자의 요구가 있다고 판단했고 런던, 두바이, 싱가포르에서 동시에 출시했다. 제트는 한국에서는 '햅틱 아몰레드'라는 이름으로 출시됐다. 한국에서는 진동을 느끼는 '햅틱'과 선명한 화질의 '아몰레드'를 마케팅 포인트로 내세웠다. 삼성은 휴대폰 제조사로서 통신 사업자가 만든 '닫힌 정원 Walled Garden 의 생태계'에서 벗어날 생각이 없었다. 안정적인 판매와 수익을 가져다주기 때문이었다.

그러나 소비자의 욕구는 아이폰과 스마트폰에 있었다. 삼성이 제트를 출시할 시기에 애플은 아이폰3GS를 선보이며 모바일 시장을 근본에서부터 흔들었다.

애플 돌풍이 허리케인임을 감지한 삼성은 2009년 하반기부터 스마트폰 출시를 본격적으로 준비했고 2010년 실험적인 성격의 안드로이드폰 '갤럭시A'에 이어 '갤럭시S'를 내놓으면서 스마트폰 물결에 본격적으로 올라타게 됐다. 애플이 없었다면 오늘의 삼성도 없었을지 모른다. 친구이자 적인 애플의 부상, 프레너미 효과 frenemy effect 를 톡톡히 볼 것이다.

최소 2개 우물을 동시에 판다

삼성의 핵심 전략 중 하나가 '한 우물만 파지 않는다'는 것이다. 최소 2개 이상, 최대 3~4개의 우물을 같이 판다. 누가 와서, 어디서 마실지 모르고 어느 우물에서 물이 넘쳐 흐를지도 우물을 팔 때까지 모르기 때문이다.

전문가들은 기업들이 선택과 집중을 해야 한다고 조언한다. 성공을 위해서는 리소스를 분산하지 말아야 하기 때문이다. 삼성에 이 질문을 하면 다음과 같은 대답이 나온다. "선택과 집중을 해야 한다. 하지만 한 가지만 선택하고 집중하라고 하지는 않았다."

실제로 삼성은 '모바일 와이맥스(와이브로)'란 우물을 파면서도 LTE와 중국식 표준 TD-LTE라는 우물을 동시에 팠기 때문에 소비자들이 원하는 물을 원 없이 마시게 할 수 있었다.

삼성은 4G 이동통신 기술 중에 LTE 경쟁기술인 모바일 와이맥스, 한국에서는 '와이브로'란 이름의 기술의 선두주자였다. 삼성은 모바일 와이맥스 기술을 인텔과 함께 개발했고 시장 만들기에 총력을 기울였다. 하지만 삼성은 와이브로를 대대적으로 홍보하는 와중에 LTE도 원천기술부터 쌓았다. 표준화 단체에도 적극 참여했다. 결국 소비자들이 원하는 물은 LTE란 우물에서 나왔다. 만약 삼성이 와이브로에 올인하면서 LTE 원천기술을 확보하지 못했다면 지금의 갤럭시S 시리즈도 없었고 애플과 특허전쟁을 하겠다는 엄두도 못 냈을 것이다. 중국식 기술인 TD-LTE 원천기술이 없었다면 빠른 속도로 성장하는 중국 시장을 쳐다보고만 있어야 했을 것이다.

두 우물 전략은 운영체제os에서도 드러난다. 안드로이드가 1번 우물이라면 타이젠은 2번 우물 정도가 될 것 같다. 다양한 OS와 우수한 인력을 갖췄음에도 한 우물만 파기 위해 다른 OS를 포기했던 노키아(윈도폰), 모토로라(안드로이드)가 모두 경쟁에서 탈락했다. 단일 OS로 살아남은 기업은 애플뿐이다.

"한 우물만 파라"는 조언, 모바일 시장에서는 통용되지 않았다.

틈새를 뚫어 큰 구멍을 만든다

2008년 가을, 두바이 삼성 매장을 둘러보고 두바이에서 매년 열리는 중동 최대 IT 전시회를 취재했다. 두바이의 부자들이 삼성 폰을 2개씩 사가는 것을 보고 놀랐고 두바이에 삼성 광고가 많아서 두 번 놀랐다.

삼성은 한국과 일부 시장에서는 메이저였지만 나머지 지역에서는 이미 견고한 아성이 있는 업체들 사이에 낀 틈새 업체이고 떠오르는 브랜드였다. 삼성은 2000년대 초반까지 시장점유율 3~4위를 왔다 갔다 했다. 전체 판매량이 1억 대를 넘지 못하던 시절이다. 당시 모토로라는 '스타텍' '레이저' 등 단일 모델만으로 판매량 1억 대를 넘었다.

노키아는 휴대폰의 대명사였다. 1999년 모토로라를 넘어 휴대폰 1위를 기록한 이후 2011년까지 약 10년간 한 시대를 풍미했다. 노키아가 1위를 할 수 있었던 비결은 플랫폼 전략이었다. 당시 노키아의 플랫폼 전략은 쉽게 넘볼 수 없는 강력한 것이었다. 노키아는 휴대폰 제조 플랫폼 3~4가지를 만들어서 수십 종의 휴대폰을 생산해냈다. 노키아는 아프리카, 중국, 남미 등 신흥시장의 절대 강자였는데 이는 질 좋은 저가 휴대폰을 만들어낼 수 있었기 때문이다. 예를 들어 100달러짜리 휴대폰을 50달러에 파는 전략인데 이는 유럽에서 판매하는 고가 휴대폰을 생산해내는 플랫폼에서 저가 휴대폰도 동시에 생산해내기 때문에 가능한 일이었다.

노키아와 모토로라라는 두 거인 사이에서 삼성전자가 취할 수 있는 전략은 틈새시장을 공략하고 거점 위주로 판매하는 것이었다. 삼성의 전략은 틈새를 지속적으로 파고들면 커진다는 것이었다. 삼성이 판단한 틈새는 프리미엄 폰이었다. 저가시장 공략이 쉽다고 생각할 수도 있다. 하지만 고가 폰보다 더 만들기 어려운 것이 저가 폰이다. 각종 기능을 다 넣고 100~300달러 사이에 만들어내는 것은 손해 보고 팔거나 규모의 경제로 밀어붙여야 한다. 더구나 신흥시장 소비자들은 더 까다롭다. 저가 폰일수록 쓰고 버리는 소비자들이 많다.

삼성은 지속적인 휴대폰 사업을 위해서는 매출보다 이익률이 높아야 한다고 생각했다. 그래서 프리미엄 폰 위주로 공략했다. 점유율을 올리기 위해 저가시장에 먼저 뛰어들어 저가 제품을 만들었다면 삼성은 성공하지 못했을 것이다. 점유율은 끌어올릴 수 있어도 이익률이 낮아져 사업을 지속할 수 없다. 그리고 삼성은 세계 시장에 판매하기 위해 거점 전략을 취했다. 해당 대륙에서 가장 정치적으로 중요한 나라나 도시가 아니라 가장 왕래가 잦은 관광 요지에 거점을 두고 집중 공략하는 전략이다.

유럽 대륙은 영국 런던과 프랑스 파리에 거점을 두고 집중 공략했는데 런던과 파리가 가장 관광객이 많은 도시이기 때문이다. 동유럽에서는 체코 프라하, 중동 지역은 두바이, 아시아는 중국 베이징, 아프리카는 남아공과 가나, 서남아는 인도 델리 등이다. 이 지역에는 공항 입구 간판, 버스 레핑 광고까지 돈을 아끼지 않았다.

한때 삼성은 세계인들에게 공항 카트 회사로 인식된 적이 있었다. 공항 카트 광고를 삼성이 독점하던 시절이 있었는데 이는 런던 히드로, 뉴욕 JFK, 파리 샤를 드골 공항 등 거점 지역 인구 유입이 많은 곳에 브랜드 광고를 집중했다.

각 대륙에 사람의 눈이 많이 가는 곳에 광고를 하기 때문에 삼성은 영국 프리미어리그 첼시의 유니폼 광고, 아프리카 네이션스컵 메인 스폰서, 미국 나스카 경주대회 스폰서, 슈퍼볼 광고, 런던 피카딜리서커스의 광고판, 뉴욕 타임스퀘어의 광고판에 광고를 진행했다. 마케팅에 엄청난 돈을 투자한다는 얘기인데 이 광고비는 "기술혁신보다 마케팅에 돈을 쏟아붓는다"는 비판을 받지만 대륙의 거점에 투자한다는 의미에서 "효율적으로 광고한다"는 평가를 받을 수도 있는 것이다.

이처럼 거점 전략은 최근 갤럭시S 시리즈가 애플을 넘어 세계 시장에서 승승장구할 수 있는 원동력이 될 수 있었다. 각 대륙에서 삼성의 인지도가 떨어졌다면 이 같은 성과는 불가능했다. 최근 삼성은 인도네시아 시장에서 2010년 겨우 2%의 점유율을 보였으나 2012년 4분기에는 50%를 차지할 정도로 비약적인 성장을 하고 있는데 이는 지속적인 거점 전략의 영향이었다.

그리고 삼성전자는 각국 통신 사업자의 을(乙) 역할을 마다하지 않았다. 휴대폰을 구매하는 것은 두 가지 방법이 있는데 하나는 미국이나 한국처럼 통신 사업자의 대리점에 가서 가입 후 구매하는 방법(사업자 시장)이고, 다른 하나는 유럽 다수 국가처럼 심Sim(카드)을 사서 단말기에 부착하는 방식(오픈마켓)이다. 미국이나 한국에서 휴대폰을 개통하려면 통신사 대리점에 가야 하고 유럽에서는 영국 카폰 웨어하우스처럼 양판점에 간다. 하지만 아이폰 등장 이후 각국 통신사업자의 힘이 커졌다. 아이폰 등 비싼 스마트폰을 소비자들이 구매하기에는 부담스럽기 때문에 2~3년 약정을 하고 구매하는 것이다.

이를 잘 아는 삼성은 통신사업자들이 "A처럼 만들어달라"고 하면 A처럼 만들고 "B처럼 만들어달라"고 하면 B처럼 만들었다. 아이폰은 단일 제품을 만들어 각국에서 변형이 불가능하게 하지만 삼성은 사업자가 원하면 이름도 바꿨다. 그래서 갤럭시S의 미국 모델명이 각각 달랐다. 삼성의 갤럭시S는 갤럭시S3가 나올 때까지 미국에서는 제 이름을 쓰지 못한 '홍길동폰'이었다.

갤럭시S는 AT&T에서는 '캡티베이트', T모바일은 '바이브런트', 스프린트는 '에픽4G', 버라이즌은 '패시네이트'란 이름으로 각각 출시됐고 외형도 변형됐다. 예를 들어 캡티베이트는 전면 카메라가 없었고 에픽4G는 슬라이드 형식으로 쿼티 키패드가 장착됐다. 패시네이트에는 LED 플래시가 있었고 바이브런트는 마이크로SD 카드가 기본으로 제공되어 영화 〈아바타〉를 볼 수 있도록 했다. 이는 미국 각 통신 사업자의 전략에 따라 삼성이 맞춰서 제공한 것이었다.

애플 아이폰처럼 단일 제품으로 공급했다면 제조 비용도 낮고 이윤도 올라갔을 것이다. 하지만 통신 사업자의 협력업체를 자처하는 삼성은 사업자가 원하는 대로 맞춰줬다. 삼성이 MWC에 대형 부스를 차지하고 출품하는 것도 이유가 있다. MWC는 사업자들의 모임에서 시작됐는데 근본적으로 그들에게 잘 보이기 위해 전시장에 나오는 것이다.

이런 과정을 거쳐 갤럭시S4가 나왔다. 갤럭시S4는 MWC에서 선보이지 않고 뉴욕에서 단독 행사를 통해 선보였고 전 세계에서 동일한 이름을 사용하고 전 세계 거의 모든 사업자를 통해 선보이게 될 것이다. 도전자, 마이너 정신이 없었다면 불가능했을 일이다.

능력주의

삼성전자가 세계 1위 스마트폰 업체로 올라섰고 아시아를 대표하는 기업으로 성장했지만 한국에서 독선적인 이미지를 가지고 있는 것도 사실이다. 일각에서는 '제2의 정부'라고 부르며 삼성이 하고 싶어 하는 일은 뭐든지 할 수 있는 것만 같은, 엘리트들이 지배하는 특수 정보조직 같은 이미지도 있다.

하지만 오늘의 삼성을 만든 것은 엘리트주의elitism가 아니다. 오히려 능력 있는 사람을 학벌과 관계없이 발탁시키는 능력주의meritocracy가 삼성의 오늘을 만든 힘이었다. 실제로 삼성전자는 한국의 주요 재벌 기업 중에서 서울대, 고려대, 연세대 등 한국의 명문대 출신 임원 비중이 가장 낮은 기업이며 지방대 출신 임원이 가장 많은 기업 중 하나다. 학벌보다는 능력을 우선시하는 분위기가 사내에 퍼져 있다.

실제로 이건희 삼성 회장은 주요 사장단을 모아놓고 인재의 중요성에 대해 이렇게 말한 적이 있다고 한다. "삼성이 성장해서 이제 나도 삼성이 어떻게 굴러가는지 다 통제할 수는 없다. 그러나 최고 인재를 뽑아 적재

적소에 배치하면 회사가 잘 굴러가더라."

최지성 삼성전자 부회장과 신종균 무선사업부 사장이 대표적 사례다. 최 부회장은 서울대학교 무역학과 출신으로 전형적인 비즈니스맨이다. MBA도 없고 석박사 학위도 없다. 그의 오랜 비즈니스 경험이 석사 학위이고 박사 학위다. 삼성전자를 이끄는 최고경영자가 해당 분야 최고의 기술 전문가나 디자이너가 아니고 문과 출신의 '세일즈의 달인'이라는 점이 오늘의 삼성을 말해준다.

최 부회장의 첫 직장은 삼성물산이었고 신발을 팔러 다녔다. 삼성전자로 발령된 이후에 반도체를 가방에 들고 판매하러 다녔다. TV사업부를 맡아 보르도TV를 성공적으로 론칭해 오늘의 삼성TV의 위상을 다졌으며 무선사업부를 맡아 삼성 모바일의 발판을 만들었다.

삼성 관계자는 "세일즈의 달인이라는 평가를 받던 최 부회장은 오랜 경험으로 좋은 제품이 많이 팔리는 것이 아니라 많이 팔리는 것이 좋은 제품이라는 철학을 가지고 있다. 이것이 삼성전자가 비약적으로 성장하는 데 많은 영향을 미쳤다"고 소개하기도 했다. 현재 삼성전자 모바일을 총괄하고 있는 신종균 사장은 최 부회장이 자신의 후임으로 '휴대폰의 신'이라며 직접 픽업한 인물이다.

신 사장이 무선사업부장을 맡은 지 한 달 후쯤 인터뷰를 했는데 그는 "2009년 1월 21일 오전 10시 무선사업부장 명을 받았다. 나는 삼성 휴대폰의 역사를 봐왔다. 한 걸음 할 때마다 현장에 있었다. 지금 상황이 어렵지만(글로벌 금융위기에 이른 대공황 국면이었다) 우리가 열심히 하고 내부의 비효율을 개선하면 이것이 경쟁사를 이기는 길이라고 생각한다"라고 말했다. 평범한 말이었지만 진심이 담겨 있었다.

실제로 신 사장은 애플과 비교하자면 팀 쿡에 비견되는 인물이다. 스티브 잡스가 픽업한 팀 쿡은 회사 운영의 달인으로 중국 공장에서 생산과 아웃소싱, 부품 소싱 등을 책임져 스티브 잡스와 함께 오늘의 애플을 만든 장본인이다.

팀 쿡은 새벽 3시에 일어나 하루를 시작할 정도로 일 벌레이자 애플에서 가장 열심히 일하는 사람이기도 하다. 미국 앨라배마 주 어번대학을 졸업했는데 어번대학은 앨라배마 주에서는 손꼽히지만 미국에서 명문으로 인정받는 대학은 아니다. 신 사장도 인하공전을 다니다가 광운대에 편입했다. 신 사장은 한국에서 CEO들이 흔히 가지고 있는 MBA 또는 석박사 학위도 없으며 외국에서 공부하지도 않았다.

하지만 신 사장은 72시간 한숨도 안 자고 휴대폰 샘플을 만들어 팔러 다닐 정도로 삼성에서 가장 열심히, 진지하게, 독종처럼 일하는 사람이었고 삼성 내에서도 오직 실력으로 인정을 받았다. 그리고 2013년 3월 미국 뉴욕 라디오시티에서 전 세계인들이 지켜보는 가운데 영어로 갤럭시 S4를 깔끔하게 소개했다. 엄청나게 떨렸을 것이다.

하지만 그는 노력으로 이겨냈다. 스티브 잡스와 같이 하늘에서 내려준 것 같은 '세상의 단 한 사람'이 아니라면 하늘을, 소비자를 감동시키는 단 하나의 방법은 새벽 3시에 일어나 일을 시작하는 특별한 노력이다. 최고의 제품을 만들어서 최선의 방법으로 소비자들에게 전달해야 혁신은 완성되고 노력은 빛을 발한다.

한국형 제조업

삼성전자의 핵심 비즈니스는 제조업이라는 점을 잊어서는 안 된다. 제조업은 공장이 있어야 하고 제조 인력을 고용해야 하며 관리, 유통, 판매까지 모든 것이 유기적으로 연결돼야 성공할 수 있다. 이렇게 어려운 사업임에도 이익률이 낮은 것이 제조업이다.

특히 노동자의 지속적인 임금 상승과 땅값 상승, 낮아지는 노동 생산성, 올라가는 유지비용(코스트), 엄청난 관리 비용 등은 갈수록 제조업을 힘들게 하는 원인이 되고 있다. 제조업 자체가 어려운데 제조업을 세계적인 수준으로 운영한다는 것은 예술의 영역에 가깝다. 본사와 공장, 유통 모두 국적이 다르고 지역이 다르다. 규제가 다르고 노동법이 다르며 세금이 다르다. 이것을 관리한다는 것 자체가 엄청난 비용이다.

그래서 글로벌 기업들은 제조업을 포기하고 서비스업으로 전환한다. IBM이 PC 제조 사업을 레노보에 매각하고 일찍부터 소프트웨어, 서비스, 컨설팅으로 돌아선 것은 대표적인 성공 사례로 꼽힌다. 애플은 아예 '공장 없는 제조업'으로 돌아서 성공을 거뒀다. 아이폰과 아이패드를 팍스콘의 중국 공장에서 제조하고 쿠퍼티노 본사에서는 제품을 디자인한다. 제조 관리비용과 노동 리스크를 줄이면서 경쟁력을 유지하는 애플만의 비결이었다. 하지만 삼성전자는 자체 공장을 한국, 중국, 인도, 멕시코 등에 보유하고 관리·생산하며 세계 시장에 제품을 파는 전통적 의미의 제조기업이다.

2010년 모바일월드콩그레스에서 최지성 부회장에게 물어봤다. "휴대폰은 노키아나 애플의 사례에서 보듯 아웃소싱을 해야 하지 않겠습니까? 직접 공장을 유지하는 것은 비용이 너무 많이 듭니다."

최 부회장은 이에 대해 "업체마다 전략이 같을 수는 없다. 삼성은 삼성만의 방식이 있다. 삼성의 가치사슬(밸류체인)에서 제조업은 빼놓을 수 없는 항목이다. 삼성이 제조를 제외하고 다른 분야를 강화한다고 해도 경쟁력으로 이어질 수 없다. 삼성은 이미 제조 분야에서도 세계 최고 경쟁력을 확보했기 때문에 상황이 다르다. 제조 없는 삼성은 상상할 수 없다"라고 말했다.

이처럼 삼성은 역설적으로 제조업을 유지했기 때문에 오늘의 성공 가도를 달릴 수 있었다. 그냥 제조업이 아니라 한국형 제조업이다. 한국은 현장 생산 인력이 우수하고 생산성이 높다. 특히 현장 여성 생산 인력의 정교함과 생산성은 중국, 대만, 멕시코 등 제조업 중심 국가가 따라갈 수 없을 정도로 우수하다.

삼성전자 관계자는 "한국 제조 인력의 우수함은 불량률에서 드러난다. 휴대폰 제조는 상황 전환이 빠른데 이를 빠르게 이해하고 제대로 조립할 수 있는 인력은 한국뿐이다. 삼성의 글로벌 공장 중에서 한국이 가장 불량률이 적다"고 말했다.

삼성이 한국형 제조업을 완성한 세 가지 핵심 비결이 있다.

첫째는 셀 방식의 도입이고, 둘째는 글로벌 공급망관리SCM: Supply Chain Management, 셋째는 부품 수직계열화다. 모두 제조업의 전통 공식에서 벗어난 것이다. 물론 삼성이 처음부터 창조하지는 않았다. 하지만 외부에서 배워 와 완벽하게 자기 것으로 만들어서 이제는 삼성의 성공 비결로까지 만든 것이다.

삼성전자는 모든 제조 공정을 컨베이어벨트 방식의 생산에서 셀cell 단위 생산방식으로 바꿨다. 휴대폰에서 가장 먼저 전환해 성공을 거둬 PC, TV에 이어 가전에까지 모든 제품의 생산방식을 셀 단위로 바꿨다.

컨베이어벨트 방식은 하나의 라인에 컨베이어가 흐르면 각 부품을 담당하는 인력이 조립하는 방식의 제조기법이다. 포드가 이 방식을 개발, 포드자동차에 적용해서 대량생산 체제를 갖춘 이후 100년간 제조업, 산업화의 상징이 됐다. 휴대폰 공장은 이 같은 라인이 20~30개 정도 있다. 한 모델의 생산, 판매량이 1억 대 정도 되는 소품종 대량생산에 적합한 모델이다. 이렇게 생산하면 원가를 크게 낮추고 이익을 극대화할 수 있지만, 대량생산했지만 팔리지 않아 쌓이는 재고가 문제가 되고 라인 전환이 느리며 특히 고장과 인력 누수에 따른 상처는 결정적이다.

반면 셀 단위 방식은 한 사람 또는 2~3명이 처음부터 마지막 공정까지 전부 담당해 완제품을 생산하는 방식이다. 한 사람(또는 2~3명)이 책임지고 생산하기 때문에 다른 팀의 부품 고장이나 생산 인력의 누수 등에 영향을 받지 않아 효

삼성의 비메모리 사업을 이끌고 있는 우남성 사장. 그는 2013년 CES에서 기조연설을 했다. 삼성의 비메모리 및 파운드리 사업은 제조업 혁신을 이룬 삼성의 노력을 보여주는 대표적 사례다.

율이 높다. 다품종 소량생산에도 맞출 수 있고 소품종 소량생산 시스템에도 맞출 수 있다.

애플은 최신 스마트폰 아이폰5 외에 저가시장 등에서 다른 대안이 없지만 삼성은 갤럭시S, 갤럭시M, 갤럭시Y 등 각 대륙별, 국가별, 소비자별로 다양한 제품을 내놓을 수 있는 것도 각 공장에서 셀 단위 방식으로 생산하기 때문이다.

셀 단위 생산방식은 전환이 빨라서 갤럭시M을 생산하다가 갤럭시S3가 수요가 많으면 금방 전환할 수 있다. 그만큼 인력 교육이 중요하지만 삼성은 노하우가 있기 때문에 빠른 생산라인 전환과 생산, 유통이 가능한 것이다.

최지성 부회장도 2011년 전미가전쇼CES 기자 간담회에서 "멕시코에서도 최근 셀 방식 도입을 성공적으로 이뤘다. 멕시코 생산법인이 2008년 9월만 하더라도 5000명이었는데 지금은 3000명까지 줄었지만 물량은 평균 50% 정도 늘었다. 이러한 혁신이 우리 수익을 유지하는 비결이다"라고 강조하기도 했다.

삼성은 또한 1조 원을 들여 글로벌 공급망관리SCM 체계를 완성했다.

공급망관리란 물건과 정보가 생산에서부터 도매, 소매, 소비자에게 이동하는 과정을 실시간으로 한눈에 볼 수 있도록 만든 시스템이다. 제조 업체는 소비자가 원하는 제품을 적기에 공급하고 재고를 줄일 수 있는 장점이 있다. 이를 협력 업체에까지 확대하면 모든 거래 당사자들과 가상 조직처럼 정보를 공유하고 제품과 부품을 공급하고 유통할 수 있다.

삼성은 글로벌 단위의 SCM을 구축하기 위해 1조 원이 넘는 돈을 투자했다. 그래서 서울에서 브라질 휴대폰 매장의 갤럭시S3 판매 상황을 알 수 있고 유럽 베를린에서 판매가 부진한 폰을 브라질로 보낼 수 있다. 이는 신종균 사장이 매일 들고 다니는 갤럭시 한 대로 해결할 수 있다.

전자 제품은 해가 갈수록 40~50%씩 가격이 떨어진다. 수익도 같이 떨어질 수밖에 없는데 이를 유지하기 위해서는 재고를 최소화해야 하며 공급망이 물처럼 흘러야 한다. 삼성은 일찍 투자했고 결실을 보고 있는 것이다.

마지막으로 부품 수직계열화다. 《포브스》가 시장조사 업체IHS를 인용, 갤럭시S4를 분해한 결과 총 부품비의 63%가 자체 생산에서 나왔다고 보도했다. 프로세서, 디스플레이 등 핵심 부품을 모두 자체 생산한다. 애플, 모토로라, 노키아 등 전 세계 모바일 기기 제조사 중에 삼성처럼 부품 자체 조달 비중이 높은 기업은 없다. 완제품에 부품까지 넣어 판매하는 것은 오직 삼성만 가능한 일이다.

삼성전자는 디스플레이 계열사 삼성SDI와 부품 계열사 삼성전기가 있다. 삼성SDI와 삼성전기도 자체 산업군에서 1~2위를 다투는 경쟁력 있는 회사다.

스마트폰 중에서 가장 중요한 부품은 데이터를 빠르게 처리해야 하는 두뇌에 해당하는 모바일 CPU, 화면에 해당하는 디스플레이, 카메라 촬영을 위한 카메라 모듈 등이다. 갤럭시S4의 모바일 CPU(애플리케이션 프로세서)인 '엑시노스5 옥타'는 삼성전자, 풀HD 능동형 유기발광다이오드AM OLED 디스플레이는 삼성SDI, 1300만 화소 카메라모듈은 삼성전기에서 각각 생산했다. 이처럼 부품 수직계열화를 이뤄 삼성 갤럭시S4의 성능이 경쟁사에 비해 좋을 수밖에 없다.

특히 주목해야 하는 점은 삼성전자 부품 사업의 변신 과정이다. 삼성전자는 PC 주변 부품인 메모리memory 반도체 회사로 유명했는데 지금은 모바일의 핵심 두뇌인 모바일 CPU(엑시노스)를 설계, 제조하고 최고의 스마트폰에 탑재하는 것뿐만 아니라 애플이 설계한 최고의 모바일 CPU를 제조(파운드리)한다. 한마디로 세계 최고 스마트폰에 탑재되는 핵심 부품이 한국 경기도에서 생산되고 있는 셈이다.

삼성전자는 메모리 반도체에서 1992년 1위에 올라선 이후 경쟁사들을 누르며 계속 1위를 차지하고 있는데 이제는 비메모리 분야에서도 2위에 바짝 다가서고 있다. 시스템 반도체 분야에서는 인텔이 아성을 지키고 퀄컴과 텍사스인스트루먼트TI가 맹주처럼 지키고 있는데 삼성이 모바일 CPU를 기반으로 맹추격하고 있는 상황이다. 갤럭시S4 등 갤럭시 시리즈 판매 호조에 따라 곧 2위에 올라설 것으로 예상된다. 이는 메모리에서 과감하게 비메모리로의 투자와 라인 전환 때문에 가능한 일이었는데 '삼성=메모리'란 공식을 깨고 비메모리와 파운드리 분야에서도 이 정도로 선전하리라고는 어떤 전문가도 예상치 못한 것이었다.

애플이 팍스콘 노동자 자살 사태를 방관해서 비난을 받았듯 삼성이 한국형 제조업을 완성하기까지 수많은 협력업체의 눈물(단가 인하 압력, 무리한 납기 요구 등)이 있었던 것도 잊어서는 안 되는 사실이다. 하지만 삼성의 제조업으로서의 성공이 자동차의 도요타나 BMW 등에 비해 의미가 축소돼서는 안 될 것이다. 삼성은 단점을 장점으로 이끌어냈으며 안팎의 수많은 비판을 받아 안아 오늘의 삼성을 만들어냈다. 21세기에는 제조업에도 소프트웨어가 핵심 경쟁력이 되고 있다. 삼성전자가 모바일 1위를 지속적으로 유지하고 세계 시장을 선도하기 위해서는 소프트웨어 경쟁력을 높여야 한다. 소프트웨어 경쟁력을 끌어올리지 못하면 삼성 갤럭시 1위가 언제까지 지속될지 모른다. 그렇다고 해서 경쟁력 있는 하드웨어(실물)를 제조한다는 의미를 무시해서는 안 된다. 혁신의 아시아적인 길은 제조업에서부터 시작되기 때문이다.

3장

파괴자들:
세상을 새롭게 해석하다

Disruptors

넷플릭스: 미디어를 파괴하고 창조하다

"〈하우스 오브 카드〉 봤어? 재미있던데."

"아직 못 봤어요. 그런데 그거 어디서 해요? TV에선 안 보이던데."

"넷플릭스."

2013년 상반기 미국에서 가장 화제가 된 드라마는 단연 〈하우스 오브 카드House of Cards〉였다. 지상파 케이블에서 하는 것이 아니고 유료 스트리밍 서비스 업체 넷플릭스Netflix에서 하는데도 말이다. 시청률이 높아서도 아니다. 이 드라마의 정확한 시청률이 얼마 정도인지 모른다. 기존 시청률 산정 방식으로 계산이 가능하지도 않다. 하지만 중요한 것은 이 드라마 시리즈와 사업자 넷플릭스가 미국 미디어 산업에 태풍의 눈이 되고 있다는 점이다.

넷플릭스의 드라마 〈하우스 오브 카드〉 주요 출연진. 〈아메리칸 뷰티〉로 아카데미 남우주연상을 수상한 케빈 스페이시 주연이다.

넷플릭스는 전 세계 40개국에서 3300만 명의 가입자를 확보하고 있는 글로벌 영화, TV 드라마 사업자다. 한국 등 아시아 국가에서는 저작권 등의 이슈로 서비스하고 있지 않기 때문에 일반 시청자들은 잘 모르지만 미디어 전문가들은 넷플릭스에 대해 최소 한 번 이상 들어봤을 것이다.

미국 시청자의 미디어 경험은 한국과 많이 다르다. 사업자부터 미디어 철학까지 다르므로 미국과 한국의 상황을 직접 비교하는 것은 옳지 않으며 섣부르게 벤치마킹하려 했다가 실패하기 쉽다.

미디어는 사회적 맥락 속에서 형성된 문화다. 산업 논리로만 미디어를 보면 사회적 동의를 받을 수 없어 발전하기 어렵고 정치사회적 시각으로만 미디어를 해석한다면 세계적 흐름에 뒤처져 서비스 질이 떨어지는 결과를 낳게 된다. 하지만 최근 미국에서 넷플릭스로부터 불고 있는 스트리밍 미디어 혁명은 모바일 디바이스의 확산이라는 공통된 현상, 시청 방식의 변화, 방송 권력의 해체 등 산업적·정치사회적 변화 속에서 나왔기 때문에 한국에도 시사하는 바가 크다. 한국과 미국의 상황이 다르지만 언젠가는 한국도 '스트리밍 미디어로의 진화' 대열에 들어설 것이기 때문이다.

'본방사수'하지 않는 시청 방식의 변화를 노렸다

〈하우스 오브 카드〉는 〈아메리칸 뷰티〉로 아카데미 남우주연상을 받았고 〈유주얼 서스팩트〉로 국내에도 팬이 많은 캐빈 스페이시가 주연으로 나오고 〈소셜 네트워크〉, 〈벤자민 버튼의 시간은 거꾸로 간다〉, 〈밀레니엄〉, 〈에일리언3〉 등을 연출한 데이빗 핀처 감독이 만든 블록버스터급 TV 시리즈다.

드라마 수준이 높고 무엇보다 재미있다. 워싱턴DC의 의회를 배경으로 한 정치 드라마인데 아론 소킨의 HBO 시리즈 〈뉴스룸〉에 필적할 만한 재미 요소를 갖췄다. 넷플릭스는 이 드라마 제작에만 1억 달러(약 1008억 원)를 투자했다. 1화 13편, 2화 13편 총 26편으로 제작될 예정인데 1화 13편이 공개됐고 2화를 촬영 중이다.

드라마가 넷플릭스에 공개된 2013년 2월 1일 직전, 회사 측은 화제를 불러일으키기 위해 캐빈 스페이시가 의자에 앉아 있는 모습의 포스터로 《뉴욕타임스》,《월스트리트저널》 등에 광고를 집중했고 신문에도 프리뷰 기사를 잇달아 쓰는 등 2013년 상반기 미국에서 론칭한 드라마 중에서는 가장 많이 화제가 됐다. 넷플릭스는 〈하우스 오브 카드〉로 자체 제작 드라마를 자사 플랫폼에서만 독점 상영한다는 실험의 연착륙에 성공했다는 평가를 받았다.

이 드라마가 주목을 받은 이유는 1화 13편을 한꺼번에 공개했기 때문이다. 보통 TV 드라마 시리즈는 지상파나 케이블에서 먼저 방송하고 이를 자사의 모바일 앱이나 넷플릭스, 훌루Hulu 등 일명 오버더톱OTT: Over The Top 서비스에 순차적으로 배포한다. 시즌 프리미어를 포함해 1~3달 정도 시리즈 한 편을 방송하게 된다.

하지만 넷플릭스는 13편을 한꺼번에 공개해 시청자들이 이어서, 몰아서 볼 수 있게 했다. 한국의 상황으로 예를 들자면 〈아이리스2〉 20부작을 다 찍어서 한 번에 공개한 것이다. 예능으로 비유하면 〈무한도전〉 특집 한 편을 3~4주에 걸쳐 방송하지 않고 3~4회 분량으로 나눠 한 번에 공개한 셈이다.

이는 미국 시청자들이 '본방사수'하지 않고 주말이나 심야에 한꺼번에 몰아서 보는 시청 방식의 변화를 노렸다. 다음 회를 기다릴 필요가 없고 보고 싶을 때 언제든지 볼 수 있는 것이 장점이다. 드라마 시작 전에 전 회 주요 장면이나 드라마 끝날 때 다음 회 예고 같은 것도 필요 없다.

미국에서는 DVR로 프로그램을 녹화해서 보거나 광고를 제거하고 녹화해주는 셋톱박스도 인기인데 넷플릭스의 방식대로 시청하면 녹화할 필요도 없다. 지상파, 케이블TV에서 시리즈를 나눠서 방송하고 시청자들을 '본방사수'시키기 위해 총력을 기울이는 이유는 광고 때문이다. 유명 배우를 캐스팅하고 시즌 프리미어 때 이슈를 만들기 위해 방송사는 사력을 다한다. 그래야 비싸게 광고가 팔린다.

넷플릭스는 유료 플랫폼이다. 회마다 광고를 붙일 필요가 없다. 시청자들도 15분마다 잘라 나오는 광고가 지겹다. 그래서 이 같은 방식이 가능하게 됐고 환영받고 있다. 웨비소드webisodes라는 신조어도 생겼다.

넷플릭스 최고경영자 리드 헤이스팅스는 〈하우스 오브 카드〉를 위해 1억 달러를 투자했는데 너무 많이 들인 것 아니냐는 질문에 "이 정도는 투자할 가치가 있다"고 답했다.

미디어가 유료 플랫폼으로써 성공하기 위해서는 콘텐츠가 우수해야 하고 독점적이어야 한다. 루퍼트 머독은 영국에서 위성방송 BSkyB를 안착시키기 위해 영국에서 가장 인기 있는 콘텐츠 프리미어리그 중계 독점권을 땄다. 그래서 영국인들은 좋아하는 프리미어리그를 보기 위해서는 비싼 위성방송에 가입하거나, 아니면 위성을 틀어주는 펍Pub에 가서 봐야 했다.

독점exclusive은 미디어가 지배력을 높이기 위해 사용하는 방식이다. 리드 헤이스팅스도 넷플릭스라는 뉴미디어 플랫폼을 성공시키기 위해 다양한 노력을 기울이고 있는데 〈하우스 오브 카드〉를 넷플릭스에서 독점 공급한 것은 그의 말대로 가치 있는 투자였다고 보인다.

왜 넷플릭스인가?

미국은 몇몇 미디어 재벌이 네트워크와 콘텐츠를 동시에 소유하며 산업을 좌지우지하고 있다. 컴캐스트가 NBC유니버설을 인수해 수직계열화를 이뤘고 디즈니그룹은 지상파 ABC와 케이블 ESPN, 영화사 등을 소유하고 있으며 바이어컴과 CBS, 폭스와 뉴스코퍼레이션 등이 콘텐츠 시장을 장악하고 있다. 글로벌 미디어 그룹에 포함되지 않는 회사들을 꼽아보는 게 더 빠를 정도이며 독립 미디어 회사는 점차 생존하기 어려워진다. 엘 고어가 커런트TV를 아랍의 알자지라에 매각한 것도 이런 어려움을 반영하고 있다.

이 와중에 넷플릭스가 모바일 디바이스(태블릿, 스마트폰) 및 노트북PC에서만 영화와 TV 드라마 시리즈를 볼 수 있는 플랫폼으로 빠르게 미국 미디어 산업의 중심으로 진입하고 있는 것은 놀라운 일이다. 미국 미디어 산업에서 이 정도 영향력을 줄 수 있는 회사는 기존 미디어 그룹 외에 현재 구글, 애플, 아마존, 페이스북 등 플랫폼 기업뿐이다. 넷플릭스는 빛나는 과거에 안주하지 않고 스스로 껍질을 깨고 변신할 줄 알기 때문에 더욱 주목할 만하다.

넷플릭스는 1997년 현 CEO인 리드 헤이스팅스 Reed Hastings와 마크 랜돌프 Marc Randolph가 창업했다. 이 회사는 창업 이후 10년간 당시 DVD나 VCR 렌털 중심의 렌털숍 블록버스터를 대신해 연체료를 물지 않고 메일로 빌려볼 수 있는 시스템으로 인기를 모았고 결국 블록버스터를 무너뜨리게 된다. 2010년 넷플릭스가 비즈니스의 정점에 이르렀을 때 이미 80만 명의 유료 DVD 렌털 가입자와 120억 달러의 시장 가치, 그리고 거함 블록버스터를 침몰시킨 명성에 안주했다면 오늘의 넷플릭스도 없었을 것이다.

넷플릭스는 2011년 회사를 두 개로 분할해 DVD 렌털은 퀵스터Qwikster로 바꾸고 스트리밍 서비스는 넷플릭스로 유지했다. 여기에 반발해 기존 가입자들이 속속 빠져나가고 주가는 폭락했으며 넷플릭스는 위기에 빠졌다.

그러나 리드 헤이스팅스는 포기하지 않고 스트리밍 서비스에 과감히 투자했다. 이는 모험에 가까웠다. 클라우드 서버는 아마존에 의존했고 회사는 빅데이터에 의한 독자적인 추천 알고리즘을 개발했다. 넷플릭스는 DVD 렌털 시절부터 가입자들의 데이터를 모아 시네매치CineMatch라는 알고리즘을 자체 개발해 사용했는데 스트리밍 시대에 탄력을 받고 있는 것이다. 이 때문에 넷플릭스에 가입해서 단 한 편의 영화를 보더라도 "당신이 이 영화를 봤기 때문에 추천한다"는 영화가 줄을 잇는다.

넷플릭스에 저장되어 있는 수만 편의 영화를 모두 검색하는 것은 쉬운 일이 아니다. 더구나 볼 만한 영화를 찾는 것도 쉽지 않다. 하지만 넷플릭스의 독자적인 추천 엔진은 시청자들이 영화나 TV 프로그램을 더 쉽게 검색하게 해준다. 이 때문에 넷플릭스는 가입자 수만큼이나 다른 버전의 넷플릭스가 있다는 얘기가 나온다. 왜냐하면 사람마다 추천된 영화나 드라마가 다르기 때문이다.

넷플릭스는 영화나 TV 드라마 시청의 70%가 이 추천 엔진에 의해 골라진 것으로 분석하고 있다. 갓 영화관에서 내려진 할리우드 블록버스터를 모든 가입자가 좋아하는 것은 아니다. 어떤 가입자는 할리우드 블록버스터보다 독립영화를 좋아하며 어떤 가입자는 뮤지컬을 좋아한다.

회사에서 비싼 값에 할리우드 블록버스터를 가져왔다며 영화 취향과 무관하게 가입자에게 '푸시'하면 역작용만 나타날 수 있다. "당신이 좋아할 만한 것You may like"이라며 할리우드 블록버스터를 추천했는데 가입자는 다음 날 바로 해지하는 일이 벌어진다.

넷플릭스는 이런 일을 하지 않는다. 14년간 쌓아온 데이터에 의해 가입자 취향을 알고 있다. 가입자가 원하는 것이 무엇인지 파악해서 서비스로 보여준다. 이 같은 힘으로 2013년 상반기 현재 미국에서만 2700만의 가입자(글로벌 포함 3300만)를 확보했다. 《포브스》에서는 넷플릭스 가입자가 오는 2019년까지 4000만~5500만까지 늘어날 것으로 예측했다.

여기에 〈하우스 오브 카드〉로 화제를 불러일으키는 데 성공함으로써 넷플릭스는 유통 채널을 넘어 제작사로서도 가능성을 보였다. 사실 〈하우스 오브 카드〉에 1억 달러를 투자한 결정도 넷플릭스의 데이터에 의한 것이었다. 회사 측은 가입자들이 케빈 스페이시가 출연한 스릴러, 정치 드라마를 좋아하고 즐겨 본다는 것을 알았기 때문이다.

스트리밍 미디어가 새 전쟁터

넷플릭스가 미디어 산업에 중요한 변곡점이 되고 있는 이유는 비디오 콘텐츠(영화, TV 시리즈)를 소비하는 방식을 주파수(지상파)나 케이블, 위성의 전송 방식 broadcasting에서 스트리밍 internet streaming으로 바꿔놓고 있기 때문이다. 스트리밍 미디어의 특징은 TV는 물론 태블릿, 스마트폰에서도 원하는 시간에 끊김 없이 이어서 영화나 TV 시리즈를 볼 수 있다는 점이다.

언제든지 인터넷에 접속해야 하고 다운로드 없이 스트리밍으로 볼 수 있어야 한다. 이 서비스에 익숙해지니 미국 TV 드라마의 프리미어를 기다리지 않게 됐다. 스트리밍 미디어 중에서도 태블릿이나 스마트폰 중심의 모바일 스트리밍이 주류가 될 것이다. 여기서 중요한 포인트는 스트리밍 미디어는 방송이 아니라는 점이다. 독자와 시청자가 정확히 누구인지 모르는 불특정 다수를 대상으로 하는 방송과 시청자의 연령, 성별은 물론 취향까지 파악이 가능한 스트리밍 미디어는 큰 차이가 있다.

TV에 인터넷을 연결한 스마트TV도 결국 스트리밍 미디어 디바이스의 한 종류로 파악돼야 한다고 본다. 스마트TV의 본질은 앱을 다운로드 받고 올리는 것이 아니라 넷플릭스나 유튜브와 같이 스트리밍 미디어를 모바일 디바이스처럼 원할 때 볼 수 있게 하는 것이 핵심이다.

넷플릭스는 시청자들이 점차 스트리밍 서비스에 대한 욕구가 늘어난다고 보고 이 분야에 집중 투자했다. 넷플릭스는 모바일 스트리밍 서비스

넷플릭스에 가입해서 몇 편을 시청하면 추천 엔진을 통해 볼 만한 영화나 드라마를 추천해준다.

안정화와 콘텐츠 투자에 앞으로 총 50억 달러를 투자할 계획이다.

샌드바인의 조사에 따르면 북미 시장에서 인터넷 데이터 사용률이 120% 정도 늘어났으며 전체 인터넷 대역폭의 무려 33%를 넷플릭스가 쓰고 있는 것으로 나타났다. 또 2012년 말을 기점으로 모바일 스트리밍이 DVD 렌털 시장을 넘었다는 분석도 있다.

기존 글로벌 미디어에 비해 취약한 콘텐츠 경쟁력을 갖추기 위해 넷플릭스는 최근 디즈니와 계약을 맺고 디즈니의 영화를 넷플릭스에 올릴 예정인 데 이어 〈헝거게임〉 등 블록버스터도 조기에 진입시켜 영화관, DVD, 넷플릭스로 이어오는 시간을 줄이고 있다.

넷플릭스에서 할리우드 블록버스터를 얼마나 빨리 볼 수 있는가 여부는 돈 문제이고 주도권의 문제이기도 하다. 넷플릭스가 계속 성장함에 따라 콘텐츠에 투자할 수 있는 자금이 확보되고 기존 미디어와의 주도권 싸움에서도 밀리지 않고 있다. 이는 넷플릭스 가입자들이 더 빨리 블록버스터를 스트리밍으로 볼 수 있다는 얘기이기도 하고 가입자가 더욱 늘어난다는 얘기이기도 하다.

스트리밍 미디어는 콘텐츠 경쟁력을 높여줄 수 있다. 예를 들어 〈아이리스2〉를 넷플릭스에서 스트리밍 서비스한다고 할 때 어느 에피소드를 가장 많이 봤는지, 누가 출연할 때 시청률이 높았는지, 어느 지점에서 가입자가 가장 많이 시청을 중단했는지 알 수 있게 된다. 이 같은 데이터는 결국 콘텐츠 제작에 반영될 수밖에 없다.

모바일 스트리밍 서비스를 하는 곳은 넷플릭스뿐만 아니라 훌루도 있고 기존 지상파 및 케이블 방송사에서도 태블릿 앱을 내놓으면서 서비스하고 있다.

하지만 왜 넷플릭스만 주목을 받는가? 가장 편하고 심플하기 때문이다. 모바일 스트리밍에 최적화된 UI와 끊기지 않는 서비스가 넷플릭스를 받치는 힘이다. 훌루는 넷플릭스처럼 정기 구독료 기반의 유료 모델로 가야 하는지(대주주인 뉴스코퍼레인션의 주장) 광고를 기반으로 무료 모델로 가야 하는지(또 다른 대주주인 월트 디즈니의 주장) 방향을 못 잡고 있다.

모바일 스트리밍 시장을 두고 넷플릭스와 경쟁하게 될 상대는 기존 글로벌 방송 사업자가 아니라 구글 유튜브와 아마존이 될 것이다. 유튜브는 현재 넷플릭스처럼 콘텐츠에 투자해 유료 채널을 만들 예정이며 아마존도 멤버십인 아마존 프라임 회원을 대상으로 스트리밍 서비스를 하고 있다.

유료 채널 HBO도 'HBO Go'라는 브랜드로 모바일 스트리밍 서비스를 성공적으로 운영하고 있는데 이는 유료 콘텐츠 운영 노하우가 낳은 결과이기도 하다. 현재 《뉴욕타임스》나 《월스트리트저널》 등의 신문들도 자체 온라인 스트리밍 뉴스 서비스를 제작해 태블릿 등에서 서비스하고 있는데 이 역시 스트리밍 미디어의 흐름에 동참하는 것으로 해석된다. 다시 한 번 강조하지만 스트리밍 미디어는 방송이 아니다.

스트리밍 미디어가 정착된다면 미디어를 소비하고 제작하는 문화도 바뀌게 될 것으로 보인다. 방송 중심의 하드 비디오는 최대 15분짜리 소프트 비디오, 동영상 클립 Video Clip 문화로 바뀐다. 이는 유튜브가 촉발한 문화이기도 하다.

시청자들이 원하는 것을 줘야 한다

TV, 드라마 등 영상 콘텐츠는 공급자(방송사, 배급사, 케이블TV 등)가 원하는 스케줄에 소비자(시청자)가 맞춰서 봐야 했지만 넷플릭스의 등장으로 선택권이 소비자에게 돌아왔다.

오랫동안 개념으로 존재했던 온디맨드 미디어 On Demand Media 가 본격적인 출항을 알리고 있다. 넷플릭스와 〈하우스 오브 카드〉는 앞으로 글로벌 미디어 산업이 일방적으로 전송하는 방식에서 이용자가 원할 때 언제든지 콘텐츠를 즐길 수 있는 스트리밍으로 변화를 상징하는 아이콘이 될 것이다.

물론 넷플릭스 이전에도 IPTV나 케이블TV 온디맨드는 존재했다. IPTV와 케이블TV도 시청자가 원할 때 언제든지 스트리밍으로 볼 수 있다. 넷플릭스와 다른 점은 무엇인가? 모바일이다. 넷플릭스는 모바일 퍼스트다. 아이패드 등 태블릿, 스마트폰에서 찾아보고 이를 TV와 연결시켜 빅스크린에서 보는 방식이다.

이처럼 넷플릭스는 시청자들의 시청 습관, 콘텐츠 유통 방식, 비즈니스 모델 등을 하나둘씩 바꿔나가고 있다. 스스로 진화할 줄 아는 기업이고 무엇을 해야 하는지 알고 있으며 시청자들이 점차 그들의 방식에 적응하고 있다.

이 같은 기세로 넷플릭스는 미국의 기존 지상파 및 케이블 방송 시장을 파괴하고 모바일 스트리밍 미디어라는 새 시장을 창조하고 있다. 이를 반영하듯 넷플릭스의 주가는 2013년 9월 6일 현재 292달러를 돌파했다. 이는 미국의 어떤 글로벌 미디어 그룹의 주가보다 높은데 CNN을 소유 중인 타임워너는 55달러, 지상파 ABC를 소유한 월트디즈니는 56달러, 폭스TV의 뉴스코퍼레이션은 30달러를 기록 중이다. 모바일 스트리밍 미디어의 개척자 넷플릭스는 이처럼 미국 시장에서 현재와 미래 가치를 동시에 인정받고 있다.

넷플릭스는 미디어 시장을 파괴하고 창조하는 것뿐만 아니라 '모바일+소셜+데이터' 시대의 새로운 성공 공식 fomula 을 만들어내고 있다. 그것은 "소비자들이 원하는 것을 줘야 한다"는 것이다. 경영학 이론에 나오는 말이 아니다. 모바일과 소셜 그리고 데이터를 결합하면 소비자들이 원하는 것을 알 수 있고 미리 줄 수 있다.

〈하우스 오브 카드〉의 주인공 케빈 스페이시가 2013년 8월 영국 에딘버러에서 열린 '에딘버러 TV 페스티벌'에서 넷플릭스가 가져온 TV 엔터테인먼트 산업의 디스럽션에 대해 한 연설은 많은 것을 시사한다.

"〈하우스 오브 카드〉 한 시즌을 한 번에 보여준 넷플릭스의 성공 모델은 확실히 한 가지를 말해주고 있다. 시청자들은 그들이 컨트롤하기를 원한다는 것이다. 그들은 자유를 원한다. 〈하우스 오브 카드〉에서 우리는 많은 것을 얻을 수 있었다. 우리는 음악 산업이 배우지 않은 교훈을 배웠다. 대중은 원할 때 원하는 것을 합리적인 가격으로 줘야 한다. 그렇게 하면 대중은 훔치기보다 그것을 지불할 것이다. 만약 당신이 TV쇼를 아이패드에서 시청할 때 이것은 더 이상 'TV쇼'는 아니지 않나? 지금 어린이들은 〈아바타〉를 아이패드에서 시청하나 유튜브에서 시청하나 TV에서 시청하나 영화관에서 보나 차이를 느끼지 못한다. 그저 콘텐츠이고 스토리일 뿐이다."

방송·미디어·영화 산업은 근본에서부터 변할 것이며 넷플릭스는 미디어 디스럽션의 시작을 알리는 신호탄이 될 것이다.

개방형 온라인 강좌: 교육을 재정의하다

　미국과 아시아 지역 경제, 사회, 문화 분야의 가장 뜨거운 화두 중 하나가 대학이다. 대학 학비가 갈수록 비싸지는데 가르쳐주는 것은 없고 졸업증만 따 가는 곳이 되고 있다는 비판이다. 미국은 학비가 골칫거리다. 살인적이라는 말까지 나온다.
　스탠퍼드 등 미국 명문 사립대는 한 해 대학 다니는 비용이 5만 달러에 육박한다. 물론 미국 대학 평균이 2만 5000달러 수준이지만 명문대는 4만 달러를 넘는다. 여기에 학비와 교재비, 건강보험, 기숙사비를 포함하면 5만 달러가 넘는 셈이다. 스탠퍼드도 신입생 평균 비용을 5만~5만 2000달러로 계산하고 있다. 생활비를 합치면 6만 달러를 넘어설 것으로 보인다.
　주립대학에 가도 비슷하다. 2012년 한 해 주립대 등록금이 8.3%나 올랐다. 2012년 미국 50개 주 주립대학 등록금을 조사한 결과 평균 5189달러를 냈다고 한다. 더구나 미국은 각 주 정부가 돈이 없어서 장학금을 줄이고 있다. 그래서 학생들이 학자금 대출을 받아서 학교에 다니는데 이렇

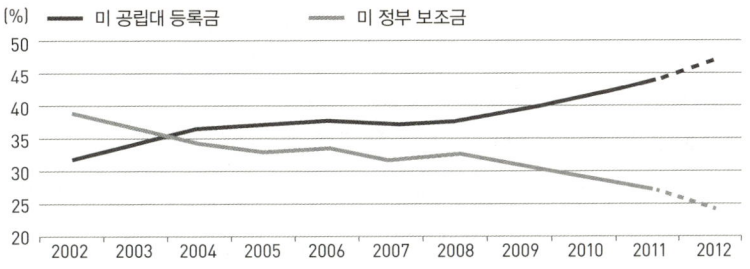

미국 공립대 등록금 추시와 정부 보조금 감소 추세. 많은 미국인이 높은 대학 등록금 때문에 고통받고 있다고 하소연하고 있다.
자료: Moody's MFRA

게 학자금 대출로 지고 있는 빚의 총액은 1조 달러가 넘었다고 한다.

이렇게 비싸도 "우리 대학은 정말 형편없어. 너무 돈이 아까워"라며 불만을 나타내는 학생은 많지 않다. 오히려 "그래도 교육의 질이 좋으니 다행이지……"라며 자조 섞인 말을 하곤 한다.

미국인들이 여전히 자랑스러워하는 것 중 하나가 대학이다. "대학 수준이 높긴 하다. 위대함이 사라진 미국에서 그게 유일한 위안거리다"라고 말하는 미국인들이 적지 않다. 한 해 미국 대학에서 수상하는 노벨상 숫자나 전 세계 대학 순위 100위 중 60~70개는 미국에서 싹쓸이하는 것을 사례로 들지 않더라도 미국 대학의 수준은 등록금 값을 한다고 해도 과언이 아닐 것이다.

그래서일까. 전 세계에서 미국 대학으로 공부하러 몰려든다. 영국, 독일, 프랑스 등 유럽의 대학은 역사도 깊고 학문적 전통도 깊지만 아무래도 미국 대학의 속도를 따라가지 못하는 상황일 정도다.

한국에서도 대학 등록금이 가계에 주는 부담이 적지 않다. 그래서 해마다 등록금이 이슈로 제기된다. 하지만 등록금만 문제일까. 이렇게 비싼 등록금에도 대학 수준이 따라가지 못하는 것이 대학의 더 큰 문제일 것이다.

개방형 온라인 강좌, 고등교육을 바꾼다

이같이 고질적일 것 같은 대학의 문제를 해결해줄 수 있는 시도가 나타나고 있다. 대학 스스로, 교수들이 직접 나서서 하는 것이기에 더 혁신적이고 파급력이 크다. 세계에서 가장 큰 대학이 나타나는가 하면 물리적 대학의 경계선이 사라지고 있기도 하다. 시작된 지 1년 정도 됐다. 하지만 벌써 교육과 기술 분야에 엄청난 영향을 미치고 있다. 바로 개방형 온라인 강좌MOOCs: Massive Open Online Courses 얘기다.

개방형 온라인 강좌는 사람과 사람, 사람과 사물이 연결되는 커넥티드 시대, 인터넷이 실생활에 미친 가장 긍정적 영향으로 기록될지 모른다. 왜냐하면 우리가 알고 있던 대학의 모습이 크게 달라질 것이기 때문이다. 지난 200년 고등교육 역사에 가장 큰 변화의 물결이자 기술이라고 평가하는 사람도 있다.

드루 파우스트 하버드대학 총장과 라파엘 리프 MIT 총장은 《보스턴글로브》공동 기고문에서 "1837년 메사추세스 주 교육부에서 발간한 연례 보고서에 보면 칠판blackboard의 등장이 지식의 빠른 혁신을 이끌고 교수와 학생의 커뮤니케이션의 진화를 이끌었다. 인터넷은 칠판 다음으로 혁신을 이끌 것이다"라고 강조했다.

개방형 온라인 강좌가 기존 고등교육 모습을 파괴하고 완전히 새로운 모습으로 바꿀 수 있는 잠재력이 있는 플랫폼이 될 것으로 기대하는 전문가들이 적지 않다. 왜일까?

온라인 대학, 온라인 교육은 어제오늘 등장한 제도는 아니다. 전 세계에 수많은 온라인 교육 센터가 있으며 온라인 대학이 있다. 한국에도 사이버 대학이 많다.

하지만 개방형 온라인 강좌는 '온라인 대학 2.0'이다. 기존 온라인 교육이 교수들이 강의실에서 강의하는 모습을 그대로 인터넷에 옮겨놓은 것이라면 개방형 온라인 강좌는 중간고사, 기말고사도 있고 매주 숙제를 해야 하며 학점도 준다. '강의실'을 그대로 옮겨놓은 것이 아니라 '커리큘럼'을 그대로 옮겨놓았다고 보면 된다. 실제 교수가 한 학기 강좌에서 하는 모든 활동을 그대로 한다.

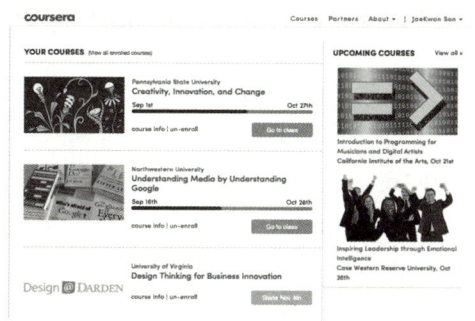

코세라 초기 화면

개방형 온라인 강좌를 주도하는 대학은 스탠퍼드, 하버드, MIT, 예일, UC버클리, 텍사스대학 등 미국 유명 대학들이다. 그래서 커넥티드 아이비리그로 불릴 만하다. 미국 아이비리그는 입학하기 어렵고 무엇보다 비싸다. 미국까지 가야 한다. 돈이 많이 든다. 하지만 커넥티드 아이비리그는 무료인 데다 집에서도 다닐 수 있다. 원하는 시간에 수업을 들을 수도 있다. 학급 친구도 만들 수 있다.

기존 온라인 교육(강의)과 무엇이 다를까? 기존 온라인 강좌의 가장 큰 단점은 피드백이 안 된다는 것이다. 개방형 온라인 강좌는 참여형이다. 그래서 2.0이다. 학생이 온라인 강의 비디오를 보다가 궁금한 점이 있으면 중간에 멈추고 태그Tag를 단다. "이게 무슨 뜻이죠? 이 부분이 이해가 안 됩니다." 그러면 해당 교수 컴퓨터와 강의 사이트에 자동적으로 질문이 올라가고 교수가 답변을 단다. 자동적으로 질문을 한 학생과 강의 사이트에 답이 달린다.

이는 MIT에서 개발한 'NB'라는 시스템이다. 온라인 텍스트에 질문을 달고 태그와 답변이 자동으로 올라오는 시스템이다. 이 시스템이 MOOCs에 광범위하게 사용되고 있다. 얼굴을 보고 하는 수업이 아니기 때문에 벌어지는 단점이 기술로 극복되고 있는 셈이다.

일반 수업처럼 에세이 제출 숙제가 있고 팀 단위 숙제도 있다. 수업에 등록하면 자동으로 4~5명씩 한 그룹에 소속된다. 물론 전 세계에서 해당 수업을 듣는 학생이다. 한국, 중국, 포르투갈, 에스토니아, 케냐, 몽골 등 국적도 다양하다. 한 강의를 마치고 교수가 숙제를 내면 데드라인(보통 교수가 있는 학교 시각 기준)에 맞춰 이메일로 제출하거나 클라우드 플랫폼에 업로드한다.

숙제 종류도 다양하다. 퀴즈는 수시로 나가고 에세이를 쓰는 것은 기본이며 사진을 찍어 올리는 것도 있다. 프레젠테이션을 제출하기도 한다. 플랫폼은 구글 닥스와 같은 클라우드 드라이브, 슬라이드쉐어와 같은 프레젠테이션 공유, 드롭박스와 같은 클라우드 저장 공간 등을 이용한다. 이를 위해 새로 서비스하거나 특정 서비스를 이용해야 하는 것은 아니다 (물론 교수가 지정하는 서비스가 있긴 하지만 이 강의를 위해 개발된 서비스는 아니라는 것이다. 기존 서비스를 이용하면 된다).

강의는 수업마다 다르지만 8~12주 강좌로 이뤄지는데 처음 1~2주는 혼자 숙제를 하고 3~4주차에는 그룹 숙제가 나가기도 한다. 중간고사? 기말고사? 있다.

개방형 온라인 코스의 선두주자 코세라는 시험감독 서비스를 제공하는 회사(프록터유)와 계약을 체결했다. 수업을 듣고 정규 대학 학점을 받고 싶으면 60~90달러에 달하는 시험감독 비용을 내고 시험을 볼 수 있다. 학생이 시험을 보는 장면을 카메라로 녹화해둔 뒤 3명의 감독관이 녹화 비디오를 확인해서 학생이 정직하게 봤는지 검사하는 기술도 있다.

스탠퍼드 티나 실리그(Tina Seelig) 교수의 창의성 수업. 수업의 질이 높고 무엇보다 재미있었다.

또한 일명 대시(대신 시험)를 막기 위해 코세라는 사인 추적 시스템을 도입했다. 30~99달러를 내야 하는데 이 서비스는 웹카메라에 찍힌 사진과 신분증을 비교, 대조한다. 또 학생들이 컴퓨터에 시험을 풀면 이것이 평소 그 학생이 냈던 시험지 속의 글씨와 속도 등과 일치하는지 분석해준다. "스탠퍼드 수업을 들었다. 열심히 해서 좋은 성적을 받았다"고 인증받고 싶어 하는 욕구는 전 세계 어디에나 있다. 기술은 이를 가능하게 해준다.

공개 이력서 및 비즈니스 네트워크 서비스 '링크드인Linked In'에 코세라에서 받은 수업 인증서를 등록할 수 있게 해놓았다. 링크드인에는 어떤 학교를 나왔는지뿐만 아니라 어떤 수업을 들었는지에 대한 항목도 있어서 확인이 가능하다.

물론 시험이나 학점 등이 매우 중요한 것은 아닐 것이다. 개방형 온라인 코스 전부가 시험을 보는 것이 아니고 학점을 따는 것도 아니며 돈을 내야 하는 것도 아니다. 코세라 수업 중에서도 시험감독이 없이 시험을 보는 수업도 있다. 하지만 학점이나 인증서 같은 요구가 있고 이를 해결해 주는 것은 개방형 온라인 코스의 모습 중 하나다.

아이비리그 커리큘럼 그대로

개방형 온라인 코스의 가장 큰 장점은 수업의 질이 높다는 것이다.

미국 내 최고 수준 교수들이 강좌를 개설했다. 한국에서 《정의란 무엇인가》로 유명한 정의론의 마이클 샌델 하버드대학 교수도 최근 에드엑스edX에 '정의론' 강좌를 열었다. 이 수업은 하버드에서 지금도 하고 있는 샌델 교수의 인기 강의다.

코세라는 설립자 앤드류 응 교수의 머신러닝, 스탠퍼드 컴퓨터과학CS과의 인기 강좌, 프린스턴대학의 알고리즘 강의, 유펜University of Pennsylvania의 게이미피케이션 강의 등 27개 대학의 92개 강의가 공개되어 있다. 컴퓨터과학을 체계적으로 공부하고 싶다면 유다시티Udacity에 있는 '컴퓨터과학 입문' 수업이 좋을 듯하다. 창의력에 대한 갈증이 있다면 노보에드NoboED의 '창의론' 수업은 어떨까.

욕심을 내서 모든 수업을 들을 만하지만 한 학기(미국은 쿼터제다)에 1~2개 수업을 꾸준히 듣는다면 굳이 MBA를 비싼 돈을 주고 들어야 하나 하는 생각이 들 때도 있다(물론 MBA가 주는 가치도 크기 때문에 단순 비교는 할 수 없을 것이라 본다).

개방형 온라인 코스 자체가 스타트업이다 보니 컴퓨터과학, 네트워크론, 창업, 혁신경영 관련 수업이 많은 것이 사실이다. 벤처 창업을 준비하는 대학, 대학원생이나 이미 창업했지만 이론에 대한 갈증을 느끼고 있는 스타트업, 대기업에서 새로운 준비를 하고 있는 직장인들에게는 이 수업들이 보물창고처럼 느껴질 것이다.

예를 들어 스타트업 엔지니어링(코세라, 스탠퍼드대학), 위대한 기업으로 성장하기(코세라, 버지니아대학), 창의력 혁신 그리고 변화(코세라, 펜실베이니아주립대학), 새로운 회사를 위한 혁신 아이디어 개발하기(코세라, 메릴랜드대학), 어떻게 스타트업을 만들 것인가?(유다시티), 서비스로서의 소프트웨

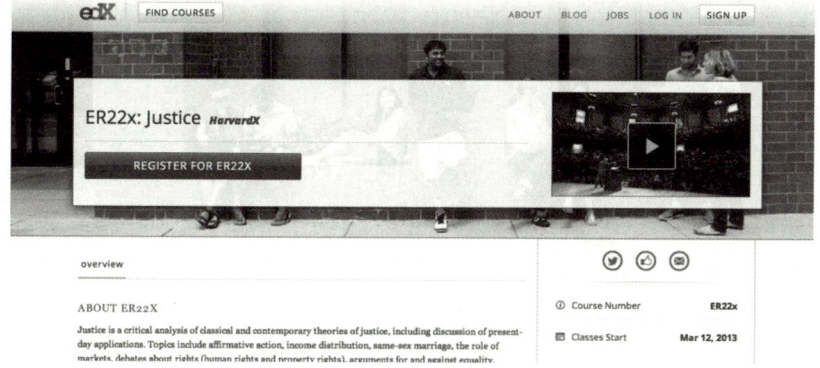
에드엑스에 개설된 마이클 샌델 교수의 '정의론' 수업

어(에드엑스, UC버클리), 기술 기업가정신(노보에드, 스탠퍼드대학), 앞선 기업가정신(노보에드, 스탠퍼드대학) 등의 강의는 큰 도움이 될 것으로 보인다.

인문, 경제학 분야에서도 마이클 샌델 교수의 '정의론' 외에 《상식 밖의 경제학》, 《거짓말하는 착한 사람들》의 저자이자 행동경제학으로 유명한 댄 애리얼리 교수의 비상식적 행동 초보 가이드(코세라, 듀크대학), 영국 에딘버러대학의 철학개론(코세라), 미시경제학의 원리(코세라, 유펜), 기후변화(코세라, 호주 멜번대학), 스포츠와 사회(코세라, 듀크대학), 록 음악의 역사(코세라, 로체스터대학) 등은 어디 내놓아도 손색없는 수업들이다.

이런 수업들은 돈이 필요 없다. 대신 대학 강의를 들을 수 있는 수준의 영어 실력과 배움에 대한 의지가 필요하다.

MOOCs, 무엇이 다른가?

이처럼 개방형 온라인 코스는 현재 4~5개의 플랫폼이 운영되고 있으며 계속 확산 중이다. 선구자 역할을 하고 있는 코세라는 처음 등장한 것이 2012년 4월이다. 1년도 되지 않아 29개 대학, 5개 언어로 확산됐을 정도로 급속히 확산되고 있다. 2012년 말 테크 미디어 테크크런치에 의해

'올해의 새 스타트업'으로 선정되기도 했다.

스탠퍼드대학에서 시작됐고 아이비리그 대학과 듀크, 칼텍California Institute of Technology, 버클리음대Berklee College of Music 등 해당 분야 최고 대학들이 합류했다. 코세라는 가장 먼저 시작했고 2013년 3월 현재 전 세계에서 290만 명이 등록했다. 여전히 성장하고 있어 연내 400~500만 명을 돌파할 것으로 예상된다.

코세라는 개방형 온라인 코스가 성공하고 확산하는 리트머스 시험지 같은 역할을 하고 있기도 하다. 코세라에 등록한 학생들이 있는 도시만 해도 1400개가 넘는다. 수업의 질이 높고 숙제도 많다 보니 학생들이 자발적으로 온라인 포럼과 모임Meet-up 행사를 갖기도 한다. 우리말로 하면 스터디그룹을 자발적으로 만든 것이다. 한국의 서울에도 소위 '코세리안'이라고 하는 스터디 그룹이 있다.

코세라에 합류하는 대학도 크게 늘고 있다. 아이비리그가 아니더라도 US샌디에고, 펜실베니아주립대학, 로체스터대학, 위스콘신대학 등 내로라하는 명문대들이다. 아시아에서도 4개 대학이 합류했는데 홍콩대학The Chinese University of HongKong, 대만국립대학, 싱가포르국립대학, 교토대학 등 아시아 최고 명문대가 코세라 강좌에 합류했다. 한국에서는 카이스트가 참여한다. 아시아 대학들은 자국 언어 또는 영어로 강의를 개설했다. 세계인들이 교토대학, 싱가포르국립대학 강좌를 듣고 그 학교 수준을 평가하기도 한다.

유다시티도 스탠퍼드 교수들이 시작한 비영리 재단이다. 하지만 스탠퍼드 학교와는 큰 연관이 없다. 지금은 브라운대학, 버지니아대학 등으로 확산되어 있다. 컴퓨터과학, 수학, 물리, 비즈니스 등 20개 코스가 개설되어 있다. 알고리즘, 웹 개발, HTML5, 소프트웨어 테스팅 등 상당히 전문적이고 실무 강의를 한다. 그래서 수업 평가도 소프트웨어 코딩이나

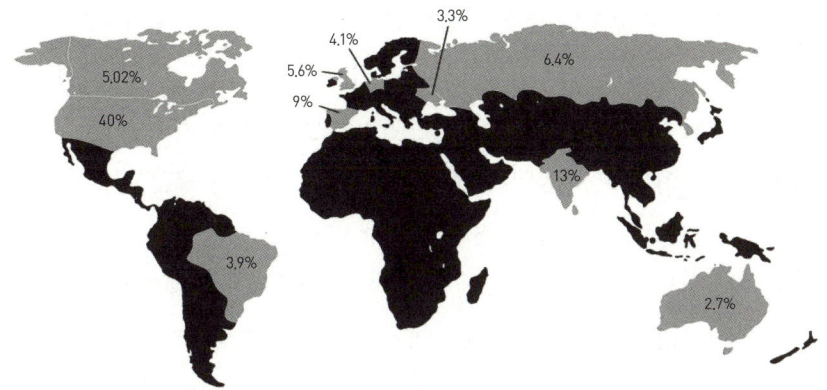
노보에드에서 공개한 학생(17만 명) 분포도

프로그래밍 등 실제 수업에서 벌어지는 것처럼 하는 것이 특징이다. 89달러를 내면 기말고사를 보고 수업 인증서를 받을 수 있다. 전문적이고 실무에 가까우므로 구글, 뱅크오브아메리카, 트위터, 페이스북 등 파트너 회사들에 취업할 때 이 수업을 들었다는 것을 인정받는다는 점이 가장 큰 특징이다.

노보에드는 스탠퍼드 교수들로 구성된 코스다. 코세라와 유다시티가 스탠퍼드에서 시작했지만 지금은 다른 대학을 끌어들이고 평가 비용을 받으면서 사실상의 기업, 스타트업으로 발전한 것에 비해 노보에드는 여전히 스탠퍼드와 교수들이 중심에서 비영리로 운영하고 있다. 원래 스탠퍼드에서 사용하던 온라인 코스 플랫폼이었는데 반응이 좋아서 외부에 공개하게 된 것이다. 노보에드는 더 재미있고 교류하며 참여형으로 만들자는 취지로 강의를 운영하고 있다.

또 피어 러닝Peer Learning을 추구한다. 수업은 수업일 뿐 그룹으로 묶여 친구들끼리 서로 배우고 가르쳐줄 수 있는 방식을 말한다. 협업이 아닌 일종의 협습(협력학습)이라고 볼 수 있다. 스탠퍼드도 이런 방식으로 수업을 많이 한다. 교수들은 스탠퍼드 학생들에게 가르칠 때처럼 퀴즈를 내고 숙제도 내준다. 수업 운영 방식이 같다고 보면 된다. '테크놀로지 기업가정신'이 대표 강의인데 이를 반영하듯 주로 경영, 기술 관련 강의가 많다.

노보에드는 2012년 3월에 시작했는데 1년 만에 150개 국가에서 17만 명이 수업에 참여했다. 스탠퍼드 재학생은 대학원생 포함 1~2만 명 수준인데 노보에드는 팔로알토 Palo Alto를 넘어선 스탠퍼드를 만들고 있다. 학교도, 교수도, 학생들도 모두 만족해하고 있어서 더 확산될 것으로 예상된다.

아민 사베리 Amin Saberi 노보에드 CEO는 《스탠퍼드데일리》와 인터뷰에서 "수업 시간에 교수들이 주목을 받고 모든 답을 알고 있다는 식으로 강의하는 대신에 학생들이 주목받고 학생들이 스스로 문제를 풀어갈 수 있도록 강의를 운영하려 한다. 이것이 노보에드의 정신이다"라고 말했다.

이처럼 개방형 온라인 코스가 스탠퍼드를 중심으로 하는 서부 지역 주도였다면 에드엑스는 아이비리그의 중심, 보스턴(캠브리지)의 하버드와 MIT가 주도하는 것이 특징이다. 초기 자본은 하버드와 MIT가 냈고 빌, 멜린다게이츠 재단, 벙커힐 칼리지, 매스베이커뮤니티칼리지 등이 후원해서 시작됐다.

여기에 스탠퍼드의 라이벌인 UC버클리가 합류했고 UT 계열의 텍사스 주립대학 University of Texas System이 가세했다. 호주국립대학, 캐나다 맥길대학 등 호주와 캐나다 대표 명문대도 합류해 글로벌화하고 있다. 등록 학생수는 700만 명에 달하며 12개 대학 26개 강의가 개설되어 있다.

하버드와 MIT는 에드엑스 확산에 전 대학이 나서 총력을 기울이고 있기 때문에 더 확산될 것으로 예상된다. 학교 차원에서 큰 관심을 기울이고 있다. 마이클 샌델 교수의 명강 '정의론' 수업이 2013년 3월부터 개설된 것은 하버드 학교 차원의 관심이 없었으면 불가능했을 것이다.

교육을 재정의한다

개방형 온라인 코스, MOOCs는 시작 1년 만에 대학과 대학, 국가와 국가의 경계를 허물며 전 세계에서 가장 큰 대학이 되고 있다. 모든 것이 연결되는 커넥티드의 세계란 이런 것이다. 필요가 공감empathy을 만나 기술과 용기를 더하면 급격한 변화, 즉 혁명이 온다. MOOCs는 고등교육의 혁명적 변화를 예고하고 있다. MOOCs는 커넥티드 시대 대학 교육은 어떻게 적응해야 하는가에 대한 근본적인 물음을 던지기 때문이다.

대학 수업 시간에 배울 수 있는 주제와 내용은 상당수 구글과 네이버에서 찾을 수 있다. 수업 노트는 카페에 가면 구할 수 있고 시험 '족보'도 인터넷에 가면 있다. 대학 강의도 유튜브에 가면 찾을 수 있다. 오히려 지식이 넘쳐나는 것이 문제이지 수업이 없어서 못 듣는 것은 아닐 것이다.

지식 전달(전수) 공간으로서의 대학의 역할은 끝났다고 봐야 한다. 인간이 만들어놓은 인터넷의 집단지성을 교수 한 명이 따라갈 수는 없다. 그래서 미국의 대학들은 인터렉티브 수업을 일찍부터 도입하고 있다. 강의에 사용하는 PT는 수업(또는 교수) 홈페이지에 올려놓고 수업 시간에는 질의응답이나 자료 이상 수업에 교수들이 시간을 많이 할애한다.

교수들이 학생들의 질문을 받고 대답하는 수업 방식으로 흐름이 옮겨가고 있으며 수업 시간에 학생들끼리 대화를 많이 유도한다. 지식을 전달하는 데 그치는 것이 아니라 해당 수업에서만 들을 수 있는 가치를 교수들이 학생들에게 부여하는 것이다.

MOOCs로 인해 벌써 수업 방식도 변하고 있다. 실제로 캘리포니아 실리콘밸리에 있는 지역 명문 산호세주립대학SJSU: SanJose State University의 한 교수는 에드엑스 중 MITX에 있는 '서킷과 전자'에 올라온 수업 내용을 15분간 보여주고 나머지 45분은 문제해결과 토론에 할애했다고 한다. 그 교수는 '서킷과 전자'에 대한 강의는 이 수업을 따라올 수 없다고 판단한 것이다.

그리고 수업 시간에 자신이 줄 수 있는 가치를 부여해 학생들로 하여금 스스로 해결할 수 있는 문제해결 능력을 키우는 데 중점을 뒀다. 대학 강의는 자격증이 있는 것도 아니고 모범답안이 있는 것도 아니다. 하지만 MOOCs는 마치 수업의 모범답안처럼 제시되어 글로벌 강의 경쟁력을 높이는 계기가 될 것으로 보인다.

MOOCs는 이렇게 전통적 의미의 대학이 변하는 계기가 될 것으로 보인다. 인류가 존재하는 한 대학university은 사라지지 않는다. 하지만 지금까지 우리가 알고 있던 대학의 모습은 앞으로 크게 변할 전망이다. 물리적 의미로서 '대학 캠퍼스'가 사라질 수 있다는 것이며 특히 국경의 경계가 사라진다는 것이다. 돈이 없어 대학에 못 간다는 얘기도 할 수 없고 한국의 울릉도에서, 아프리카 모잠비크에서 스탠퍼드나 듀크대학, 미시간대학 등 미국 유명 대학의 강의를 듣고 학점을 딸 수 있게 됐다.

3~5년 내 대학 순위는 바뀔 것이다. 대학들은 생존을 위해 적극적으로 변화를 모색하고 경쟁력 없는 대학은 도태되어 캠퍼스를 매각하게 될지도 모른다. 스타 교수들이 실리콘밸리의 갑부들처럼 부자 대열에 합류하게 된다. 미국 아이비리그에 입학하기 위해 밤잠을 설쳐가며 공부하는 고등학생들도 줄어들게 될 수 있다.

이렇게 전 세계 대학들이 연결되면 각국의 명문 대학이 위기에 처할 수 있다. 《이코노미스트》는 "몇 개의 슈퍼 대학만 남고 나머지는 곤란한 상황에 처할 수 있을 것이다"라고 했다. 시사잡지 《아메리칸 인터레스트》는 심지어 50년 내 미국 4500개 대학 중 절반은 사라지고 하버드대학 수강생은 10년 내 1000만 명이 넘을 것으로 예상했다.

한국에서는 고속도로, KTX가 생기면서 지방대가 위기에 처하고 서울에 있는 대학만 경쟁력이 높아졌다. 지방에 있는 학생들이 KTX나 고속도로로 서울로 통학하면서 생긴 현상이다. 한국과 하버드, 스탠퍼드를 잇는 MOOCs 고속도로가 생기면서 서울에 있는 소위 명문대도 위기에 처할 수 있다. MOOCs 하버드, MIT, 스탠퍼드 수업을 성실히 들은 학생들이 한국 대학 강의를 어떻게 생각하겠는가.

적응해야 한다. 지금 한국 대학은 구조조정의 시기에 있다. 미국의 대학도 살아남기 위해 아시아 및 유럽 대학생을 유치하려고 혈안이 돼 있다. MOOCs가 완전히 정착할 5년, 10년 후 모습을 상상해보자. 구조조정은 서울에 있는 대학에까지 미칠 것이며 미국의 대학은 살아남기 위해 해외로 뻗어나갈 것이다. 대학, 코닥될 kodaked 일만 남았다.

구글 글라스:
인간과 컴퓨터의 대화 방식을 바꾸다

　초등학교 때였을까. 자동차에서 통화할 수 있다는 카폰을 보고 충격을 받은 기억이 난다. 그때 자동차는 대체로 검고 큰 차였고 카폰도 무전기 수준이었다. 사실 충격이라기보다는 경외심이란 말이 더 어울릴 것이다. 카폰은 권위주의 시대 사장님 또는 권력자의 전유물이었다. 어린 초등학생뿐만 아니었다. 한 집에 한 대 전화기를 놓은 것이 얼마 되지 않아 등장한 카폰을 어른들도 경이롭게 지켜봤을 것이다.

　사람들은 이동하면서 통화할 수 있는 카폰의 매력에 빠졌고 언젠가는 자신의 손에 들어올 날을 꿈꿨을 것이다. 이것이 모토로라Motorola가 탄생한 배경이기도 했다. 사람들이 공통적으로 궁금해하는 것, 갖고 싶은 것은 반드시 가지게 되어 있고 대중화된다. 시간문제다. 휴대폰이 대중화될 것이라는 것에 대해서는 의심의 여지가 없었다.

　그런 느낌을 구글이 선보인 구글 글라스Google Glass에서 받고 있다면 어떨까. 카폰을 만들고 휴대폰을 창조한 모토로라를 인수해버린 구글은 원형(프로토타입) 수준인 구글 글라스가 휴대폰의 원형인 카폰의 위치에 오를 것으로 믿고 있는 듯하다. 카폰이 인류의 상상력을 자극하고 오늘날 모바일폰의 원형이었다면 구글 글라스는 앞으로 나올 수많은 웨어러블 컴퓨터의 원형이 될 것이라고 말이다.

구글은 구글 글라스가 휴대폰 수준으로 보급될 때까지 창조자는 물론 마중물 역할까지 기꺼이 하고 있다. 삼성전자가 갤럭시 기어를 먼저 선보이고 애플이 아이워치를 공개해

구글 I/O 2013에 구글 글라스를 착용하고 나온 구글 공동 창업자 세르게이 브린

도 훗날 역사가들은 구글 글라스를 컴퓨팅이 가능한 안경이 아니라 '입는 컴퓨팅Wearable Computing'의 원형이었다고 평가할 것이다.

2013년 구글 연례개발자컨퍼런스I/O의 주인공은 안드로이드도 구글 TV도 구글 맵스도 아니었다. 바로 구글 글라스였다. 구글 글라스를 착용한 수백 명의 개발자들이 행사장인 샌프란시스코 모스콘센터를 이리저리 돌아다녔고 2층에 위치한 구글 글라스 쇼룸에는 수많은 취재진과 개발자들이 몰려 인터뷰를 했다. 구글 글라스를 착용한 개발자GoogleGlass Haves들은 글라스를 착용하지 않은 사람들GG Havenots에게 "나도 한번 써보면 안 될까요?"라는 말을 들어야 했다.

하지만 구글은 2013년 I/O에서 구글 글라스와 관련해 어떤 발표도 하지 않았다. I/O가 개막하기 전에는 '구글 글라스 2.0' 버전이나 새로운 애

플리케이션을 공개할 것이라는 소문도 있었지만 그야말로 소문에 불과했다. 다만 구글 글라스 관련 개발자 세션을 진행했는데 이 세션에 사람이 많이 몰려서 다 들어가지도 못했다.

구글 글라스는 이미 존재만으로 개발자들의 이목을 끌어들이는 데 성공했고 앱 개발이 러시를 이루는 등 생태계 선순환 구조에 들어서기 시작한 것으로 보인다. 구글 글라스에 대한 열기만 놓고 보면 지난 2007년 스티브 잡스가 아이폰을 처음 내놓았을 때와 비슷할 정도다.

하지만 구글 글라스를 실제 써보면 어떨까?

구글 글라스의 첫 느낌

I/O에서 구글 글라스를 빌려 써봤다. 애초 구글 글라스는 착용 계약을 할 때 타인에게 양도나 대여가 불가능하게 되어 있다. 하지만 I/O에서는 테스트 제품이 대거 나와서 착용해볼 수 있었다. 물론 다른 사람의 제품을 5~10분 정도 빌려 써본 것으로는 구글 글라스의 장단점을 알 수 없을 듯했다. 도로에 나가서 구글 맵스와 연동하거나, 핸즈프리로 사진과 동영상을 찍거나, 뉴스 속보를 받아보거나 하는 등 실제 앱이 구동되는 것을 실생활에서 느껴봐야 제대로 알 수 있을 것 같았다. 대략 5분 정도 착용해보니 어떤 것인지 느낌은 알 수 있었다.

구글 글라스를 실제 착용해보면 이 제품이 아이폰을 처음 만졌을 때와 같은 놀라움과 확 빠져드는 매력이 있다는 것을 알게 된다. 오른쪽 눈앞에 조그만 화면이 떠 있는 것은 신기했다. 의식하지 않고 길을 걷거나 집안일을 하다가 구글 글라스 애플리케이션(구글은 이를 글라스웨어Glassware라고 부른다)을 보면 조그만 영상이 보인다. 초점을 맞추기 위해서는 눈을 좀 치켜떠야 했다. I/O에서 처음 글라스를 착용한 사람들은 눈을 모두 치켜서 보고 있었다. 구글 글라스를 착용하고 정상적으로 걸을 수 없었는데 금방 익숙해지는 스마트폰과 달리 구글 글라스는 익숙해지려면 시간이 걸릴 것 같았다.

"오케이 글라스. 집으로 가는 길을 알려줘 OK Glass, Find the way home"라고 말했는데 대답을 하지 않았다. 왜냐하면 개인정보가 설정된 제품이 아니므로 구글 계정에 저장되어 있는 집home을 모르기 때문이다. 만약 집이 설정되어 있었다면 샌프란시스코에서 산타클라라까지 가는 길을 알려줬을 것이다.

"오케이 글라스. 사진 찍어줘 OK Glass, Take a picture"라고 말했다. 500만 화소의 카메라를 가지고 있지만 캡처된 사진의 품질이 좋아 보이지는 않았다. 500만 화소라고는 믿을 수 없을 정도로 사진 선명도가 좋지 않았고 마치 과거 카메라폰 사진을 보는 듯했다. 핸즈프리로 사진이 찍힌다는 것에 만족해야 할 것 같았다.

CNN과 패스의 구글 글라스 앱 개발자가 있어서 찾아가 물었다. CNN은 구글 글라스에서 뉴스 속보를 볼 수 있도록 앱을 만들었다. 뉴스 속보가 나오면 안경에서 잠깐 보여주는 식이다. 샌디 카운드 CNN 앱 개발자는 "지금은 안경에서 속보를 보여주는 것에 그치지만 앞으로는 사용자들이 찍은 사진이나 동영상을 CNN의 아이리포트 iReport에 올릴 수 있도록 개발할 예정이다"라고 말했다.

패스 앱은 사용자들이 구글 글라스에서 찍은 사진이나 동영상을 공유할 수 있는 앱을 만들었다. 패스는 음식 사진이나 애완동물들의 사진이 공유되는 모습을 시연해서 보여줬다. 이 앱들을 시연해보니 왜 구글 글라스가 초기 시험 제품인지 알 수 있었다. 현존하는 아이폰, 아이패드 앱을 구글 글라스에 맞춰 적용해본 것일 뿐이다. 화면은 투박했고 사용자 환경은 세련되지 못했다. "한번 해보고 있다"는 것에 불과했다.

구글 글라스를 쓰고 있더라도 자신의 스마트폰을 만지작거리거나(전화가 오면 핸즈프리로 전화를 받을 수 있다) 시계를 쳐다보고 있는(구글 글라스에 자동으로 시간이 뜬다) 이용자도 적잖게 찾아볼 수 있었다. 구글 글라스가 많은 기능을 한다고 하더라도 습관은 어쩔 수 없는 부분이라 생각됐다.

처음에는 실망스럽다는 반응이 나올 만하다. 개발자들은 열광하고 있지만 첨단 디바이스에 시큰둥한 반응을 보이는 대다수 일반 대중들은 관심 없다고 할 만한 제품일 수 있다.

구글도 이 사실을 알고 있다. 그래서 구글은 구글 글라스를 개발자용으로 1년째 개발 중인 셈이다. 하지만 사람들이 더 많이 사용하게 되고 구글 글라스에 맞춘 새로운 앱과 소프트웨어, 사용자 환경이 나오면 빠른 속도로 진화할 것이 분명해 보인다.

두 번째는 스탠퍼드에서 듣는 수업 Digital Media Entrepreneurship에서 착용해봤다. 초청 강사가 구글 글라스를 들고 와서 많은 학생이 착용해봤는데 그는 《뉴욕타임스》 앱과 동영상 촬영 및 업로드 등을 실험하고 있었다.

구글 글라스를 착용한 개발자가 사람들에 둘러싸여 인터뷰 당하고 있다. 구글 I/O 2013에서 볼 수 있는 흔한 장면이었다.

《뉴욕타임스》 속보 기사가 한 줄로 나왔고 '읽어줘 Read Aloud' 기능을 오른손으로 휘저으니 기사가 오른쪽 안경 받침 쪽에서 들렸다. 이는 문자를 음성 언어로 말해주는 'Text to Voice' 기능인데 생각보다는 괜찮다는 느낌을 받았다. '사진 찍어줘 Take a Picture'를 다시 말하니 사진이 잘 찍혔다.

구글 I/O에서 첫 번째 써본 것과 수업 시간에 두 번째 써본 느낌이 달랐다. 아마 한 달쯤 써보면 완전히 익숙해져 편하게 사용할 수도 있겠다는 생각이 들었다.

다시 한 번 카폰을 떠올리게 된다. 카폰이 지금의 스마트폰이 되기까지 40년의 시간이 걸렸다. 구글 글라스의 40년 후 미래는 어떻게 변해 있을지 상상하기 어렵다. 하지만 SF 영화에서 보던 익숙한 장면들이 재연될 것이라는 것만은 확실하다.

생활의 변화를 가져오는 구글 글라스

"구글 글라스를 쓴 이후 생활에 가장 달라진 부분이 무엇인가요?"

구글 I/O 2013에서 구글 글라스를 쓴 개발자에게 물었다. 그 개발자는 주저 없이 "주머니에 있는 스마트폰을 꺼내 보지 않는다는 점이다. 스마트폰에 있는 모든 기능이 동기화된다. 전화 오면 대화하면 되고 사진 촬영도 구글 글라스로 할 수 있다. 동기화하지 않으면 아예 작동이 안 된다. 이 부분이 가장 큰 변화인 것 같다"라고 말했다.

구글 글라스를 한 달 이상 착용해보고 경험해본 사람들은 이 제품(서비스)이 제품 이상이라고 생각하는 듯하다. 분명 게임 체인저 Game Changer라고 확신하고 있었다.

구글 글라스를 쓴 개발자들은 손으로 허공을 휘저으면서 구글 안경의 마우스를 만졌고 말로 안경에 검색을 하면서 동작을 하고 있었다. 또 다른 개발자는 "정말 큰 변화다. 처음엔 그냥 기기라고 생각했는데 써보니 달랐다. 안경을 착용하기 전과 후는 분명 다르다"라고까지 했다. 프라이버시 침해에 대해서도 "아이폰으로 사진을 촬영하거나 기록을 할 때도 언제든지 프라이버시가 침해될 수 있다. 구글 글라스도 착용한 모습이 보이기 때문에 생각보다는 도드라져 보인다. 구글 글라스라고 해서 특별히 더 프라이버시 침해가 클 것이라고 생각하지는 않는다"고 의견을 밝혔다.

구글 글라스를 한 달 이상 착용해본 사람들이 느끼는 변화는 생각보다 큰 것 같다. '기술적으로 가능하다'는 인식을 넘어 생활의 변화를 가져올 만한 기기인 것이 분명해 보인다.

그래서일까. 2013년 4월 실리콘밸리를 대표하는 양대 벤처캐피털 안드레센 호로위츠와 클라이너 퍼킨스 그리고 구글벤처스가 함께 '글라스 콜렉티브'라는 조합을 결성한다고 발표했다. 실리콘밸리에서는 안드레센 호로위츠와 클라이너 퍼킨스가 연대했다는 것 자체로 큰 뉴스가 됐다. 특히 안드레센 호로위츠의 대표 벤처 캐피털리스트 마크 안드레센과 클라이너 퍼킨스의 존 도어가 글라스 콜렉티브에 함께하기로 했다는 것은 이 프로젝트가 사실상 성공을 담보하고 있다고 봐도 과언이 아닐 것이다.

마크 엔드레센은 넷스케이프를 창업하고 매각한 이후 수많은 스타트업에 투자하면서 실리콘밸리 가치사슬의 중요한 한 축을 담당하고 있는 인물이며 존 도어는 구글 그 하나만으로 얘기가 끝나는 사람이다.

존 도어는 스탠퍼드 석박사 과정 학생이었던 래리 페이지와 세르게이 브린의 검색 비전을 알아보고 과감히 투자해 오늘의 구글을 만들어낸 인물이며 구글을 성공시키기 위해 에릭 슈미트를 최고경영자로 영입하도록 다리를 놔줬다. 《포브스》가 2013년 5월 선정한 100대 벤처 캐피털리스트 1위에 꼽히기도 했다.

마크 안드레센과 존 도어는 필feel 받으면 어떻게 하든 성공하게끔 만들어놓는 사람들이다. 기대만큼 주목을 받지 않는다고 하면 언론에 직접 나설 것이고 생태계가 부족하다고 판단이 들면 돈을 투자해 생태계를 만들 수 있는 사람들이다. 이 두 사람이 구글과 함께 구글 글라스의 성공을 위해 연대했다는 것은 "개발자들이여, 구글 글라스 프로젝트에 뛰어들어라"라고 신호를 준 것이나 다름없다.

실리콘밸리의 대표 마이더스의 손으로 불리는 마크 안드레센(맨 왼쪽)과 존 도어(오른쪽)가 글라스 콜렉티브라는 투자 조합을 결성했다. 성공을 담보했다고 봐도 과언이 아닐 것이다.

존 도어가 왜 이 프로젝트를 시작했느냐는 물음에 "우리는 모두 플랫폼의 힘을 잘 알고 있다. 훌륭한 제품과 함께 기업가들의 상상과 놀라운 일이 벌어지는 것을 해체하는 API가 가진 힘을 알고 있다. 우리는 웹the Web에서 이것을 보았고 앱스토어에서도 보았다"고 말하자 마크 안드레센은 "당신은 구글 글라스를 그 선상에 올려놓았다. 이것이 미래다"라고 화답했다.

몸, 뉴 모바일

그동안 적잖은 웨어러블 디바이스가 나왔다. 아이디어 수준의 제품도 있고 스마트폰 시계 등의 제품이 나오기도 했으며 삼성전자는 2013년 9월 갤럭시 기어를 공개했다. 하지만 이 제품들과 구글 글라스가 다른 점은 무엇일까? 구글 글라스는 독립적인 제품으로서는 큰 위력을 발휘하지 못한다. '이상한 제품' 이상도 이하도 아니다. 하지만 스마트폰과 결합됐을 때 큰 힘을 발휘하게 된다. 스마트폰과 결합됐을 때 의미 있게 작동할 수 있다는 뜻이다.

스마트폰으로 오는 전화나 텍스트 메시지를 구글 글라스의 안경에서 볼 수 있으며 음성 언어로 구글 글라스에 명령하는 것들은 스마트폰에서 작동하면서 위력을 발휘한다. 더구나 단순 스마트폰이 아니라 구글 생태계와 결합됐기 때문에 비로소 웨어러블 컴퓨터로서의 의미가 생겼다.

한마디로 스마트폰은 서버가 되는 것이며 구글 글라스는 모바일 디바이스가 되는 것이다. 이처럼 구글 글라스를 시작으로 시계, 팔찌(나이키 퓨얼밴드 및 피트 빗, 조본 업 등) 등의 디바이스가 보편화되면 스마트폰은 점차 '홈 서버'가 되고 모바일 디바이스는 '몸'으로 확장하게 된다. 즉 몸이 곧 모바일 디바이스가 되는 것이다. 지금까지 모바일은 스마트폰이나 태블릿을 지칭하는 용어였지만 앞으로는 구글 글라스 및 시계 등 웨어러블 컴퓨팅 디바이스로 확장될 것이다. 구글 글라스는 몸이 모바일 디바이스가 될 수 있음을 '가시적'이자 '시장에 의한 혁신'이 가능한 첫 모델이다.

구글 글라스의 가장 큰 의미는 컴퓨터와 인간이 대화하는 방식을 '손'에서 '말'로 완전히 바꾸는 첫 디바이스(기기)라는 점이다. 구글 글라스의 영향으로 2013년은 '음성 명령의 해'라는 분석도 나왔을 정도다. 구글 글라스의 입출력 I/O:Input/Output 신호는 '말 Voice'이다. 말로 구글 글라스에 명령을 하면 말로 대답을 한다. 구글 글라스에게 "오케이 글라스, 고맙다는 말을 일본어로 어떻게 하지?"라고 물으면 "아리가토"라고 대답하는 식이다.

애플 아이폰이 혁명적 도구로 인식됐던 이유 중의 하나는 인간과 컴퓨터의 입출력 신호를 마우스에서 손가락(터치)으로 바꿔놓았다는 데 있다. 이에 앞서 스티브 잡스가 1984년 발표한 맥킨토시가 혁명적 컴퓨터로 인식됐던 이유 중 가장 큰 것은 인간이 컴퓨터에 하는 명령을 코드 code에서 아이콘으로 바꿔놓았다는 데 있었다. 컴퓨터 모니터에 있는 아이콘을 누르면 실행한다는 아이디어는 인간이 컴퓨터에 접근하는 방식을 근본적으로 바꿔놓았다.

여기에 개발자들이 애플의 맥킨토시에 열광했던 이유는 마우스를 대중화시킨 첫 기기였기 때문이었다. 마우스를 움직여서 아이콘을 누르면 명령을 실행에 옮기는 것은 자판을 움직여 클릭하는 것에 비할 수 없이 편했다. 구글 글라스는 아예 손을 떼고 말로 명령하고 컴퓨터는 말로 명령어를 수행해 인간에게 보여준다.

구글 글라스는 인간과 컴퓨터가 말로 대화를 주고받는다. 말이 주 명령어이고 손은 보조 도구다. 더구나 구글은 음성인식 기술을 놀라울 정도로 빠르게 발전시키고 있다. 지난 세기 인간과 컴퓨터의 대화 방식은 스티브 잡스와 애플이 선도하고 바꿔놓았다면 이제는 구글이다. 구글 글라스는 그 첫 제품이 될 것이다.

구글이 구글 글라스를 세상에 선보이는 방법

구글은 서두르지 않았다. 구글 글라스는 기존 산업을 근본적으로 흔들 만한 디스럽터이며 게임의 법칙을 바꿀 만한 게임 체인저의 위치에 오를 잠재력이 충분하기 때문이다.

만약 구글이 구글 글라스를 제품으로 인식했다면 서둘러 내놓고 판매에 열을 올렸을 것이다. 하지만 구글은 구글 글라스를 소프트웨어의 일부로 인식했다. 소프트웨어는 베타 버전을 내놓고 개발자들이 지속적으로 업그레이드하면서 발전시킨다. 해당 시점에서 완벽한 제품을 내놓고 대중들에게 고도의 마케팅 전략으로 판매하는 하드웨어와는 다르다. 소프트웨어가 성공하느냐 못 하느냐는 얼마나 많은 개발자가 달려드느냐, 그리고 얼마나 많은 고수가 수정을 해주느냐에 달렸다. 구글은 구글 글라스라는 하드웨어를 소프트웨어 방식으로 내놓고 있다. 성공은 시장에서 '결정'되는 것이 아니다. 시장에서 '만들어'가는 것이라는 것을 구글은 알고 있다.

그래서 구글은 장기적인 비전을 가지고 구글 글라스를 세상에 내놓고 있다. 이 때문에 우리가 관심 깊게 지켜봐야 할 것은 구글 글라스뿐만 아니라 구글이 어떻게 구글 글라스란 난데없는 제품을 세상에 내놓고 이를 사람들에게 적응시키도록 하는가 하는 방법이다.

커뮤니케이션 전공자들은 구글이 구글 글라스를 어떻게 세상과 커뮤니케이션하는가에 대해 연구를 시작해야 한다. 지금도 늦지 않았다. 구글은 구글 글라스와 같이 세상에 없던 제품을 내놓고 사람들이 이를 자연스럽게 받아들일 수 있도록 조심스럽게 접근하고 있다.

구글 글라스의 카메라가 500만 화소이고 CPU는 몇 메가이며 배터리는 몇 시간을 갈 수 있는지 등의 스펙은 그다지 중요한 것이 아니다. 기술 발전에 따라 언제든지 개선할 수 있다. 하지만 완전히 새로운 제품이 사람들에게 받아들여지기 위해서는 기술과 스펙만으로 해결할 수 있는 것은 아니다. 기술이 좋다고, 화소가 뛰어나다고 사람들은 디지털 안경을 1500달러에 달하는 비싼 가격에 사서 쓰지 않는다.

구글 글라스가 처음 등장한 것은 2012년 6월 샌프란스시코 모스콘센터에서 열린 I/O 행사였다. 기조연설 마지막 순간 구글 글라스를 쓴 구글 창업자 세르게이 브린이 나와 샌프란시스코 상공에서 스카이다이버와 행아웃을 하는 장면은 개발자들에게 신선한 충격을 줬다. 스티브 잡스의 '하나 더 One More Thing' 이후 디바이스 역사상 가장 드라마 같은 등장이었다고 평가받고 있는 장면이기도 하다.

이후 1년간 구글은 하나둘씩 구글 글라스를 세상에 내놓을 준비를 했다. 기술이 아닌 패션의 일부분이라고 판단해 유명 디자이너와 협업하기도 했다. 실제 구글 글라스를 I/O 외에 가장 많이 볼 수 있는 곳은 패션쇼장이다.

구글이 구글 글라스를 선보이고 기자들에게 체험기를 쓰게 하며 I/O에서 사용담이 올라오면서 대중들은 자연스럽게 구글 글라스의 존재를 인정하게 되고 기대를 하게 됐다. 구글 글라스 대중화에 따른 역작용에 대한 우려가 나오고 규제하려는 시도가 나오는 것도 무리가 아니다.

구글 CEO 래리 페이지는 I/O 기조연설에서 "우리는 재미있고 중요한 많은 일을 할 수 있다. 하지만 지금은 힘들다. 왜냐하면 수많은 규제와 법들이 이런 실험들을 못 하게 하고 있기 때문이다. 기술자들이 안전하게 실험하고 세상에 미치는 영향에 대해 알 수 있으며 이를 통해 일반 세상에 적용할 수 있는 안전한 장소가 필요하다"고 말하기도 했다. 구글 글라스에 대해 규제를 언급하는 여론에 대한 반응이지만 구글이 규제 없이 사업을 할 수 없을 것이다.

중요한 것은 대중이 이미 구글 글라스를 현실로 받아들이고 있다는 점이다. 아직 한 번도 본 적 없고 써본 적도 없다. 하지만 현실에 존재하는 디바이스라는 것을 인정하고 받아들일 준비를 하고 있다. 이 디바이스가 시장에서 성공할지 실패할지는 아무도 모른다. 아직 시장에 나오지 않았으며 여전히 실험 중인 기기일 뿐이다. 하지만 구글이 구글 글라스를 세상에 내놓은 방식은 아직 분명 성공이라고 말할 수 있을 것이다.

테슬라와 리트모터스: 모든 것을 바꿀 운명

미국의 역사는 위대한 기업의 역사와 맥을 같이한다. GE, GM, 포드, 듀폰, IBM, HP 등 분야와 종류가 많아서 이름을 다 열거할 수도 없다. 2000년대 들어와서는 어떨까. 단연 구글, 애플, 페이스북, 아마존, 마이크로소프트 등 미 서부의 기술 회사들이 손꼽힌다. 기술을 통해 인류의 삶을 바꾸고 있기 때문이다. 이렇게 위대한 기업 리스트에 신생 자동차 회사가 들어오려 한다. 엘론 머스크의 테슬라Tesla 얘기다.

이스트베이East Bay의 프레몬트Fremont는 앞으로 다가올 전기차, 아니 새로운 제조업을 상징하는 아이콘이 될 것으로 보인다. 테슬라의 공장이 프리몬트에 있기 때문이다.

테슬라는 지난 2010년 첫 전기차 로드스타Roadstar를 선보인 데 이어 2012년 하반기 첫 프리미엄 세단 전기차 모델S를 출시했다. 테슬라가 모델S를 출시한 지 1년이 지나지 않았음에도 테슬라가 쌓은 성과는 다 표현할 수 없을 정도다.

2012년 11월 '올해의 자동차'로 선정되어 자동차 관계자들을 놀라게 한 데 이어 2013년에는 안전도 평가 1위를 기록했고 캘리포니아에서 2013년 상반기 동안 4714대가 팔려서 벤츠,

테슬라의 모델S

BMW에 이어 세 번째로 많이 팔린 럭셔리 세단이 됐다. 캘리포니아 부자들은 포르쉐 등의 럭셔리 자동차보다 테슬라를 선호한다.

실제로 그랬다. 샌프란시스코와 실리콘밸리 지역에는 테슬라가 실제 거리에서 돌아다니는 것을 어렵지 않게 찾아볼 수 있었다. 포르쉐가 지나가면 눈길을 주지 않더라도 테슬라가 지나가면 한 번이라도 더 쳐다보게 된다. 한 번 더 쳐다보게 만드는 느낌은 사진으로도, 동영상으로도 알 수 없다. 오직 한 번이라도 실제로 봐야 알 수 있는 감정이다.

테슬라를 보는 사람도 한 번 더 보고 싶은 차인데 실제 테슬라 자동차를 구매한 사람들의 느낌은 어떨까. 테슬라 오너들은 한목소리로 "애플 아이폰이나 맥북에어가 처음 나왔을 때 느꼈던 감정보다 더 좋다. 내가 가지고 있는 물건 중에 최고"라고 말한다. 이것도 테슬라를 가진 사람들만 느낄 수 있는 감정이다.

2012년 하반기 테슬라 모델S를 처음 보고 실제 타봤을 때 받았던 첫 느낌은 '경이로움'이었다. 지난 2007년 애플 아이폰을 처음 봤을 때 느꼈던 감정과 비슷했다. 모든 것을 바꿀 운명을 지니고 태어난 자동차임을 직감했다. 역사가들은 테슬라 모델S가 자동차, 정보기술, 에너지, 교통 등 모든 카테고리를 바꾸는 혁명적인 제품이었다고 평가할 것으로 보인다. 애플 아이폰이 핸드폰, 정보기술, 스마트폰 등의 구분을 넘어 인류가 사는 방식 자체를 바꿨듯 말이다.

포스트 아이폰은 다른 스마트폰이 아이라 단연 테슬라의 '모델S'다.

스탠퍼드 내 전기차 충전소에 주차되어 있는 전기차. 캘리포니아에서 전기차 충전소와 전기차를 보는 것은 어렵지 않다.

테슬라 주가는 200달러를 넘어서 2012~2013년 동안 미국에서 가장 빨리 주가가 상승한 기업 중 하나가 됐다. 2012년 12월까지만 해도 39달러 수준이었지만 2013년 8월에는 200달러를 넘어섰다. 원화로 계산한 시가총액도 20조 원을 넘어서 한국의 자동차 회사 기아자동차나 일본 마쓰다의 기업 가치를 넘보는 상황까지 됐다. 경영 성과도 지난 2년간 순손실을 기록했으나 2013년 처음으로 분기 흑자로 돌아서 2013년 예상 매출액은 20억 2718달러, 순이익은 흑자로 마감할 것으로 예상된다.

테슬라는 휘발유로 작동하고 다양한 기계 장치를 조립해 만든 기존 자동차 산업을 파괴하고 '커넥티드 전기차'라는 새로운 카테고리를 만들어 가고 있다. GM, 포드, 도요타, 현대기아자동차, 닛산, 혼다 등 기존 자동차 산업의 시각으로 보면 테슬라는 주목받을 이유가 없다. 캘리포니아에 있는 작은 자동차 회사에 불과하다.

자동차 한 대에 7만 달러 정도 하는 고가인 데다 100% 전기차이기 때문에 충전소가 없으면 무용지물이 된다. 대량생산은 하지 않고 테슬라 전용 매장에서 주문을 하면 기다렸다가 차를 인계받는다. 한 해 2만 1000대 수준을 생산한다. 컨베이어벨트에서 조립하듯 생산하는 것이 아니고 기술자들이 전자제품 만들 듯 자동차를 만든다. 회사에 자동차 전문가는 많지 않고 소프트웨어 엔지니어들이 다수를 차지한다.

미국에도 전기차 충전소가 많지 않은데 전 세계적으로는 더 드문 상황이다. 전기차 관련 규제도 다르다. 수출에도 한계가 있다는 말이다. 예를 들어 한국에서 테슬라를 수입한다고 하더라도 마땅히 충전할 곳이 없고 보험료 산정도 돼 있지 않아 차가 굴러갈 수 있을지 의문이다(테슬라 담당자에게 문의 결과 테슬라는 아직은 한국에 진출할 생각이 없다는 대답이 왔다).

하지만 거꾸로 말하자면 테슬라는 이 같은 기존 자동차 시장의 성공 공식을 파괴하고 새 시장을 만들고 있다는 얘기다.

테슬라 모델S는 어떻게 파괴하고 창조하는가?

'휘발유 기계 장치'인 자동차가 아닌 100% 전기차이자 초고속 모바일 인터넷이 연결된 커넥티드 자동차가 미래의 자동차 모습이라고 한다면 테슬라는 미래 자동차의 현실적 원형에 가까운 자동차다. 테슬라 모델S는 '전기차가 제대로, 멀리, 속도를 내면서 갈 수 있을까?'라는 의문을 불식시킨 최초의 100% 전기차다. 7만~10만 달러나 하지만 2013년 2만 대 이상을 판매할 예정이며 전기차 충전소도 하루가 다르게 늘어나고 있다.

모델S에는 이온 배터리팩이 차체 아래에 있다. 한 번 충전으로 265마일(426km)을 달릴 수 있을 정도로 기술이 진화했다. 테슬라는 앞으로 40킬로와트, 60킬로와트 배터리팩을 내장한 차를 차례로 선보일 예정이다.

가격에 따라 저장 용량이 달라진다.

테슬라 모델S의 가장 놀라운 점은 이 자동차가 사실상 소프트웨어를 구현하기 위한 디바이스라는 점이다. 스마트폰은 전화 통화와 인터넷, 애플리케이션을 다운로드 받는 등 모바일 소프트웨어를 구현하기 위한 디바이스다. 테슬라 모델S는 목적지에 빠르고 안전하게 탄소배출 없이 도착하기 위한 디바이스다.

자동차가 고장 나면 자동차 정비소에 가지만 테슬라 모델S는 소프트웨어가 자동으로 고장 난 부분을 업그레이드 패치를 해준다. 마이크로소프트가 보안을 강화하기 위해 PC 보안 패치를 업그레이드하듯 자동차가 업그레이드된다.

이 자동차에는 시동 장치나 전원이 없다. 기어를 D로 내리면 자동차가 움직이는데 이는 운전자가 자동차를 타는 이유는 앞으로 가기 위해서라는 판단 때문이다. 기어가 P 상태가 되면 주차하게 되고 브레이크를 밟으면 충전을 시작한다. 17인치 터치스크린 장치가 자동차를 제어하며 데쉬보드는 주행 상황에 따라서 수시로 바뀐다. 근처에 충전소가 있으면 운전자에게 자동으로 알려주고 더 저렴하고 붐비지 않는 충전소를 미리 알려준다. 엔진이 없어 차체가 매우 가벼우며 뒤 트렁크와 함께 자동차 앞에도 '프렁크'라는 트렁크가 있다.

엔진이 없기 때문에 테슬라 모델S는 자동차 소리가 나지 않는다. 소음이 없다는 장점도 있지만 거리의 보행자들은 차가 오는지 오지 않는지 알 수가 없다. 그래서 테슬라 오너들이 회사 측에 위험한 사례를 보고했는데 테슬라는 그 주말에 즉각 자동차 엔진 소리가 나는 기능을 테슬라 모델S 전 기종에 업그레이드했다. 미래 자동차라고? 아니다. 지금 도로에 돌아다니는 자동차다.

테슬라 모델S 기본모델 60kWh의 판매가는 6만 3570달러다. 여기에 연방 정부 세액 공제 7500달러, 주정부 세액 공제 7500달러를 받으면 실질 구매가액은 4만 8750달러 수준이다.

비슷한 차종의 BMW 528i 가격이 4만 7800달러에서 시작하는 것에 비하면 테슬라 모델S는 충분히 구매 가능한 수

테슬라 모델S 차량 내부. 대시보드는 주행 표시, 전기 표시 등 필요할 때마다 바뀌고 대형 태블릿이 설치돼 있어서 차 내외부를 모니터링하고 구글 맵으로 찾아가야 할 곳을 찾는다.

준의 자동차다. 여기에 1회 충전 또는 주유 주행 가능한 거리는 모델S가 335km 정도 된다.

포드가 1900년대 초반 내놓은 모델T가 자동차의 역사를 바꿨듯이 테슬라 모델S는 미래 자동차 역사를 새로 쓰게 될 것이라는 평가가 나오는 것은 이 때문이다.

제너럴 포드는 지난 1923년 세계 최초의 대량생산 자동차를 생산했다. 포드는 컨베이어벨트 방식을 처음으로 도입했다. 컨베이어벨트에 플랫폼이 지나가면 누구는 타이어를 붙이고 문짝을 붙이며 라이트를 장착하는 방식이다.

포드는 최초의 '포드카'를 7882개 공정으로 조립했다. 이후 포드의 컨베이어벨트 방식 제조공정은 자동차뿐만 아니라 전자, 중장비 등 모든 제조공정에 도입해 글로벌 산업화의 물꼬를 텄다. 이 차의 이름은 '모델T'다. 모델T 이후 지금까지 자동차 제조공정은 크게 다르지 않다. 자동차 회사는 어떤 플랫폼을 만들고 어떻게 디자인하느냐, 더 싸게, 더 좋게, 더 좋은 브랜드를 만드는가의 이슈로 옮겨갔다. 지금의 모든 자동차는 모델T의 후

예라고 봐도 무방할 것이다.

하지만 모델S는 생산기법이 다르다. 테슬라는 컨베이어벨트를 걷어내고 자석을 이용한 운송 시스템을 구축했다. 물리적 접촉 없이 자기적 힘을 이용해서 차체가 지지되고 조정되는 방식이다. 이 회사 바닥에 설치된 자석은 생산라인을 쉽게 변경할 수 있게 해줘서 주문 상황에 따라 공장 설비를 유연하게 조정할 수 있다.

사전 주문에 의해 생산되기 때문에 1명의 직원이 여러 공정을 담당한다. 전기차는 전통적인 자동차 제조보다는 가전, IT에 더 가까운 제조공정으로 운영된다. 컨베이어벨트식 생산방식을 정형화시킨 것이 포드의 모델 T라고 한다면 테슬라 모델S는 전자, 가전의 생산방식을 자동차에 도입한 최초의 전기차다. 배터리부터 부품까지 계열사로 보유한 LG그룹이 전기차 시대에 새로운 자동차 메이커가 되기 위해 노리고 있는 것은 이유가 있다.

테슬라의 창업자 엘론 머스크는 2012년 9월 24일 캘리포니아 지역에 6개 '슈퍼스테이션'으로 불리는 충전소를 오픈했다. 모델S 드라이버는 무료로 충전할 수 있게 했다. 재미있게도 슈퍼스테이션은 태양광으로 자체 충전되고 30분 정도면 '만땅'이 된다.

물론 캘리포니아 전 지역에 6개뿐이라고 볼 수 있고 한 번 충전하는 데 30분이나 기다려야 하는 불편함이 있다. 하지만 이제 시작에 불과하다. 슈퍼스테이션은 전기차 보급 속도에 따라 기하급수적으로 늘어날 수밖에 없다.

하지만 엘론 머스크는 2013년 9월 자신의 자녀와 함께 뉴욕에서 LA까지 테슬라를 타고 횡단하겠다는 계획을 발표했다. 이는 테슬라 슈퍼스테이션과 전기차 충전소에 대한 자신감에서 나왔다. 결국 엘론 머스크가 전기차 대륙 횡단에 성공한다면 미국 내 전기차 충전소에 대한 우려를 불식시키는 데 크게 기여할 것으로 보인다.

리트모터스와 교통 혁명

실리콘밸리의 테슬라 모델S가 현재 자동차 시장을 디스럽션하고 있다면 리트모터스는 미래 오토바이 시장을 파괴하고 창조할 가능성을 지닌 회사다. 처음 리트모터스를 알게 된 계기는 《뉴욕타임스》 1면에서였다. 《뉴욕타임스》는 2012년 10월 1면 하단 기사로 리트모터스를 소개했다. 오토바이이면서도 자동차일 수도 있는 이 새로운 운송수단이 어떤 사람들에게는 최고의 대안이 될 수 있다는 내용이었다. 더구나 100% 전기차다.

대니얼 김과 그의 팀 10명이 만든 전기 모터사이클(오토바이) 이름이 'C-1'이다. 공상과학 영화에서 경찰인 주인공이 총을 들고 타는 차같이 생겼다.

오토바이는 빠르지만 쓰러지기 쉽다는 단점이 있다. 그래서 좀 위험하다. 자동차는 비교적 안전하지만 차가 막힐 때는 꼼짝없이 갇히게 된다. 주차하기도 어렵다.

C-1은 자동차와 오토바이의 장점을 결합했다. 이륜 오토바이이지만 자이로스코프 기술을 써서 쓰러지지 않고 외부 충격에도 쉽게 넘어지지 않는 것이 가장 큰 특징이다.

차를 실제로 봤는데 차체 아래 두 개의 큰 자이로스코프가 균형을 잡아주고 있었다. 또 자동차같이 커버가 있어서 기존 오토바이보다 훨씬 안전하다. 주차하기도 쉽고 차가 막혀도 쉽게 피해 다닐 수도 있을 것 같다. 대니얼 김은 "오토바이와 속도가 크게 다르지 않다. 시속 120마일 정도는 달린다. 한 번 풀 충전하면 200마일은 갈 수 있다"고 설명했다. 그는 "100마일 달리는 데 단 6초가 걸린다. 스포츠카와 동일한 제품이다"라고 강조했다.

2012년 K테크 행사에서 만난 데니얼 김과 C-1

대니얼 김은 이 제품을 2014년 양산에 들어갈 예정이고 약 1000대 정도 생산할 계획이라고 밝혔다. 초기 양산 가격은 약 2만 4000달러 정도다. 결코 싸지 않은 가격인데 2016년 정도에는 1만 4000달러까지 떨어질 수 있을 것으로 전망했다.

창업자 대니얼 김과 인터뷰에서 "왜 이런 기기를 만들었냐"고 물으니 "미국에서 2000년대 초반 DIY 운동이 다시 한 번 크게 일었고 지난 2004년에는 해머(미국산 SUV)가 연료를 지나치게 많이 소비하는 등 SUV 이슈가 있었다. 나는 연료 효율성이 높은 자동차를 만들고 싶었다"고 말했다. 대니얼 김은 자신이 자동차 사고를 크게 당한 적이 있고 그 이후 자동차를 직접 조립하게 된 사연을 담은 동영상을 보여줬다.

애초 직접 만들고 손질하는 데 소질이 있었던 것 같다. 자동차 두 대를 이리 붙였다 저리 붙였다 하면서 기계적 감각을 익혔고 결국 직접 차를 만들어야겠다는 생각에 이른다. 그 이후 리드 칼리지와 UC버클리를 중퇴하고 뉴욕 로드아일랜드 디자인스쿨Rhode Island School of Design에 다니면서 C-1을 본격적으로 디자인할 수 있었다. 자동차도 아니면서 오토바이도 아닌, 작품이 나오게 된 것이다.

그는 효율성 높은 차를 만들기 위해 세 가지가 필요하다고 생각했다고 설명했다. 그는 "첫째는 무게가 가벼워야 하며, 둘째는 에어로 디자인이 돼야 하고, 셋째는 기계적 요소들, 부품이 가벼워야 했다. 이 세 가지를 합치다 보니 전기차가 적합하다고 생각했다. 그리고 생각해낸 것이 플라이휠 자이로스코프FlyWheel Gyroscope였다. 자이로스코프(일종의 거대한 전자 팽이)는 무게중심을 잡을 수 있을 뿐만 아니라 1kWh의 에너지를 저장할 수 있다. 자이로스코프가 돌면서 생산하는 1kWh의 전기 에너지를 저장할 수 있다. 필요할 때 쓰고 다시 저장했다가 사용할 수 있다"라고 설명했다.

C-1을 보고 '갖고 싶다'는 생각을 했다. 자동차가 필수인 미국은 물론 차가 많이 막히는 서울에서도 충분히 통할 것 같았다. 미국 운전자의 70%가 혼자서 운전을 한다. 그래서 여전히 카풀레인CarPool Lane은 시원하게 뚫린다. C-1은 출퇴근용으로도 적합할 것 같다. 그래서 한때 각광을 받던 세그웨이가 꿈꾸던 신개념 이동수단을 C-1이 구현하고 있는 것은 아닐까 하는 생각도 들었다. 지금 세그웨이는 박물관 관광 용도로 쓰이는데 C-1은 도로에 직접 타고 다닐 수 있다.

제조공정이 쉬운 것도 장점이다. 대니얼 김은 "기존 자동차는 2만 4000개 정도의 부품이 들어가는데 이것은 10분의 1인 2000개의 부품만 사용한다. 만들기 어렵지 않다"고 말했다.

"카피하기 쉽지 않냐"고 물어봤다. 기존 자동차 및 일본의 오토바이 제조업체들이 가만있을 것 같지 않았기 때문이다. 대니얼은 이에 대해 "핵심 특허 15개를 보유 중이다. 특히 컨트롤 관련 핵심 특허를 가지고 있기 때문에 카피가 쉽지 않을 것이다. 자동차가 컨트롤이 없으면 움직이지 않는다"고 설명했다.

대니얼은 친구나 부모 등으로부터 초기 투자를 받아 회사를 설립했고 지금은 클라이너 퍼킨스 등과 같은 유명 VC와 500만~1000만 달러 규모의 추가 투자를 받을 것을 검토 중이라고 밝혔다. 이와 함께 포드 등 4개의 자동차 메이커와 협상 중이라고도 설명했다.

사실 너무 매력적인 운송수단이기 때문에 자동차 회사들이 뛰어드는 것이 자연스럽다고 생각했다. 물론 보험이나 안전 테스트, 규제 등 해결해야 할 과제가 많을 것이다. 하지만 빅 투자자들이 팔을 걷어붙이고 규제를 해소하는 데 앞장설 것으로 보인다.

전기차? 한국에서는 갸우뚱하는 사람이 더 많을 것이다. 전기차 하면 골프장 카트가 떠오른다. 하지만 미국, 특히 캘리포니아에서는 상황이 크게 다르다. 테슬라와 같은 기업이 나오고 주 정부가 적극적으로 대체 에너지 지원 정책을 펴고 있어 충전소 등이 속속 생겨나고 있다.

결론적으로 C-1은 전기차이기 때문에 성공 가능성이 더 높다고 본다. C-1은 한 번 풀 충전하는 데 1달러도 들지 않는다(69센트). 초기 구입 가격이 비싸지만 유지비가 거의 들지 않고 각종 세금 혜택을 볼 수 있어서 장기적으로 보면 그렇게 비싸다고는 볼 수 없을 것이다. 아직 실리콘밸리, 캘리포니아에서도 전기차 충전소가 충분하지는 않지만 앞으로 점차 빠르게 증가할 것은 당연한 얘기다.

리트모터스가 노리는 2016년 또는 그 이후가 되면 지금과 다른 양상이 펼쳐질 것으로 보인다. 테슬라와 리트모터스는 전기차 업계의 애플과 IBM이 되지 말라는 법이 없다. 실제로 대니얼 김은 테슬라에 대해 묻자 "케이스 스터디를 했다. 앞으로 테슬라보다 더 큰 회사를 만드는 것이 꿈이다"라고 말했다.

실리콘밸리에서 나오는 새 비즈니스 모델은 정보기술 기업만 있는 것이 아니다. 실리콘밸리는 언제나 새롭다. 그린green 스타트업, 바이오 업체도 계속 창업하고 있다. 전통적인 반도체(인텔, AMD 등)와 PC(IBM, 애플, HP)에서 웹과 모바일(구글, 페이스북, 트위터 등) 그리고 그린(테슬라, 리트모터스 등) 스타트업이 새로운 실리콘밸리의 생태계를 만들어가고 있다.

대니얼 김의 창업 과정도 여느 스타트업과 다르지 않았다. 그는 "가족들에게 1만 달러 정도의 자금을 조성해서 회사를 만들었다. 그리고 그중

5000~7000달러 정도 자금을 가지고 법인을 만들었다. 그리고 기술 특허를 보유하는 게 중요했다. 그 이후에 투자자들이 이 사람이 진지하게 사업을 시작하려는지 인식하게 된다. 그다음에 비즈니스 플랜이 있어야 하고 프레젠테이션이 필요하다. 10페이지 PT. 그러고 나서 좋은 팀을 구성해야 한다. 그보다 우선적으로는 사람들과 만나야 한다. 활동적으로 만나야 한다. 5년 안에 10배 이상의 투자 대비 회수금을 보장해야 한다. 5년 안에 그 정도 창출할 수 있는 사업계획서가 있어야만 사람들이 투자를 고려하게 된다. 그들은 꿈이 큰 회사들을 원한다. 이런 과정이 스타트업이다"라고 말했다.

　세상을 바꾸겠다는 꿈과 아이디어 그리고 필요$_{needs}$가 있다고 생각되면 돈을 모아 창업한다. 그리고 꿈을 키우기 위해 사람을 모은다. 그리고 설득한다. 구글이 그랬고 트위터가 그랬으며 페이스북이 같은 과정을 거쳤다. 이제는 테슬라, 리트모터스도 그 길을 가고 있다.

페이스북: 뉴스피드와 그림자 데이터

    페이스북은 소셜네트워크서비스로 설명된다. 하지만 페이스북은 개인이 잡담을 늘어놓거나 일상을 공유하는 서비스가 아니라 미디어가 되고 있다. 페이스북이 프라이버시가 보장되는 사적 활동이라고 생각하는 사람은 점차 줄고 있다. 페이스북에서 사진을 올리고 글을 올리면 페이스북은 이용자 성향을 분석해 그에 맞는 광고를 낸다. 페이스북 이용자들도 마치 기자처럼 글을 올리고 사진을 공유하며 기존 미디어의 기사 링크를 내걸고 의견을 개진한다.

    페이스북은 인터넷의 역사를 다시 쓰고 있다. 페이스북 이후 인터넷은 삶의 플랫폼이 되고 있으며 정보는 찾는 것이 아니라 흐르는 것이 되고 있다. 이를 마크 저커버그 페이스북 공동 창업자 겸 CEO는 《와이어드》 인터뷰에서 '공유의 무어 법칙Moore's Law of Sharing'으로 설명했다. 무어의 법칙은 마이크로 칩의 밀도(속도, 저장 용량 등)가 18개월마다 2배씩 늘어난다는 것이다. 저커버그는 이를 페이스북 버전으로 설명했다.

    "사람들은 처음에는 출신 학교나 고향 등 기본적인 정보를 공유한다.

그리고 상태를 업데이트하고 사진을 올린다. 요즘은 굳이 페이스북이 아니더라도 스토리파이Storify 등을 통해 정보를 공유한다. 우리는 공유의 무어 법칙에 대해 자주 언급한다. 매년 2배 정도 사람들이 공유량이 늘어난다는 것이다. 꼭 페이스북에서만 공유한다는 것은 아니다. 다른 앱을 포함하면 이 같은 흐름이 나타난다. 3년 후 지금보다 8배, 10배 정도 공유량이 늘어날 것이다. 페이스북은 더 잘해야 한다. 우리가 못하면 다른 서비스가 하게 된다."

페이스북은 뉴스피드를 왜 바꿨나?

"이번에 디자인과 기능을 개선한 것은 모든 사람에게 자신만을 위한 최적의 맞춤형 신문The most Personalized Newspaper을 제공하겠다는 것입니다."

2013년 3월 8일 페이스북은 뉴스피드Newsfeed 개편 기자간담회를 개최했다. 이 간담회에 초대를 받아 현장 취재를 할 수 있었다. 마크 저커버그는 무대에 올라서자마자 《몬트레이 뉴스》라는 신문을 화면에 보여주더니 '맞춤형 신문'이라는 화두를 꺼냈다.

《몬트레이 뉴스》라는 신문은 존재하지 않는다. 하지만 뉴스피드를 마치 개인용 신문처럼 만들겠다는 생각으로 바꿨다고 말했다. 페이스북은 뉴스피드를 크게 세 가지를 축으로 바꿨다. 이미지를 더 크게 하고 뉴스피드 분류를 다르게 할 수 있으며 모바일 기기를 중심으로 웹을 바꿨다는 것이다.

뉴스피드 개편은 발표의 뉴스 가치news value로 따지자면 그래프 서치Graph Search(페이스북이 2013년 1월에 발표한 새 검색 서비스) 발표에 비하면 낮다고 볼 수 있지만 우리의 일상에 미치는 영향력을 봤을 때는 훨씬 클 것이다. 페이스북을 선두로 앞으로 모든 웹 디자인이 뉴스피드 개편을 반영할 것이기 때문이고 페이스북을 사용하는 사람들 모두가 뉴스피드 영향에서 벗

페이스북의 새 뉴스피드 디자인

어날 수 없기 때문이다.

　뉴스피드는 페이스북에서 정보가 흐르는 방식을 말한다. 개인이 페이스북에 글이나 사진, 동영상, 음악 등 콘텐츠를 올리면 이것이 뉴스피드에서 흘러간다. 내 글이 올라오기도 하고 친구들이 '좋아요'를 누른 글이나 댓글을 단 것도 뉴스피드에 올라온다. 광고가 보이기도 한다. 페이스북에 접속하면 보이는 기본 페이지가 뉴스피드다. 반면 타임라인Timeline은 내가 페이스북에 올린 기록들이다. 내가 올린 글과 사진, '좋아요', 페북 친구들이 타임라인에 보인다.

　마크 저커버그는 이렇게 뉴스피드와 타임라인 그리고 그래프 서치를 페이스북의 3대 기둥 서비스라고 규정하기도 했다. 뉴스피드가 중요한 이유는 페이스북이 이 개념을 도입한 이후 웹 서비스가 바뀌고 있기 때문이다. 기존 웹 서비스를 보여주는 방법은 포털의 백화점 방식이나 언론사 사이트의 큐레이션Curation(중요한 것은 크게, 안 중요한 것은 조그맣게) 방식이 주류였다.

네이버를 보더라도 네이버에 돌아다니는 정보가 움직이지는 않는다. 뉴스캐스트도 그 자리에 있고 '실급검(실시간 급상승 검색어)'도 항상 우측 상단에 위치해 있다. 언론사 사이트도 중요하다고 판단되는 기사가 가장 앞에, 크게 배치된다.

하지만 뉴스피드 등장 이후 웹은 '흐르는(스트리밍)' 방식으로 바뀌고 있다. "정보는 찾는 것이 아니라 흐르는 것이다"라는 명제에 좀 더 맞는 개념일까. 중요한 정보, 덜 중요한 정보가 시간대별로, 아니면 개인이 맞춤형으로 설정한 대로 흘러간다. 이용자들은 이제 인터넷에 검색한 후 사이트를 찾아 들어가는 것보다 여기저기서 흐르는 정보를 채집Catch and Save 하기 원한다. 흐르는 정보를 채집했다가 시간 날 때 꺼내 보는 방식이다.

이 같은 변화는 페이스북의 뉴스피드만 영향을 준 것은 아니다. 트위터, 핀터레스트 등 소셜네트워크서비스도 영향을 줬고, 특히 스마트폰, 태블릿PC 보급 확산에 따른 모바일 경험은 더 큰 영향을 미쳤다. 모바일 기기는 화면이 작아 생각하면서 정보를 얻기보다 일단 채집해두고(페북의 '좋아요'를 누른다든가 트위터에서 리트윗하거나 관심글로 저장) 회사나 집에서 다시 보는 방식이다.

앞으로 웹 브라우징은 이렇게 정보가 흐르는 스트리밍과 이용자들이 헤매지 않게 해주는 내비게이션 방식으로 바뀔 것이다. 하지만 페이스북의 뉴스피드는 최근 들어 이용자가 가장 불만을 나타내던 것이었다. 페이스북 이용자가 10억 명이 넘어서고(한국에서도 1000만 이용자가 넘었다) 회사 측이 수익을 올리기 위해 광고 영업에 본격적으로 나서면서 화면이 지저분해진 것이다. 관계없는 사람의 글이 뉴스피드에 올라오는가 하면 팔로follow한 미디어(《뉴욕타임스》, 《월스트리트저널》, 《USA투데이》, 《가디언》 등)에서 보내오는 뉴스도 수시로 올라왔다.

가장 짜증 나는 것은 광고다. 기사를 가장한 광고, 모바일 광고 등이 스폰서라는 이름을 달고 뉴스피드에 자주 올라왔다. 이용자가 떨어져 나가기 시작했고 특히 10대들이 '쿨하지 않은' 페이스북에서 이탈하기 시작했다.

페이스북은 새 뉴스피드를 발표하면서 '모바일 연관성 Mobile Consistency'을 내세웠다. 페이스북 웹 페이지와 태블릿, 스마트폰용 페이스북을 일치시켰다는 말이다. 여기서 중요한 시사점은 웹 페이지를 먼저 디자인하고 이를 모바일 디바이스에 적용한 것이 아니라 새 뉴스피드가 모바일에서 어떻게 보이나를 먼저 디자인하고 이를 웹에 적용시켰다는 점이다.

기자회견 이후 줄리 저우 Julie Zhou 페이스북 디자인디렉터와 별도로 인터뷰를 했다. 저우는 "뉴스피드를 개편한 이유는 모바일 때문이다. 모바일은 전 세계에서 빠르게 성장 중이다. 우리가 그동안 디자인했던 모바일 페이스북은 기존 웹과 많이 달랐다. 한 발짝 떨어져서 모바일을 보니 생각을 달리하게 됐다. 모바일은 화면이 작고 많은 것을 집어넣어야 하기 때문에 매우 간결했다. 그래서 이 경험을 바탕으로 웹을 보니 너무 복잡하게 느껴졌다. 그래서 모바일을 중심으로 웹을 바꿀 생각을 하게 됐다"고 말했다.

페이스북은 마크 저커버그가 키를 잡고 회사 방향을 모바일 퍼스트 Mobile First를 넘어 모바일이 회사의 중심이 되는 모바일 센트릭 Mobile Centric으로 이동 중이다. 이번 개편은 그 전략이 그대로 반영됐다. 저우는 이에 대해 "우리의 방향은 모바일이 먼저고 그다음이 웹이다. 모바일은 인터넷이 주머니로 들어간 것이다. 어디에 가든 인터넷을 들고 다닌다. 여기에 디자인의 미래도 있다고 본다. 또 모바일 디자인은 어떤 것이 중요한지 알려준다. 무엇을 공유해야 하는지, 무엇이 중요한지 알 수 있다. 우리 회사의 문화는 이제는 디자인, 서비스를 모바일을 먼저 두고 그다음에 웹과 다른 서비스를 접목시키고 있다"라고 설명했다.

왜 모바일인가? 답은 나와 있다. 모바일로 접속하는 사람이 더 많아지고 모바일로 콘텐츠를 올리는 사람이 PC 등 웹 기반 사용자보다 더 많아지고 있기 때문이다. 그리고 불편해하기 때문에 개편한 것이다.

페이스북은 모바일 중심으로 빠르게 이동하고 있다. 새 뉴스피드는 그 결과물이다. 이제 웹은 모바일이 먼저이고 소셜이 기본이다. 나머지(PC 등)는 그다음이다.

뉴스피드는 왜 개인용 맞춤 신문인가?

마크 저커버그는 새로운 뉴스피드가 '개인용 맞춤 신문Personalized Newspaper'이라고 했다. 뉴미디어도 아니고 왜 하필 신문인가?

종이신문은 10만, 100만 명이 종이에 인쇄된 똑같은 뉴스를 들고 다닌다. 더구나 나와는 상관없는 것 같은 뉴스가 지면을 채운다. 뉴스 가치는 이용자가 아닌 에디터editor가 정한다. 독자가 필요한 정보를 당겨오는 것이 아니라 신문사가 독자들에게 정보를 주입시키는 것이 기존 신문이다.

신문이 위대한 저널리즘을 구현하고 있다면 이 같은 신문 시스템을 유지하는 것이 좋을 것이다. 최근 언론의 위기는 저널리즘을 너덜너덜하게 만들고 점차 기사와 광고를 혼돈시키고 있다. 이는 한국뿐만 아니라 전 세계 언론이 겪는 공통된 현상이다. 하지만 개인용 맞춤 신문은 다르다. 1면 톱은 내가 가장 관심 있어 하는 뉴스가 나오고 사이드, 하단 기사도 내가 보고 싶어 하는 기사로 채워진다. 뉴스가 꼭 개인의 관심사를 반영해야 하나? 알아야 할 기사도 있어야 하지 않나?

맞다. 하지만 알아야 할 기사도 에디터가 아닌 친구들이 중요하다고 추천해주는 기사가 더 나에게 맞는 뉴스일 것이다. 저커버그는 이 같은 생각으로 "뉴스피드는 맞춤형 신문이다"라고 선언한 것이다.

사진, 동영상 등 멀티미디어 콘텐츠를 더 돋보이게 한 부분도 이 지점으로 해석해야 한다고 본다. 친구들이 공유하는 사진, 지도, 이벤트 등을 밝고 향상된 화질로 볼 수 있게 한 것은 한마디로 1면 톱, 사이드, 하단 박스 등의 편집*editing* 역할을 할 수 있게 했다는 것이다.

페이스북에서 공유되는 콘텐츠의 40%는 사진이 차지하고 있다. 사진을 전면에 내세운 것은 당연한 것이다. 이 부분은 구글 플러스의 장점을 가져왔다. 구글 플러스는 언론사 뉴스를 보기 쉽게 만든 장점이 있었다.

이에 대해 줄리 저우는 "영감을 어디에서 찾을 수 있을까. 신문은 영감을 받을 수 있는 좋은 소스다. 하지만 내가 정보를 소비하는 시간이 많지는 않다. 3분이 있을 수 있고 10분이 있을 수 있고 한 시간이 있을 수 있다. 신문을 보는 이유는 정보를 가장 빨리 알 수 있는 방법이기도 하다. 내가 시간이 3분이 있으면 헤드라인만 보고 10분이 있으면 1면만 보며 30분이 있으면 신문의 제목만 읽는다. 그러다 한 시간이 있으면 작은 기사도 보게 되는 것이다. 페이스북 뉴스피드도 이런 점에 착안해 바꿨다"라고 설명했다.

실제로 뉴스피드를 보다가 시간이 좀 더 있으면 사진 피드로 가서 살펴보고, 더 여유가 있으면 음악 피드에 가서 친구들이 올린 음악을 들을 수 있다. 팔로잉 피드로 가면 유명인이나 신문, 페이지 등을 한눈에 볼 수 있다.

페이스북의 이 같은 신문 선언을 들으며 스티브 잡스의 일화가 생각났다. 아이폰을 내놓을 때 스티브 잡스는 "아이폰이 당시 애플 매출의 70%를 차지하던 아이팟 매출을 잠식하지 않느냐"는 비판을 받았다. 스티브 잡스는 여기에 이렇게 대응했다. "남이 잠식하는 것보다는 낫지 않나?"

페이스북의 디자인 철학도 남다르다. 줄리 저우는 "디자인은 문제해결*problem solving*이다. 이것이 나와 우리 팀에 가장 중요한 철학이다. 많은 사람이 외형적인 디자인만 보지만 이는 하나의 관점일 뿐이다. 우리가 더 좋은 디자인을 한 것인가? 이 말을 우리는 "이용자들이 문제를 해결하는 데 더 유익한가?"라는 질문으로 받아들인다. 사이트가 아름답고 화려하다고 하더라도 사용에 어려움을 겪으면 좋은 디자인이 아니다. 쉽게 이용하고 사람들이 그 디자인을 사랑해야 한다"라고 말했다.

저커버그는 뉴스피드를 통해 '페이스북=미디어'로 자리매김하려 하고 있다. 기존 미디어를 파괴하고 새 시장을 만들고 있는 셈이다.

페이스북과 그림자 데이터

페이스북 오른쪽을 보면 광고가 나온다. 페이스북이 뉴스피드를 바꾼 궁극의 이유는 광고 때문이다.

미국에서 페이스북을 하면 섬뜩한 느낌이 들 때가 있다. 맞춤형 광고가 등장하기 때문이다. 광고 때문에 섬뜩한 느낌이 든다는 것은 과장이 아니다. 페이스북은 이용자의 모든 인터넷 활동을 추적해 이용자 맞춤형 광고를 뉴스피드에 올린다. 예를 들어 연휴 때 라스베이거스에 놀러 가기 위해 구글 검색을 하고 온라인 여행사에 접속하는 등 인터넷 서핑을 하면 예외 없이 페이스북 타임라인에 라스베이거스 태양의 서커스 Cirque Du Soleil 6편(O쇼, KA쇼 등) 특별 세일 광고나 라스베이거스 호텔의 광고가 뜬다.

페이스북에 라스베이거스에 대한 글을 쓰지 않았고 사진도 올리지 않았으며 친구의 포스팅에 대해 '좋아요'를 누르지도 않았다. 그런데 페이스북은 라스베이거스에서 태양의 서커스 표를 구하려 한다는 것을 알고 타임라인에 관련 광고를 제안한다.

페이스북이 이렇게 이용자가 필요로 하는 순간에 정교하게 광고를 내보내기 시작한 것은 페이스북이 이용자 데이터(학교, 연령, 성별, 사진 등 페이스북에 자발적으로 올린 정보)를 수집하는 것에 그치지 않고 이용자가 인터넷에서 하고 있는 행동, 나의 모든 클릭을 추적track하기 때문이다.

특히 모바일 페이스북에서는 친구들이 '좋아요'를 누른 회사의 페이지들이 광고 형태로 뜬다. 페이스북에서 이용자가 그 회사의 '좋아요'를 누를 때 친구들에게 해당 기업의 광고가 '친구 누가 추천했다'며 뜨는 것을 미리 알고 있었다면 쉽게 '좋아요'를 누르지 않았을 것이다. 하지만 페이스북은 방대한 '좋아요' 정보를 바탕으로 기업에 광고 요청을 하고 있고 이는 바로 이용자들에게 타깃 광고 형태로 제공되고 있는 셈이다.

이것은 페이스북이 노리는 점이기도 하고 모바일 기업의 핵심 비즈니스 모델이기도 하다. 이 같은 돈벌이 모델 때문인지 페이스북은 매 분기 사상 최대 실적을 경신하고 있다. 전체 매출에서 모바일 광고가 차지하는 비중도 14%로 늘었다.

이같이 사용자의 클릭을 추적하고 있는 것은 페이스북만 하는 것은 아니다. 이용자 추적의 원조는 구글이라고 볼 수 있다. 구글은 애플 사파리 웹브라우저 이용자들을 몰래 추적하면서 개인정보를 추적하려다 미국 FTC로부터 260억 원에 달하는 벌금을 물었다.

구글의 이용자 추적 광고는 '더블클릭double click'이라는 기술(광고 플랫폼)이다. 구글은 그동안 더블클릭 기술을 이용해 구글 사용자들을 추적해 왔고 '맞춤형 광고'라는 이름으로 구글 사용자에게 광고를 제공해왔다. 더블클릭 맞춤형 광고란 사용자들의 웹사이트 방문 기록을 확인해 관심사를 분석하고 이에 맞는 광고를 제공하는 것이다. 예를 들어 여행을 하기 위해 구글 검색을 통해 웹사이트를 방문했거나 구두를 사기 위해 관련 사이트를 뒤적거렸다면 구글은 웹사이트에 있는 쿠키 파일(특정 웹사이트를 방문할 때 접속 정보를 담아 사용자의 컴퓨터에 생성되는 작은 파일)을 분석하고 파악해 이용자의 구글 플러스나 지메일, 유튜브 등에 관련 광고를 노출시킨다.

이용자가 올리는 방대한 데이터(사진, 동영상, 텍스트 등)뿐만 아니라 인터넷에서 서핑하는 클릭, 이것을 이용해 구글, 페이스북, 애플, MS, 아마존 등 미국의 플랫폼 사업자들은 장사를 한다. 실제로 플랫폼 사업자들은 이용자가 인터넷에서 단 한 번의 클릭을 해도 최소 35회, 최대 70회까지 추적하고 정보를 수집, 끌어가서 분석한다. 그리고 이를 광고주에게 판다.

스탠퍼드 커뮤니케이션학과 프레드 터너 교수는 이를 '그림자 데이터Data Shadow'라고 분석했다. 터너 교수는 "페이스북과 같은 네트워크 공공장소Networked Public에는 그림자 데이터가 작동한다. 기업들은 이용자들이 인터넷에서 하는 행동을 수집하려 한다. 그림자 데이터는 우리의 일상생활에도 깊게 영향을 주고 있으며 디지털 기술은 기업들이 개인을 모니터링하는 것을 허용하고 있다"고 설명했다.

그림자 데이터는 데이터가 사람에게 그림자처럼 붙어 있다는 이론이다. 이스라엘이 그림자 정부로 미국을 실질 지배하고 있다는 이론이 있듯 데이터가 그림자처럼 웹을, 개인의 인터넷 활동을 지배하고 있다는 얘기이기도 하다.

그림자 데이터는 갈수록 진화해서 마케팅에도 근본적인 변화를 몰고 오고 있기도 하다. 실제로 2012년 11월 16일자 《뉴욕타임스》는 〈웹 마케팅의 새로운 알고리즘The New Algorithm of Web Marketing〉이라는 기사를 게재하면서 새로운 광고 기법인 '프로그램 구매Programmatic Buying'를 소개한 바 있다.

광고주들이 지금까지는 팔고자 하는 상품을 인기 웹사이트(예를 들어 네이버)나 TV 프로그램에 대규모 광고를 집행하면서 마케팅을 해왔지만 이제는 새로운 알고리즘과 소비자 정보를 통해 개개인의 소비자에게 집중적으로 공략하는 방식을 말한다. 즉 나이키는 운동화를 사려 하는 소비자를 추적해서 이 소비자가 뉴스를 보든 날씨를 보든, 무슨 사이트에 가든지 나이키 광고를 뜨게 하는 방식이다. 소비자가 어디를 가든 광고가 쫓아다니는 것인데 이 방식은 미국에서 이미 도입을 해서(경매 방식이다) 벌써 온라인 광고의 10%가 이 같은 '프로그램 구매'로 하고 있다고 한다.

시장조사 전문기관 포레스트리서치 Forrester Research 에 따르면 2012년 5350억 회 등장했던 프로그램 구매 광고는 2013년 17.5% 늘어난 6290억 회다. 영화 〈마이너리티 리포트〉에 보면 주인공인 톰 크루즈가 장소를 옮길 때마다 같은 맞춤형 광고가 나오는 것을 볼 수 있는데 이 같은 SF형 광고의 시작인 셈이다.

온라인에서 이용자의 모든 클릭을 수집하고 분석하는 그림자 데이터는 1인당 인터넷 연결 기기를 세 개 이상 보유하고 있으며 사람이 보유한 기기끼리 연결하는 초연결사회를 이해하는 핵심 키워드 중 하나다. 인터넷 연결 기기의 빠른 확산은 인터넷 정보를 쌓았고 이를 분석하고 활용하는 기술이 이제는 연결 자체보다 가치 있게 된 것이다. 하지만 그림자 데이터는 역설적으로 인간의 모든 활동이 추적된다는 의미를 지니고 있다. 21세기 빅브라더는 이미 우리 옆에 와 있다.

아마존과 제프 베조스: 모든 것을 파괴할 운명

"와우! 지난주보다 30%나 떨어졌네."

지난 2012년 11월 블랙 프라이데이라는 것을 처음으로 직접 경험했다. 블랙 프라이데이는 11월 마지막 목요일인 추수감사절 다음 날(금요일)로 연말 쇼핑 시즌을 알리는 시점이자 연중 최대 할인, 최대 규모의 쇼핑이 이뤄지는 날이다. '검은 금요일'이란 뜻인데 미국의 많은 상점이 이날이 연중 처음으로 장부에 적자(빨간 날) 대신 흑자로 돌아선다는 은유에서 기원했다. 연말연시 선물 시즌으로 이어지기 때문에 블랙 프라이데이 이후 한 달간 판매량이 많은 기업의 1년 농사를 좌지우지할 정도다.

주로 금, 토, 일 3일간 세일을 하는 블랙 프라이데이 주간에 파는 물건이 실제로 저렴할까? 그랬다. 블랙 프라이데이 전후 가격이 20~30% 정도 내려갔다. 한동안 나이키 퓨얼밴드를 갖고 싶었으나 149달러나 하는 가격이 부담됐는데 블랙 프라이데이 기간에 119달러에 나와서 구매할 수 있었다. 많은 미국인이 블랙 프라이데이 때 쇼핑을 기다리는 것이 이해가 됐다.

세계 최대 소비국가 미국의 유통 업체들은 매년 블랙 프라이데이 때 자사 매출 역사를 갱신한다. 특히 지난 2012년에는 블랙 프라이데이 역사 중에서도 의미 있는 기록이 쓰였다.

2012년 11월 23일, 블랙 프라이데이 하루에 아마존, 이베이 등 온라인 상거래 업체와 월마트, 베스트바이, 타겟, 애플스토어 등 오프라인 상점의 온라인 마켓 매출이 10억 400만 달러를 올려 처음으로 10억 달러를 돌파한 것이다.

이는 2011년 블랙 프라이데이 매출(8억 1600만 달러)보다 무려 26%나 늘어난 수치다. 반면 오프라인 매장에서 이뤄진 판매액은 112억 달러로 2011년보다 1.8%가 줄었다. 매년 온라인 쇼핑 매출 기록과 비중은 늘어날 것으로 예상된다.

이 같은 추세는 블랙 프라이데이에만 나타난 현상이 아니다. 미국인들의 소비 습관은 오프라인에서 온라인으로 바뀌고 있다. 오프라인 매장에서 가격 비교를 하고 둘러본 후 실제 구매는 더욱 저렴한 모바일이나 온라인에서 한다. 이것이 가능하게 된 이유는 모바일 때문이다. 예전에는 오프라인 매장에서 물건을 보더라도 집에 가서야 구매할 수 있었지만 지금은 매장에서 물건을 확인한 후 바로 아마존 등의 모바일 응용 프로그램(앱)을 띄워서 가격 비교를 한 후 바로 구매한다. 오프라인 매장에서 구입하면 무거운 상품을 직접 들고 가야 하지만 아마존에서 구매하면 저렴할 뿐만 아니라 집 앞까지 배달해준다.

2012년 블랙 프라이데이 당일, 아마존에 방문한 사람의 숫자는 2800만 명에 달했다. 이는 말레이시아의 전체 국민수와 같다. 이처럼 오프라인 매장에서는 비교하고 구매는 모바일이나 온라인으로 하는 사람들을 '쇼루밍 쇼퍼Showrooming Shopper'라고 한다. 월마트, 타겟, 베스트바이 등 오프라인 매장은 갈수록 물건을 사는 공간이 아니라 전시장(쇼룸)이 되고 있는 셈이다.

미국에서는 이처럼 오프라인 매장에서는 물건만 보고 구매는 모바일이나 집에서 하는 쇼루밍 쇼퍼가 실제 구매자의 60%에 이른다고 분석하고 있다. 매장에 오는 10명의 소비자 중 4명만 실제로 구매한다는 뜻이다. 이는 미국뿐만 아니라 전 세계적인 추세다. 한국은 모바일 뱅킹 이용자수가 2800만 명에 달한다. 모바일 쇼핑 이용자수도 그에 못지않다.

이 같은 현상은 경제의 중요한 축인 소비consume의 모습을 크게 바꾸고 있으며 도·소매 유통의 근간을 흔들고 있다. 모바일과 온라인에 의해 오프라인이 무너지고 있는 것은 소매 유통retail뿐만이 아니다.

온라인 서점과 이북 때문에 전 세계적으로 수많은 오프라인 서점이 문을 닫았다. 음악과 영화를 온라인으로 듣거나 보기 때문에 음반 판매상과 영화관, 비디오 대여점이 동네에서 사라지고 있다. 전자 제품도 온라인에서 구매하는 추세가 늘다 보니 디지털 양판점도 없어지고 있다. 서킷시티가 문을 닫았으며 미국 최대 디지털 기기 판매점 베스트바이도 경영에 어려움을 겪고 있다.

미국의 유명 백화점 체인 JC페니와 시어스도 위기다. 매 분기 적자폭을 키우고 있는데 이대로 가다가는 수년 내 문을 닫는다고 해도 이상하지 않을 정도다. 이 때문에 향후 5년간 백화점을 포함한 현재 대형 쇼핑몰의 15%가 문을 닫을 것이란 전망이 나온다. 2012년 10월에는 글로벌 출판 미디어 그룹 베텔스만과 피어슨 그룹이 합병해 팽귄랜덤하우스가 됐다. 오프라인 출판 시장이 매출 감소로 어려움을 겪고 있고 디지털 전환에도 힘겨워하기 때문에 규모의 경제로 위기를 돌파하려 한 것이다.

이 모든 변화에 공통점이 있다. '누구 때문에 이렇게 됐다'고 해도 과언이 아니다. 마치 지우개처럼 오프라인 매장을 하나둘씩 지워가고 경쟁자를 하나둘씩 지워나간다. 바로 아마존이다. 그리고 창업자이자 회장이자 최고경영자인 제프 베조스가 그 주인공이다.

아마존은 진출하는 분야마다 기존 시장을 파괴하고 새로운 시장을 만들고 있다. 도·소매 유통, 서점, 도서, 웹 서비스 등의 분야가 아마존 진출 이후에 시장 상황이 모두 바뀌었다. 특히 미국 소매 유통 시장은 아마존과 (전통 오프라인 유통 매장을 상징하는) 월마트의 치열한 투쟁의 장이 되고 있을 정도다.

월마트는 미국 소매시장 1위를 차지하고 있는 유통의 거인이다. 월마트의 상품 전시가 깔끔하지는 않은데 워낙 다양한 물건을 저렴하게 구비해놓고 있기 때문에 많은 미국인의 사랑을 받고 있다. 월마트 가격은 온라인 쇼핑몰에서조차 혀를 내두를 정도로 가격이 싸다. 심지어 애플이 2013년 9월 공개한 아이폰5S와 아이폰5C를 월마트에서 구입하면 애플 스토어나 다른 소매 매장보다 20% 정도 싸게 구매할 수 있다. 어떻게 애플스토어에서보다 싸게 구매할 수 있는지 의구심이 들 정도로 월마트의 가격 경쟁력은 정평이 나 있다.

월마트의 가장 큰 경쟁 상대는 코스트코, 타겟이나 월그린 등의 도·소매 유통 체인이 아니라 아마존이다. 월마트는 2012년 9월부터 미 전역에 있는 매장에서 아마존 킨들 판매를 중단시킨 데 이어 디지털 정보 분석 스타트업(인키루)을 인수하고 전자상거래 분야에 공격적으로 투자하고 있다. 아마존에 더 이상 잠식당할 수 없다는 판단 때문이다. 아마존은 이처럼 미국 유통 변화의 핵심이다.

아마존의 비밀

아마존은 사업 분야가 방대하기 때문에 제대로 이해하기 어려운 것이 사실이다. 아마존은 제3의 third party 업체들이 아이 기저귀에서부터 프리미엄 TV, 개 사료까지 다양한 물건을 사고파는 온라인 마켓이다. 그리고 아마존 킨들과 같은 디바이스를 직접 제조, 판매하는 업체이기도 하다.

아마존에 계정을 가지고 온라인 쇼핑을 하는 인구는 전 세계적으로 2억 900만 명이 넘는다. 아마존 쇼핑 인구가 2억 명을 넘어선 것은 그만큼 오프라인 매장에서만 물건을 구매하는 인구가 줄어들고 있다는 뜻과 같을 것이다.

아마존을 한 번이라도 이용해보면 편리함과 정확하고 빠른 배달 시스템에 놀라게 된다. 정말 빠르고 정확하기 때문에 믿고 주문할 수 있다. 한국이나 일본, 싱가포르, 홍콩과 같이 대도시 인구밀도가 높은 국가에서는 빠르고 정확한 주문과 배송이 당연하게 여겨질지 모르겠지만 미국, 캐나다, 영국, 러시아, 브라질, 중국 등 큰 나라에서는 빠른 주문과 배송이 쉽지 않다.

아마존은 미국이라는 큰 나라에서 한국처럼 당일 또는 이틀 내 배달해주는 시스템을 만들었다고 해도 과언이 아니다. 아마존은 2013년 글로벌 소비자 신뢰 지수에서 처음으로 애플을 누르고 1위 World's most trusted company by Harris Poll를 차지했다.

온라인 마켓이 소비자 신뢰 지수 1위를 차지했다는 것은 시사하는 바가 적지 않을 것이다. 소비자가 찾는 물건을 정확하게 보여주고 소비자 리뷰가 비교적 정직하며 환불도 잘된다는 뜻일 것이다. 이는 소비자가 모든 온·오프라인 상거래 업체에 바라는 점 아닐까. 아마존이 신뢰도가 높다는 것은 소비자들이 원하는 바에 가장 가깝게 다가간 상거래 업체란 뜻이다. 아마존은 인터넷에서 소비자들이 찾는 물건이 무엇인지 알고(추천 시스템) 품질 좋은 제품을 최저가에 제공해주는 것이 장점이다.

결제도 쉬울 뿐만 아니라(원클릭) 배송도 빠르다(아마존 프라임). 더구나 아마존 계좌를 가지고 있으면 신발, 아기용품, 목욕용품, 오디오북 등 특수하고 전문적인 제품을 구매할 때도 편하다.

아마존은 자포스닷컴 Zappos.com (신발), 다이퍼스닷컴 Diapers.com (아기용품),

솝닷컴Soap.com(목욕용품), 와그닷컴Wag.com(애완동물), 뷰티바닷컴Beautybar.com(코스메틱), 오더블Audible.com(오디오북) 등 해당 분야에서 가장 많이 이용하는 상거래 업체들을 자회사로 보유하고 있기 때문이다. 아마존은 2010년 자포스닷컴을 거액에 인수한 데 이어 다이퍼스닷컴, 솝닷컴 등을 보유한 퀴드시Quidsi도 인수했다. 아마존의 가격이나 상품 등이 마음에 들지 않으면 해당 전문 분야 사이트에 들어가서 아마존 계정으로 물건을 찾고 결제할 수 있다.

자포스와 퀴드시는 미국 온라인 쇼핑몰 4위, 5위(2위는 이베이, 3위는 쇼피파이)에 해당하는 업체다. 미국의 1위, 4위, 5위 인터넷 마켓이 모두 아마존이라고 보면 된다. 아마존에 결제 계좌를 저장해놓기 때문에 상품 선택에서부터 결제까지 과정이 매우 빠르고 간편하다. 한 번 이용하면 다른 사이트에 갈 수 없을 정도다.

엑티브엑스Active X나 보안 프로그램을 내려받지 않아도 되고 본인 확인 절차 등을 거치지 않아도 된다. 그래도 아마존의 가입자 정보나 결제 계좌가 크게 해킹당했다는 소식은 들어본 적이 없다. 아마존은 웬만한 해커보다 더 우수한 해커(보안 인력)를 사내에 보유하고 있기 때문이다.

배달도 빠르다. 미국이라는 큰 나라에서 위치와 아이템에 따라 당일 배송이 가능할 뿐만 아니라 최대 2일(평일 기준) 내에 배달할 수 있도록 멤버십 시스템(아마존 프라임)도 만들었다.

흥미로운 것은 소비자가 아마존에서 주문한 각각의 물건들이 하나의 아마존 박스에 포장되어 온다는 사실이다. 업체도 다르고 지역도 다를 텐데 그 넓은 미국에서 전국의 소비자들에게 2일 내 주문한 물건이 한꺼번에 배송된다는 것은 놀라운 일이다. 택배와 퀵서비스가 일반화되어 당일 배송 시스템도 갖춰진 한국에서는 놀랍지 않을 수도 있다. 하지만 한국에서도 같은 업체에 주문하지 않는다면 다양하게 주문한 물건들이 하나의 상자에 담겨 오지는 않는다. 그러나 아마존은 서로 다른 물건, 다른 판매자라고 하더라도 하나의 상자에 담겨 배달되어 온다.

도대체 어떻게 이런 일이 가능한 것인가. 이 마법을 알고 보면 아마존의 핵심 경쟁력을 알게 된다. 바로 소프트웨어다. 이 회사는 유통업을 핵심 사업으로 하고 있지만 그 근간에는 소프트웨어가 자리 잡고 있다. 아마존과 제프 베조스의 눈에는 물건Things도 소프트웨어이고 유통도 소프트웨어이며 재고 정리도 소프트웨어이고 책도 소프트웨어다.

아마존은 소비자가 주문을 완료하는 순간부터 20분~2시간 30분 만에 소비자가 위치해 있는 가장 가까운 물류 창고에서 주문한 물건의 패키지 포장을 완료할 수 있도록 시스템을 만들었다. 열쇠는 아마존의 주문 및 재고 관리의 핵심 주문처리센터FBA: Fullfillment by Amazon에 있다. 아마존은 북미 지역에 수십 개의 주문처리센터를 두고 있는데 이 중에서 애리조나 주 피닉스센터는 120만 스퀘어피트에 1만 5000명을 고용하고 있을 정도로 방대한 규모를 자랑한다.

아마존에서 물건을 파는 회사는 약 200만 개에 달한다. 어떻게 이 많은 업체가 판매하는 각각의 제품이 2일 내에 소비자들에게 배달될 수 있는지 여부가 주문처리센터의 핵심 경쟁력이다.

아마존의 물품 공급자(벤더)로 선정되어 아마존에 제품을 공급하면 주문처리센터에 있는 아마존 노동자들은 그 제품의 바코드를 읽어서 재고 시스템에 넣게 된다. 주문처리센터는 벤더가 제품을 공급한 시간이나 제품의 종류대로 넣는 것이 아니다. 소비자들이 비슷하게 주문할 만한 물건을 예측하고 실제 물품도 같이 배열해 동선을 최소화한다.

예를 들어 테디 베어 인형은 다른 장난감 속에 같이 넣는 것이 아니라 중·고등학생들이나 대학생들이 주문하는 책 옆에 배치하는 식이다. 골프용품은 농구공이나 야구공, 탁구라켓 등 스포츠용품 옆에 배치하는 것이 아니라 사무용품 옆에 배열해 동선을 최소화한다. 회사에서 사무용품을 사는 사람들이 골프용품을 같이 산다는 것을 아마존은 알기 때문에 재고 창고에서도 어디에 어떻게 배열해야 한다는 것도 알고 있는 것이다.

이 같은 알고리즘은 아마존 노동자들의 동선을 최소화해 주문에서 배송까지 가는 시간도 줄여준다. 주문처리센터는 물리적 공간이지만 모든 움직임은 소프트웨어로 프로그램화되어 있다.

아마존은 1997년 시작 당시 1개였던 주문처리센터를 2012년 말까지 58개로 늘렸다. 하지만 중요한 것은 60개가 됐건 100개가 됐건 주문처리센터를 늘리는 것이 아니다. 소비자 주문에서부터 패키지, 배송까지 전 과정이 소프트웨어로 움직인다는 점이다. 실제로 아마존은 주문처리센터에 대해 "모든 것은 소프트웨어로 움직인다"고 말하고 있다.

아마존은 사람이 인력으로 주문처리센터에서 최소 시간에 움직이는 것도 한계가 있다고 보고 아예 로봇 회사 키바시스템즈Kiva Systems를 7억 7500만 달러에 인수해 독자적인 주문-패키지 처리 시스템도 만들었다. 키바 로봇 도입으로 주문에서 선적까지 걸리는 시간을 20분 정도 줄일 수 있었다. 한 주문당 20분이 줄어든다는 것은 전체 프로세스에서 차지하는 절감 효과는 엄청난 것이다.

아마존은 배송 시스템도 바꾸고 있다. 대부분 UPS나 페덱스Fedex를 통해 집 앞까지 배송하는데 대도시에 사는 소비자들을 위해 로커Locker를 만들었다. 집 앞에 배송해주는 것이 다소 위험하다고 느끼는 소비자들이 출퇴근길 집 근처에 24시간 편의점 세븐일레븐 매장에 아마존이 설치한 로커에 비밀번호를 넣으면 꺼내 갈 수 있도록 했다.

월마트는 이미 아마존보다 많은 소매 매장을 갖추고 있지만 아마존과 경쟁하기는 쉽지 않다. 이미 모바일 앱을 만든다거나 인터넷 웹사이트를 만든 매장은 많다. 하지만 아마존처럼 소비자들이 원하는 제품을 미리 알고 제품을 제안하거나 해당 제품을 산 소비자들이 구매한 다른 제품을 추천해주지는 않는다.

아마존은 단순히 유통 회사나 전자상거래, 온라인 서점이 아니다. 그 자체로 소프트웨어 회사이기 때문에 가능한 일이다.

아마존 프라임, 세계에서 가장 큰 멤버십 프로그램

아마존 CEO 제프 베조스가 가장 역점을 두고 있는 사업 중 하나는 '아마존 프라임'이다. 연회비 79달러를 내고 회원이 되면 미국 전 지역에 2일 내 추가 비용 없이 배송되는 프로그램으로 2일 내 배송뿐만 아니라 4만 편에 달하는 스트리밍으로 영화나 TV 프로그램과 30만 권의 이북을 추가 비용을 내지 않고 볼 수 있도록 했다. 추가 비용 없이 주문한 지 2일 내에 받을 수 있다는 장점에다 다양한 콘텐츠를 볼 수 있다는 매력 때문에 아마존 프라임은 벌써 1000만 명의 회원을 모집, 미국 최대의 멤버십 프로그램이 되고 있다.

아마존 프라임은 제프 베조스의 가장 큰 무기가 되고 있다. 왜냐하면 약 1000만 명이 매년 79달러를 고정적으로 내는 연회비는 아마존의 경영을 지속가능하게 할 뿐만 아니라 많은 분야에 도전할 수 있는 판돈(시드머니)이 되고 있기 때문이다. 아마존 프라임 회원이 아마존에서 구매하는 평균 비용은 1224달러로 비회원(700달러)보다 월등히 높다. 이처럼 아마존 프라임 연회비와 구매 비용 등은 아마존의 연간 영업이익의 1/3을 차지할 정도다. 아마존은 2017년까지 현재 1000만 명의 회원수를 150% 늘어난 2500만 명으로 늘리겠다는 야심 찬 목표를 밝히기도 했다.

제프 베조스는 패스트컴퍼니와의 인터뷰에서 아마존 프라임에 대해 "쇼핑 역사상 최고의 할인 프로그램"이라고 정의하기도 했다. 아마존은 앞으로 출시하는 많은 서비스를 아마존 프라임 회원을 기반으로 제공할 예정이다. 대표적인 사례가 바로 아마존 프레시Amazon Fresh라는 청과물 당일 배송 시스템이다. 아마존 프레시는 바나나, 사과 등 과일이나 채소, 요거트 등의 유제품, 물 등을 당일 주문하고 당일 배달해준다. 오전 11시까지 주문하면 늦어도 오후 7~8시에는 주문한 물건을 받을 수 있다.

아마존 프레시는 아마존 본사가 위치한 워싱턴 주 시애틀 지역에서만 운영하는 시범 서비스다. 지금은 아마존 프라임 회원만 이용할 수 있으며 당일 배송에 따른 비용(추가 배송료)은 10달러다. 그나마 35달러 이상 사면 추가 비용을 내지 않는다. 아마존 프라임이 2일 배송을 기본으로 한다면 아마존 프레시는 전미 당일 배송의 시대를 여는 중요한 신호탄이다.

앞으로 아마존은 아마존 프레시를 LA 등 20개 대도시를 중심으로 확대할 계획이며 연회비 299달러에 완전 당일 배송 시스템을 만들 예정이다. 이 당일 배송에는 청과류뿐만 아니라 현재 아마존에서 판매하는 수만 가지 제품도 포함된다. 아마존 프라임을 한 단계 업그레이드한 것이다.

전국에 당일 배송하는 시스템을 만든다는 것은 나라가 상대적으로 작고 도시가 밀접해 있는 한국에서도 쉽지 않다. 하지만 미국에서 전국 당일 배송 시대를 열 계획을 가지고 있다니 제프 베조스의 야심이 놀라울 뿐이다. 이렇게 되면 아마존이 파괴하는 분야에 물류도 포함해야 할지 모른다. 제프 베조스의 시각에 월마트나 타겟, 월그린Walgreen 등 오프라인 유통 매장은 더 이상 안중에 없어 보인다. 이제 그는 UPS와 페덱스를 경쟁 상대로 보고 있는 것 같다.

아마존, 소프트웨어 회사

2013년 6월 '빅블루' IBM은 큰 충격을 받았다. 미 중앙정보국CIA이 절대 보안을 필요로 하는 핵심 데이터를 향후 10년간 저장하는 6억 달러 규모의 클라우드 서비스 사업자를 선정했는데 IBM이 아닌 아마존 웹서비스AWS: Amazon Web Service를 선정했기 때문이다.

IBM은 미국뿐만 아니라 세계 각국 정부나 주 정부, 지방자치단체에서 발주한 사업이 매출의 상당수(약 40%)를 차지하고 있었는데 CIA가 자신이 아닌 아마존을 선택한 것은 매출 감소 이상의 의미를 지녔다고 판단했다. CIA에 항의하는 것도 모자라 감사원에 이의를 제기했을 정도다. 하지만 결과는 바뀌지 않았다. 오히려 아마존이 클라우드 컴퓨팅 글로벌 1위라는 사실을 재확인해줬을 뿐이다.

실제로 아마존은 구글, 마이크로소프트, IBM, 세일즈포스SalesForce.com와 어깨를 겨루는 글로벌 최고 수준의 클라우드 컴퓨팅 회사다. 클라우드 컴퓨팅의 개념조차 없었던 지난 2002년 아마존은 클라우드 컴퓨팅 플랫폼을 제공하는 아마존 웹 서비스를 시작했다. 190개국에서 넷플릭스, 뉴욕타임스 등의 기업과 수천만 명이 쓰는 세계 최대 클라우드 서비스 기업이 됐다. 하지만 정부에서는 아마존보다 IBM을 선호했다. IBM이 정부 서비스를 많이 해왔기 때문이기도 하지만 아마존이 소비자 시장에서 워낙 강하기 때문에 보안이 중요한 정부 사업을 할 수 있을지 의문이었기 때문이다.

그러나 2012년 아마존은 정부 클라우드 사용을 위한 보안 심사에 합격했고 이후 첫 대형 사업으로 CIA를 수주하게 된 것이다. 이는 아마존이 사실상 미국 내 최고의 소프트웨어 기업이라는 것을 확인해준 것이다. 아마존은 AWS 매출이 2012년 기준으로 20억 달러였지만 향후 10년 내 10배 이상 늘어난 240억 달러까지 커질 것으로 예상하고 있다.

이처럼 아마존은 어떤 사업을 하는지 한마디로 규정하기 어렵지만 가장 현실에 가까운 단어는 유통업, 출판업, 전자업, 물류업 등이 아니라 바로 '소프트웨어업'이란 말일 것이다. 아마존 이북과 전자책 디바이스 킨들, 콘텐츠 스트리밍 서비스와 같은 미디어 사업도 제프 베조스가 창업

때부터 이어온 소프트웨어 기술이 있기 때문에 가능했다고 해도 과언이 아니다.

그들은 유통도 출판도 물류도 소프트웨어로 설계한다. 그뿐만 아니라 클라우드 컴퓨팅, 온라인 스토리지 서비스 Amazon S3, Amazon Glacier, 아마존 심플 데이터베이스 Simple DB같이 소프트웨어를 판매하기도 한다. 소프트웨어 플랫폼이 되어 소프트웨어 엔지니어들이 아마존 아래 모인다. 아마존이 클라우드 컴퓨팅 분야에서 IBM, 세일즈포스 등과 경쟁하듯 그들은 이제 오라클이나 SAP와 같은 전문 소프트웨어 회사와 시장에서 직접 충돌하고 있다. 한마디로 아마존은 소프트웨어 그 자체 Amazon as a Software로 표현될 수 있을 것이다.

아마존의 잘 알려지지 않은 소프트웨어 사업 중 미케니컬 터크 Mechanical Turks는 새로운 노동 시장을 창조할 잠재력을 지닌 서비스로 평가받고 있다. '기계적 노동 군단' 정도로 번역할 수도 있는 미케니컬 터크는 개인과 개인, 개인과 회사를 이어주는 온라인 노동 시장이라고 보면 된다. 이 플랫폼은 일자리를 구하거나 사람을 채용하는 사이트가 아니다.

작업이 단순해서 보수가 많지는 않지만 그렇다고 기계가 대체할 수 없는 지능적 업무 HITs: Human Intelligence Tasks를 수행하는 일을 하는 사람을 미케

《포춘》지의 2012년 올해의 비즈니스맨으로 선정된 제프 베조스. 스티브 잡스 애플 CEO 이후 가장 혁신적인 경영자로 꼽히고 있다.

니컬 터크에서 구한다.

예를 들어 트위터는 검색 서비스를 하기 위해 미케니털 터크를 이용했다. 트위터에는 72시간마다 1억 4000만 명이 10억 개에 이르는 트윗을 날린다. 2억 명이 사용하는 트위터에 보내는 메시지를 실시간으로 검색해 정확한 정보를 전달한다는 것은 결코 쉬운 일이 아니다.

트위터에서 '오바마'를 검색했을 때 찾는 정보가 미국과 한국, 시리아, 러시아에서 다를 수가 있는 것이다. 기계(검색엔진)에만 의존하면 인간이 원하는 결과를 얻을 수 없다. 이럴 때 사람의 지성이 필요하긴 한데 고용하기도 어렵다.

트위터는 미케니컬 터크에서 사람을 찾았다. 검색엔진이 찾는 정보가 옳은 정보인지, 검색 결과가 입력된 정보가 일치되는지 알아보기 위해서다. 이슈를 발견하고 나서 이 정보가 왜 떴는지, 왜 갑자기 이슈가 됐는지도 사람이 알아내야 한다. 이같이 지능이 필요한 단순 업무를 미케니컬 터크가 회사와 회사, 회사와 사람, 사람과 사람 사이를 연결해준다. 미케니컬 터크에 등록된 사람들이 평가를 주고받을 수 있어서 능력자로 인정받은 사람들은 큰돈을 벌 수도 있다.

여전히 '데이 원'

구글 창업자 래리 페이지, 페이스북 창업자 마크 저커버그 등이 즐겨 쓰는 말이 있다. "우리가 지금까지 이뤄낸 일은 앞으로 해야 할 일의 1%밖에 지나지 않는다"는 말이다. 래리 페이지와 마크 저커버그는 창업 때부터 지금까지 검색엔진, 안드로이드, 페이스북 등의 서비스로 세계를 바꿔왔지만 여전히 1%뿐이라는 말을 강조하고 있다. 해야 할 일이 99% 남았다는 목표와 비전을 직원들과 주주 그리고 서비스 이용자들에게 알리는 것이다.

아마존 CEO 제프 베조스는 "아마존이 웹사이트에서 시작해 전자상거래, 출판, 소프트웨어 개발 플랫폼에 이르기까지 사업은 우리의 DNA에 있는 혁신 정신에 의해 이끌려왔다. 우리는 지구상에서 가장 소비자 중심적 customer-centric 인 회사다. 하지만 여전히 우리는 사업을 시작한 이후 첫 번째 날 Day One 에 불과하다"라고 말한다.

실리콘밸리의 많은 창업자가 그렇듯 그에게 소비자 중심, 데이 원 등은 수사가 아니다. 그와 아마존을 이끄는 진정한 힘이다. 심지어 미 워싱턴주 시애틀 본사 아마존 캠퍼스에는 '데이 원'이라는 건물이 있을 정도다. 물론 제프 베조스가 근무하는 빌딩의 이름이다.

제프 베조스는 2012년 《포춘》의 '올해의 비즈니스맨'으로 선정됐다. 그는 CNN머니에 출연한 인터뷰에서도 "도대체 아마존이란 무엇인가?"란 질문에 "이 모든 것을 관통하는 것이 있다. 우리는 소비자에 몰입한다는 점이다. 경쟁사에 몰입할 수도 있고 소비자에게 몰입할 수도 있다. 하지만 우리는 언제나 소비자부터 시작한다. 두 번째는 새로운 것을 만들어낸다는 의지다. 새로운 것을 만들어내는 것이 언제나 쉬운 것은 아니다. 때로는 감춰야 할 때도 있다. 세 번째는 멀리 보는 생각 Long Term Thinking 이다. 힘겹게 경쟁해야 할 때도 있지만 길게 보고 생각한다. 우리는 아침에 일어나서 샤워하면서도 어떻게 소비자를 위해 새로운 것을 만들어낼 것인가를 생각한다. 여기에서 (아마존의) 에너지가 나온다"고 강조했다.

워싱턴포스트를 개인 돈으로 인수한 이후에도 여전히 그에게는 '데이 원'이다. 얼마나 더 많이 파괴하고 창조해야 '두 번째 날 Day Two'이 될 수 있을까.

애플: 혁신가의 딜레마

"새 아이폰과 함께 스티브 잡스의 영혼이 애플을 떠났다. 7년 전 처음 등장한 아이폰은 혁명적인 제품이었지만 이번 제품에서는 그런 모습을 찾아볼 수 없다. 완전히 새로운 제품을 가장 먼저 시장에 내놓겠다는 잡스의 열정이 사라졌다."

애플이 2013년 9월 새로운 아이폰인 아이폰5S와 5C를 동시에 내놓자 미국의 일간지《USA투데이》에서 나온 반응이다. "훌륭한 제품이다. 하지만 이것은 진화이지 혁명은 아니다" "팀 쿡은 여전히 스티브 잡스의 유령과 싸우고 있다"는 평가도 나왔다. 손가락 지문으로 보안을 강화하고 핵심 칩의 성능을 업그레이드(A7)한 아이폰5S와 애플 최초의 저가 아이폰인 5C에 대해 대체로 '감동적인 순간 Wow Moment'을 주지는 못했다는 여론이 많았다.

애플 창업자이자 CEO였던 고 스티브 잡스가 2007년 첫 아이폰을 내놓은 이후 한 번도 소비자들과 전문가들을 실망시키지 않았으나 팀 쿡이 새 CEO에 오른 이후 2012년부터 2013년까지 내놓은 결과물은 기대에 못 미쳤다는 평가가 많았다. 이는 주가가 말해준다. 애플 주가는 새 아이폰 발표 직후부터 떨어지기 시작하더니 9월 중순께 450달러 수준으로 내려갔다. 발표 전에는 506달러였다.

1년 전인 2012년 9월 스티브 잡스 사후 첫 아이폰인 아이폰5가 출시될 때만 하더라도 애플 주가는 705달러의 고점을 형성했다. 사상 최고 주가를 경신한 데 이어 미국 기업 중 시가총액 1위에 오르기도 했다. 하지만 이후 1년간 애플 주가는 하락세를 면치 못한 것이 사실이다. 2012년 9월부터 1년간 애플 주가는 10%가 떨어졌다. 예전에는 애플이 아이폰, 아이패드 등 모바일 제품은 물론 새 iOS, 맥북에어까지 새 제품을 내놓을 때마다 주가가 올랐는데 지금은 제품을 내놓을 때마다 주가가 떨어진다.

지금 같은 분위기에서는 팀 쿡이 무대에 올라서 정신을 쏙 빼놓을 만한 신제품을 내놓거나 '투 모어 씽Two More Things'을 외치지 않는다면 애플 팬과 비평가들, 소비자들은 모두 실망을 표시할 것이 분명해 보인다. 심지어 팀 쿡이 무대에 오를 때마다 스티브 잡스와 비교하면서 "애플은 망했다"고 하는 말도 어렵지 않게 들을 수 있다. 지난 1년간 애플 연례개발자대회 WWDC나 아이폰 공개 행사장에서 나오는 수많은 개발자와 미디어는 제품이 어땠는가보다 "팀 쿡이 어땠나"를 묻기에 바빴다. 그러면서 "역시 스티브 잡스가 최고야"를 되뇌인다.

하지만 이 같은 평가를 좀 더 냉정하게 볼 필요가 있다. 소비자들과 전문가들은 애플에 무엇을 기대했기에 실망이 컸단 말인가. 애플의 브랜드를 좋아했던 것인가. 제품을 기대했던 것인가. 아니면 스티브 잡스를 모든 무대마다 보고 싶어 했던 것일까.

팀 쿡 애플 CEO뿐만 아니라 정보기술 업계에 종사하는 모든 사람이 "혁신하지 않으면 망한다"고 말한다. 혁신의 아이콘은 애플이었고 스티브 잡스였다. 혁신하지 않으면 망한다는 말은 마치 '애플처럼 하지 않으면 망한다'고 인식될 때가 있었다. 혁신과 애플 그리고 스티브 잡스는 같은 말이었다. 그러나 지금은 스티브 잡스가 없으며 그 사실을 모두가 알고 있다.

PC, MP3, 스마트폰, 디지털 콘텐츠 등의 시장을 파괴하고 새로운 시장을 창출해낸 디스럽터의 아이콘 애플. 이 시점에서 애플을 다시 보는 것은 과연 혁신이란 무엇인가에 대해 생각해보는 계기가 될 것으로 본다.

애플, 세계 유일의 펜타버전스

아이폰은 여전히 세계 최고의 스마트폰이다. 가장 중요한 이유는 하드웨어와 소프트웨어, 서비스, 디자인 그리고 부품까지 완벽히 일체형으로 설계됐기 때문이다. 애플은 아이폰 제조사이기도 하지만 모바일 및 PC 운영체제iOS를 보유한 최고 수준의 소프트웨어 업체이면서 앱스토어, 아이튠즈를 서비스하는 업체이기도 하다.

애플은 알려져 있다시피 '디자인'의 개념을 바꾼 회사다. 제품 디자인뿐만 아니라 서비스, 심지어 소프트웨어 디자인, 부품 디자인까지 모두 조나단 아이브 수석부사장이 담당하고 있다. 아이폰, 아이패드, 맥북에어 공개 행사에서 조니단 아이브는 영상으로 등장해 "기계로 다듬은 표면, 놀라운 정확성, 가장 아름다운 제품, 완벽히 제어된 부품"이라고 속삭이듯 얘기하면서 청중들을 마치 마술쇼를 보는 듯

애플의 디자인을 책임지고 있으며 스티브 잡스와 영혼까지 교감했다는 평가를 받고 있는 조나단 아이브 수석부사장. 스티브 잡스 사후에도 애플이 강력한 팬덤을 유지하고 있는 것에 조나단 아이브의 역할이 크다. 그는 단상에 올라가지는 않지만 항상 동영상으로 청중을 사로잡는다.

한 착각을 불러일으키게끔 한다.

여기에 추가해야 할 것은 세계 최고의 팹리스Fabless(반도체 제조공장 없이 설계만 하는 회사) 업체라는 점이다. 애플은 자체 설계한 모바일 칩, A 시리즈와 M 시리즈를 한국의 삼성전자, 대만의 TSMC 등에 위탁 생산(파운드리)한다.

애플은 사실 세계 최고의 부품 회사다. 정확히 말하면 부품 설계회사다. 공장(팹Fab)만 없지 설계 능력에서는 인텔과 퀄컴에 필적하고 있다. 애플이 신제품 발표회 때마다 새 부품(A5, A6칩, 퓨전메모리 등)을 내놓는 것을 잊으면 안 된다. 이를 위해 애플은 2012년 10월 조직 개편을 통해 맨스필드 부사장이 담당하는 테크놀로지스 그룹을 신설하기도 했다. 애플 내부 각 부서에 존재하는 무선기술팀을 합치고 반도체 팀을 포함시켰다.

아이폰이 동급 최고의 배터리 성능을 발휘할 수 있는 것도 아웃소싱에 의존하는 배터리가 특별해서가 아니라 배터리 성능을 극대화할 수 있도록 디바이스와 소프트웨어를 설계했기 때문이다. 배터리 제조사는 같은 배터리를 각 사에 공급한다고 하더라도 애플과 타사에서 구현하는 성능 차이는 다를 수밖에 없다. 이는 OS와 제조사가 다른 안드로이드 스마트폰 제조사들이 가진 약점이기도 하다.

애플은 하드웨어, 소프트웨어, 서비스, 디자인에 부품까지 다섯 가지 핵심 요소를 하나의 디바이스에 일체화시키는 유일한 펜타버전스Penta-vergence: Penta+Convergence 회사다. 하드웨어, 소프트웨어, 서비스를 융합하는 것은 플랫폼 기업의 핵심 트렌드다. 애플이 이 같은 흐름을 주도한다는 사실은 더 이상 뉴스가 아니다. 애플은 2013년 6월 WWDC에서 iOS7을 발표하면서 이 같은 대융합 추세에 디자인을 포함시켰다.

조나단 아이브가 2012년 10월부터 스콧 포스톨 전 애플 부사장이 담당하던 모바일 OS 부문을 담당하면서부터다. 디자인이 하드웨어, 소프트웨어, 서비스의 컨트롤 타워 역할을 하는 것이다. 애플은 디자인이 하드웨어를 통제하는 것으로 유명했다. 하지만 이제는 소프트웨어, 서비스도 통제한다. 아이폰, 아이패드, 맥북에어 등 하드웨어는 물론 iOS7, 아이튠즈, 앱스토어에 이르기까지 모든 애플 제품에는 사실상 21세기 산업 디자인의 아이콘이 되고 있는 조나단 아이브 수석부사장의 서명이 들어가 있는 셈이다.

이 같은 사실은 애플의 쿠퍼티노 본사에서도 확인할 수 있다. 애플 본사는 인피니트 루프Infinite Loof라고 명명되는데 아이브 부사장은 정문으로 들어가면 왼쪽에 있는 인피니트 루프 2동에 근무한다. 바로 1분 거리에 소프트웨어 엔지니어링 수석부사장 크레이그 페더리히가 일하는 사무실이 있는데 아이브의 디자인팀과 페더리히의 소프트웨어 엔지니어링팀은 거의 한 부서처럼 움직인다. 여기에 9월 아이폰5S 발표회에 등장한 A7과 M7 칩은 부품도 일체화되고 있음을 증명한 의미가 있다.

디바이스 및 핵심 칩 조립(어셈블리Assembly), 비핵심 부품 등은 대만 혼하이정밀(팍스콘), 삼성전자, 삼성전기, LG디스플레이 등에 아웃소싱(외주생산)하지만 하드웨어 설계, 소프트웨어 개발, 디자인, 서비스, 부품 설계는 모두 인소싱(내부생산)한다.

공급망관리SCM도 세계 1위다. 시장조사 전문기관인 가트너에서 매년 발표하는 글로벌 SCM 순위에서 애플은 2010년부터 4년째 1위를 차지하고 있다. 전 세계를 무대로 햄버거를 판매하는 맥도날드나 코카콜라, 유통 및 소매업이 핵심인 아마존보다 더 공급망관리가 뛰어나다는 것은 시사점이 크다.

애플은 다섯 가지의 각각 다른 요소를 하나의 디바이스에서 구현하다 보니 소비자 만족도나 활용도가 뛰어나다. 시장조사 기관에 따르면 전체 모바일 웹 트래픽의 55%는 iOS에서 나오고 2012년 블랙 프라이데이 때 태블릿 온라인 쇼핑의 88%는 아이패드로 한다는 조사가 있다. 이는 팀 쿡이 아이폰, 아이패드 공개 이벤트마다 인용하는 사례이기도 하다.

팀 쿡은 2013년 아이폰5S, 아이폰5C 출시 이후 《비즈니스위크》와 가진 인터뷰에서 "지금 어느 때보다 두 종류의 모바일 OS가 경쟁하고 있지만 사용자 만족이나 사용량을 보면 간극은 크다. 여전히 애플에는 사람들이 제품을 써주는 것이 중요하다. 쓰이지 않는다면 제품 판매량 기준의 시장점유율이 무슨 소용인가? 우리는 사람들의 인생을 풍요롭게 하고 싶은데 제품이 서랍장 안에 있으면 그럴 수 없다"라고 강조했다.

애플은 하드웨어, 소프트웨어, 서비스를 일체화시켜야 플랫폼 기업이 항상적으로 성장할 수 있다는 것을 증명했다. 구글, 마이크로소프트와 같이 소프트웨어 회사들이 소프트웨어를 아무리 잘 만든다고 하더라도 매출은 하드웨어 판매에서 나온다는 것을 알고 있다. 삼성전자처럼 하드웨어 제조사들은 운영체제를 일체화하는 것이 디바이스 경쟁력에도 결정적 영향을 주기 때문에 자체 OS를 보유하려 하고 있다.

구글도 자체 설계한 넥서스 디바이스(스마트폰, 태블릿) 시리즈를 해마다 내놓고 마이크로소프트가 최초로 자체 디자인하고 제조한 디바이스 '서피스'를 내놓은 것에 그치지 않고 글로벌 핸드폰 업체 노키아를 72억 달러에 인수하기로 결정한 것도 하드웨어, 소프트웨어, 서비스를 일치시키는 것이 스마트 전쟁의 승패를 좌우한다고 봤기 때문이다. 아마존이 이북 디바이스 킨들 시리즈를 태블릿을 넘어 스마트폰까지 확장하려는 것도 같은 이유다. 여전히 스마트 디바이스 시장에서는 애플이 기준이다.

더 이상 '아웃 오브 박스' 식 혁신은 없다

하지만 많은 전문가와 소비자들은 애플에 '혁신이 사라졌다'며 실망하고 있다. 가장 큰 이유는 2012년 9월부터 2013년 9월까지 1년간 애플 역사상 가장 많은 신제품을 내놓았지만 시장 선도적인 제품은 없었다는 이 유일 것이다.

팀 쿡은 CEO가 된 이후 플래그십 스마트폰의 크기를 키워 아이폰5와 아이폰5S에 이어 아이폰5C까지 늘렸고 아이패드는 작은 사이즈의 아이패드 미니로 확장시켰다. 맥북 신제품까지 내놓았다. 하지만 이 제품은 시장을 선도하기보다는 소비자의 요구에 맞춰가는 제품이었다. 스티브 잡스가 시장조사 전문기관의 리서치나 컨설팅 업체들의 소비자 행동 리포트를 믿지 않은 사실은 너무나 잘 알려져 있다. 그는 "소비자들은 자신들의 요구를 모른다. 그들에게 자신들이 진정 원하는 것이 무엇인지 알려줘야 한다"는 말과 함께 아이폰, 아이패드를 내놓았다. 소비자들이 열광할 수밖에 없었다.

아이패드 미니는 크기를 줄였음에도 7~8인치 태블릿PC 시장에 미친 영향이 크지 않고 보급형 아이폰인 아이폰5C는 중국 등 이머징 마켓에 접근하기에는 가격대가 높게 형성되어 있다는 단점이 있다. 저가 아이폰은 전년도 선보였던 제품이었다(신형이 나오면 전작은 가격이 내려간다). 저가형 제품을 내놓는다고 시장이 넓어질지는 의문이다.

애플은 스스로 혁신의 눈높이를 높였다. 이제 애플 스스로도 그 눈높이를 따라가기 벅차게 됐다. 애플식 혁신이 미친 영향은 모바일 및 정보기술 분야뿐만이 아니었다. 거의 모든 산업 분야가 애플의 일거수일투족에 관심을 기울였고, 특히 자동차, 가전, TV 등이 긴장했다. 하지만 당분간은 없어 보인다. 구글 자율운전 자동차, 구글 글라스처럼 애플이 남들이 상상하지 못한 제품을 개발할 가능성은 낮다. 특히 애플TV에 대한 관심은 1~2년 전에 비해 크게 줄었다. 나와도 이것이 시장을 크게 바꿀 제품이라고 생각하는 전문가들은 점차 줄어들고 있는 것도 사실이다.

애플에 더 이상 스티브 잡스가 그랬던 것처럼 생각하지 못했던 선도적인 제품을 비밀리에 준비, 검정색 터틀넥 티셔츠와 청바지를 입고 샌프란시스코 모스콘센터나 예르바 부에나 센터에서 무대에 등장, 박스에 있는 물건을 꺼내는 Out of the Box 식의 혁신을 기대하기는 어렵게 됐다.

2012년 10월 애플의 '지도 게이트Map Gate'에 이은 스콧 포스톨 경질은 애플의 아웃 오브 박스 식 혁신의 한계를 보여준 사례다.

애플은 잘하는 분야에서는 최고 기업이지만 그렇지 않은 분야에서는 아마추어적인 모습을 보여줬다. 애플의 맵 게이트와 팀 쿡의 재빠른 사과는 2012년 실리콘밸리에서 벌어진 가장 극적인 사건 중 하나였다. 여기에는 비하인드 스토리가 있다.

애플은 원래 구글과 지도 공급 계약이 2013년까지 되어 있었다. 구글은 개인에게는 무료로 지도를 이용하게 하지만 기업이나 돈을 버는 개인에게는 사용료를 내게 한다. 애플은 독자적인 지도 서비스를 내놓으려 해도 2013년까지 충분한 시간이 있었다. 하지만 견딜 수 없던 것은 구글 맵스를 사용하는 애플 아이폰 사용자들에게 불만이 계속 접수됐기 때문이다.

실시간 내비Turn by Turn는 아이폰에서는 왜 안 되느냐는 것이었다. 한국에서는 T맵이 있지만 미국에서는 구글 맵스가 그 역할을 한다. 교통 상황에 맞춰 "좌회전, 우회전" 읽어주는 기능은 가민Garmin 등 별도로 구입해야 하는 내비게이션 외에는 구글 맵스만 가능한 기능이다. 실제 사용해 보니 타의 추종을 불허하는 대단히 편리한 기능으로 이것만으로도 안드로이드폰을 사는 이유가 충분할 정도다. 턴바이턴 기능은 미국에서 안드로이드폰 점유율을 크게 높이는 데 기여한 1등 공신이다.

하지만 구글은 이 기능을 안드로이드폰에만 넣었고 애플 아이폰에서는 작동이 안 된다. 즉 아이폰에 있는 구글 맵스는 지도를 볼 수 있고 최단거리 등이 똑같이 나오는데 유독 턴바이턴만 안 됐다. 구글은 "애플이

OS 공개를 하지 않아 안 맞는 것일 뿐이다. 제공하지 않은 것이 아니다"라고 했지만, 애플 입장에서는 바로 구글 맵스와 결별하고 독자적인 지도 서비스를 추진할 이유가 됐다.

팀 쿡은 애플 제국을 진화시킬 수 있을까?

그래서 애플은 서둘러 톰톰TomTom과 함께 애플 맵 개발에 돌입했고 3D 맵을 무기로 애플 맵을 2012년 6월 선보이게 된 것이다. 턴바이턴 기능을 중요하게 여겨 새로운 애플 맵 아이콘에 파란색 표시로 턴바이턴을 넣었을 정도다. 구글 맵스와 결별하고 애플 맵 개발을 주도한 것이 스콧 포스톨이다.

하지만 애플 맵은 '완벽주의' 애플답지 않은 엉성한 기능으로 이용자들의 원성을 샀고 맹비난을 받았다. 즉 애플은 구글과 같이 베타beta 버전을 내놓아 지속적으로 업그레이드하는 문화가 있는 웹 서비스 회사가 아니었다. 모든 것을 감추다가 박스 속에서 멋진 물건을 꺼내야 하는 회사인 것이다. 하지만 결과는 부정적이었다. 애플 맵은 어떻게 보면 베타 버전과 같은 것이었는데 애플은 완벽한 제품을 내놓기 전에 베타 버전을 내놓는 회사가 아니었던 것이다.

애플은 이제 스티브 잡스의 개인기에 의존하는 회사가 아니라 다른 대기업처럼 시스템으로 운영하는 회사다. 기업이 주주들에게 믿음을 주고 소비자 신뢰를 얻기 위해서는 예측 가능해야 하고 체계적인 조직에 의해 움직여야 한다. 기존 대기업들은 이렇게 경영 시스템을 만들기 위해 모든 것을 바친다. 그동안 애플은 예외였다. 시스템보다 중요한 것은 스티브 잡스라는 개인이었다.

하지만 스티브 잡스 사후 진정 시스템에 의해 운영되는 회사가 되고 있다. 이것이 애플 팬보이와 일부 전문가들에게 실망을 주는 요소가 될지 모르겠지만 회사 입장에서는 당연한 선택이다.

스티브 잡스는 애플의 처음부터 끝까지 모든 것을 결정했다. 아이폰, 아이패드에 들어가는 디자인에서 부품, 제품의 이름조차 스티브 잡스가 결정했다. 특히 애플의 비밀주의는 유명했다. 의도했든 의도하지 않았든 내부에서 벌어진 일에 대한 보안을 지키지 못하면 해당 직원은 해고된다. 제품 발표 전에도 홍보를 삼가는 것은 애플의 오랜 전통이다.

애플의 장점은 철저한 비밀주의에 이은 깜짝쇼에 있었지만 이제 비밀주의도 점차 지키기 어려워지고 있는 상황이다. 2012~2013년 WWDC와 아이폰 이벤트에서 나온 제품은 루머가 사실로 증명됐다. 스티브 잡스였으면 대로하고 뒤집었을지도 모른다.

팀 쿡 CEO는 올씽스디 컨퍼런스 'D10'에 나와 "점차 비밀주의를 지키기 어렵게 됐다. 비밀을 지키기 위해 더 노력해야 한다"는 발언을 했다. 애플이 내놓을 제품을 예측하는 것은 이제 특종이 아닌 상황이 된 것이다. 애플의 핵심 제품 주기도 예측 가능한 수준에 접근했다. 애플은 2012년부터 아이패드는 1월, 맥북 시리즈와 iOS 등 운영체제는 6월 WWDC에서, 아이폰은 9~10월 이벤트에서 발표하는 주기를 고정시키고 있다.

애플 블로거로 유명한 시장조사 분석기관 아심코의 호라리스 데니우는 스티브 잡스 이후의 애플에 대해 "모두가 애플이 어떻게 돌아가는 회사인지 끼워 맞춰보려 하지만 직원들조차 전체 시스템의 그림을 모른다. 확실한 건 전문가들이 모두 동의하는 애플의 두드러진 문제점 같은 것은 없다는 것이다. 애플은 이제 거대한 시스템을 분석하는 자세로 접근해야 한다. 미군 부대를 제외하고 미국에서 기능하는 조직 중 가장 큰데도 애플은 헨리 포드의 생산라인보다 효율적으로 돌아간다. 놀라울 뿐이다"

라고 분석했다.

이어 "팀 쿡은 우리 생각보다 훨씬 이전부터 사실상의 CEO 역할을 수행하고 있었다. 스티브 잡스는 전통적 의미의 CEO가 아니다. 그는 상품 및 문화 개발 담당자이고 디테일을 지휘하는 상관이다. 대기업 분석은 시스템 분석으로 접근해야 하는데 애플은 그동안 스티브 잡스라는 인물로만 분석되어 있었다. 신문사나 전기작가 입장에서는 좋지만 얼마나 많은 사람이 이 조직에서 얽혀 있는가를 생각해보면 비합리적인 접근이다"라고 말했다.

혁신적 제품, 서비스를 생각하면서 머릿속에 항상 스티브 잡스가 아이폰, 아이패드를 소개할 때를 떠올리는 것은 아닌가 싶다. 애플 서비스와 제품은 많은 기업의 혁신 결과물이다. 아이팟, 아이폰, 태블릿PC 모두 애플이 세상에 없던 제품을 내놓은 것은 아니다. 재정의하고 재창조한 제품들이다.

애플뿐만이 아니다. 구글도 애플이 없었으면 지금처럼 혁신적인 기업이 되기 불가능했을 것이다. 페이스북도 구글이 없으면 나오지 못했을 회사다. 애플, 스티브 잡스의 '아웃 오브 박스' 이벤트에서 벗어나 이제는 문제를 해결하고 이를 혁신하려는 제품과 서비스에 주목해야 한다. 혁신은 1년에 한 번 샌프란시스코 모스콘센터에서만 나오는 것은 아니기 때문이다.

애플, 혁신가의 딜레마

스티브 잡스가 기존 시장을 재정의하고 파괴한 후 새로운 시장을 창출해낸 분야는 많다. 많은 전문가와 소비자들이 애플과 혁신을 동일시하는 이유이기도 하다. 애플의 역사가 바로 파괴와 창조의 역사이기도 했다. 퍼스널 컴퓨터를 사용자 입장에서 재정의하고 새로운 UI와 마우스를 통해 입력하는 방식과 함께 애플 컴퓨터를 만들어냈으며 아이팟을 통해 기존 MP3 시장을 파괴하고 평정했다.

MP3 시장에서 '왕'이 된 애플은 아이폰을 통해 자기 파괴를 서슴지 않았고 결국 휴대폰 시장도 재정의해 스마트폰이라는 새로운 시장을 열었다. 태블릿PC도 애플이 처음 내놓은 것은 아니었으나 아이패드 이전 태블릿PC는 기억이 나지 않을 정도로 새롭게 만들어냈다.

스티브 잡스가 공개적으로 가장 좋아했던 책은 하버드대학교 경영대학원 클레이튼 크리스텐슨 교수의 《혁신가의 딜레마 Innovator's Dillemma》였다. 스티브 잡스는 크리스텐슨 교수의 '파괴적 혁신 Disruptive Innovation' 이론에 큰 영향을 받았다.

스티브 잡스가 공개적으로 크리스텐슨의 책을 좋아한다고 말한 것은 자신이 이뤄낸 것을 이론화했기 때문으로 보인다. 크리스텐슨 교수의 《혁신가의 딜레마》는 1997년 처음으로 출간되어 거대 기업들에 영향을 줬는데 실리콘밸리에는 2000년도 인터넷 경제의 성장과 함께 이론이 소개되어 인텔의 엔디 글로브, 애플의 스티브 잡스 등 실리콘밸리 기업가들에게 성경처럼 인정을 받았다.

크리스텐슨 교수의 '파괴적 혁신' 이론이 여전히 주목을 받는 이유는 애플과 같은 플랫폼 기업의 혁신 모델을 가장 잘 설명하고 있다고 인정받기 때문이다. "왜 현재 시장에서 지배적인 위치를 차지하는 기업은 혁신을 하지 못하는가?" "아직은 시장에서 존재감이 미미한 작은 기업들을 왜 주목해야 하는가?"라는 질문에 대해 가장 잘 설명해줄 수 있는 이론이라는 데 많은 전문가들이 동의하고 있다.

크리스텐슨 교수는 혁신의 두 가지 유형, 즉 지속적 혁신과 파괴적 혁신으로 설명했다. 《혁신가의 딜레마》에 따르면 지속적 혁신은 경쟁자로부터 방어적으로 기존 시장을 점유하려는 시도이며, 파괴적 혁신은 새로운 시장을 만들어내고 기존 고객층에 뿌리를 내리려는 시도다. 지속적 혁신 기업은 이미 시장에서 성공한 기업이다. 지금 제품보다 더 나은 제품으로 소위 프리미엄 소비자를 잡으려 한다. 프리미엄 시장은 고가인 데다 이윤율이 높다. 하지만 파괴적 혁신 기업은 기존 시장이 아닌 새로운 시장new market, 틈새시장Niche Market, 저가시장low end market에서 자리를 잡은 후 주류 시장과는 다른 가치 기준을 갖는 새로운 시장을 만들고 제품을 진화시켜 점차 주류 기업의 시장을 잠식하는 특징이 있다.

크리스텐슨 교수는 파괴적 혁신 기업은 저가시장에서 틈새를 만들어 확대시키고 결국 주류 기업으로 성장할 수 있다고 하면서 대표적인 사례 중 하나로 현대자동차를 꼽기도 했다. 현대차가 저가시장에서 틈새를 만들어 도요타를 공략하면서 성공했다고 평가한 것이다. 하지만 크리스텐슨 교수는 현대차도 중국의 자동차 업체들에게 디스럽션 당할 수 있다고 경고하고 있다. 크리스텐슨 교수는 주로 저가시장에서부터 시작하는 디스럽션에 대해 설명했지만 최근에는 새로운 시장, 틈새시장에서부터 디스럽션이 시작된다는 개념이 확장되고 있다.

스티브 잡스가 파괴적 혁신 이론에 주목한 이유는 애플이 모든 분야에서 파괴적 혁신가 또는 파괴자, 즉 디스럽터 역할을 했기 때문이다. PC, MP3, 스마트폰, 디지털 콘텐츠, 교과서 등 각 분야에서 애플은 주류가 아니었으나 혁신적인 제품으로 기존 시장을 파괴하고 새 시장을 만들어냈다.

애플이 처음 휴대폰 시장에 진입한 2007년에는 주류 플레이어는 노키아, 모토로라, 소니에릭슨, 삼성전자, 블랙베리 등이었다. 애플은 아이폰이라는 혁신적 제품으로 휴대폰을 스마트폰으로 재정의해 시장에 뛰어들어 6년 만에 전체 휴대폰 시장(스마트폰 포함) 2위, 북미 휴대폰 시장 1위를 기록했다. 이 과정에서 노키아, 모토로라는 MS와 구글에 인수됐고 소니에릭슨은 소니모바일이 됐으며 블랙베리는 시장에서 사실상 퇴출됐다. 휴대폰 시장을 디스럽션한 것이다.

하지만 지금 애플의 딜레마는 더 이상 틈새 플레이어나 도전자가 아니라 스마트폰 시장의 주류가 됐다는 것이다. 이제 애플은 도전하는 입장이 아니라 시장을 지켜야 하는 위치에 있는 것이다. 애플이 2012년 10월 7인치대 태블릿 '아이패드 미니'를 내놓고 2013년 9월 보급형 아이폰 '아이폰5C'를 선보인 것은 애플이 도전자, 파괴자, 디스럽터가 아니라 지키는 업체가 됐다는 것을 의미하는 것이다. 아이패드 미니의 경우 아이패드의 시장점유율이 낮아지는 시점에서 10인치 제품뿐만 아니라 7인치 제품을 내놓아 넥서스, 킨들파이어, 갤럭시에 대항하는 제품을 내놓은 것은 어찌 보면 당연한 조치였다.

그러나 이 제품은 어떤 시장, 누구를 타깃으로 하는지가 분명하지 않았다. 7인치를 원하는 소비자를 잡을 수도 있고 저가 아이패드를 원하는 소비자를 대상으로 할 수 있겠지만 그것이 도전자 시절 애플이 추구하던 목표는 아니었다.

스티브 잡스는 신문, 방송, 음악 등 미디어 소비 형태를 바꾸고 교과서를 혁신하기 위해 아이패드를 만들었다고 밝히면서 시장에 뛰어들었다. 7인치는 그 같은 목표에 부합한 제품인가? 아니면 많이 팔릴 만한 제품인가? 팀 쿡은 후자를 원했고 매출과 주당순이익이 회사에서는 더 중요하게 됐다는 것을 의미한다.

색상이 화려한 아이폰5C도 애플이 여전히 틈새시장을 공략하는 업체였다면 결코 나오지 못했을 제품이었다. 애플이 점유율을 높이기 위해서는 중국 등 신흥시장과 10대 소비자들이 필요했던 것이고 이 같은 결과가 기존 아이폰과 크게 차이 없는 아이폰5C를 내놓게 한 이유였다. 스티브 잡스가 살아 있었다고 하더라도 이 같은 시장확대 전략에는 변함이 없었을 것으로 보인다. 스티브 잡스가 애플을 도전자 위치에서 도전을 받는 위치로 바꿔놓았기 때문이다.

클레이튼 크리스텐슨 교수가 말한 '혁신가의 딜레마'는 시장을 선도하는 기술을 가진 기업이 어느 시점에서 더 이상 혁신을 이뤄내지 못하고 새로운 기술을 가진 후발 기업의 기술에 시장 지배력을 잠식당하는 경우를 말한다. 크리스텐슨 교수는 "기업들이 새로운 기술 개발을 위해 공격적으로 투자하지만 주력 시장에서는 기존 제품의 성능을 개선하는 기술에 집착할 뿐, 소수의 소비자에게 인정받는 새롭고 급진적인 기술 투자에는 인색하다. 그로 인해 새로운 환경이 오면 함께 몰락의 길을 걷게 된다"고 지적했다.

애플은 막대한 현금 보유액과 주가, 매출 등 외형적으로 드러난 실적에 비해 연구개발 비중이 높지 않다. 애플이 미국 증권거래소에 제출한 자료에 따르면 애플은 2012년 회계연도에 연구개발비로 34억 달러를 썼다. 이는 2011년에 비해 10억 달러나 늘어난 수치이지만 애플의 전체 매출 비중으로 보면 2% 수준밖에 되지 않는다.

애플이 크게 늘렸다고 하지만 구글이나 MS에 비해서는 적으며 삼성전자에도 못 미친다. 구글은 "검색엔진 회사가 왜 안경을 만드냐"는 비난을 감수하면서 구글 글라스와 구글 카 등의 시험 모델을 선보이며 온라인을 넘어 오프라인 혁신을 추구하고 있는 중이다. MS가 모바일 전환에 실패해 회사가 어려움을 겪고 있음에도 키넥트 등을 넘어서는 생활을 바꾸는 새로운 작품을 만드는 데 열중하고 있는 것도 사실이다.

크리스텐슨 교수는 한 개인에게 혁신을 의존하지 않으려면 기존 프로세스를 혁신해야 하고 기업 내 가치가 혁신돼야 하며 회사 내 재원(리소스)을 재배치해야 한다고 주장했다. 한마디로 기업 문화가 바뀌어야 새로운 것을 만들어낼 수 있다는 것이다.

애플의 역사는 드라마 자체다. 한때 혁신가(맥킨토시)였다가, 주류로 떠올랐다가, 망하기 일보 직전까지 갔다가, 다시 혁신가였다가, 다시 주류가 됐다. 앞으로 팀 쿡의 애플이 스스로 딜레마를 끊을 수 있을 것인지, 가장 큰 관전 포인트이면서도 세계의 많은 기업과 개인에게 시사점을 주게 될 것이다.

4장

파괴와 창조를 만드는 세 가지 생각

Disruptors

문샷 싱킹: 10배 혁신하는 급진적인 생각

아메스 나사연구센터

지난 2012년 9월 미 우주왕복선 엔데버 호의 마지막 여행을 보기 위해 마운틴뷰Mountain View에 있는 아메스 나사연구센터Ames NASA Research Center에 갔었다. 임무를 마친 엔데버 호가 비행기 위에 실려서 캘리포니아 LA 과학박물관으로 귀환하는 중에 샌프란시스코와 베이Bay 지역 상공을 지나가는 행사였다.

오전 8시부터 줄을 서서 기다렸는데 아메스 나사연구센터에서 이 행사를 위해 무대를 설치하고 입장권도 나눠 주기에 엔데버 호가 나사연구센터에 잠시 착륙하는 줄 알았다. 하지만 실제로는 입

제프 베조스와 스페이스X. 그는 화성에서 죽고 싶다고 했다.
ⓒ 비즈니스위크

엔데버 호의 마지막 비행. 비행기에 업혀서 엔데버 호가 가는 이 장면을 보기 위해 3만 명이 모였고 아침 7시부터 에메스 나사센터에 가야 했다.

장 2시간 30분이 지나 10시 30분경 낮은 비행으로 나사연구센터 상공을 '훅~' 하면서 지나가 버렸다. 짧은 순간이었지만 사람들은 좋아했다.

이날 오전 나사연구센터에 모인 인원은 약 3만 명. 평일 이른 오전인데도 남녀노소 3만 명이 모여 엔데버 호의 마지막 여행을 각자의 방식으로 기념하며 추억하고 있었다. 엔데버 호의 마지막 비행은 미국 전역에 생중계됐고 언론에도 크게 보도됐다.

이렇게 엔데버 호를 마지막으로 미국의 유인 우주왕복선 프로그램은 끝이 났다. 우주여행의 상징 NASA는 더 이상 유인 우주왕복선을 운행하지 않는다.

이날 엔데버 호를 보면서 어른들은 미국 우주개발의 꿈을 심게 해준 1969년 7월 아폴로 11호를 떠올렸고 아이들은 자신들의 방식으로 우주에 갈 수 있는 꿈을 꿨을 것이다.

중요한 것은 그들의 가슴속에는 발 딛고 있는 이 땅을 떠나 우주로, 달나라로, 화성으로 갈 꿈을 꾸고 있다는 것이다. 꿈에는 나이 제한도 없고 돈의 제한도 없다. 꿈을 더 크게, 원대하게 꾸고 실행하다 보면 어느새 그 '순간'이 오게 된다.

대서양 심해

2013년 3월 22일, 아폴로 11호 우주선의 로켓 엔진이 대서양 심해에서 인양됐다는 소식이 미국 전역에 크게 보도됐다. 한국에서도 주요 뉴스로 다뤄졌을 정도로 화제였다. 40년 전 인류를 달에 보낸 그 아폴로 11호의 로켓이다.

해저 탐사팀과 나사가 아폴로 우주선을 쏘아 올린 새턴 5호 로켓에 장착되어 있던 F-1의 잔재를 깊이 4.8km의 심해 바닥에서 건져낸 것이다. 이 우주선 엔진은 애초 회수 계획이 없었는데 우주 탐사에 관심이 많았던 제프 베조스 아마존 창업자 겸 최고경영자가 사비를 털어 건지면서 세상에 빛을 보게 됐다.

이 엔진은 다시 나사가 소유하게 되는데 아직 어떻게 활용할지 결정되지 않았다. 하지만 베조스는 자신의 블로그에 "워싱턴DC의 스미스소니언 박물관과 시애틀의 항공박물관에 전시돼서 많은 사람이 볼 수 있게 했으면 좋겠다"고 소망을 밝혔다. 미국 우주 탐사 역사는 대부분 박물관에서 전시되고 있는 전례를 봤을 때 40년간 심해에 잠들어 있던 엔진들은 다시 대중 앞에 서게 될 가능성이 커 보인다.

막대한 돈이 들어갔을 것으로 추정되는 F-1 발굴 프로젝트는 누가 시키지도 않았고 회사(아마존)에 이익이 되는 것도 아니다. 하지만 베조스는 자비를 들여가며 왜 실행했을까?

베조스는 "수많은 사람이 아폴로 프로그램에 영감을 받았다. 나는 아폴로 11호가 달에 착륙하는 장면을 봤을 때 다섯 살이었다. 이 장면이 과학, 공학, 탐험에 대한 나의 열정에 큰불을 지폈다는 것은 의심할 여지가 없다. 나는 1년 전쯤 해저 탐험 프로들이 나선다면 달나라를 향한 인류의 미션이 시작된 F-1 엔진을 찾아서 복원할 수 있지 않을까 생각했다. 만약 우리가 F-1 엔진들을 찾아낸다면 나사가 이것을 대중들에게 공개, 전시할 수 있지 않을까 봤다"고 설명했다.

제프 베조스, 그가 아마존을 시작하고 글로벌 유통 및 콘텐츠 산업을 근본에서부터 혁신할 수 있도록 한 계기는 바로 '아폴로 11호'와 '달 착륙'

아마존 CEO 제프 베조스의 탐험 홈페이지. F-1 엔진 복원을 포함해 1만 년 시계 등 회사 돈이 아닌 개인 자금으로 투자하는 거대 프로젝트를 소개하고 있다.

이었다는 것이다.

다섯 살 때 TV를 통해 인간이 달에 착륙하는 장면을 보고 꿈을 키웠고 이제 자신이 품은 꿈을 지금 자라나는 어린이들과 청소년들에게도 나누고자 하는 것이다. 실제로 그의 개인 홈페이지Jeff Bezos Expedition의 F-1 복원 계획을 밝히는 사이트에는 존 F. 케네디 대통령의 유명한 1962년 9월 12일 라이스 대학 연설이 실려 있다.

"우리는 달에 가기로 했습니다. 이것이 쉬워서가 아니라 어려운 일이기 때문에, 이 목표는 우리의 에너지와 기술 수준을 정비하고 그 한도를 측정할 기회가 되기 때문에, 우리가 기꺼이 받아들일 도전이고 뒤로 미루기 쉬운 도전이며 우리는 물론 다른 이들도 성공하고자 하는 도전이기 때문에 다음 10년이 시작되기 전에 달에 가기로 했습니다."

제프 베조스는 F-1 프로젝트를 가동하기 전, 자신의 꿈을 실현하기 위해 블루오리진Blue Origin이라는 우주여행 회사를 만들었다. 블루오리진은 저렴한 비용으로 한 번에 3~4명이 우주여행을 할 수 있도록 하는 우주선과 추진체를 개발 중이다. 블루오리진은 대기권 밖, 완전 우주로 나가는 여행이 아니라 대기권 안에서 지구를 조망할 수 있는 준궤도 suborbital 여행을 목표로 하고 있다. 대기권 밖으로 나가지 않기 때문에 추진 로켓이 그만큼 덜 필요하고 이는 상대적으로 저렴한 여행을 할 수 있다는 것을 의미한다. 블루오리진은 현재 수직 이륙 및 수직 착륙 VTVL 로켓 기술을 활용, 재사용 가능한 발사체 개발에 집중하고 있다.

사실 제프 베조스의 블루오리진은 우주여행의 선두주자는 아니다. 뒤늦게 뛰어들었고 아직 첫 비행 계획을 잡지 못했을 정도로 연구개발 수준에 머물러 있는 단계다.

버진 그룹을 이끄는 리처드 브랜슨의 버진 갤럭틱 Virgin Galactic 과 페이팔의 창업자이자 테슬라모터스 회장인 엘론 머스크의 스페이스엑스 Space X 등이 우주여행의 선두주자로 치고 나가고 있고 비글루 에어로스페이스, 엑스칼리버 등도 우주여행을 실현시키기 위해 준비하고 있다.

우주여행은 더 이상 먼 미래 얘기가 아니다. 우주개발, 우주여행, 화성 탐사를 정부나 연구소가 세금으로 하는 것이 아니라 이제는 민간 자본과 기업인이 맡아서 시장경제의 궤도를 타고 있는 것이다. 벌써 수익을 올리고 비즈니스 모델을 찾는 등 시장 경쟁을 하고 있다. 이쯤 되면 다음 단계

버진 갤럭틱의 민간 우주여행선 '스페이스십2'

가 기다려진다. 그것은 우주여행 대중화이며, 또한 그것은 10년 내 찾아 올 것으로 예상된다.

왜 우주여행인가?

나사에서 훈련을 받은 특수한 임무를 지닌 우주인만 우주여행을 하는 것이 아니라 일반인들도 돈만 내면 지구 밖에서 지구를 볼 수 있는 여행을 실현시키려 하는 것이다. 이것을 가능하게 하는 회사를 만든 제프 베조스, 엘론 머스크, 리처드 브랜슨 등은 모두 억만장자다. 혹자는 돈이 너무 많은 사람들의 비싼 취미라고 평가한다. 하지만 이들은 진지하다. 그리고 전 세계인을 대상으로 하는 성공한 회사를 운영하는 굴지의 기업인이다. 즉 손해 보는 장사는 하지 않는다는 것이다.

실제로 엘론 머스크의 스페이스X는 벌써 많은 수익을 내고 있다. 스페이스X가 개발한 로켓의 발사체 가격은 대당 6000만 달러(약 650억 원)로 나사가 제작한 우주선 가격의 1/3 수준이다. 이같이 저렴하게 우주로 쏘아 올릴 수 있기 때문에 다른 국가나 기업들의 발사 수요가 밀려들어 벌써 2020년까지 40억 달러(4조 3000억 원)의 사업을 수주했다.

냉전 시대, 미국과 소련이 대결했을 시기에는 천문학적인 국가 예산을 들여 우주개발을 하고 유인 우주선을 보냈지만 이제는 그럴 필요가 없기 때문에 우주개발 예산은 과거에 비해 크게 줄었다. 그렇다고 우주개발에 대한 수요가 사라지는 것은 아니다. 오히려 우주에 대한 인간의 욕망은 커진다. 그래서 그 빈 공간을 이제는 민간 기업이 하는 것이다. 시장 경쟁을 하니 오히려 준궤도 우주여행, 화성 개발 등 다양한 수요가 나타나고 있다. NASA도 민간 기업이 아니면 비싼 돈을 주고 러시아 로켓을 이용할 수밖에 없으므로 민간 기업에 연구개발 자금을 몰아주고 있다.

스페이스X의 무인 우주화물선 드래곤은 이미 NASA의 임무를 수행하기도 했다. 2012년 10월 드래곤은 국제우주정거장ISS에 450kg에 달하는 화물을 전달하고 ISS에 있던 하드웨어와 실험 결과물 758kg을 들고 무사히 귀환했다. NASA가 스페이스X와 계약을 맺은 12번의 비행 임무 중 첫 발사였다. 예전에는 NASA가 자체 예산을 들여 모든 것을 진행해야 했으나 이제는 비교적 단순 업무인 발사와 전달은 민간 업체에 아웃소싱하고 자신들은 본연의 우주 연구개발에 매진하겠다는 뜻이다.

리처드 브랜슨의 버진갤럭틱은 2013년 말 우주여행을 실현시킬 계획이다. 2013년 12월 일단 6명의 승객을 태우고 첫 발사되어 역사상 최초의 상업용 우주여행이 될 것으로 보인다. 우주 비행은 2시간에 불과하지만 비용은 20만 달러(2억 3000만 원)다. 고도 110km 지역의 준궤도를 비행하면서 지구를 볼 수 있게 하기 때문에 비용이 저렴하고 우주선도 실제 비행기처럼 생겼다. 모선에 부착되어 약 15km 고도까지 상승한 후에 분리 발사되는 방식이다.

이렇게 '사람을 태우고 지구를 돈다'는 것이 현실화되니 사물을 실어 나르는 것은 일도 아니다. 버진갤럭틱은 고해상도 지구 지형 정보(스카이박스 이미징), 실시간 기상 관측(지오옵틱스), 소형 위성 발사(스페이스플라이트) 업체와 계약을 체결했다.

리처드 브랜슨이 처음 민간 우주여행을 발표했을 때 많은 사람이 웃었다. "우주여행은 NASA나 러시아에서 하는 것으로 알았는데 버진그룹이 한다니" 하며 말이다. 하지만 그는 모험을 포기하지 않고 스페이스십을 자체 개발하고 자체 발사체도 개발했으며 곧 민간 우주여행 시대를 알리게 된다.

이렇게 잘 알려진 기업가만 우주여행에 도전하는 것은 아니다. 미국의 변호사 아트 둘라는 엑스칼리버 알마즈란 회사를 설립해 1인당 1759억 원을 내면 달 왕복 여행을 하는 계획을 추진하고 있다. 이 회사의 첫 여행 목표 시기는 2015년이다.

미션 투 마스

저궤도 비행이나 달 여행도 성에 안 차는 사람들이 있다. 만화, 영화에서도 이미 보여줬다. 지구 여행, 달나라 여행 다음은 언제나 화성이었다.

스페이스X와 테슬라모터스 창업자 엘론 머스크는 스티브 잡스 애플 CEO 이후 미국에서 가장 주목받는 인물이다. 스티브 잡스는 독특한 생각과 행동 그리고 제품(맥킨토시 등)으로 그의 20대부터 미국 언론의 주목을 받았다. 스티브 잡스가 스티브 잡스인 이유는 아이폰, 아이패드 등 혁신적인 제품뿐만 아니라 그의 행동, 말투, 언어 모든 것이 새롭고 충격적이었기 때문이다. 기술이 이끄는 문화 충격이 스티브 잡스 혁명의 본질일 것이다. 이렇게 문화 충격의 측면에서 봤을 때 엘론 머스크는 스티브 잡스의 후계자로 꼽힌다.

그는 세상을 바꿀 수 있는 세 가지 핵심 기술을 인터넷, 에너지, 우주개발이라 보고 사업을 시작했으며 놀랍게도 이 분야를 차례로 정복하고 있다. 그는 인터넷 결제 회사 페이팔Paypal을 창업해 성공리에 이베이에 매각하고 그 자금으로 테슬라모터스를 설립했다. 그리고 신재생에너지 업체 솔라시티Solar City도 설립해 캘리포니아 지역 등에서 신재생에너지 사업도 하고 있다.

그의 꿈의 크기를 알 수 있는 것이 바로 '화성 식민지' 계획이다. 엘론 머스크는 2012년 11월 영국왕립항공학회에서 15~20년 안에 인류가 거주할 수 있는 화성 식민지 계획을 발표해 참석자들을 놀라게 했다. 화성 식민지를 만들어 인류의 새로운 문명 발상지로 삼겠다는 야심 찬 구상이다. 그는 "인류는 화성에서 자급자족이 가능한 문명을 시작하고 더욱 큰 문명을 만들어낼 수 있을 것이다"라고 설명했다.

실현 가능성 여부와 도덕적으로 옳은 것인지에 대한 논란은 뒤로하더라도 놀라운 것은 그의 구체적인 계산이다. 스페이스X 사업을 하면서 얻은 경험을 바탕으로 구체적인 액수를 밝힌 것이다. 화성으로 가는 로켓의 편도 탑승 비용은 약 50만 달러(5억 4000만 원)다. 즉 5억 4000만 원이 있으면 화성에 거주할 수 있게 된다. 머스크는 일단 선발대가 농작물 경작이 가능한 환경을 만들고 거대한 로켓을 다시 만들어 약 8만 명을 이주시킬 수 있을 것으로 추산했다. 이렇게 화성 식민지 건설에 들어가는 비용은 약 369억 달러(39조 원)다.

비싸다고? 그렇지 않다. 그의 계산에 따르면 삼성전자의 한 분기 매출액 정도면 화성에 식민지를 건설할 수 있는 것이다. 다소 황당한 계획일수 있겠지만 그의 야심의 크기 그리고 NASA도 화성 식민지 건설을 추진한 점, 〈미션 투 마스 Mission to Mars〉나 〈토털 리콜 Total Recall〉 등의 영화를 통해 화성에 인류를 보내는 것에 대한 오랜 꿈이 있었다는 점을 비춰봤을 때 아주 불가능한 꿈은 아닐 것이다.

이렇게 엘론 머스크가 화성 식민지에 대한 계획을 발표할 때 아예 비즈니스 모델을 들고 나온 인물도 있다. 네덜란드의 사업가 바스 란드돕 Bas Lansdorp은 2023년에 화성 정착지를 만드는 계획을 실현할 마스원 Mars One이라는 비영리 단체를 만들었다.

마스원의 홈페이지에는 "마스원은 우리가 번영할 수 있는 영구적 정착지의 기반을 구축하는 것을 배우고 성장하여 2012년에 인류를 화성에 데리고 갈 비영리 단체다"라고 소개하고 있다. 정착민이 화성에 착륙하기 전에 2년마다 우주비행사를 수용할 수 있는 거주가 가능한 지속적인 정착지를 설립할 계획이다.

그는 화성에 선발대를 보내고 이를 리얼리티 TV 방식으로 '화성에서의 삶'을 중계해 개발비를 충당하는 방식을 생각해냈다. 1969년 아폴로

마스원이 밝힌 2023년의 화성 거주지. 이들의 삶을 TV로 생중계하겠다는 구상이다.

11호를 달에 보낼 때 전 세계인이 지켜본 것을 비춰보면 불가능한 것이 아니며, 당시는 TV도 많이 없었지만 지금은 모바일 디바이스를 포함해 1인당 TV를 3~4개씩 가지고 다니기 때문에 가능하다는 생각이다. IOC의 올림픽 중계권이 2~3주에 약 39억 달러 정도 되는데 화성 TV 중계권을 전 세계에 판매한다면 약 50억 달러 이상의 가치는 된다고 계산했다.

우주개발과 실리콘밸리

엘론 머스크, 제프 베조스, 리처드 브랜슨 등 세계적으로 성공한 기업가들이 왜 우주로, 달나라로, 화성으로 가려 했던 것일까? 왜 주변 사람들의 비웃음에도 포기하지 않았던 것일까? 어릴 적 꿈을 이루기 위해? 그렇다. 이들은 하나같이 "어릴 적 경험이 나를 우주로 이끌었다"고 고백하고 있다.

하지만 이것이 전부는 아닐 것이다. 그들은 이미 성공한 사업가다. 돈이 된다고 생각하기 때문에 투자를 아끼지 않는 것이다. 단지 그들이 생각하는 돈은 바로 눈앞에 있는 것이 아니라 10~20년을 내다보고 투자하는 것이다. '우주에 간다'는 깃발을 꽂는 것 하나만으로 이미 수많은 투자를 이끌어냈고 예비 우주여행객들은 돈을 들고 줄을 서고 있다.

이들처럼 실제 '우주로 가겠다'는 꿈을 회사 설립으로 실현하지 않더라도 구글, 애플 등 미국 실리콘밸리 기업들도 우주에 대한 생각을 곳곳에 숨겨놓았다.

스티브 잡스는 2015~2016년 완공될 새 사옥을 우주선이 내려앉은 모양으로 설계했다. 미국 캘리포니아 샌프란시스코 및 베이 지역에 세계에서 가장 혁신적인 집적단지 실리콘밸리가 태동하게 된 것도 우주 계획과 깊게 연결되어 있다.

제2차 세계대전 직후에도 미국은 러시아, 일본, 중국 등이 미사일로 미국 본토를 공격할 수 있다는 공포심이 있었고 서부 지역에 레이더 기지를 설치하고 태평양 서부를 감시하기 시작했는데 그것이 아메스 나사연구센터의 시작이었다. 이렇게 실리콘밸리 한가운데 위치한 아메스 나사연구개발센터에서 1950~1960년대부터 우주개발 연구를 하면서 인근 스탠퍼드대학에 실리콘 웨이퍼, 집적회로IC, 퍼스널컴퓨터, 인터넷에 대한 연구도 시작하게 됐고 기업들이 생겨나기 시작한 것이다.

그래서 실리콘밸리 기업들은, 기업가들은 우주개발, 달나라 여행에 대한 생각을 끊임없이 하는지 모른다. '달나라로 간다MoonShot'는 꿈과 희망은 많은 현안을 해결하게 하고 도전하게 한다. 제프 베조스가 1962년 존 F. 케네디 대통령의 라이스대학 연설을 지금도 가슴속 깊이 간직하고 있는 것은 이유가 있다.

달나라는 불가능한 것에 도전하고 이를 해결하게 하는 힘을 발휘하는 인류의 메타포와 같은 존재인 것이다. 1960년대 과학기술이 충분히 발전하지 못했지만 '10년 내 달에 사람이 간다'는 꿈과 생각 자체가 많은 어려운 문제를 해결하게 하고 도전하게 했으며 실제 이뤄지게 했다.

달나라로 가면 돈이 나오나? 달에 돈이 있나? 잘살게 되나? 왜 굳이 도전하려 했던 것인가.

제2차 세계대전 후 또다시 올지 모르는 전쟁의 두려움과 소련의 현실적 위협 앞에 미국인에게 꿈과 희망, 프론티어 정신이라는 단어를 새겨준 케네디의 연설에 해답이 있다.

"우리가 이 새로운 바다로 항해해나가는 이유는 거기에서 새로운 지식과 새로운 권리를 얻을 수 있기 때문이며, 인류 전체의 진보를 위해 반드시 이 지식과 권리를 손에 넣고 이용해야 합니다. …… 우주 탐사 자체는 아직 갓난아기 상태이지만 덕분에 이미 수많은 신생 기업과 수십만 개의 일자리가 새로 생겨났음을 말씀 드리고 싶습니다. 우주 및 관련 산업은 기술 인력과 투자에 대한 새로운 수요를 창출하고 있습니다. …… 에베레스트 산에서 사망한 영국의 유명한 탐험가 조지 말로리에게 예전에 누가 왜 산에 오르냐고 묻자, 그는 '산이 거기 있으니까'라고 대답했습니다. 우주가 거기 있기 때문에 우리는 갈 것입니다. 그곳에는 달과 별 그리고 지식과 평화에 대한 열망이 있습니다. 인간이 뛰어들었던 모험 중 가장 불확실하고 위험하며 위대한 모험의 돛을 올리는 이 순간, 신의 가호가 있기를 빕니다."

문샷 싱킹

이것이 바로 달나라로 가기 위한 생각, '문샷 싱킹MoonShot Thinking'이다. 문샷 싱킹은 10%보다 10배 혁신(진화, 성장)하게 하는 급진적인 생각을 말한다. 이를 회사에 적용하면 제품을 지금보다 10% 정도 좋게 만들거나 10% 정도 매출을 늘리는 것이 아니라 단기간에 10배를 비약적으로 진화시키거나 매출을 늘리려는 것이다. 이를 위해 결코 쉽지 않은 도전 과제를 설정하고 이를 해결하기 위해 온 힘을 다해 달려가야 한다. 개인에 적용하면 반에서 10등 하던 학생이 한 단계 올려 9등을 목표로 설정하는 것이 아니라 아예 1등을 목표로 달려가는 생각이다.

가끔은 10% 성능을 개선하는 것보다 10배 좋게 만드는 것이 더 쉽기도 하다. 왜냐하면 10% 성능을 올리는 것(매출을 높이는 것 등)이 목표라면 기존에 존재하던 방식에서 조금 더 열심히 하는 방식을 찾게 된다. 이미 많은 사람이 생각하고 존재한 해결 방식, 선배들이 만들어놓은 방식을 기준으로 놓고 더 많은 노력, 더 많은 돈, 더 많은 재원(리소스)을 투자하는 방식을 찾게 된다. 안정적이고 많은 사람을 만족시킬 수 있는 방법이지만 레거시legacy를 벗어날 수 없고 새로운 생각을 유입하는 데 저항이 있으며 도전challenge보다는 안전한 방법safeway을 찾게 된다.

하지만 10배 혁신을 목표로 삼으면 근본에서부터 생각이 달라진다. 기존 방식보다는 좀 더 창의적인 방법에 의존하게 되며 무엇보다 도전할 수 있는 용기를 얻게 된다. 즉 '달나라로 가자'는 목표가 생기면 가슴속에 꿈이 생기고 좀 더 창의적인 방법을 찾게 되는 것이다. 문샷Moonshot은 이 같은 10배 혁신을 상징하는 말이다.

회사 경영에 대입해보면 현재 매출이 30억인데 300억 원, 300억인데 3000억 원으로 단기간에 끌어올리려면 현재 있는 방식과 사업구조로는 불가능하다. 아예 사업을 새로 시작하는 각오로 뛰지 않으면 매출을 단기간에 10배 성장시킬 수는 없다. 반에서 10등 하던 학생이 9등을 하기 위해 교과서 한 번 더 보고 잠을 덜 자면 할 수 있지만 1등을 하기 위해서는 아예 근본적인 공부 방식의 전환이 필요한 것과 같은 이치다.

하지만 매출이 300억인 회사가 단기간에 3000억 원을 하는 것이 불가능한 일인가? 반에서 10등 하던 학생이 학년을 마치기 전에, 졸업을 하기 전에 1등을 하는 것이 불가능한 일인가? 10배 뛰는 혁신, 즉 문샷을 목표로 설정하면 마음가짐부터 달라진다. 10% 끌어올리겠다는 목표에서는 나오지 않는 열정이 생기며 근본적으로 다른 방식과 생각을 찾게 된다.

더욱 중요한 것은 10배 뛰는 혁신은 결코 혼자 할 수 없는 것이라는 점이다. 10% 끌어올리는 것은 혼자도 할 수 있지만, 즉 뛰어난 경영자 혼자도 가능할 수 있지만 10배 뛰는 혁신은 개인 혼자의 아이디어와 노력으로는 불가능하며 다른 사람과의 협업을 통해서만 가능하다. 10배 뛰는 혁신을 위해서는 아이디어를 섞어야 하고 같이 해결해야 한다. 매출 300억인 회사가 330억 원이 되기 위해서는 뛰어난 CEO 혼자나 영업력이 뛰어난 한 사원으로도 가능하지만, 3000억 원이 되기 위해서는 전 직원이 아이디어를 내고 혼연일체가 되어 뛰어야 하는 것과 같은 이치다.

문샷 싱킹을 경영에 대비해봤지만 이를 전 세계적인 문제해결로 전환시키면 기아, 물 부족, 기후변화 등 인류가 직면한 문제를 해결하는 인간의 새로운 방법을 만들어낼 수 있다.

마지막으로 문샷 싱킹은 해결해야 할 문제 Solving Problem를 다르게 생각하게 한다. 해결해야 할 문제는 뭔가 잘못된 것 Something Wrong, 고쳐야 할 것 Need to fix it이었지만 문샷 싱킹은 무엇인가 문제가 있어서 문제를 고치려는 것이 아니라 '해결해야 할 문제를 만드는 것'이 다르다.

문샷 싱킹을 회사 DNA로 내재하려는 회사가 구글이다. 구글은 이 같은 문샷 싱킹을 그들답게 정의를 내리고 'Solve for X'라는 프로젝트에 적용하고 있다. 구글은 "문샷 싱킹을 하기 위해서는 일단 문제의식 Huge Problem, 근본적 해결방식 a Radical Solution 그리고 혁신적인 기술 the Breakthrough Technology이 필수조건이다"라고 설명하고 있다.

구글의 Solve for X는 SF 영화에 나올 만한 인간의 상상력과 과학적으로 가능하지만 야심 찬 계획 사이에 있는 영역을 다룬다. 구글의 구글 글라스도 Solve for X 포럼에서 다뤄진 내용을 구체화하다가 나온 물건이다.

구글 글라스는 Solve for X 포럼에서 SF 영화에 자주 나오는 '로봇이 착용하는 모든 것을 분석하는 안경'을 실제로 구현하면 어떨까 하는 상상력이 자신들의 검색 비즈니스와 연결시켜 만들어졌다. 구글 글라스 자체가 문샷 싱킹의 첫 결과물이기도 하다. 구글 글라스는 2013년부터 상용화되는데 생각이 실제 물건이 되어 나오는 속도가 매우 빨라 놀라울 뿐이다.

실리콘밸리 회사들이 10배 뛰어난 서비스를 지속적으로 개발하는 이유, 엘론 머스크나 제프 베조스 같은 기업인들이 달나라로 가려는 이유, 이런 생각과 실행들이 계속 미국에서 나오는 이유. 한곳으로 연결될 수 있다.

그들은 이미 꿈의 크기가 다르며 문제해결 방식이 다른 것이다. 그리고 그것은 1962년 존 F. 케네디의 연설에서부터 시작됐으며 그 꿈과 비전을 보고 자란 세대들이 오늘의 세계를 이끌어가고 있다.

D 싱킹: 파괴와 창조의 방법론

혁신innovation, 파괴disruption, 창조creation.
자주 듣는 말이다. 글로벌 경제위기를 지나며 조직(회사 등)의 생존이 더 이상 보장되지 않는 시대가 되자 새로운 기운을 만들어 재도약하기 위해 끊임없이 위기감을 조성한다. 하지만 굉장히 무서운 말들이다. 크게 바꾸고 무너뜨리며 없던 것을 새로 만들자는 것이다.

이 단어들은 명사나 형용사가 아니다. 동사다. 혁신은 실행할 때 힘을 발휘하는 것이며 파괴는 모든 것을 갈아엎는다는 뜻이다. 창조는 그 뜻 자체가 만들어낸다는 것이다. 목적이나 수단이 아니라 행위 자체다. 그래서 혁신, 파괴, 창조는 완성된 큰 그림보다 과정이 더 중요한 것이다. 혁신을, 파괴를, 창조를 만들어가는 과정이 곧 완성일 수 있기 때문이다.

그래서 '무엇을' '누가' '왜' 혁신한다, 파괴한다, 창조한다는 말은 쉬워도 '어떻게' 혁신하는가, 파괴하는가, 창조하는가란 말은 하기 쉽지 않은 것이다. 혁신, 파괴, 창조에 대한 책은 다양하게 쏟아져 나왔어도 정작 '어떻게' 해야 하는가에 대한 책은 쉽게 찾아볼 수 없는 것도 이 같은 특성을 반영한다. 동사는 행동으로 보여주는 것이지 말이나 글로만 표현하는 것이 아니다.

많은 조직(기업 등)들은 한결같이 어떻게 혁신할 것인가, 어떻게 파괴할 것인가, 어떻게 창조할 것인가에 대한 고민을 하고 있다. 한국을 포함한 세계 각국 정부에서도 혁신, 파괴, 창조하는 방법을 찾고 있다. 전 세계에서 애플, 구글, 페이스북 등 실리콘밸리 기업들을 주목하고 배우려 하는 것도 이들이 과연 어떻게 기존 시장을 파괴하고 혁신 제품을 창조했는가에 대해 궁금하기 때문일 것이다.

하지만 쉽지 않다. 그들의 혁신에는 이론이 있는 것이 아니다. 그들은 행동(서비스 및 제품 출시, 투자, 창업 등)으로 혁신을 보여준다. 비즈니스스쿨에서 가르치는 혁신, 창조기업에 대한 스토리는 대부분 결과론이다. 성공한 기업들을 분석해보니 '이렇더라'는 것이 많다.

하지만 그 당사자인 구글, 애플, 페이스북 등 실리콘밸리의 혁신기업들도 혁신과 파괴 그리고 창조를 해야 한다는, 같은 고민을 하고 있다. 스스로 혁신, 파괴, 창조하지 않으면 다른 기업(조직)에 의해 잠식당한다는 것을 육감으로 알고 있기 때문이다.

시장을 파괴할 만한 혁신적인 제품을 만들기 위해서는 무엇보다 직원들이 그 같은 마인드를 갖춰야 한다. 기업이 야망을 가지고 시장을 혁신, 파괴, 창조하기 위해서는 사람이 가장 중요하다. 구글이 인재 채용을 회사 업무 중 가장 중요시하는 이유다.

어떻게 혁신적인 사람을 만들고 키울 것인가. 이것이 문제다. 스티브 잡스나 엘론 머스크, 제프 베조스, 래리 페이지, 세르게이 브린 같은 사람도 있다. 하지만 이들은 아웃라이어다. 대부분은 평범하다. 평범한 직원들을 어떻게 혁신가로 키울 것인가.

디스쿨이란 무엇인가?

혁신하고 파괴하고 창조하는 방법을 가르치는 스탠퍼드에서도 특별히 방법론을 연구, 사람을 통해 전파하는 곳이 있다. 바로 스탠퍼드 '디스쿨 D-School'이다. 디스쿨을 이해하는 것 자체가 바로 파괴, 창조하는 방법을 이해하는 첫 단계라고 본다. 이곳에서는 혁신하고 창조하는 과정을 체험하며 가르치기 때문이다.

요새 많은 기업이 디스쿨과 협업을 하기 위해 혈안이 되어 있다. "우리 직원에게도 좀 혁신 마인드를 심어달라"며 돈을 들고 디스쿨로 찾아간다. 비자, 젯블루, 펩시코, P&G, GE, 구글, 모토로라 등 기업뿐만 아니라 게이츠 재단, 모질라 재단, 마운틴뷰 및 팔로알토시 등 기관들도 디스쿨과 협업하면서 아이디어를 얻어가고 있다.

이미 일부 성과도 나타나고 있다. 세계적 자산운용업체 피델리티 Fidelity는 디스쿨과 협업, 온라인 계좌에서도 오프라인처럼 뱅크북 Bankbook을 만들어 젊은 고객을 유치하는 데 효과를 봤다. 상당수 20대 고객은 손으로 만지는 오프라인 뱅크북을 본 적이 없는데 이 뱅크북이 돈을 저축하고 수익을 올리고 출금하는 재미를 느낄 수 있게 할 수 있다는 디스쿨 프로젝트에서 나왔기 때문이다. 이 같은 흐름을 파악한 《월스트리트저널》은 "비즈니스스쿨 B-School은 잊어라. 디스쿨의 시대가 왔다"고 표현하기도 했다.

스탠퍼드 디스쿨은 세계적인 소프트웨어 회사 SAP를 공동 창업한 하쏘 프래트너 Hasso Plattner가 지난 2005년 350만 달러를 기부한 것을 모태로 만들어졌다. 하쏘는 디자인 컨설팅 업체 아이데오 IDEO의 디자인 싱킹에 대해 감화를 받아 이 같은 방법을 널리 퍼뜨려야 한다는 생각으로 스탠퍼드에 거액을 기부해 아이데오 스타일의 디스쿨을 만든 것이다.

디스쿨은 디자인스쿨의 약자다. 하지만 디스쿨에서는 역설적으로 디자인을 가르치지는 않는다. 디자인이라고 하면 가구 디자인, 자동차 디자인이나 옷 디자인 등 무늬를 만드는 것을 떠올리지만 디스쿨은 무늬를 만드는 것을 가르치는 것이 아니라 '생각'을 디자인하는 방법을 가르친다. 디자인스쿨이 맞긴 하지만 전통적 의미의 디자인을 가르치는 것이 아니라 혁신과 창조하는 방법을 디자인하는 것을 가르치는 학교란 의미다.

디스쿨은 학위와 학점을 주지 않는다. 왜냐하면 학부나 학과가 아니기 때문이다. 기존 디자인스쿨 또는 비즈니스스쿨은 별도로 입학과 졸업의 과정을 거치고 학위를 딴다. 대학, 대학원에 가는 이유가 학위 아니던가. 하지만 디스쿨은 학위를 주지 않는다. 이 과정을 수료하면 동문alumni이 될 뿐이다.

디스쿨은 비즈니스스쿨MBA이나 로스쿨(법학대학원)처럼 따로 지원해서 들어가는 곳은 아니다. 스탠퍼드 대학원에 다니면 누구나 등록할 수 있다. 즉 디스쿨 전공이 아니라 자신의 전공이 있고 디스쿨은 수료한다고 보면 된다. 그래서 디스쿨은 화학과, 정치학과, 미디어학과, 의학과, 법학과, 엔지니어링, MBA 등 다양한 전공을 가진 학생들이 모인다. 창조적 아이디어는 다양함과 다름에서 나오기 때문이라고 믿기 때문이다. 이를 디스쿨에서는 '극단적 협력Radical Collaboration'이라 부른다. 문제를 해결하기 위해서는 서로 다른 관점과 다른 경험이 필요하다.

수업에서 만들어지는 팀도 서로 다른 관점과 경험을 가진 이들을 섞어 놓는다. 컴퓨터과학 전공자와 정치과학 전공자를 섞어놓는다든가 정책결정자와 CEO, 교육학과 학생과 산업 전공자를 섞어놓는 방식이다.

스탠퍼드 대학원생이라면 누구나 등록할 수 있다고 해서 등록만 하면 다 수업을 들을 수 있는 것은 아니다. 자신이 왜 이 수업을 들어야 하는지에 대한 에세이를 써서 제출하고 이를 디스쿨 운영진이 승인해야 수강을 할 수 있다.

실리콘밸리 기업들이 디스쿨 동문은 특별 채용해서라도 데려가려고 하

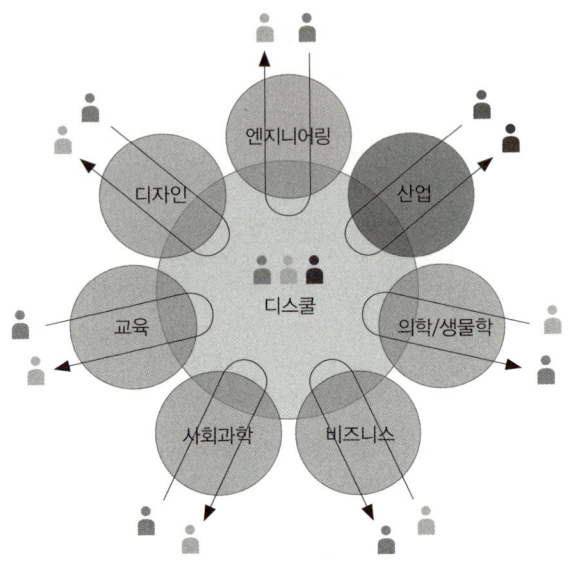

스탠퍼드 디스쿨은 다양한 배경과 전공을 지닌 학생들을 선발, 창조적 아이디어를 만들어낼 수 있도록 한다. 이것을 '극단적 협력'이라 부른다.

는 분위기이기 때문에 과목당 경쟁률은 1:3이 넘는다. "디스쿨의 시대가 왔다"는 말은 허언이 아니다. 스탠퍼드 내부에서도 "요새 학교에서 가장 핫hot한 곳이 어디인가?"라고 한다면 주저 없이 디스쿨이 꼽힐 정도이며 디스쿨 방식의 수업은 스탠퍼드 전 학과에 퍼져 영향을 주고 있다.

디스쿨 수업도 고정된 것이 아니다. 학기마다 수업이 바뀐다. 2013년 봄 학기에는 '우리가 배우고 사는 길을 스탠퍼드에서 재정의한다' '과학을 위한 디자인' '놀이에서 혁신으로' '디자인 싱킹으로 정부를 다시 부팅한다' 등의 수업이 있었지만 이 수업들이 2014~2015년 가을, 봄학기에 개설될 것인지는 확실하지 않다. 팝업pop-up 수업이 있어서 반응이 좋으면 정규 수업으로 올라온다.

스탠퍼드 대학원생이 아니기 때문에 디스쿨 수업을 직접 듣지는 못했다. 하지만 2013년 봄학기(3~6월 초) 스탠퍼드에서 '디지털 미디어 기업가 정신Digital Media Entrepreneurship' 수업을 들으면서 디스쿨 수업 방식을 경험할 수 있었다.

이 수업을 디스쿨 방식으로 운영했다. 문제 제기를 하고 문제를 관찰하며 아이디어를 내고 문제를 풀어나간다. 학생들은 아이디어가 생길 때마다 포스트잇으로 생각을 칠판에 붙여놓는다. 처음부터 이 같은 방식으로 수업을 한다는 것이 충격적이었는데 이것이 디스쿨에서 왔다는 것을 알고 더 놀랐다.

이 수업에서는 미디어 벤처(스타트업)에 대해 배우고 직접 팀을 짜서 실행한다. 이 수업은 저널리즘과 비즈니스, 테크놀로지의 교차점crossroad을 만들자는 취지로 2010년부터 시작됐다.

첫 수업 시간에 학생들이 엘리베이터 피치를 하고 저널리스트, 비즈니스, 테크놀로지로 각자가 분야를 나눠서 팀을 스스로 만드는 모습이 인상적이었다. 한 팀에 저널리스트가 두세 명 들어가면 교수가 나서 팀을 나눠줬다. 그래서 6개 팀은 저널리스트와 비즈니스맨, 테크놀로지스트(개발자)가 적절하게 구성됐고 약 12주간의 팀 빌딩 작업에 들어갔다.

학생들은 각자의 팀에서 사업 구상 아이디어를 냈다. 수업 시간에는 '콘텐츠 유료화 방안'이나 '좋은 팀을 만드는 방법' 등으로 강의를 하고 사례 발표도 동시에 진행했다. 유명 벤처캐피털리스트나 저널리스트들도 게스트 강사로 초대되어 강의를 했다. 수업 시간에 이렇게 팀을 만들고 서비스를 만드는데 안 될 수가 없을 것 같다는 생각이 들었다. 이 수업을 통해서만 20여 개의 스타트업이 만들어졌다는 교수의 소개는 과장이 아니었다.

이 수업에서 받은 두 번째 충격은 '혁신은 사회과학(인간적 가치)과 비즈니스, 기술의 교집합에서 나온다'는 디자인 씽킹의 원리였다. 혁신은 인간

디싱킹의 원리

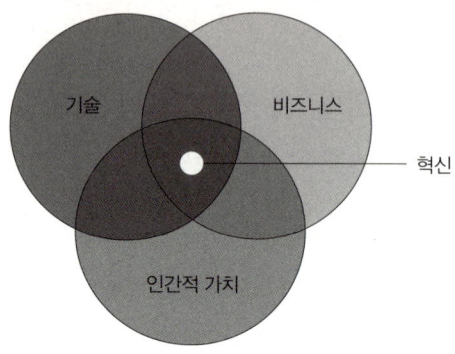

이 가치를 느낄 수 있어야 하며 이를 가시적으로 만들기 위해 기술이 필요하고 항상적 혁신을 위해 비즈니스 모델을 갖춰야 한다는 이론이다. '어느 한 부분도 소홀히 할 수 없다'는 차원이 아니다. 혁신하고 싶다면 세 가지를 갖춰야 한다는 것이다.

이를 위해 창의성creative 과 분석적 접근analytical approaches 그리고 원칙을 가로지르는 협력collaboration across disciplines 이 결합돼야 한다. 이 같은 생각은 기존 사고방식과는 차원이 다른 접근임에 틀림없다.

디스쿨의 또 다른 원칙은 '실행하면서 배운다Learn by Doing'는 것이다. 디스쿨에서는 교수가 학생들에게 문제를 내지도 않고 풀라고 하지도 않는다. 학생들에게 "문제는 무엇인가?"라고 묻는다. 학생들이 스스로 문제를 내고 해결할 수 있도록 한다. 그래서 디자인 싱킹을 '문제해결 방식'이라고도 부른다.

도대체 해결해야 할 문제가 무엇인가를 설정하고 이를 해결하기 위해 다양한 전공을 가진 동료들과 협력하고 문제를 해결한다. 예를 들어 '자전거용 커피 홀더'를 만드는 과정이 그렇다. 스탠퍼드는 학교가 넓어서 강의실과 강의실을 이동할 때 주로 자전거를 이용한다. 자전거는 두 손으로 타야 하기 때문에 커피를 들고 다닐 수가 없다. 한 손으로 핸들을 잡고 한 손에 커피를 들고 강의실을 가는 것은 영화에서는 낭만적일지 모르겠으나 현실에서는 위험한 행동이다. 하지만 수업 시간에 커피를 들고 가고 싶은데 이때는 어떻게 해야 하나?

이렇게 문제를 스스로 설정하고 해결 방법을 찾는다. 자전거를 타는 학생들과 커피를 든 학생들을 유심히 관찰하고 이들과 인터뷰를 해서 어떻게 만드는 것이 좋은지 방법을 찾은 후 '자전거용 커피 홀더'가 있었으면 좋겠다고 결론을 내리고 프로토타입을 만드는 과정을 거치게 되는 것이다.

누구도 '자전거 커피 홀더'가 필요하다고 하지 않았다. 교수들이 지시하는 것은 더욱 아니다. 학생들이 느끼는 문제는 무엇이고 이를 어떻게 해결해야 하는지 협력을 통해 만들어내는 것이다.

디스쿨, 어떻게 생겼나?

디스쿨은 스탠퍼드 메인쿼드에 있는 메모리얼 교회 Memorial Church 뒤편에 위치해 있다. '혁신과 창조 발전소'라고 하면 무엇인가 다르게 지어졌을 것 같은데 그렇지 않다. 외형은 다른 스탠퍼드 건물과 다름이 없다. 하지만 안으로 들어오면 다르다. 굉장히 창의적인 기운이 넘쳐난다.

이 건물을 소개하려는 이유는 실리콘밸리에서 디스쿨이 사무실의 미래라고 평가받고 있기 때문이다. 적지 않은 기업의 사무실에서 파티션을 없애고 직원들끼리 서로 보면서 일할 수 있도록 했다면 앞으로는 아예 책상을 없애거나 소파나 의자를 움직일 수 있도록 하는 등 극단적 협업 radical collaboration이 가능하도록 만드는 것이 미래 트렌드라는 것이다. 구글, 페이스북 등 실리콘밸리의 인터넷 기업뿐만 아니라 삼성전자, 엔비디아처럼 전통 제조업에 가까운 반도체 업체들도 극단적 협업을 위해 사무실을 하나로 만드는 것을 구상하고 있다.

물론 다수 기업은 애플처럼 파티션을 유지하고 있다. 직원들의 업무 집중력과 생산성 극대화가 중요하다고 판단한다면 파티션을 두는 것이 더 효과적일 수 있다. 왜냐하면 누구에게도 방해받지 않고 집중해서 일할 수 있는 분위기를 만드는 것이 생산성 극대화를 위해서는 더 효율적이기 때문이다. 이럴 경우 파티션은 필요하다.

그러나 협업을 통해 창의적 분위기를 만들고 새 아이디어를 끊임없이 내놓는 것이 중요하다고 판단한다면 칸막이를 없애는 것이 현명하다. 혁신과 창조의 아이디어는 한 사람보다 다양한 배경을 지닌 사람들이 의견을 교환할 때 우연히 나올 수(정수기 효과) 있기 때문이다.

직접 스탠퍼드 디스쿨에 가보고 경험할 수 있으면 더할 나위 없이 좋겠지만 대부분 그렇지 못하기 때문에 사진으로 소개하고자 한다. 디스쿨 입구는 아래 사진과 같이 생겼다. 다른 스탠퍼드 건물과 다르지 않은데 원래 엔지니어링 빌딩을 개조해서 만들었기 때문이다.

디스쿨로 들어가면 학생들이 의자에 앉아 프로젝트를 협업하는 모습을 발견할 수 있다. 다음은 디스쿨 사진들이다.

모여서 프로젝트를 하고 있는 학생들. 디스쿨 입구는 많은 실리콘밸리 기업들이 그랬듯 차고(개러지)처럼 만들어놓았다.

자신의 노트북을 들고 와서 협업하기 좋게 만들어놓았다. 노트북으로 작업하다가 같이 작업을 할 때는 앞에 있는 모니터에 연결하면 된다. 이런 협업 공간은 디스쿨뿐만 아니라 스탠퍼드 전체 건물에 많이 퍼져 있다.

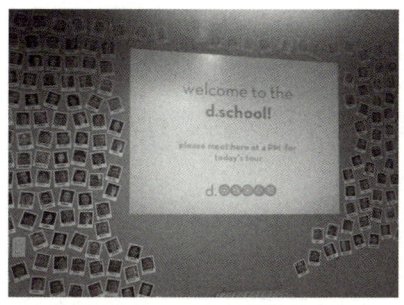 

스탠퍼드 디스쿨을 소개하는 투어 프로그램도 있다. 디스쿨 재학생들이 자원봉사로 소개하는데 더 많은 사람이 디스쿨을 따라 할 수 있도록 만들어졌다.

2층에서 본 1층 플로어. 이 플로어에서 강연을 하고 모임을 한다. 평소에는 의자에 앉아서 프로젝트를 하기도 한다.

강의실과 작업실은 2층에 있다. 강의실이라고 볼 수도 있고 없을 수도 있다. 왜냐하면 정형화된 강의실이 아니기 때문이다. 하나의 공간이고 화이트보드가 각 작업실을 구분할 수 있게 만들어놓았다. 화이트보드를 움직이면 넓은 강의 공간이 되기도 하고 작은 작업실이 되기도 한다.

이 책상은 디스쿨에서 직접 설계했다. 아래 바퀴가 달려 움직일 수 있게 해놓았다. 다른 책상과 붙일 수 있고 떼서 독립적으로 사용할 수도 있다.

디스쿨은 강의실을 강의실(classroom)이라 하지 않고 스튜디오(studio)라고 부른다. 스튜디오도 디스쿨에서 직접 설계해서 만든 것이다. 천장은 높게 한 대신 머리 위 하얀색 철골을 낮게 해서 동료들을 더 가깝게 느껴 협업이 가능하도록 설계했다고 한다.

문제해결 중심 사고

창조는 전에 없던 새로운 것을 만든다는 뜻이다. 발명과 비슷하다. 발명은 주로 천재적인 한 사람의 아이디어가 실현되면서 나오는 것이고 지적재산권IP에 의해 보호되고 보호받으려 하지만, 여기서 말하는 '창조'는 한 사람이 아닌 여러 사람의 협업으로 만드는 것이고 모든 사람이 쓸 수 있도록 하기 위해(플랫폼) 되도록 무료로 공개한다.

창조나 발명이나 '문제를 해결한다'는 것은 같다. 불편함을 느끼거나 현재 존재하는 제품(서비스)보다 더 나은 것을 만들기 위해서는 어떤 문제를 발견하고 이를 해결해야 한다. '문제를 해결한다'는 것은 실리콘밸리 기업들의 기본 정신이다. 큰 기업이나 작은 기업이나 문제를 해결하기 위해 회사를 설립하고 글로벌화를 꿈꾼다.

다수 실리콘밸리 기업들은 속마음이야 다를 수 있겠지만 모두 "세계를 더 나은 곳으로 만들기 위해 회사를 시작했다"고 이구동성으로 외친다. "더 나은 세상을 만들기 위해 다양한 문제를 해결해야 한다"고 말한다. 거짓이 아니다. 기업을 통해 더 좋은 세상을 만들겠다는 꿈이 있기 때문에 창업을 하는 것이다. 기아, 빈부 격차, 사회적 불평등, 에너지 고갈, 기후변화, 도시 빈민 등 사회가 발전할수록 필연적으로 따라오는 사회문제도 창조적 방법을 통해 해결할 수 있다.

이처럼 디자인 싱킹을 다른 말로 표현한다면 '문제해결 방법론'이라고 해석할 수 있을 것이다. 문제를 해결하는 과정에서 혁신되고 파괴되며 창조한다. 디스쿨은 이를 체계화하고 이론으로 만든 것이다.

디스쿨에서 만든 디자인 싱킹의 다섯 가지 단계가 있는데 다음 그림과 같다. 감정이입Empathize, 정의Define, 아이디어화Ideate, 원형Prototype 제작, 그리고 테스트Test의 단계다.

첫 단계인 '감정이입'은 사람들을 유심히 관찰하고 인터뷰하면서 인사

디싱킹의 다섯 가지 단계

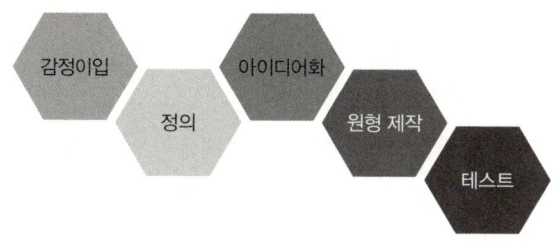

이트를 얻는 과정이다. 문제해결을 하겠다고 나선 것은 이 문제를 혼자 겪고 있지 않기 때문이다. 많은 사람이 같은 문제를 느끼고 있다고 생각하기 때문에 문제해결에 나서겠다는 것이고, 이를 위해서는 나 말고 다른 사람들은 어떤 문제를 느끼고 있는가를 알아야 한다.

기존의 인사이트를 얻는 과정은 정량적인 마케팅 툴을 사용하거나, 설문조사를 하거나, 포커스 그룹 인터뷰를 하는 방법을 사용했다. 하지만 디스쿨에서는 인사이트를 얻기 위해 대책 없이 사람을 관찰하고 생뚱맞게 인터뷰를 한다. 특히 사람들의 자연스러운 행동을 관찰한다. 그래서 디스쿨에서는 '어린이의 눈으로 관찰하라'고 강조한다. 이미 많은 정보를 가지고 관찰하면 문제를 제대로 파악할 수 없기 때문이다.

또 감정이입을 위한 인터뷰 방법도 알려주는데 '무엇을What?' '어떻게 How?' '왜Why?'를 물어보고 행동을 관찰하기 위해 허락된 몰래카메라user camera를 설치하기도 하며 마니아Extreme User를 인터뷰하라고 하기도 한다. 예를 들어 샌프란시스코 현대미술관SF MOMA을 리노베이션해서 재개관하는 프로젝트가 있다고 하면 기존의 MOMA는 어떤 문제가 있었는지, 관객들이 그림을 관람하는 데 불편함은 없었는지, 다른 미술관과 비교해 차이는 무엇인지 알아야 하기 때문에 무작정 관찰하고 관람객들과 대화를 해서 기본 골격을 찾아가는 행동이다. SF MOMA와 협의해 카메라를 설치해서 관객들의 동선과 관람 습관을 파악하기도 하고 매일 오는 관람객이나 오랫동안 SF MOMA에 연간 회원으로 있는 한 관객을 찾아서 인터뷰하기도 한다. 이 과정에서 인터뷰이가 미술 전문가나 미술관 관계자의 입장이 돼서도 안 되고 현대 미술이나 미술관에 대한 사전 정보도 최대한 배제해야 한다. 그냥 어린이가 SF MOMA를 보고 있다고 생각하고 감정이입을 하는 것이다.

두 번째 단계인 '정의'는 팀원들의 감정이입 결과를 종합하고 범위를 특정하는 단계다. 팀원들이 감정이입 단계를 통해 이용자와 인터뷰하고 문제점을 인지하는 것을 모아서 "과연 무엇이 문제인가?"를 정의 내리는 단계다. 여기서 중요한 것은 '당신의 관점 Your Point of View'이다. 이것을 디스쿨에서는 POV Point Of View라고 줄여 부를 정도로 중요하게 생각하고 있다.

문제를 정의하기 위해 팀원들끼리 포스트잇에 적어서 자신의 생각을 공유한다. 이를 '스토리 공유와 저장 Share and Capture'이라고 부른다. 그리고 이 같은 생각을 몇 개로 모아서 그룹화할 수 있는데 이 과정을 '포화와 그룹 Saturate and Group'이라고 한다.

이 과정을 통해 팀원 간 아이디어가 모이면 관점 유추 POV Analogy를 한다. 관점 유추란 말이 어려운데 한마디로 문제를 해결하고자 하는 것을 다른 멋진 말로 만들어내는 것이다. 예를 들어 개인용 뮤직 플레이어를 만들겠다고 하면 '보석처럼 멋진 개인용 뮤직 플레이어를 만들자'는 것이다. 개인 뮤직 플레이어가 보석이 될 수 있고 그렇다고 하면 귀에다 붙여도 멋진 제품을 만들자. 팔목에다 차도 멋지게 보일 수 있도록 만들자는 상상이 가능하다. SF MOMA의 경우에는 '디즈니랜드처럼 재미있는 미술관을 만들겠다'고 할 수 있을 것 같다.

세 번째 단계인 '아이디어화'는 문제점으로 파악된 것에 대한 해결 방법을 만드는 과정이며, 네 번째 문제해결을 위한 '원형'을 만들고, 다섯 번째 시장에서 '테스트'하는 과정을 거친다. 원형 제품을 만들기 위한 디스쿨 내 작업실도 있다.

"디스쿨은 스스로 혁신을 가르치는 곳이 아니다. 혁신가를 만드는 곳이다"로 규정하고 있다.

이렇게 만들어진 제품 중에는 최근 링크드인에 인수된 펄스도 있다. 펄스는 2010년 5월 스탠퍼드 석사과정을 밟고 있던 인도계 아크샤 코타리와 안키트 굽타가 디스쿨에서 나온 아이디어를 실행에 옮겨 만든 앱이다. 수업 시간의 숙제를 프로젝트로 연결시켜 바로 실행에 옮겨 앱 '펄스'를 만들었고 운이 좋게도 아이패드 출시와 맞물려 스티브 잡스가 "꼭 있어야 하는 앱이다"라고 말하면서 유명세를 탔다. 수업 시간에 나온 아이디어가 훗날 9000만 달러의 가치로 만들어진 셈이다.

지금도 제2, 제3의 펄스가 되기 위해 디스쿨에서는 많은 학생이 실험하며 새로운 아이디어를 내고 무엇인가를 만들어내고 있다.

린 싱킹: 파괴와 창조의 실행론

"다 좋은데 언제 서비스하지?"

스탠퍼드 '디지털미디어 기업가정신' 수업 시간. 이 수업은 미디어 스타트업을 실제로 만드는 것을 목표로 12주간 다양한 커리큘럼으로 진행한다. 앤 그라임 교수가 학생들에게 묻는다. 미국 대학생 스포츠(야구, 미식축구, 농구, 소프트볼, 라크로스 등) 전문 미디어 벤치프레스BenchPress를 들고 나온 학생이 당황한 듯 대답했다.

"아직 완성이 안 됐습니다. 보여줄 수준이 못 돼요. 좀 더 완벽하게 구현한 다음에 공개하려 합니다."

"아냐. 되도록 빨리 서비스를 시작해야 해. 완벽하면 늦어. 이 수업을 마치기 전에 공개한다고 생각하고 서둘러. 우선 핵심만 공개하면 되잖아. '린 스타트업Lean Start-up'이 그런 것이야."

이 수업 시간에 린 스타트업에 대해 따로 배우지는 않았다. 하지만 학생들은 린 스타트업의 주창자 스티브 브랭크가 공저한 《스타트업 오너의 메뉴얼Startup Owner's Manual: Step by Step guide for Building a great company》을 들고 다녔다. 이 수업 시간에 꼭 읽어야 할 책이기도 했지만 스타트업을 시작하려는 학생들에게는 '어떻게 실행할 것인가'에 대한 바이블과 같은 책이기 때문이다.

수업 시간에 별도로 린 스타트업에 대해 배울 필요는 없다. 이론으로 알고 숙지해야 한다기보다는 실행론에 가깝다. 즉 린 방식Lean Way으로 실행하라는 얘기다.

창업을 준비하고 있는 스탠퍼드 학생들, 실제 창업을 하고

스탠퍼드에서 디지털 미디어 기업가정신을 가르치는 앤 그라임 교수(오른쪽)와 게스트 강사로 온 가이 가와사키 씨.

회사를 만드는 과정 중인 많은 스타트업이 바이블처럼 생각하는 것이 린 스타트업 방식이다. 최근에는 신생 기업인 스타트업뿐만 아니라 기존 대기업도 린 방식으로 새 사업을 시작하고 직원들도 그런 마인드를 갖출 것을 요구받고 있는데 이를 '린 싱킹Lean Thinking'이라고 한다.

린Lean? 기운 스타트업? 한쪽으로 기운 생각? 말이 생소해서 사전을 먼저 찾아보게 되는데 '기울다'란 뜻으로 먼저 받아들이기 쉽다. 하지만 아니다. '군살 없는' '기름기 없는' '낭비가 없는'이란 뜻이다. 린 스타트업은 한마디로 '기름기 쏙 뺀' 상태에서 갓 시작한 기업을 뜻하며 기름기 없이 사업을 시작하도록 하는 방법이 린 싱킹이라고 보면 된다.

실리콘밸리 스타트업은 거의 예외 없이 린 방식으로 혁신 사업을 시작하려 한다. 도대체 린 방식이 무엇이기에 사업 실행 원리가 됐을까?

애초 이 말은 일본의 자동차 회사 도요타가 창안한 경영원리인 '낭비제

거 생산방식'에서 나온 것이다. 이를 미국식으로, 특히 작고 빠른 스타트업에 맞게 적용했다. 제조업에서 도요타의 생산방식은 전설에 가깝다. 제조업을 하는 다수 기업이 도요타 생산방식을 따라 하고 있기 때문이다. 제조업에서는 도요타 생산방식 이전과 이후로 나뉠 정도다. 이유는 재고를 없애는 적시 생산 JIT: Just In Time 체제 때문이었다.

제조업의 가장 큰 고민은 재고다. 수요를 예측해서 많이 만들었는데 갑자기 천재지변이나 경제 상황이 급변해 안 팔리면 고스란히 재고는 생산자에게 쌓이게 되고 이는 곧 위기와 파산을 의미한다. 예측을 잘못하거나 날벼락같이 경제 상황이 급변해서 한두 달치 쌓이는 재고에 견딜 기업은 (현금 보유액이 많은 기업을 제외하고는) 많지 않다.

글로벌 경제는 한 치 앞을 내다볼 수 없어서 예측이 불가능해진 것이 당연하게 받아들여지고 있다. 그래서 도요타는 자동차 생산방식을 불규칙한 수요에 맞게 재편했다. 자동차 생산 과정에서의 낭비 요소를 최대한 제거해 인력이나 생산 설비 등은 필요한 만큼만 유지하고 효율을 극대화하는 것이다. 원가를 절감하고 생산성을 높인다는 취지로 전사적 낭비 제거 활동을 벌여 생산 시스템을 재빠르게 만들어서 미국의 자동차 업체들을 제치고 글로벌 1위 자동차 업체로 도약할 수 있었다.

소비자들이 중형 세단을 요구하면 생산라인을 바꾸고 갑자기 날이 더워져 SUV 수요가 늘면 그에 맞게 라인을 바꾸는 방식이다. 그래서 재고 악순환의 고리를 끊고 가급적 필요한 만큼만 생산, 판매할 수 있게 된 것이다. 자동차 부품을 수요에 맞게 제공받을 수 있도록 한 것이 JIT다. 이를 통해 자재와 부품을 필요한 시기에 맞게 정확히 공급받을 수 있게 했다. 이를 위해 유연하게 라인을 바꿀 수 있도록 했다.

자동차 생산라인을 유연하게 agile 바꾼다? 쉽지 않다. 동네 떡집도 생산라인(백설기, 시루떡, 콩찰떡)을 바꾸는 데 큰 결심이 필요하고 손님이 변덕을 부리면 주인은 온갖 짜증을 낸다. 하지만 변덕이 심한 손님을 원망하고 라인을 바꾸지 않으면 백설기는 재고로 남고 콩찰떡은 손님이 원할 때 팔지 못하게 된다. 떡집도 쉽지 않은 생산라인 교체를 자동차 제조에서 해낸다? 이것을 해낸 것이 도요타다. 그래서 교과서가 됐다.

제조업에서는 이를 '도요타 생산방식'이라 부른다. 이 방식이 보통명사화됐지만 좀 더 군더더기 없이 말하면 '린 방식'이다. 군살을 없애고 몸의 비곗덩어리이자 뱃살을 쏙 빼는 '생산방식의 다이어트'다.

사업은 계획하는 것이 아니라 실행하는 것이다

도요타 방식을 장황하게 설명한 이유는 린 스타트업, 린 싱킹이 도요타가 창안한 방식을 창업 과정으로 끌어들인 개념이기 때문이다. 한마디로 '군살 없이 창업하라!'는 뜻이고 이를 실천론으로 승화시킨 개념이다.

군살? 사업을 시작할 때도 군살이 있는가? 있다. 사업 아이디어가 생겨서 본격적으로 비즈니스를 시작한다고 해보자. 무엇이 가장 먼저 떠오르는가? 우선 사업성 조사, 시장조사가 떠오른다.

망하지 않으려면 시장이 있어야 하고 구체적으로 손에 잡히는 숫자가 있어야 할 것 아닌가. 비슷한 사업을 해본 선배들에게도 조언을 구한다. 이 과정에서 때로는 컨설팅 업체에 시장 규모에 대해 의뢰하기도 하고 인맥을 쌓기 위해 비용도 들인다. 이 시간은 얼마나 걸릴까? 사업 준비 기간에 따라 다를 것이다. 1년이 걸릴 수도 있고, 2년이 걸릴 수도 있다.

하지만 린 스타트업은 이 과정 자체를 제거해야 할 낭비라고 본다. '사업은 계획하는 것이 아니다. 실행하는 것이다'는 논리다. 사업을 시작할 때 누구나 하는 사업계획 business plan이 낭비일 수 있기 때문에 '되도록 빨리 시작하라!'는 주문이다. 이것이 가능한 이유는 인터넷과 오픈 소스 open source 그리고 크라우드 소싱 crowd sourcing에 있다.

인터넷에는 골라 들어야 할 정도로 스타트업을 위한 조언이 넘친다. '스타트업은 어떻게 시작해야 할까?'란 사이트도 있고 개방형 온라인 강좌 MOOCs 중 하나인 유다시티에는 '스타트업 만들기'란 수업이 무료로 올라와 있기도 하다. 《스타트업을 성공으로 만드는 6가지 비밀》이란 책도 있다. 조언이 부족해서나 하는 방법을 몰라서 창업을 못 했다는 말이 안 나올 정도다.

아파치 소프트웨어, 모질라 재단, 우분투와 같은 오픈 소스 플랫폼은 창업 시 기술장벽과 소프트웨어 개발 비용을 크게 낮춰줬다. 엔지니어가 부족해도 공동으로 소프트웨어를 개발할 수 있는 '기트허브GitHub'와 같은 사이트도 있고 시작할 자금이 부족하면 벤처캐피털에 가기 전에 '킥스타터KickStarter'를 통해 펀딩을 시도해도 된다. 제조업이 전례 없이 저렴해지고 있다. 이제 중국 선전Shenzen 공장들을 미국의 대기업만 이용하는 것이 아니라 스타트업으로 이용한다.

생각해보자. 새로운 기업이 제조업을 시작한다고 할 때 누가 공장을 먼저 짓고 시작하겠는가. 디자인과 생산이 분리되고 1주일 내에 가정에까지 제품이 배달되는 글로벌 공급 시스템은 스타트업도 활용할 수 있다. 창업자들이 제품 디자인을 하고 테스트를 하고 나서 스펙을 중국으로 보내면 거의 완벽한 제품을 받을 수 있다.

이처럼 공개된 소프트웨어와 이를 통한 다양한 성공 스토리는 실제로 '시작장벽'을 크게 낮추고 있다. 그래서 린 스타트업이 가능하게 됐다.

물론 사업계획 없이 창업할 수는 없다. 하지만 비즈니스스쿨에서 배우듯 전통적인 사업계획론(투자자, 팀 구성, 상품 출시, 판매 시기)에 의해 A부터 Z까지 잠복하듯Stealth Mode 치밀하게 준비한 후 '짠' 하고 나타나는 것은 린 스타트업 열풍 속에 점차 실패할 확률이 높아지고 있다.

스타트업 상당수가 '나도 스티브 잡스가 될 수 있어!'라는 생각을 하게 된다. '우리도 애플처럼 비밀주의를 지켜서 완벽한 제품(서비스)을 내놓아야겠다'는 의지도 갖게 된다. 하지만 이는 착각이다. 스티브 잡스는 표준이 아니라 아웃라이어다.

실제로 하버드비즈니스스쿨 Harvard Business School 의 시카르 고쉬 Shikar Ghosh 의 연구에 따르면 스타트업의 75%가 실패한다고 한다. 기존 비즈니스스쿨에서 가르치는 전통적인 경영기법에 따르면 비즈니스 플랜을 세우는 것은 모든 사업의 시작이다. 하지만 이렇게 세워진 비즈니스 플랜 상당수가 소비자와 최초로 접촉한 후 변경될 가능성이 높다. 비즈니스 플랜의 가설은 가설일 뿐이다.

더구나 전통 비즈니스스쿨이나 투자자들은 3~5년 후 예상 수익과 출구전략 exit plan 까지 고려해 사업계획을 짜라고 조언한다. 하지만 지금과 같이 급변하는 시기에 3년 후, 5년 후를 어떻게 예측할 수 있을까? 예측이 맞지도 않을뿐더러 비즈니스스쿨과 투자자들도 이 계획이 맞다고 보고 투자하지 않는다. '결국 필요 없는 예측을 한 것이 아닌가?'란 의문을 던지게 된다. 차라리 빠르게 비즈니스 가설을 세운 후에 직접 소비자 또는 이용자 customer 와 접촉을 해서 가설을 검증하고 발전시키는 것이 효율적일 수 있다.

린 스타트업의 아버지 스티브 브랭크가 2013년 5월 《하버드비즈니스리뷰 HBR》에 기고한 〈왜 린 스타트업은 모든 것을 바꾸는가 Why the Lean Start-up Changes Everything?〉에 따르면 린 싱킹, 린 방식의 세 가지 중요한 원칙이 있다.

첫 번째 가장 중요한 것은 가설을 그려보는 것이다. 비즈니스 계획이나 조사 기간이 길다고 좋은 것이 아니고 일단 처음 계획에 의해 가설을 세운다. 스타트업이란 큰 회사의 작은 버전이 아니다. 마스터 플랜에 맞추기보다는 처음부터 '이용자(고객)로부터 배우겠다'는 적극적인 자세를 가져서 모든 적응 과정, 아이디어 개선, 실패 극복까지 빨리 경험하게 한다.

우리 식으로 표현하자면 "걸으면서 생각한다. 생각한 후에 걷는 것이 아니다"란 말과 비슷하다.

두 번째는 고객에 의한 개발이다. 제품을 아주 필요한 부분만 만든 후 (이것을 최소 실행 제품, 즉 MVP Most Viable Product 라고 부른다) 이용자와 자주 만나서 계속 가설을 검증한다. 이용자에게 제품과 가격도 알려주고 심지어 어떻게 이용자들을 끌어들일 것인지에 대한 계획도 알려줘서 즉각적인 반응을 얻는다. 이 과정에서 중요한 것은 스피드 nimbleness, speed 와 데이터다. 고객과 사업 관련 데이터 분석을 신속하게 해서 가설을 지속적으로 수정하는 것이 중요하다. 물론 완벽하지 않은 상태에서 비즈니스 계획과 제품(서비스)이 노출되고 외부에 알려지게 될 수도 있다. 하지만 부족하지만 먼저 써보고 개선점을 찾아보는 것이 소프트웨어나 모바일 서비스 등에는 더 적합하다. '고객에 의한 개발' 원칙에 근거하면 오히려 고객에게 더 많은 정보를 공개하는 것이 바람직한데 이는 더 많이 공개할수록 더 많은 피드백을 받게 되기 때문이다.

세 번째는 유연한 개발이다. 구글이 모바일 운영체제 안드로이드를 내놓은 방식이 유연한 개발 방식이다. 2007년 처음 공개된 1.0(애플파이) 버전에서부터 2.0(이클레어), 2.2(프로요), 2.3(진저브래드), 3.0(허니콤), 4.0(아이스크림샌드위치)에 이어 4.1~4.2(젤리빈)에 이르기까지 버전을 지속적으로 업그레이드하면서 내놓았다. 파편화라는 문제를 낳았지만 애플 iOS처럼 소프트웨어와 하드웨어가 일치된 완벽한 제품이 아니라면 소프트웨어를 지속적으로 내놓아서 소비자 반응을 얻어 성능을 높이는 게 더 효과적이라고 본 것이고 이는 맞는 전략이었다. 기업 운영도 안드로이드 버전 업그레이드하듯 실행하라는 것이 린 스타트업의 요지다.

이 같은 방식으로 시작한 '군살 뺀' 스타트업은 전통적 방식으로 창업한 기업에 비해 초기 실패 확률을 크게 줄여주고 있는 것이 사실이다.

기존 방식으로 창업한 스타트업은 왜 실패하는가? 자산은 부족한 데 비해 첫 소비자를 얻는 데 비용이 많이 든다. 어쩔 수 없다. 막 사업을 시작한 스타트업이니까. 그리고 제품(서비스)을 잘못 만들면 소위 "한 방에 훅 간다"는 말이 어울릴 정도로 회생이 불가능해진다.

또 제대로 투자받는 사람이 드물다. 왜냐하면 현재 벤처 투자는 적은 금액을 많이 나눠 주는 형태가 아니라 큰 자금을 될성부른 소수에 투자하고 이렇게 대규모 투자한 기업에서 큰 수익을 기대하는 머니게임 양상이 되고 있다. '될성부른'에 포함되지 않는, 스탠퍼드나 MIT, 하버드, UC 버클리, USC, 칼텍 등 명문대 출신이 아니거나 유대인이 아닌, 팀으로 구성된 스타트업은 더 투자받기 어렵다.

하지만 린 방식은 이 같은 실패 확률을 크게 줄여준다. 시작할 때부터 소비자 반응을 보고 하기 때문이며 제품(서비스)도 일단 내놓고 업그레이드하기 때문에 리스크가 줄어든다. 킥스타터는 크라우드 소싱 방식으로 될성부른 스타트업임을 돈으로 인증하게 해준다. 킥스타터에서 투자하는 사람들은 출신지나 인종을 보고 투자하는 것이 아니다.

이 같은 군살 빼기 린 방식은 새로 시작하는 스타트업에만 적용될까? 그렇지 않다. 린 방식, 린 싱킹은 파괴와 혁신 모델이 기존 비즈니스 모델을 잠식하고 있는 상황에서 대기업이나 중소기업 또는 정부 등 기존 조직

기트허브, 킥스타터, 인디고고와 같은 오픈 플랫폼이 창업을 더 쉽게 만들어준다.

에서도 적용할 수 있는 방식으로 확대되고 있다.

린 방식은 애초 빠르게 성장하는 기술 스타트업을 위해 만들어진 방식이지만 기존 조직에서도 활용할 수 있다. 규모scale는 다를 수 있지만 린 방식의 패턴은 같다. 기존 비즈니스 모델의 파괴는 경쟁사가 아니라 아직 존재하지 않는 기업(스타트업)에 의해 벌어지게 될 것이며 이들은 린 방식으로 빠르게 성장할 것이다. 기존 조직은 스스로 디스럽트(혁신, 파괴, 창조)하지 않으면 다른 조직에 의해 잠식당할 것이다.

애플의 아름다움은 자기 잠식을 두려워하지 않았다는 것이다. 빠르게 성장하는 디스럽티브 기술을 적극 수용, 스스로 잠식해 변신에 성공할 수 있었다. 대표적 사례가 아이팟과 아이폰 아닌가.

《HBR》에 소개된 미국의 대기업 GE도 린 싱킹을 내재화한 사례다. GE 에너지 저장 부서의 프레스콧 로건 부장은 부서에서 개발된 새로운 배터리가 산업 전체를 파괴할 수 있는 잠재력이 있다는 것을 깨달았다.

그는 배터리를 생산하기 위해 공장을 짓는 것이 아니라 비즈니스 모델을 찾고 고객을 발견하기 위해 적극 나섰다. 잠재적 시장과 적용 방법을 찾아보기 위해 전 세계 고객을 만나러 가서 기존 배터리의 현상에 대한 고민과 좌절을 깊게 들었다. 그리고 고객들이 산업용 배터리를 어떻게 구입하는지, 얼마나 자주 사용하는지, 운용 조건은 어떤지 공부했다.

그래서 타깃을 '전력이 불안정한 개발도상국의 휴대폰 공급자'로 좁히고 이 시점에서 본사에 10억 달러 투자를 요청한다. 이 공장은 2012년에 완성됐고 현재 새 배터리 수요가 높아서 재고가 달릴 지경이라고 한다.

우리는 그동안 현존하는 비즈니스, 현존하는 삶을 위한 전략과 기법을 구축·분석하는 데 힘을 써왔다. 하지만 혁신하고 파괴하며 창조하는 힘은 현재 존재하는 조직(대기업, 중소기업, 정부 등)에서 나오지 않는다. 린 방식, 린 싱킹으로 무장한 팔로알토, 마운틴뷰, 산타클라라에 있는 스타트업의 개러지garage에서 나올 수 있으며 한국 분당의 작은 사무실에서 나타날 수 있다.

  미래는 현존하는 것에서부터 선형적으로 나타나는 것이 아니라 갑자기 튀어나오는 것에서 만들어진다. 잠식할 것인가, 잠식당할 것인가? 선택은 하나다.

5장

그들은 왜 공짜 점심을 주는가: 파괴와 창조를 만드는 문화

Disruptors

프리 런치의 정치학:
그들은 왜 공짜 점심을 주는가

　실리콘밸리 기업 문화 가운데 가장 특징적인 것 중 하나가 바로 공짜 점심이다. 회사에 가면 세상에서 가장 좋은 뷔페가 있어서 굶을 걱정은 하지 않는다. 하지만 중요한 것이 있다. 역시 '세상엔 공짜 점심은 없다'란 점이다. 실리콘밸리 기업들이 왜 직원들에게 공짜 점심을 주는지 생각하면 말이다.

　구글이 대표적이다. 구글 캠퍼스에 가면 가장 좋은 것 중 하나가 공짜로 밥(아침, 점심, 저녁 다 가능하다)을 먹을 수 있다는 것이다. 전 세계 음식이 다 있고 점심시간인데도 그렇게 기다리지 않고 먹을 수 있다. "훌륭하다"는 말이 절로 나온다.

　그런데 '먹을 것이 많지만 먹을 것이 없는' 뷔페처럼 솔직히 배 채울 만큼 먹을 만한 것은 없어 보인다. 역시 회사 밥(우리 식으로 표현하면 회사 짬밥)이어서 그런가? 그렇지는 않다. 건강식이라서 그렇다. 지나친 건강식은 맛이 없는 것이 사실이다. 구글 찰리카페에서 먹은 음식이 대부분 그런 느낌이었다.

구글의 구내식당

구글의 소위 '프리런치'는 이처럼 수많은 에피소드가 있다. 구글은 회사에서 저녁도 준다. 직원들이 대략 5~6시 정도에 퇴근하는데 퇴근하는 직원들이 음식을 집에 싸 가서 정작 늦게까지 일하는 직원들은 "먹을 게 없다"고 하소연하기도 한다.

구글러들은 공짜로 회사에서 밥을 먹을 수 있다는 것에 자부심을 느끼는 것이 사실이다. 약 30가지의 다른 시리얼이 제공되고 세계 최고 수준의 요리사를 지속적으로 충원해서 초콜릿 무스에서 버섯을 얹은 두부에 이르기까지 다양한 식사가 제공된다. 또한 구글 로고가 박힌 '오늘의 스페셜' 음식도 먹을 수 있다.

구글이 안드로이드 버전에 디저트 이름을 쓰고 심지어 안드로이드 4.4 버전의 이름을 '킷캣KitKat'으로 정한 것은 우연이 아니라고 본다. 이 회사는 먹는 것을 중요시한다. 구글 캠퍼스를 돌아다니다 보면 어떤 건물로 이동하더라도 카페테리아가 있고 커피 머신이 있다.

역시 동양이나 서양이나 먹는 것은 중요하고 많은 얘기거리를 남긴다는 것을 깨닫게 된다. 먹는 얘기는 가장 쉽고 재미있게 할 수 있고 즉각적인 공감을 얻는다. 구글 직원들이 "우리는 회사에서 공짜로 밥 먹는다"고 하는데 다른 회사 직원들의 반응은 어떻겠는가.

"우리도 밥 먹을 수 있어. 하지만 돈을 조금은 내."

"우리는 밥 먹으러 멀리까지 나가야 해."

"도시락 싸 가는 재미도 있지."

도시락도 좋고 회사 근처에서 먹는 피자도 좋고 파스타도 좋지만 역시 '공짜 회사 밥'이 편하고 좋은 것은 어쩔 수 없다. 그래서인가. 구글의 영향을 받은, 구글 직원들이 대거 이직한 실리콘밸리 회사들이 프리 밀free meal을 주기 시작했다.

아침, 점심, 저녁 다 주는 회사는 구글과 페이스북이다. 그리고 야후도 마리사 메이어가 CEO로 선임된 이후 프리 밀로 바꿨다. 야후 직원들이 CEO가 바뀌었다는 것을 실감한 것은 야후 메일 서비스가 바뀌거나 갑자기 인사이동이 심하게 나서가 아니다. 돈 내고 먹던 식당이 갑자기 무료로 바뀐 것이다.

아침과 점심을 주는 회사는 적지 않다. 징가, 트위터, 넷플릭스, 링크드인, 스카이프 등이 프리 밀 제도를 도입했다. 산호세에 있는 삼성전자 지사는 조금의 돈을 받는다(하지만 맛있는 한식이 나온다는 장점이 있다).

물론 구글은 밥만 공짜가 아니다. 세탁소도 있어서 직원들이 세탁물을 동네가 아닌 회사에서 맡길 수 있다. 미용실도 있고 의사도 있다. 체력단련실, 볼링장, 수영장(파도치는 훈련 가능한 수영장이다)도 있다.

출퇴근 버스도 기본이다. 캘리포니아 101 고속도로의 교통난은 미국 전역에서도 유명하다. 와이파이가 가능한 버스에서 편하게 출퇴근할 수 있다.

엔지니어 중심 문화

"역시 구글은 사내 복지가 최고다"라고 할 만하다. 하지만 구글이 이렇게 공짜 점심으로 대표되는 수많은 '공짜'를 실시하는 것은 이유가 있다. 복지제도라기보다는 구글을 만든 '문화적 인프라'로 해석해야 한다. 공짜 점심을 주는 것이 비용 대비 효과가 크고 생산성을 높일 수 있다. 구글은 직원 한 명당 밥값으로 들어가는 비용이 1년에 7530달러라는 분석까지 나온 바 있다.

구글 직원의 대부분은 엔지니어다. 우리 식으로는 이공계다. 검색엔진, 지메일, 안드로이드 등 주요 서비스와 제품들이 모두 기술이 중심이 되는 것들이다. 여기에 창업자 두 명이 모두 뼛속까지 엔지니어 출신이고 주요 임원들도 거의 대부분이 엔지니어 배경을 가지고 있다.

구글의 유명한 '20% 타임'도 주로 엔지니어들에게 혜택이 있다. 물론 이 부분(20% 타임이 엔지니어들에게만 혜택이 있다는 것)은 논란의 소지가 있다. 비엔지니어들(인사팀, 관리팀)도 물리적으로는 20% 타임을 사용할 수 있다. 하지만 20% 타임은 근본적으로 엔지니어들이 사용하라고 만든 제도다. 한마디로 이공계 출신이 만든 이공계 회사라고 보면 된다. 그래서 이 회사는 '엔지니어 먼저 Engineer First' 문화가 있다.

사실 프리 밀은 밤낮없이 코딩하고 일하는 엔지니어들이 '밥 굶을 걱정하지 말고 일하라'는 의미로 만들어졌다. 구글이 위치한 마운틴뷰 주변에는 솔직히 마땅한 음식점도 없다. 점심을 먹으려면 차 타고 최소한 5~10분 나가야 한다. 남자들이 절대적으로 많은 구글 직원들이 도시락을 제대로 싸 올 리도 없다. 밥 사 먹기 위해 나가고 들어오는 시간이 모두 낭비인 셈이다. 회사에서 밥을 자유롭게 먹을 수 있는 것은 직원들이 큰 걱정 하나를 더는 것이다.

엔지니어들이 회사 식당에서 함께하면서 서로 생각의 격차를 줄이고 조직 문화를 공유하며 밥 먹다가 새로운 아이디어를 만들어낼 수 있는 것은 어쩌면 공짜 점심이 줄 수 있는 최고의 가치일 수 있다. 물론 구글 고위직 임원들도 회사 식당에서 같이 식사한다.

회사에서 맛없지만 몸에는 좋은 음식이 나오고 제때 먹을 수 있다는 것은 그만큼 건강해질 수 있다는 뜻이기도 하다. 회사 입장에서는 병가로 인한 손실을 막을 수 있다. (한국의 이공계가 끼니를 굶거나 야식, 라면 등으로 위장병과 각종 잔병에 시달리고 있는 것을 생각해보자).

그리고 구글은 병가가 따로 없다. 아프면 회사에 얘기해서 안 나오면 된다. 의사가 회사에 상주하고 있어서 언제든 치료받을 수 있고 독감 주사도 무료로 맞을 수 있다. 아프면 더 서러운 이공계의 아픔을 아는 창업자가 만든 문화다.

이 정도 되면 직원들의 회사 만족도가 높아지는데 이는 이직률을 낮춘다. 실제로 구글의 자발적 이직률은 4%에 불과하다. 실리콘밸리의 평균 이직률은 22%다. 이직 시 인수인계 등 보이지 않는 손실을 계산해본다면 낮은 이직률은 회사 비용을 크게 낮추는 일이기도 하다.

구글은 이 같은 공짜 문화에 대해 "우리가 이렇게 하는 데 큰돈이 드는 것은 아니다. 하지만 직원들에게 공짜를 주면 그들은 엄청난 것을 만들어낸다"고 말한다. 구글의 공짜 점심은 공짜가 아니다. 그만큼 직원들은

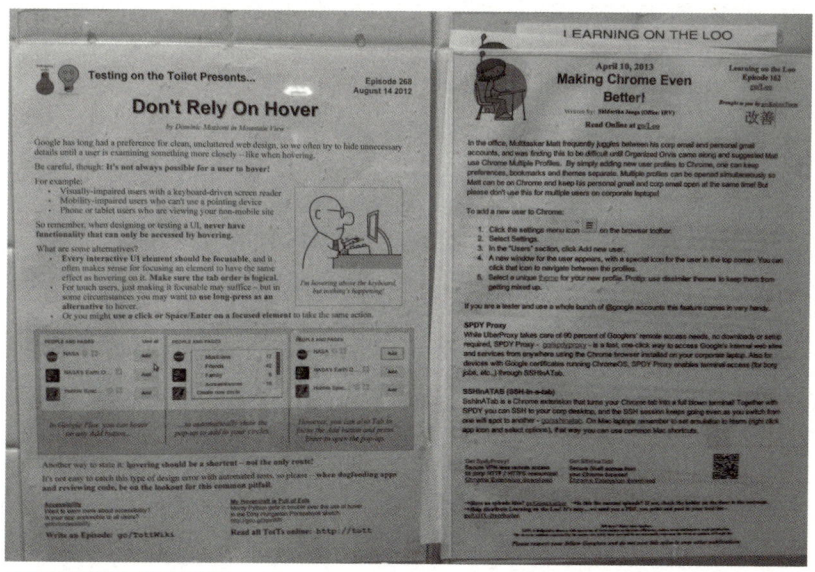

구글 본사 화장실에서 발견했던 쪽지. "나는 화장실에서 배운다"며 크롬 엔지니어들의 코딩 관련 팁을 적어놓았다. 구글은 공짜 점심을 주면서 엔지니어들에게 천국과 같은 대우를 해주지만 화장실에서조차 일손을 놓지 않도록 '세심하게' 일을 시킨다.

창의적 서비스와 제품으로 밥값을 대신하고 있다.

구글이 공짜로 밥을 주기 때문에 한국에서도 직원들에게 프리 런치를 주자는 얘기는 아니다. 막연하게 따라 하다가 큰코다친다. 구글이 핵심 인재인 엔지니어 문화를 이해하고 그들의 삶을 중심에 놓고 회사를 운영할 생각을 했기 때문에 공짜 점심 아이디어가 나온 것이다.

직원들이 무엇을 원하는가? 직원들은 과연 '회사가 우리의 의견을 진지하게 듣고 있다'고 생각할까? 회사의 핵심역량이 마케팅에 있고 직원들 상당수가 판매원이라면 공짜 점심보다는 의무휴가를 더 챙겨주는 것이 이득일지 모른다. 이 같은 회사의 프리 런치는 의무휴가가 될 수 있다. 의무휴가 이후 고달픈 심신을 달래고 더 가열하게 판매 전선에 나설 수 있다.

기자들도 프리 런치는 필요 없다. 기자들의 프리 런치는 통신비가 될 수 있다. "국제전화까지 상관없으니 맘껏 통화하시오"라고 하면 오히려 사적 전화를 줄이고 24시간 취재할 수도 있을 것이다.

TGIF:
실리콘밸리 커뮤니케이션의 비밀

"구글은 항상 일과 삶의 균형을 추구한다. 직원들을 항상 배려한다."

《포춘》은 매년 일하기 좋은 기업 순위를 정해서 발표하는데 구글은 2012년 순위에서 4위를 기록했다. 이어 글라스도어GlassDoor라는 리쿠르팅 업체에서도 '일하기 좋은 기업' 순위를 발표했는데 이 순위에서는 6위를 기록했다. 1위를 할 때도 많지만 1위가 아니더라도 구글은 항상 미국 전체 기업 중 '일하기 좋은 기업' 순위 톱10을 놓치지 않는다. 창업 이후 줄곧 그랬다. 이유도 비슷하다. "회사가 직원들을 케어한다. 직원들이 일하기 좋아한다."

정말 궁금했다. 도대체 어떻게 하길래 이 회사는 미국에서도 가장 일하기 좋은 기업 중 하나란 말인가? 그래서 취재했다. 구글은 도대체 직원들에게 무슨 '짓'을 하고 있는 것인가?

구글 사람들을 만나보면 재미있는 현상을 발견하게 되는데, C 레벨의 높은 사람이나 일반 직원이나 구글이라는 회사에 대해 말하는 것이 다르지 않다는 것이다. 에릭 슈미트가 구글에 대해 말하는 것이나 일반 직원

구글 플렉스 1층 찰리카페에서 TGIF 세션을 준비하고 있는 장면

이 구글에 대해 말하는 것이나 비슷하다. 왜냐하면 구글이 그러하기 때문이다.

직원을 배려하지 않는 회사는 없다. 국내외 회사나 최고경영자의 가장 큰 고민 중 하나는 직원 관리와 직원 만족이었다. 그래서 명절 때 직원들에게 선물을 돌리거나 연말에 보너스를 챙겨주는 것은 기본이고 생일 때 카드를 보내주는 회사도 많다. 어쨌든 회사 직원을 챙기는 것은 당연하다. 얼마나 더 챙겨주느냐가 이슈였다.

하지만 구글은 차원을 달리한다. 챙겨주기, 만족도, 뭐 이런 단어가 어울리지 않는 곳이다. 구글러들은 당연하게 생각하겠지만 구글에 다니지 않는 나머지 절대다수는 모르는 그것. 세르게이 브린과 래리 페이지가 스탠퍼드 박사과정에 다니면서 프로젝트로 시작해 새로운 검색엔진을 만들고자 할 때 목표는 분명했다.

첫째, 지금까지의 검색(당시는 알타비스타, Ask.com 등이 있었다)은 최적의 정보를 제공해주지 않는다. 구글이 세계 최고의 검색엔진이 되도록 하겠다. 둘째, 검색을 통해 정보를 널리 퍼지게 해서 '세계를 더 나은 곳으로 만들겠다'는 것이었다.

세르게이와 내가 구글을 설립한 것은 세계적이고 즉자적으로 제공할 수 있는 어떠한 정보도 제공할 수 있다고 믿었기 때문입니다. 우리의 목표는 많은 사람의 삶을 획기적으로 향상시키는 것입니다. 이 목표를 달성하기 위해 우리는 재무적인 수익이 분명하지 않다고 하더라도 세계에 긍정적 영향을 미칠 수 있다면 할 것입니다. 대부분 서비스를 무료로 제공해서 우리가 할 수 있는 한 널리 서비스하려 합니다. 우리가 만든 제품을 자랑스럽게 생각하며 우리가 미래에 더 긍정적인 영향을 줄 수 있기를 바랍니다.

— 2004년 IPO레터

그리고 세 번째는 익사이트Excite다. 래리 페이지와 세르게이 브린은 구글을 '일하기에 흥분되는 곳Excite to work'으로 만들고자 했다. 구글을 사람들이 일하고 싶어 하는 기업으로 만들겠다는 목표는 이들이 회사를 만들 때부터 했던 생각이었다. 즉 '제대로 된 검색엔진을 만들어 누구나 정보를 쉽게 찾을 수 있도록 하겠다'는 회사 창업의 이유와 '같이 일하는 사람들이 흥분하면서 일할 수 있도록 하겠다'는 것은 동격이라는 것이다.

'직원들의 복지를 높이겠다' '직원들에게 (이렇게) 해주겠다'는 위에서 아래로 베푸는 시혜적 입장이 아니라 '우리 모두 같이 재미있게 일할 수 있는 회사'를 지향한다는 것이다. 위에서 아래로 내려오는 피라미드식의 전통적인 회사 조직이 아니라 네트워크 조직을 구축했기 때문에 가능한 일이기도 했다.

구글은 이처럼 '일하기에 흥분되는 문화'를 만들기 위해 다양한 제도를 발명했다. 구글 문화Google Culture and Innovation를 소개한 아이베타 브리지스 구글 교육지원 수석 프로그램 매니저는 "우리는 여기에서 일하는 것을 사랑한다. 왜냐하면 정말 일하기 좋은 쿨한 것들이 많기 때문이다"라고 소개했다.

그렇다면 일하기 좋은 쿨한 것들은 무엇일까?

수평적 커뮤니케이션의 중요성

역시 일하고 싶어지게 만드는 제1의 조건은 커뮤니케이션이라고 할 수 있다. 회사 설립자, 최고경영자, 이사진, 주요 임원, 중간관리자(부장, 과장 등), 일반 직원까지 회사의 이념과 지향, 앞으로 해야 할 일, 과제, 산적한 현안 등을 공유할 수 있다면 회사(또는 조직)가 전진하는 데 더할 나위 없는 힘이 될 것이다.

기업들은 사내외 커뮤니케이션을 위해 비용을 아끼지 않는다. 커뮤니케이션실을 만들어 사내외 소통에 힘을 기울이고 뉴스레터, 사내 방송을 통해 CEO의 메시지를 직접 전달하려 노력하며 다양한 회식(서구에서는 파티) 자리를 통해 간접적으로 CEO 및 주요 경영진의 메시지가 전달된다.

그래도 쉽지 않다. 피라미드식 조직과 의사결정 구조를 갖춘 산업화 시대 회사가 직면한 가장 힘든 과제 중 하나는 커뮤니케이션이다. 다양한 생각과 백그라운드(경험)를 가진 사람들이 모여서 하는 '일'이니까.

CEO의 메시지는 중간관리자를 거치면서 왜곡되기 쉽고 주요 경영진의 행동은 숨겨지고 있으며 회사의 주요 정책 방향은 보안이라는 이유로 사내 직원 누구에게도 전달되지 않는다. 커뮤니케이션을 원활하게 하기 위해 한다는 각종 회식은 누구에게는 폭력으로 받아들여지며 '저녁 없는 삶'의 이유가 되기도 한다. 직원들은 회사의 향후 방향을 결정짓는 중요한 사건을 신문기사를 보고 알기 일쑤이고, 그래서 "왜 우리는 우리 회사의 미래를 기사를 보고 알아야 하냐"고 불만을 터뜨린다.

이 같은 커뮤니케이션의 부조화는 한국에서만 벌어지는 현상인가? 그렇지 않다. 중국, 일본 등 아시아 국가에 본사가 있는 회사 상당수가 같은 고민을 하고 있다. 영국, 독일, 프랑스, 스웨덴 등 유럽 국가 기업들도 같은 고민이다. (물론 잦은 회식을 통한 커뮤니케이션은 한국에 특수한 상황이긴 하다.)

회사 크기가 문제인가? 역시 그렇지 않다. 기업 규모가 크거나 작거나 창업자나 최고경영자가 일일이 관여할 수 없는 규모가 되면 겪는 비슷한 현상이다. 다만 그 진통의 정도가 다를 뿐이다.

히지만 다수의 실리콘밸리 회사들은 인터넷 기업이라는 특성에 맞게 커뮤니케이션하는 방식을 만들었는데 대표적인 것이 구글의 TGIF다. 즉 구글의 프라이데이 미팅이다. 구글은 매주 금요일 오후(대략 4~5시) 래리 페이지, 세르게이 브린 등 창업자나 최고경영진이 나와 찰리카페에서 전체 회의를 진행한다. 주제는 다양하다. 사내 문제에서부터 검색, 지메일, 구글 플러스 등 프로덕트, 안드로이드의 향후 방향 등 경영에 이르기까지 구글 일반 직원이면 누구나 와서 최고경영진의 설명을 직접 들을 수 있다.

구글러라면 누구나 "TGIF가 구글 문화의 핵심이다"라고 설명한다. TGIF 시간에는 도리Dory라는 사전 질문 시스템이 있다. 모든 직원이 직접 질문 문항을 결정하면 페이지와 브린은 가감 없이 모든 것을 대답한다. 도리라는 질문 시스템도 구글의 검색 시스템처럼 사전 질문 내용 중에 직원들이 투표Thumb up or down해서 가장 많이 올라간 질문이 TGIF 세션에서 실제로 경영진에 질문이 된다.

스티븐 레비의 인더플렉스In the Flex에도 나와 있는 내용이지만 질문 내용 중에는 "왜 이번에 채용된 CFO는 그렇게 높은 대우를 받느냐"라는 다소 민감할 수 있는 내용도 포함된다. 이 같은 수평적인 커뮤니케이션 구조는 직원들에게 주인의식을 고양시킬 수밖에 없다. 보안 문제에 신경 쓰지 않을 수 없으나 구글러들은 회사를 해칠 목적이 아니라면 경영상 민감한 문제에 대해서는 외부 유출을 삼가는 분위기다.

구글의 TGIF는 페이스북이 바로 따라 했으며 이제는 많은 실리콘밸리 기업들이 비슷한 방식으로 '직원과의 직접 대화'를 도입하고 있다. 야후도 마리사 메이어가 CEO로 온 이후 프리 밀과 함께 금요일 오후 직원과의 대화 시간을 도입했다. 요새 야후에는 새로운 직원들이 대거 입사하는데 마리사 메이어가 신입사원을 직접 소개한다. 이 같은 문화도 구글에서 배운 것이다.

《포춘》이 선정한 '일하기 좋은 다국적 기업 톱25' 중 1위에 꼽힌 데이터 분석 솔루션 기업 SAS의 성공 비결도 커뮤니케이션이다. 이 회사는 한 달에 한 번씩 짐 굿나잇 CEO와 임직원들이 '커피와 함께 대화를Conversation Over Coffee'이란 아침 미팅을 가진다. 어떤 주제로든 논의할 수 있고 직원들의 질문을 받고 CEO는 대답을 한다.

실리콘밸리의 또 다른 기업 넷앱NetApp에는 토스트TOAST: Training On All Special Things라는 제도가 있다. 정기 오리엔테이션 미팅으로 새로 입사한 직원들이 소개되는 세션이다.

'일하기 좋은 기업'이 되는 비결은 먼 곳에 있는 것이 아니라는 생각이 든다. 수평적 커뮤니케이션은 일하기 좋은 기업이 되는 필요충분조건임에 틀림없다.

대부분의 직원은 중간관리자들이 중간에 자신들이 해석한 메시지를 듣기 원하는 것이 아니라 회사 설립자나 최고경영자, 고위경영진의 얘기를 '공개적으로' 그리고 '직접' 듣기를 원하며 이는 회사의 충성도와 주인의식을 갖게 하는 데 결정적 역할을 한다. 직원들은 회식 '자리'를 원하는 것이 아니라 회식을 통해 '대화'하기를 원한다. 직원들은 자신이 궁금한 점을 주요 경영진이 들어주기를 바란다. 회장(또는 CEO)이 최소한 직원들의 애로사항을 알고 있는지 궁금하기도 하다.

직원들은 날카로운, 다소 민감한 질문을 했다고 잘리거나 좌천되는 회사는 원치 않는다. 'CEO와의 대화'가 별도로 마련되어 사전에 준비된 질문만 하고 준비된 답변만 읊는 회사도 원치 않는다. 커뮤니케이션을 원한다.

만약 한국의 대·중소·벤처 기업 구분 없이 회사 주요 경영자나 소유주가 금요일 오후 매주 회사 카페에 나와서 회사 현안에 대해 직접 설명한다고 해보자. 어떨까. 한 달에 한 번은 어떨까? 한국의 스타트업도 마찬가지다. 직원들에게 매주 직접 회사 현안에 대해 설명하고 있는가?

창의적 기업이 되는 최우선 과제는 외국의 유명 컨설팅 업체의 컨설팅을 받는 것이 아니라 회사 내 임직원들의 아이디어가 살아 움직이고 실행되는 것이다. CEO 한 명의 경험이나 아이디어보다 회사 임직원 수백, 수천 명의 경험이나 아이디어가 더 크고 더 좋은 해결 방안을 만들어낼 수 있을 것이다. CEO는 수십, 수백, 수천 명 직원의 아이디어가 모일 때 더 현명한 결정을 내릴 수 있다.

커넥티드 시대를 앞서 나가고 창의적 기업이 되기 위해서는 수평적 커뮤니케이션 구조를 만드는 일을 최우선 순위로 삼아야 한다. 아직도 수직적 커뮤니케이션과 지휘통제식 의사결정 구조가 편하고 자연스럽고 더 현명하다고 생각되는가? 만약 그렇지 않다면 구글을 따라 하는 페이스북 등 잘나가는 실리콘밸리 기업처럼 구글을 따라 바꿔보는 건 어떨까.

어떻게 직원을 행복하게 만들 것인가:
사람과 혁신 연구소

"공장 얘기 그만해."

"무슨 소리야? 그래도 공장 얘기가 그나마 가장 재미있어."

술자리에서 쉽게 들을 수 있는 말이다. 회사 업무 때문에 스트레스 받았는데 술자리에서도 회사 얘기로 시작해서 회사 얘기로 끝나는 것에 대한 자조 섞인 표현이다. 여기서 '공장'은 회사를 뜻하는 직장인들 사이에서의 은어다.

회사 동료끼리 모였는데 회사나 직장 상사, CEO 얘기를 안 하면 무슨 얘기를 재미있게 할 수 있겠나. 출근해서 퇴근, 아니 퇴근 이후까지 얼굴 보고 사는 사람들. 회사 사람들은 10시간 이상 마주 보고 산다. 이는 자는 시간보다 많고 심지어 가족과 같이 지내는 시간보다 많다. 그럼에도 퇴근 이후에도 만나서 낮에 못다 한 얘기를 풀어내느라 바쁘다. 하지만 직장이 '행복을 만드는 기계 Happy Machine'와 같다면 어떨까. 월급을 많이 주는 곳으로 표현되는 '신의 직장'을 말하는 것이 아니다.

'직원들이 어떻게 하면 더 행복할까?'를 항상 고민하는 회사가 있다.

또 구글 얘기다.

점심 메뉴도 데이터에 의해 결정한다

"모든 의사결정은 데이터에 기반한다."

구글의 규범norm이다. 구글은 밥 먹는 것에서부터 TGIF 시간에 CEO에게 질문하는 것까지 데이터에 근거해 결정한다. 구체적인 데이터를 만들기 위해 별도의 알고리즘을 개발하기도 한다. 이를 위해 구글은 사회과학자social scientist를 고용해 회사 조직 문화를 연구했다. 그리고 사람과 혁신 연구소PiLab: People and Innovation Lab를 만들었다.

구글은 전 세계 41개국에 70개가 넘는 오피스를 운영하고 직원이 3만 명이 넘는다. 이같이 방대한 회사를 효율적으로 운영하기 위해서는 원칙과 문화가 필요했다. 원칙과 문화를 만들기 위해 데이터가 필요했고 이를 위해 실험이 필요했기 때문에 사람과 혁신 연구소를 만든 것이다.

사람과 혁신 연구소에서 한 실험들은 대체로 직원들을 위한 것이다. 이들의 미션은 '사람의 모든 결정은 데이터에 의해 알려진다'는 것이다. 데이터(숫자)가 결과를 말하듯, 사람의 행동을 반영한다는 믿음이다.

구글이 이런 의사결정 시스템을 갖춘 이유는 구글 구성원의 대부분인 엔지니어들이 데이터에 기반한 결정을 해야 수긍하기 때문이다. 구글은 수평적 구조를 가지고 있기 때문에 합리적이고 이성적으로 설득하지 않으면 스스로 움직이지 않는다. 이때 데이터만큼 강력한 메시지도 없다.

데이터에 기반한 의사결정은 연봉 인상에서부터 성과 측정, 점심 메뉴에 이르기까지 광범위하다. 실제로 구글은 지난 2010년 대대적인 연봉 인상을 단행할 때 사람과 혁신 연구소가 제출한 데이터가 큰 역할을 했다.

많은 회사가 '직원들의 월급을 어떻게 하면 적게 인상하면서 만족도를 높일까?' '어떻게 변명을 해야 월급에 대한 불만을 줄일 수 있을까?' 고민을 한다. 하지만 구글은 '직원들에게 월급을 얼마나 더 줘야 하고 어떻게 줘야 행복해할까?'를 고민한다.

2010년 페이스북 같은 경쟁사에서 구글 직원들을 잇달아 스카우트(당시 약 100명의 직원이 한꺼번에 사직하기도 했다)하자 당시 CEO였던 에릭 슈미트는 모든 구글 직원의 임금을 올려주기로 결정했다. 여기까지는 에릭 슈미트와 이사회의 결정이지만 어떻게, 얼마나 올려줄 것인지는 사람운영 People Operation 부서에 달렸다. 그래서 사람과 혁신 연구소에서 연구를 시작했다.

이 연구소에서 설문조사를 했다. 서베이 대상 직원에게 "연봉 1000달러를 더 받는 것이 좋은가, 아니면 2000달러의 보너스를 받는 것이 좋은가?"란 질문을 던졌다. 서베이에 응답한 다수 직원이 당장 돈을 더 받을 수 있는 보너스보다 안정적으로 매년 받을 수 있는 연봉을 선택했다.

회사 입장에서는 보너스를 푸는 것이 더 효율적이라고 판단했지만 직원들이 연봉 인상을 원한다는 것을 알게 됐고 이후 에릭 슈미트는 "모든 직원의 연봉을 10% 올려주겠다"고 발표했다. 많은 구글러들이 '연봉 10% 인상'을 발표한 그 순간이 구글에 다니면서 가장 행복했다고 기억한다. 구글은 '직원에게 돈을 더 줘야겠다'고 마음먹은 순간부터 방법을 고민했고 직원이 가장 행복해할 방법을 찾았다. 이후 '탈구글' 바람도 잦아들었다.

이뿐만이 아니다. 구글은 "직원들에게 노후 연금투자 401k에 대해 얼마나 자주 상기시켜줘야 하나?"에 대한 답을 찾아내고 "구직 과정에서 인터뷰는 몇 번 하는 것이 스트레스를 덜 받게 하는 것인가?"라는 구체적인 질문을 한다. "어떻게 직원들을 행복하게 할 것인가?"라는 추상적인 질문을 하기도 하며 "구내식당의 테이블 사이즈는 어떻게 해야 직원들이 잘 어울려 식사를 할까?"란 질문을 하고 통계에 의해 해답을 만들어낸다.

구글 플렉스GoogleFlex에는 널찍한 의자와 테이블이 있다. 이것도 미리 계산된 것이다. 직원들이 서로 잘 모르기 때문에 혼자 먹어도 서로 대화할 수 있도록 널찍한 테이블을 가져다 놓았다. 그런데 문제는 얼마나 커야 하는지였다. 역시 실험 결과 구글은 8인치 테이블과 함께 12인치 테이블을 배치하면 직원들이 소식하고 건강식을 가져오며 서로 대화를 많이 한다는 것을 발견하고 이를 실행했다.

구글은 비용절감도 직원들이 한다. 일반 기업은 CFO가 비용을 통제한다. CFO의 업무 가운데 가장 중요한 것 중 하나는 지출 결재서류를 사인하지 않고 되돌려 보내는 것이다.

하지만 구글은 비용 통제를 직원이 한다. 구글 CFO는 "누가 회사 돈을 쓰나? 직원이다. 직원들이 회사 돈이 어디에 낭비가 되고 어디에 더 필요한지 나보다 더 잘 안다"고 말한다. 이를 위해 구글은 비용절감 툴Fix Its을 만들었다. 직원 스스로 "이것이 필요하지만 이것은 필요하지 않다"라고 말하게 하고 비용절감을 위해 제안을 하고 있다.

이 같은 방식은 효율적으로 작동하고 있다. 직원들은 의외로 회사 돈을 자기 돈처럼 쓰는 것을 좋아하지 않는다. 알아서 통제한다. 더구나 나 말고 다른 직원이 맘대로 쓰는 것은 더욱 좋아하지 않는다.

여직원에게 얼마나 더 휴가를 줘야 하나?

직장에 다니는 여성들은 남성보다 고민이 많을 수밖에 없다. 특히 출산이나 육아 문제는 모든 여성의 공통된 고민이다. 아시아 국가에서 여성의 사회 참여율이 낮은데 이는 여성들이 일할 수 있는 환경을 갖추지 못하고 있기 때문일 것이다.

구글은 몇 년 전 많은 여성 직원들이 회사를 그만둔다는 사실을 발견했다. 특히 출산한 뒤 여성 직원들이 회사를 그만두는 비율이 구글 전체

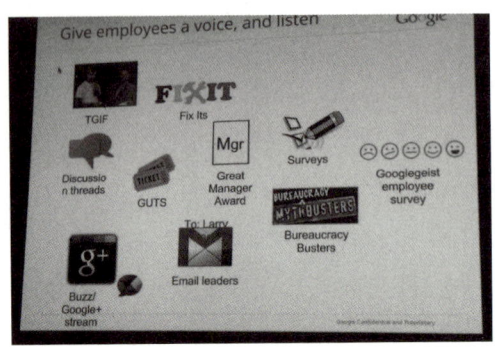
구글이 소개한 직원들의 목소리를 듣기 위한 제도들

평균보다 2배 정도 높았다. 이는 구글이 여성 직원을 늘리려는 목표에 역행하는 것일 뿐만 아니라 신규 직원 채용에 드는 비용도 늘었다.

당시 구글은 실리콘밸리 다른 회사들과 동일한 출산휴가를 제공하고 있었다. 출산 후 12주간의 출산휴가를 사용할 수 있었던 것이다. 하지만 구글은 여성 직원들을 대상으로 조사를 해 유급 출산휴가를 5개월로 늘렸다. 출산 전에 휴가를 쓸 수도 있고 출산 뒤 몇 개월 쉰 다음에 다시 돌아와서 파트타임으로 일하고 또 몇 개월을 쉴 수 있도록 유연하게 바꿨다.

조사 결과 여성들은 업무와 너무 멀리 떨어져 복귀해서 힘들어질 수밖에 없는 너무 긴 출산휴가도 싫어했고 기존 제도도 선호하지 않았다. 대신 집에서 아이를 보면서 근무할 수 있는 환경을 선호했다. 그래서 출산휴가를 2개월 정도 더 늘리고 유연근무를 할 수 있도록 배려한 것인데 이 정책 이후 여성들이 회사를 그만두는 비율이 절반으로 떨어졌다.

좋은 중간관리자란?

구글의 사람운영팀은 직원들의 행동과 사고를 바탕으로 회사를 효율적으로, 합리적으로 운영하는 최적의 결과(조직)를 만들어낸다. 질문하고 실험하고 답을 만든다. 구글이 검색엔진을 만드는 것처럼.

구글이 찾아낸 결론 중에서 유명한 것은 중간관리자 middle manager에 대한 것이다. 구글이 자존심 강한 엔지니어들로 구성되어 있고 수평적 의사결정 구조를 가지고 있다 보니 프로젝트가 제각각이고 의사결정도 쉽게 이뤄지지 않아 배(회사 운영 및 제품, 서비스)가 산으로 갈 가능성이 높아졌다. 더구나 래리 페이지와 세르게이 브린은 '누구도 누구의 보스가 아니다'는 신념이 있었다.

직원이 1000명, 1만 명, 2만 명이 넘어섬에 따라 구글도 "더 이상 스타트업이 아니다. 관료적이다"는 비판을 받게 됐다. 그래서 중간관리자의 역할이 더욱 중요해졌는데 엔지니어들은 '좋아서' 일을 하는 만큼 어떻게 업무를 수행하면서 제대로 된 중간관리자 역할을 할 수 있을까에 대해 고민하게 됐다.

그래서 구글은 '산소 프로젝트'라는 프로그램을 시작했고 이를 극복했다. 구글이 중간관리자(매니저)를 주목한 것은 구글을 떠나는 직원들에게 물어보니 한결같이 중간관리자에 대한 불만을 토로했기 때문이다. 직원은 회사에 마음이 떠날 때 회사에 대한 불신도 있지만 내 윗사람에 대한 불만이 더 크게 마련이다. 그래서 개선 방향을 찾기로 했는데 구글은 경영학 책을 뒤지거나 인사관리 전문가를 부르지 않았다. 임직원들이 평가를 위해 작성한 자료(데이터)를 분석했다.

산소 프로젝트를 요약하면 상사가 직원을 평가할 때 작성하는 실적 평가 혹은 인사고과 평가 자료, 평직원들이 상사를 평가할 때 작성한 서류, 사내 홍보 자료 등 1만여 건의 자료에 자주 등장하는 단어나 문구를 분석해봤다는 것이다.

분명 상향식 평가에서 직원들이 자신의 상사를 평가할 때 쓰는 단어가 일치하는 것이 있을 것이다. 그리고 직원들을 하향식으로 평가할 때도 자주 등장하는 단어가 있을 것이다. 이를 조합해서 8가지 좋은 상사가 되는 길을 만들었다.

① 좋은 코치가 되라.
② 팀원들에게 권한을 넘겨주라. 그리고 너무 간섭하지 말라.
③ 팀원들의 성공을 기원하고 개인적 웰빙에 관심을 표하라.
④ 생산성과 결과 중심으로 행동하라.
⑤ 의사소통을 잘해야 한다. 그리고 팀원의 말을 경청하라.
⑥ 직원들의 경력 개발을 도우라.
⑦ 팀의 비전과 전략을 명확히 하라.
⑧ 기술을 보유해서 팀원을 도우라.

다소 의외의 결과였다. 엔지니어 중심 회사이기 때문에 팀을 떠나고, 회사를 떠나고 싶어 할때 '비전이 없어서' '전략이 모호해서' '나보다 실력이 모자라서'란 답이 나올 줄 알았는데 결과는 '윗사람이 나를 배려해주지 않는다'는 것이 1위로 나온 것이다. 실제로 '8가지 좋은 상사가 되는 길'의 상위에는 모두 공감에 대한 항목이 자리했고 아래로 내려갈수록 이성적 판단과 관련된 것이었다.

구글은 이 같은 내용을 바탕으로 전반적인 매니저 교육을 실시했고 자체 조사 결과 75% 정도의 의미 있는 개선이 있었다고 평가했다. 2011년 구글에 입사한 구글러도 "처음에 입사할 때 사용자 환경만 시켜서 불만이 많았는데 매니저에게 얘기하니 백엔드_backend_ 쪽으로 바꿔줬다"고 말했다.

구글은 혁신을 창조하지 않는다

적잖은 기업들이 회장이나 CEO의 판단에 의존한 경영을 하고 있지만 구글은 한 사람의 뛰어난 능력보다 수학의 힘이 더 위대하다고 믿는 엔지니어 중심의 회사다. 수평적 커뮤니케이션을 지향하고 결과와 성과 중심으로 대화하며 무엇보다 '모든 정보는 접근 가능하고 검색되어야 한다'는 사명감과 '더 좋은 세상을 만들 수 있다'는 신념이 있는 회사다. 데이터를 기반으로 직원 3만 명의 잠재력을 최대한 끌어올릴 때 그들의 능력이 극대화된다고 믿는다.

구글은 혁신을 창조하지 않으며 그것은 불가능하다고 생각한다. 다만 "사람들이 창의적이고 혁신적일 수 있도록 돕는다"고 대답한다. 그렇게 혁신을 창조하는 구글 직원들은 "세상을 바꿀 수 있다"는 말을 스스럼없이 한다. 이 같은 힘으로 창업 이후 지속적으로 놀라운 성과를 보이며 드디어 2013년 10월 주가 1000달러를 넘어섰다.

인재는 모든 것이다:
사람 뽑는 데 10단계 거치는 이유

서점에 갔다가 제목이 재미있는 책을 발견했다. 《당신은 구글에서 일하기에 충분히 똑똑한가Are you smart enough to work at Google?》 구글 관련 책일까 싶어 펼쳐 봤는데 구글 입사를 위한 인터뷰 책이었다. 내용을 보니 퀴즈 책 같기도 했다. 꼭 구글이 아니더라도 테크 기업 인터뷰 책인 것 같아서 금세 덮었다.

하지만 생각해봤다. 구글 입사를 위한 인터뷰 가이드북도 있어야 하나? 물론 인터뷰 가이드북은 쓸모없는 것이었다. 그들은 예측된 질문을 하지 않는다. 하지만 '일하고 싶어 하는 회사 1위' '직원들의 천국' 구글에 입사하려면 인터뷰 책자가 필요할 정도로 절차도 복잡하고 어렵다는 것을 알게 됐다.

기업들이 가장 중요하게 생각하는 것 중 하나가 인재를 선발하는 과정이다. 인재 한 명이 회사의 운명을 좌우할 수 있는 것이 사실이니까. 구글은 자신들이 필요한 인재를 수차례 인터뷰와 검증 끝에 선발하고 한 번 입사한 사람들은 웬만하면 나가지 않도록 한다. 회사를 구글처럼 만드는 것도 어려운 일이지만 구글처럼 직원을 뽑고 유지하는 것은 더 어려운 일이다.

오직 구글만이 할 수 있는 일이자 구글을 구글처럼 만드는 힘이 바로 채용과 복지에 관련된 것이다. 이는 구글러들이 대부분 동의하는 부분이기도 하다. 구글러들에게 "구글의 힘이 무엇인가? 구글이 글로벌 기업이 된 비결은 무엇이라고 생각하나?"라고 물어보면 대부분 "채용이다. 사람을 잘 뽑는것 같다"라고 대답한다.

이렇게 성공 비결을 "채용이다"라고 대답을 하면 비결이 아닌 것처럼 보인다. 사람을 잘 뽑아서 글로벌 넘버원 기업이 됐다는 얘기는 어떻게 들으면 당연한 얘기처럼 들린다. 하지만 이는 사실이다. 창업자부터 말단 엔지니어까지 '더 좋은 세상을 만들기 위해 구글에서 일한다'는 규범으로 뭉쳐 있고 이를 실천하고 있으며 그 같은 생각을 가진 사람을 뽑는데 회사가 안 될 수 없다.

2012년 가을, 구글 플렉스에서 구글 인사 담당자들과 그들은 어떻게 인재를 뽑는가에 대해 인터뷰를 할 기회가 있었다. 특히 황성현 상무가 본사에서 인사를 담당하고 있었는데 인터뷰를 통해 구글의 인재 선발 과정을 이해하는 데 많은 도움을 받을 수 있었다.

HR이 아닌 사람운영

한국을 포함한 아시아 국가의 기업은 인사팀 또는 인사과가 있다. 어떤 기업은 HR Human Resources 팀이라고도 부른다. 물론 미국, 유럽도 마찬가지다. 회사의 HR 업무는 매우 전문적이고 핵심 부서 중 하나다.

구글은 인사 업무를 HR이 아닌 '사람운영 People Operations'이라고 부른다. 그들은 줄여서 '팝스 POPS'라고 한다. 라즐로 보크 Laszlo Bock 부사장이 책임을 맡고 있다.

한국에서는 인사팀장이 많은 일을 한다. 인사 분야는 할 일이 많다. 채용, 교육, 성과평가, 보상, 경력관리, 퇴직 등의 다양한 일을 한다. 한국은 HR 부서가 이 모든 것을 다 처리하고 있어서 항상 바쁘다. 하지만 구글 인사 담당자는 한 가지만 한다. 사람을 뽑는 일이다. 경영진에 대한 전략적 의사결정을 조언하는 역할이라고 스스로를 규정한다.

구글은 CEO인 래리 페이지가 직원 선발 과정에 관여하고 직접 선발한다. 팝스는 CEO가 사람을 뽑는 데 도움을 주는 역할을 한다. 이렇게 선발된 인원이 1년에 6000명 정도 된다. CEO가 이 사람들을 다 선발한다고? 대답은 예스다. 회사의 창업자이자 CEO가 직원을 직접 선발한다. 구글 CEO의 가장 중요한 업무 중 하나는 채용이기 때문이다.

한국의 신입사원 채용 방식은 그물망식이다. 그물을 뿌려서 훑는 것이다. 그물망이 학교 이름과 토익 성적이다. 전공도 상관없다. 직원들은 삼성이나 현대차, LG그룹에 입사하게 되면 정확히 어떤 일을 하게 될지 모르고 입사하게 된다. 3~6개월 정도 연수를 받고 회사에서 가라는 데로 가서 배치된다. 물론 희망 부서와 업무를 받지만 결정적이지는 않다.

구글 본사에서 인사 업무를 담당하는 황성현 상무는 구글의 인사 원칙을 소개하며 이를 야구팀에 비유했다.

"한국 기업의 인재 선발 과정을 야구팀으로 비유하자면 일단 '치고 달리고 받기 잘하는 사람'을 뽑은 후 야구를 6개월 정도 가르치고 그중 투수, 포수, 야수를 시키는 것이다. 선수들은 어떤 포지션에서 뛸지 모르고 입단한다. 구글은 일단 메이저리그 시장에서 선발한다. 투수, 포수, 야수 등을 몇 명 뽑을 것인지 정확히 알아야 한다. 투수면 평균자책점, 타자면 타격 등도 알아야 한다. 이 선수의 경력, 부상 경험 등을 다 인지한 후에 단 한 명을 뽑는다. 물고기는 1만 마리가 있을 수 있다. 하지만 구글은 맞춤형 채용을 한다. 한 포지션당 한 명을 뽑는다. 한국은 1만 명을 뽑으면

서류 심사로 거르고, 필기로 거르고, 인터뷰하고 끝낸다. 구글은 투수가 필요하면 투수 포지션을 아는 사람이 채용한다. 10년 동안 채용 노하우가 생겨서 예전에는 10단계로 뽑았는데 이제는 4단계로 줄였다."

실제로 구글의 채용 사이트에 가면 직책과 업무가 굉장히 구체적으로 기술되어 있는 것을 확인할 수 있다. 지원자들은 특정 포지션에 지원하면 된다.

황 상무는 구글에서 전자상거래 관련 인재 채용 업무를 담당하고 있다. 황 상무도 자신이 직접 채용하는 것은 아니다. CEO가 인재를 채용할 수 있도록 도와주는 업무다.

그가 채용 관련 인터뷰를 하면 A4 용지에 모든 것을 다 적어야 한다. 황 상무가 예비 구글러에게 한 질문, 대답, 느낀 점 등을 2~3페이지에 요약해서 에세이를 쓴다. 이렇게 인터뷰를 하면 인터뷰어 내용이 책으로 나오며 답변 내용과 레퍼런스 체크를 한 이후 글로벌 부문별 채용위원회로 보내진다. 채용위원회를 통과하면 운영위원회 OC: Operative Committee 에서 마지막으로 검증한다. 이것도 오케이되면 래리 페이지가 보고 최종 승인한다. 이 과정을 거쳐야 구글러가 되는 것이다.

황 상무는 "내가 인재를 채용하기 위해 얼마나 인터뷰를 열심히 했는지 결과가 라인을 타고 위로 올라간다. 가끔 신입사원에 대한 인터뷰인지, 나에 대한 평가인지 헷갈릴 때도 있다. 회사에서 인터뷰를 열심히 해서 인재를 뽑아 오라고 말하지 않는다. 내가 어떻게 일했는지 알 수 있는 구조다. 더구나 래리 페이지가 매주 한 번씩 앉아서 인사 파일을 본다. 밑에 이사들이 열심히 안 할 수 없다"고 강조했다.

구글의 가장 큰 성공 비결이 여기에 있다고 본다.

인재 선발. 구글은 현직 구글러보다 더 똑똑한 사람을 뽑는 것을 목표로 한다. 나보다 더 똑똑한 사람이 들어온다? 일반 기업에서는 중간관리자들이 싫어할 말이다. 내 자리가 없어질 수 있다고 생각하니까. 하지만 구글은 해당 분야 최고의 인재를 채용하고 최고로 만들어준다. 똑똑한 사람을 채용해서 바보로 만들지 말자는 생각이 있다. 이러니 이 회사는 무슨 일을 하든 잘될 수밖에 없는 구조를 만들어놓았다. 구글은 검색 및 소프트웨어 회사이고 가장 큰 자산은 사람이 아닌가.

물론 구글의 잡 인터뷰는 길고 험난하기로 유명하다. 채용 과정을 다 거치다 보면 최대 6개월 정도 걸리기도 하고 중간에 구글에 지원하고 있다는 소문이 나서 피해를 보기도 한다. 구글러가 되고 싶은 응시자 입장에서는 굉장히 괴로운 과정이기도 하다. 하지만 이렇게 힘들게 뽑은 직원에게는 '직원들의 천국'이란 소문이 날 정도로 대우가 확실하다.

황 상무는 "구글이 성공한 가장 중요한 비결은 채용에 있다. 구글과 비교해보면 한국 기업들은 채용을 대강 하는 것이다. 사람을 가르치는 것이 정말 힘들다. 구글은 채용에 90%의 노력을 들인다. 채용이 잘못되면 모든 것이 무너진다. 다시 처음부터 시작해야 한다. 채용된 사람들이 세계 최고 수준의 전문가들이기 때문에 입사 후에 별도로 교육은 하지 않는다. 보상도 크다. 그래서 불만이 없다. 경력관리도 된다. 회사가 성장하기 때문이다"고 설명했다.

구글다움

그렇다면 구글은 어떤 기준으로 사람을 뽑는 것일까? 구글에는 명확한 네 가지 채용 기준이 있다.

첫째는 지적 능력GCA: General Cognitive Ability이다. 일단 해당 분야를 잘 알아야 한다는 것이다. 엔지니어는 채용 인터뷰를 볼 때 코딩을 칠판에 쓰거나 직접 코딩을 하기도 한다. 구글 엔지니어들이 자발적으로 문제를 내고 그 문제들의 응답률을 추적해서 점수가 비정상적으로 나오면 새 문제를 낸다. 문제 풀 사이트도 있다.

둘째는 RRKE라고 하는 지식 경험Role Related Knowledge Experience이다. 지식에만 그치지 않고 이를 바탕으로 어떤 경험을 했는가가 중요하게 반영된다.

셋째는 리더십Leadership이다. 매니저가 아닌 일반 엔지니어라고 하더라도 자신의 일을 영향력을 가지고 행사하는가를 본다. 이렇게 리더십이 중요한 채용 기준이고 이를 바탕으로 선발하기 때문에 구글은 굉장히 수평적 조직을 유지하고 있다. 구글 직원들은 소규모 조직과 수평적인 관계에서 일할 수 있어야 한다. 이는 빠르게 변하는 환경에 적응할 수 있어야 하기 때문이다. 동료들에게 열정적으로 헌신해야 하며 문제가 있을 때 팔을 걷어 해결해야 한다.

넷째는 가장 중요한 '구글다움Googliness'이다. 구글다움의 가장 큰 특징은 계층에 상관없는 커뮤니케이션 능력이다. 계층적 사고를 하지 않고 상하 구별 없는 커뮤니케이션을 할 줄 알아야 하며 문제에 적극적으로 뛰어들고 해결하려는 노력을 해야 한다. 그리고 전 인류의 행복을 위해 헌신할 수 있어야 한다.

"세계를 살기 좋은 곳으로 만드는 열정이 있어야 한다." 구글은 이 부분을 강조한다. 더 좋은 세상 만들기, 사회단체의 구호가 아니다. 구글의 규범이자 핵심 정신이기도 하다. 좀 더 구체적으로 '구글다움'에 대해 얘기해달라고 했다. 그랬더니 구글다움을 유지하는 10가지 핵심 가치에 대해 설명했다.

한국의 많은 기업처럼 창의, 상상력, 열정, 프로의식 등 다소 추상적인 단어가 아니다. 엔지니어 중심 기업답게 핵심 가치도 재미있어서 새겨들을 만하다.

① 최고의 인재와 일하고 싶다.
② 최고의 인재를 채용하고 직원을 최고로 만들어 줘야 한다. 똑똑한 사람을 채용해서 바보로 만들지 말자.
③ 공정하게 대하자. 더 좋은 아이디어가 나올 수 있도록 하자.
④ 다양성이 중요하다. 60억 인구를 상대하려면 우리부터 다양해야 한다.
⑤ 의사결정은 정량적으로 통계에 기반해 한다.
⑥ 기술적 혁신이 가장 중요하다.
⑦ 구글에서 일하는 것은 재미있어야 한다.
⑧ 주인의식을 가져야 한다. 당신이 회사다. 불만이 있으면 직접 고쳐라.
⑨ 성공은 그냥 오는 것이 아니다. 낮은 자세로 임하고 겸손하라.
⑩ 옳은 것을 하라. 악마가 되지 말자.

구글다움, 어떻게 작동하나?

창업자가 회사를 만들고 회사가 잘돼서 지속적으로 확장해 1000명을 고용한 수준까지 이르면 한계에 부딪히게 된다. 창업자가 회사의 규범을 지배하는 수준은 직원 1000명까지로 본다. 1000명을 넘어서게 되면 창업자의 손을 떠난 회사가 된다. 창업자가 마음대로 회사를 좌지우지할 수 없게 된다. 이때 회사의 규범이 필요하다. 규정집도 필요하고 사내 규율도 필요하다. 하지만 이것도 직원이 1만 명 수준까지다. 1만 명이 넘어서면 문화가 필요하다. 이때부터는 회사의 문화가 회사를 만들어간다. 구글은 직원이 3만 명이다. 지금은 구글 문화가 구글을 이끌어가는 수준이 됐다.

회사가 잘되는 문화를 만들고 이것이 매출과 이익 증가로 이어지며 다시 직원 복지로 되돌려받는 선순환을 이루기 위해 가장 필요한 것은 무엇일까? 일단 직원들이 오너처럼 생각하고 행동해야 한다. 회사와 나를 동일시하는 단계인데 이는 한국의 모든 기업이 가지는 공통적인 고민이다.

구글도 오너처럼 생각하고 행동하는 것을 강조한다. 그래서 구글은 아예 전 직원을 입사와 동시에 주인으로 만든다. 구글의 직원들은 직책에 상관없이 입사와 동시에 회사 주식을 받는다. 그래서 회사에 나쁜 행동을 했을 때 자기가 피해를 받는다는 것을 알고 있다. 그리고 구글의 핵심가치 ⑧번에 "당신이 회사다. 불만이 있으면 직접 고쳐라"라는 것이 있다. 이를 위해 구글은 자신이 생각하는 회사의 문제를 고칠 수 있는 버그 오거나이저가 있다.

구글은 실패를 독려한다. 혁신도 좋지만 이에 대한 책임도 지게 하는데 시도했다가 잘못했다고 하더라도 고칠 수 있으면 용인하는 문화가 있다. 아이베타 브리지스 구글 교육지원 수석 프로그램 매니저는 "우리는 실패를 지원한다. 구글의 유명한 20% 룰도 실패를 용인하기 위해 만든 툴이다. 프레젠테이션하는 법이나 갈등관리, 시간관리 등을 매니저가 되지 않고도 경험할 수 있다. 대신 성공하면 즉각 보상을 받는다"고 말했다.

구글은 점차 사람이 만들 수 있는 가장 이상적인 회사가 되어가고 있다. 그들은 계속 스스로 숙제를 던지고 이를 풀어나가고 있다. 이것이 많은 실리콘밸리 기업들이 따라 하는 '구글 문화'의 정수다.

왜 그들은 네바다 사막으로 가는가:
버닝맨과 슈퍼 인프라스트럭처

구글 캠퍼스의 가장 큰 특징은 놀이터 문화로 대변된다. 직장을 놀이터처럼 꾸며놓아서 직원들이 자유롭게 일할 수 있도록 했다. 카페테리아를 만들어 직원들이 소통할 수 있도록 했다. 구글의 놀이터 문화는 지금은 많은 기업이 따라 하고 있다.

하지만 실제로 구글 캠퍼스에 처음 가본 사람들은 상상하던 구글과 실제 구글이 다르다는 얘기를 많이 한다. 첫 느낌은 놀이터playground라기보다는 조각 공원과 같은 인상을 받는다. 구글 자전거도 있었고 혼자 파도타기 수영을 할 수 있는 곳도 있었으며 비치발리볼을 할 수 있는 놀이터 같은 공간도 있었다.

구글 캠퍼스 메인 건물인 43동, 42동 앞 회사 정원에는 각종 상징물과 조형물 그리고 정원과 같은 공간이 많이 있다. 건물 안으로 들어와도 비슷한 느낌이었다. 이 회사가 구글임을 알게 하는 안드로이드폰도 있었고 직원들이 언제든지 할 수 있게 당구대도 있었지만, 요새 구글을 따라 하는 많은 회사도 비슷하게 구성해놓았다. 또한 벽에 붙은 불놀이하는 사진 등은 쉽게 이해하기 어려웠다.

구글 캠퍼스 43동, 42동에 처음 가서 이상하게 느껴진 이유가 바로 버닝맨BurningMan에 있음을 알게 되고 약간의 충격을 받은 건 나중이었다. 사실 래리 페이지와 세르게이 브린은 구글 캠퍼스를 '아이들 놀이터'를 구상하며 만든 게 아니라 마치 '버닝맨' 현장처럼 만들어놓은 것이었다. 아직도 구글 캠퍼스를 자신들의 이상을 구현할 수 있도록 만들어놓았다는 것은 그들이 변하지 않았다는 것을 증명하는 것이다.

버닝맨

한국에서도 버닝맨 행사가 알려지기는 했지만 '실리콘밸리 스타트업 축제' 정도로 잘못 이해하고 있는 사람도 많다. 버닝맨은 매년 8월 네바다 주 사막에서 펼쳐지는 카니발carnival이다. 네바다 주 리노Reno 주변의 블랙락 사막에서 펼쳐지는 8일간의 행사로 집단적으로 모여 같이 상징물을 만들고 축제가 끝나면 해체해서 아무것도 남기지 않는 그야말로 축제이자 카니발이다. 무엇이라고 규정하기 어려운 행사다.

버닝맨의 특징은 놀고먹는 퇴폐적인 축제가 아니라 무엇인가 만든다는 데 있다. 기업 스폰서는 일절 받지 않고 참가자들이 자발적으로 낸 참가비로 충당한다. 해마다 주제가 하나씩 정해지는데 참가자들이 모여 주제에 맞는 설치물들을 제작한다. 2012년 주제는 에고Ego였으며 2013년 주제는 차고 컬트Cargo Cult였다.

버닝맨 작품들은 공동 생산이라는 특징이 있다. 왜냐하면 혼자는 만들 수 없는 규모일 뿐만 아니라 상당한 엔지니어링 기술이 들어가기 때문이다. 참가자들은 각 주제에 맞게 구성된 캠프Theme Camps에서 기술적인 예술 작품을 창조해낸다. 처음 만난 사람들이 같이 작품을 창조하기 위해서는 소셜네트워킹이 필요하고 뜻이 맞아야 한다.

버닝맨 마지막 날 프라야에서 이 구조물을 태우며 행사를 마친다.

　이같이 5만 명에 달하는 버닝맨 참가자들은 행사장에서 새로운 세상을 창조한다. 뜨거운 태양을 피할 피난처도 만들고 음식도 같이 만든다. 상상만 해온 세계를 함께 만들어보는 것이다. 버닝맨 행사의 하이라이트는 마지막 날 토요일이다. '프라야'라고 이름 붙여진 행사인데 카니발이 벌어지는 날이다.

　8일간 수백, 수천 달러를 들여 만든 구조물들을 불태운다. 버닝맨의 상징인 커다란 사람 모양의 구조물도 태운다. 그래서 버닝맨이다. 이 불을 중심으로 캠프파이어가 펼쳐진다. 이렇게 불태우고 남는 것은 아무것도 없다. 버닝맨 행사 기간 동안 참가자들은 제품을 만든 것이 아니라 '경험'을 같이 만든다. 죽여서 새로운 것을 생산해내는 전복적 문화, 21세기형 카니발이라고 말할 수 있을 것이다.

　버닝맨 행사에 직접 참가해보지는 않았지만 이 축제를 취재하면서 '만들어본다'는 것을 경험하는 것이 얼마나 중요한지 알게 됐다. 자본주의에서 한 번 만든 제품은 전시하고 판매하려는 욕구가 생기는 것이 자연스러운데 이 행사에서는 공들여 만든 물건을 불태워야 한다. 누구라고 아깝지 않겠는가. 하지만 예외는 없다. 남김없이 불태우고 없앤다. 그러면 경험이 남고 희열이 생기며 또 다른 창조를 할 욕구가 새롭게 태어난다.

버닝맨과 구글

　버닝맨 축제가 유명해지고 알려진 계기는 구글 때문이다. 구글이 'Google'이란 로고에 기념일마다 새로운 작품을 만들어내는 구글 두들을 처음 시작한 계기가 바로 버닝맨 때문이었다. 래리 페이지와 세르게이 브린이 1998년 버닝맨에 참가해야 하기 때문에 온라인으로 연결되

구글의 첫 구글 두들 로고. 버닝맨 모습을 상징했다.

지 않음을 홈페이지 방문자에게 알릴 목적으로 시작됐다. 현재는 구글 두들, 기념일 로고팀이 운영되고 있으며 전 세계 홈페이지에 1000개 이상의 다양한 로고가 게시되어 있다.

창업자들이 구글 CEO(현재 회장) 에릭 슈미트와 의기투합한 것도 버닝맨 때문인 사실도 유명하다. 에릭 슈미트도 버닝맨에 매년 참가한 마니아였다는 것을 알고 두 창업자들과 슈미트의 신뢰는 두터워졌다.

"우리는 놈norm(규범)이 같잖아! 버닝맨에 참석해본 우린 베이베 베이베 뭘 좀 아는 놈man."

버닝맨에 참가한 에릭 슈미트

구글 캠퍼스와 버닝맨

래리 페이지와 세르게이 브린은 버닝맨에 매년 참가해서 얻은 게 많았다. 버닝맨에 참석하게 된 것은 구글을 창업하기 이전이었다.

장난처럼 만들어본 구글 두들이 뜨거운 반응을 얻어 구글의 캐릭터로 자리 잡게 했고 역사에 남을 만한 CEO 본능을 지닌 에릭 슈미트를 얻었으며 무엇보다 어떻게 하면 인터넷이란 정보의 바다에서 이용자들이 같이 물건things, information을 만들어낼 수 있을 것인가 하는 인터넷 경제의 원리를 깨닫게 된 것이다. 이때 이들의 나이는 20대 중반(25~26세)이었다. 한국과 비교해보면 남자들은 군대 갔다 오고 나서 한창 취업 준비하고 있

거나 사회 초년생 시절이다.

　인터넷의 철학적 원리는 어떻게 보면 간단하다. 온갖 정보가 흐르는 인터넷은 나보다 똑똑하다. 인터넷에서 우리는 나보다 더 많은 경험을 가지고 있다. 인터넷에서 흐르는 정보는 인위적으로 막을 수 없기 때문에 폐쇄적인 것보다는 개방하는 것이 낫다.

　인터넷에서는 나 혼자 만드는 것보다 같이 만들면 즐겁다. 이처럼 인터넷에서 이용자가 같이 생산해내는 방식, 이를 '공유 기반의 또래 생산CPP: Common based Peer Production'이라고 한다. 컴퓨터 네트워킹이 발달하고 오픈 소스(개방형) 소프트웨어의 등장으로 인해 인터넷에서 친구들끼리, 뜻이 맞는 사람끼리 같이 생산하는 문화(또는 결과물)를 말한다. 유저들이 만드는 인터넷 백과사전 위키피디아가 대표적인 CPP라고 볼 수 있다. 크라우드 소싱이나 공동 생산(코크리에이션co-creation), 위키노믹스wikinomics는 모두 공유 기반의 또래 생산 개념을 확장한 것으로 보면 된다.

　버닝맨을 통해 필feel이 충만해진 래리 페이지와 세르게이 브린은 회사를 설립하면 버닝맨 현장처럼 만들고 싶어 했다. 그래서 구글 캠퍼스에 가면 카니발, 즉 버닝맨 흔적을 찾아볼 수 있다(359페이지 사진을 보면 확인할 수 있다).

　버닝맨은 구글의 문화적 인프라스트럭처Cultural Infrastructure다. 프레드 터너 스탠퍼드 커뮤니케이션학과 교수는 이에 대해 "구글의 등장은 인터넷이 완전히 문화적 이동을 했다는 것을 의미하고 있다. 구글은 버닝맨을 문화 인프라스트럭처로 보고 있다. 회사를 형성하는 문화 인프라가 축제인 것이다. 이는 많은 것을 상징한다"고 분석했다. 터너 교수가 설명한 문화적 인프라는 문화가 인프라스트럭처가 되어 토대를 지탱한다는 개념이다. 박물관, 미술관, 극장, 영화관 등 사회를 유지하는 '문화 인프라'와는 다르다. 이는 포스트 모더니즘의 핵심이기도 하다.

포스트 모더니즘은 맑스가 얘기했던 것처럼 토대(하부구조, 사회의 경제구조이자 생산관계)가 상부구조(이데올로기, 국가, 법, 종교, 문화 등)를 결정(토대결정론)하는 것이 아니라 인간이 토대로부터 출발해 만들어낸 상부구조가 토대에 영향을 주고 심지어 이를 규정할 수도 있다는 개념이다.

인터넷 연결성이 사회문화(상부구조)는 물론 경제구조(토대)까지 근본적으로 바꾸고 있는 커넥티드 시대에 이 같은 문화적 인프라의 힘은 엄청난 것이어서 행동방식은 물론 사고에까지 영향을 미치고 있다. 그래서 커넥티드 시대 문화적 인프라는 '슈퍼 스트럭처 Super Structure'가 되고 있는 것이다.

버닝맨은 8월 말 미국 사막에서 벌어지는 축제에 불과하다. 하지만 여기서 벌어진 공유 기반의 또래 생산, 카니발, 사용자 경험 User eXperience이라는 생산방식은 구글의 탄생과 기업 문화에 큰 영향을 줬고 구글의 기업 문화는 슈퍼 스트럭처가 되어 전 세계에 영향을 미치고 있는 중이다.

여기서 더 생각해봐야 할 것이 있다. 인터넷에서 공동 생산을 한다고 하더라도 '내'가 없으면 의미 없다. 내가 중심에 있고 '우리'가 있는 것이다. 다시 한 번 앞의 버닝맨 사진과 구글 두들 버닝맨 로고 그리고 아래 사진을 살펴보자. 사람이 두 손을 치켜든 사진이다.

"내가 버닝맨이다 I am Burningman." 이 축제 중심에 내가 있다!

나 중심의 세계. 하지만 나 홀로는 살 수 없는 우리. 같이 생산하고 나누고 즐기고. 더 좋은 세상을 만들 수 있다는 신념. 이것이

구글 캠퍼스에 도배된 버닝맨 사진
(자료: http://blog.naver.com/poipeople)

버닝맨의 정신이고 구글의 인프라스트럭처다.

슈퍼 스트럭처

한국의 인터넷 기업들도 제품(서비스)에 맞는 회사 내 문화적 인프라스트럭처를 만드는 것이 중요하다. 인터넷 기업들이 딱히 기업 문화가 없는 경우가 많다. 구글 캠퍼스를 따라 한다고도 하고 놀이터로 만들자고도 하지만 왜 만드는지, 그것이 회사와, 직원들과 어떤 관계가 있는지 풀어 내지 못하기 때문에 생뚱맞게 느껴지는 경우가 적지 않다.

버닝맨과 구글을 소개하면서 구글을 따라 하자는 것은 구글처럼 회사를 놀이터로 꾸미자고 하거나 한국의 버닝맨 축제를 만들자는 얘기가 아니다. 기업 철학을 세우고(나는 왜 이 회사를 설립했나, 무엇을 하고자 함인가?) 직원들과 공유할 수 있는 문화를 만들고 이를 회사 건물(사옥)에도 적용해 끊임없이 철학을 재생산해낼 수 있는 문화적 인프라를 만드는 것이 중요하다.

페이스북도 문화적 인프라를 만들고 회사 사옥에 드러내놓고 있다. 페이스북은 해커 문화를 기업의 문화적 인프라로 삼고 있다. 페이스북은 스스로 해커 웨이 Hacker Way 라고 부른다. 해커웨이는 두려움 없이 행동하며 빠르게 실행한다는 의미를 담고 있다.

마크 주커버그는 2012년 IPO 레터(이것도 구글을 따라 한 것이다)에서 "해커는 컴퓨터 침입이라는 부정적인 설명이 따라붙지만 무엇인가를 재빨리 만들거나 시험하는 것을 의미한다"고 설명했다.

페이스북의 해커톤 Hackaton 은 실행 방식이다. 해커톤은 해킹과 마라톤의 합성어로 마라톤을 하는 것처럼 정해진 시간에 해킹하듯 프로그램을 짜라는 소프트웨어 개발 방식이다. 직원 한 명이 서비스 아이디어를 내면 동료 3~5명이 오후 8시에 모여 다음 날 새벽 6시까지 해커톤을 한다.

멘로파크에 있는 페이스북 본사. '해커 컴퍼니'라고 씌어 있다.

아무리 작은 아이디어라도 누구나 의견을 낼 수 있고 이 아이디어는 실제 서비스로 출시되기도 한다.

  주커버그는 페이스북을 해커 회사로 만들고 싶은 것이다. 그래서 페이스북 사옥에 가면 '페이스북'이란 이름보다 '해커'란 간판을 더 쉽게 찾아볼 수 있다. 페이스북에 가면 아예 회사 이름을 '해커 컴퍼니 Hacker Company' 라고 붙여놓았다. 주커버그는 구글이 버닝맨을 슈퍼 인프라스트럭처로 삼았듯 '해커 웨이'를 문화적 인프라로 삼고 이를 물리적으로 반영해놓은 것이다.

06

혁신이냐 생산성이냐:
야후가 재택근무를 없앤 이유

무에서 유를 창조한다거나 널리 펴져 있는 것을 편집해서 새로운 것을 만들어낸다거나 하는 창조적 사고는 한국뿐만 아니라 많은 기업이 안고 있는 공통적인 고민이다. 어떻게 하면 우리 조직(회사)을 혁신할 수 있을까? 어떻게 하면 애플이나 구글처럼 혁신적인 제품(서비스)을 지속적으로 만들어내면서 세상을 바꿀 것인가? 한때 잘나갔다가 가라앉은 회사들은 혁신 DNA를 되찾기 위해 노력한다.

실리콘밸리에서 요새 가장 많은 화제를 일으키는 기업은 야후다. 인재도 빠져나가고 주가도 떨어진 야후는 마리사 메이어를 영입한 이후 턴어라운드에 성공하고 섬리Summly 등 스타트업을 잇따라 인수하며 다시 화제의 중심에 서는 데 성공했다. 야후는 마리사 메이어가 CEO로 선임된 이후 1년 만에 구글을 제치고 순방문자수 1위를 차지하고 로고도 바꾸는 등 사내외 분위기를 완전히 탈바꿈시켰다는 평가를 받고 있다.

우선 구글에 (한참) 밀려 자존심이 상해 있던, 동료 직원을 떠나보내는 데 익숙했던 야후 직원들이 반색하기 시작했다. 예전에는 소위 '듣보잡'

이력서들이 많이 들어왔는데 이제는 "아니, 이런 스펙을 가진 애가 왜 야후에?"란 말이 나올 정도다.

2013년 상반기, 야후가 《뉴욕타임스》 1면에 모처럼 등장한 일이 있었다. 바로 재택근무 폐지 정책 때문이었다. 야후의 결정은 일과 가정생활의 균형 잡힌 삶이 중요한 과제인 미국 사회에 큰 논쟁거리가 됐다.

야후의 재택근무 폐지 정책은 일하는 방식이 고민인 한국 기업에도 적잖은 시사점을 주고 있다. 사실 야후의 고민은 재택근무 자체가 아니라 '어떻게 하면 다시 창조, 혁신의 DNA를 되살릴 수 있을까? 구글처럼 직원들이 창조적인 아디이어를 낼 수 있을까?'에서 시작됐기 때문이다.

스마트 워킹smart working? 재택근무? 우리도 해야 하나? 어떻게 해야 하나? 근무 시간과 장소를 유연하게 해서 생산성을 높여보자는 시도는 세계적인 추세다. 하지만 관리의 문제가 따른다. 집에서 근무하거나 근무 시간과 상관없이 회사를 오가는 직원들을 제대로 관리해서 성과를 측정하는 것은 쉽지 않다.

정부에서는 그동안 스마트 워킹을 장려하기 위해 스마트 워킹 센터를 만들고 법 제도를 개선하는 등의 정책을 마련하기도 했다. 아이를 돌봐야 하는 여성들이나 사외 근무가 많은 영업직, 그리고 창의적인 일을 원하는 젊은 엔지니어들이 이 같은 근무 형태를 선호하고 있기도 하다.

글로벌 혁신의 진원지 실리콘밸리는 스마트 워킹이 보편적인 문화로 자리 잡혀 있다. 구글, 애플, 페이스북, 야후 등 플랫폼 기업이 위치한 샌프란시스코에서 산호세까지 이어지는 101 고속도로와 280 도로는 출퇴근 시간에 서울 못지않게 막힌다. 혼잡 시간을 피해 출퇴근하려는 것은 직장인의 보편적 심리다.

더구나 실리콘밸리의 실질적인 주인공은 엔지니어들이다. 프로젝트에 따라 밤늦게까지 일하고 늦게 출근할 수도 있는 문화가 자연스럽다. 정해진 출퇴근 시간보다는 자유롭게 회사나 집에서 일하는 것을 선호한다. 그래서 스마트 워킹은 실리콘밸리 기업 입사 시 엔지니어들의 주요 요구사항이기도 하다.

그래서 야후가 전 직원들에게 "재택근무를 폐지하겠다"고 밝힌 것이 논란이 됐다. 마리사 메이어 CEO는 전 직원에게 보낸 편지에서 "우리는 다시 혁신기업으로 돌아가야 한다. 이를 위해서는 직원들끼리 얼굴을 보고 토론을 하고 복도에서 같이 식사를 해야 한다. 혁신은 회사 복도에서 나오는 것이다"라고 말했다.

실리콘밸리 기업들은 집에서 일하고 회사에서도 자유롭게 일하는 게 상징 아닌가? 그런데 재택근무를 폐지하겠다고? 그렇다. 야후 직원들은 2013년 6월부터 예외 없이 사무실에서 전일 근무를 하고 있다. 집에서 근무하던 직원들도 이제 서니베일에 있는 회사에 출퇴근 도장을 찍어야 하는 셈이다.

야후에 이어 베스트바이도 재택근무 폐지 방침을 밝히는 등 확산될 조짐도 나타나고 있다. 재택근무를 오랫동안 해왔던 뱅크오브아메리카[BoA]나 에트나[AETNA] 같은 보험사도 2012년부터 재택근무를 없애기도 했다.

2013년 초 미국 미디어는 이 소식을 매일 다룰 정도로 이슈화했다. 신문에서는 독자투고란에 찬반 논란이 게재되고 라디오에서도 찬반 의견을 가지고 토론을 벌였다. 일부 여성들은 "갓 아이 엄마가 된 마리사 메이어가 이럴 수 있는가!" "출산휴가를 2주밖에 쓰지 않던 메이어가 재택근무도 폐지하다니 그녀는 여성의 적이다"는 격한 반응을 보였고 전직 야후 직원은 "야후엔 회사를 안 나가고 집에서 놀고먹으면서 부업까지 하는 직원이 많다. 야후를 살리기 위해서는 어쩔 수 없는 조치다. 환영한다"는 반응을 나타냈다.

야후의 이 같은 결정은 삶과 일의 조화를 추구하는 흐름의 역주행임에 분명하다. 최근 기업들은 언제, 어디서든 일할 수 있는 스마트 워킹 환경을 갖추고 있고 이 흐름을 반영하기 위해 노력해왔기 때문이다.

야후의 마리사 메이어 CEO

인터넷 화상 회의 시스템을 통해 지구 반대편에서도 회의할 수 있으며 스마트폰으로 전해지는 실시간 이메일과 채팅은 업무의 시간과 공간의 한계를 넘어설 수 있게 하고 있다. 특히 이런 문화가 정착되어 있는 실리콘밸리 기업들은 스마트 워킹을 전 세계로 확산시켜 제품(서비스)을 판매하는 데 혈안이 되어 있기도 하다. 스마트 워킹 솔루션(영상 장비, 소프트웨어, 보안 기술, 노하우 등)을 판매하려면 스스로 이런 문화가 정착돼야 한다.

재택근무 폐지는 출퇴근 시간을 유연하게 바꿔 특정 시간(8~9시) 심하게 막히는 교통난을 해소하고 탄소배출을 줄이자는 글로벌 노력에 찬물을 끼얹은 결정이기도 하다. 일과 육아를 병행하기 어려운 여성들에게는 더욱 받아들이기 힘든 결정이기도 할 것이다. 이 결정을 여성인, 그것도 갓 아이 엄마가 된 마리사 메이어가 했다는 것에 분노해도 그는 할 말이 없다.

특히 재택근무를 없애는 것은 마리사 메이어가 야후에 이식시키려 하는 구글 웨이가 아니다. 메이어는 야후 CEO에 취임한 직후부터 공짜 점심을 주기 시작했고 전 직원에게 원하는 스마트폰을 나눠주는 등 구글 따라 하기를 했고 직원들은 환호성을 질렀다.

구글은 언제든지 집에서도 일하고 회사에서도 일하는 근무 형태가 정착되어 있고 여성들에게는 유급 출산휴가를 법에 허용된 3개월에서 5개월로 늘려 인근 기업들의 원성을 사기도 했다. 그래서 다수 미국 기업들과 언론에서는 "야후의 결정은 내부 사정일 뿐이지 전체 미국 기업으로 확산되는 것은 아니다"고 경계하고 있다.

혁신은 교류에서 일어난다

하지만 야후의 결정이 주는 시사점은 재택근무가 아니다. 즉 직원들이 일을 집에서 하느냐, 회사에서 하느냐의 문제가 아니라 '혁신 아이디어는 어떻게 나오는가?'란 것이다. 회사는 직원들의 생산성을 끌어올려 최고의 제품(서비스)을 만들어야 하고 직원들의 혁신을 이끌어 기업 가치를 끌어올리고 미래를 만들어야 한다. 이는 경영자나 직원이나 회사에 다니는 공통된 숙제이기도 하다. 야후가 멀리 떨어져서 일하는 직원들을 다시 회사에 불러들인 이유는 '야후는 혁신이 필요하다. 이를 위해서는 직원들이 서로 얼굴을 보고 대화하는 것이 중요하다'고 판단한 때문이다.

존 설리반 샌프란시스코주립대학 교수는 "혁신을 원하면 교류가 필요하고 생산성을 원하면 재택근무도 좋다"고 말했다. 즉 유연근무(재택근무)는 직원의 생산성을 끌어올리는 데 효과적이지만 혁신을 이끄는 데는 어울리지 않는다는 것이다. 혁신, 창조의 아이디어는 사람과 사람이 만나서 아이디어를 교류할 때 나오고 생산성은 직원들이 방해받지 않고 집중적으로 근무할 때 올라간다는 뜻으로 해석할 수 있다.

물론 이분법적으로 잘라 말하기는 곤란할 것이다. 직원들이 1~2시간씩 출퇴근하느라 길에서 낭비하는 시간에 집에서 일하고 태풍이 오거나 눈보라가 휘날리는 극한의 날씨에 회사에 출근하느라 고생하는 시간에 집 근처에서 일할 수 있는 환경이 조성된다면 생산성을 높일 수 있는 것은 사실이다.

이 경우 대체로 혼자 업무를 처리하느라 협업으로 인한 창의적 아이디어가 나오기는 쉽지 않은 것도 인정할 수밖에 없다. 아이디어는 섞여야 나오는 것 아니겠는가. 구글은 직원들을 회사로 모으기 위해 인위적인 방법은 쓰지 않지만 하루 세 끼를 모두 주고 회사에 세탁소, 수영장, 헬스장 등 각종 편의시설을 갖추어 회사 밖으로 멀리 나가지 않아도 모두 해결할 수 있도록 하고 있다. 중요한 것은 직원들끼리 같이 모여 점심을 먹을 수 있도록 독려한다는 점이다.

물론 구글은 재택근무도 상사 허락만 있으면 언제든지 할 수 있다. 야후는 '생산성보다는 혁신이 필요하며 이를 위해서는 직원들을 불러들이는 것이 좋다'고 판단한 것이다. 이를 워터쿨러 효과water cooler effect라고 한다. 우리말로 하면 '정수기 효과'라 부를 수 있을 것이다. 사무실에 음료를 마실 공간(정수기)이 있으면 사람들이 모여 대화를 할 수 있게 되어 사내 의사소통이 활발해지는 효과가 있다는 뜻이다. 사무실 직원들이 정수기 옆에서 우연히 만나 이야기를 나눔으로써 의도치 않은 생각의 발전으로 이어갈 수 있다. 옛날 우리나라에서 우물가나 빨래터에서 아낙들이 물을 나르면서 대화를 한 것도 같은 효과라 볼 수 있을 것이다.

마리사 메이어가 한 "혁신은 복도에서 나온다"는 말은 워터쿨러 효과를 노린 것이다. 혁신과 창의는 일하는 방식과 문화에서 나오는 장기적이고 근본적인 과제이며 이를 위해 재택근무 폐지라는 다소 충격적인 조치도 필요하다는 뜻으로 해석된다.

야후 재택근무 폐지 논란을 좀 더 깊게 생각해봐야 한다. 야후는 서비스 혁신을 위해 직원들을 모으고자 한다. 하지만 많은 기업들이 혁신 아이디어를 만들어내기 위해 직원들을 한데 모으는 것이 아니라 근태 관리를 위해 붙잡아두는 사례가 적지 않다.

임직원들이 모여 회의하고 이를 통해 새 혁신 아이디어가 나오는 것이 아니라 눈치 때문에 집에 못 가고 있다거나 회식 자리가 혹시 상사의 훈화 말씀을 듣는 고통스런 자리가 되고 있는 것은 아닌가. 모여서 창의적 아이디어를 내는 것이 아니라 직장 상사의 일방적인 지시사항을 듣기 위한 것이라면 차라리 흩어져 있는 것이 더 창의적일 수 있다. 회사 내 정수기가 아이디어를 교류하는 장소가 아니라 직장 상사나 회사에서 받은 스트레스를 푸는 장소가 아닌지 생각해볼 필요가 있을 것이다.

    결론적으로 말하면 야후는 회사에 직원들이 모여 혁신 아이디어를 만들어내고 이들이 회사에 혼자 남거나 집에서 집중적으로 일하면서 생산성을 끌어올리도록 해야 한다는 것을 말하고 싶은 것일지 모른다. 마리사 메이어는 스타트업 인수합병이 아닌 야후 직원들이 혁신역량이 쌓였다고 판단하면 그때는 다시 재택근무를 부활할 것이다.

공간이 혁신을 만든다:
실리콘밸리의 또 다른 경쟁

미 캘리포니아 실리콘밸리 지역은 '친구이자 적'이라는 뜻의 프레너미 frenemy란 말이 가장 잘 어울리는 지역이다. 시장에서는 치열하게 '너 죽고 나 살자'는 식으로 경쟁하지만 최고의 제품(서비스)을 만들기 위해 협력한다.

애플 아이폰, 아이패드의 핵심 부품을 삼성전자에서 만드는 것이 대표 사례다. 삼성과 구글이 협력 안드로이드 기반의 '갤럭시'라는 스마트폰을 만들고 있지만 서로 벗어나려 애쓰고 있고 애플 아이폰과 아이패드, 맥북 등 핵심 제품도 구글 서비스가 없으면 빈 껍데기나 다름없다. 구글이 애써 만든 서비스는 모두 애플이나 삼성 제품에 탑재되기 위해 개발된다.

경쟁하면서 닮는다고 해야 할까. 이들 기업은 최근 새로운 경쟁에 뛰어들었다. 이번에는 새 본사(헤드쿼터)다.

고 스티브 잡스 애플 창업자 겸 최고경영자의 마지막 프레젠테이션은 아이폰이나 아이패드가 아닌 애플의 새로운 본사 캠퍼스2 Campus2였다. 그는 쿠퍼티노 시에 나타나 우주선 모양의 새 사옥의 비전과 모양에 대해 프레젠테이션했다. 쿠퍼티노 시민뿐만 아니라 실리콘밸리 지역 주민들도 우주선 모양의 사옥에 매료되어 "우주선이라니…… 역시 스티브 잡스"라고 입을 모았다.

여기에 자극을 받았을까. 구글, 페이스북, 삼성전자 등 애플의 프레너미들이 새 사옥 건설을 공개했다.

사옥이 중요한 이유는 기업의 현재, 그리고 미래를 반영하기 때문이다. 새 사옥을 짓는다는 것은 그만큼 미래에 더 많은 직원을 채용한다는 뜻이며 사옥이 다 지어진 이후에도 계속 최고의 기업이 되도록 하겠다는 각오이기도 하다. 스스로 미래가 불투명하다고 생각되면 새 사옥을 짓기보다 있는 사옥을 매각해서 당장 현금화를 시도할 것이다.

흥미로운 것은 이들의 아이콘은 그동안 집 주차장(개러지), 기숙사, 창고 등이었다는 점이다. 이런 곳에서 2~3명이 아이디어만 가지고 창업, 굴지의 기업으로 키운 것이 실리콘밸리의 상징이었다.

애플, 구글, 삼성, 페이스북, 엔비디아 등 최근 새 본사 건설을 결정한 실리콘밸리 기업들은 그들의 위상에 맞게 명작이자 새로운 아이콘이 될 수 있도록 설계했다. 이제 이 지역에서 창업한 스타트업은 새 본사를 보며 '나도 어서 회사를 키워 저렇게 큰 회사를 만들어보겠다'며 꿈을 키울 것이다.

실리콘밸리 플랫폼 기업의 새 사옥은 크게 두 가지 큰 흐름이 있는데 하나는 아르콜로지arcology(생태건축)이며 또 다른 하나는 콜라보레이션 collaboration(협업)이다. 이는 사실 애플, 구글, 페이스북 등 플랫폼 기업들이 내세우는 공통된 세계관이기도 하다.

아르콜로지는 건축architecture과 생태학ecology을 합친 말로 건축학계에서 가장 주목받는 흐름 중 하나다. 많은 사람이 모여 있는 공간을 효율적으로 만들되 친환경으로 설계하고 주변 환경과 조화롭게 만드는 건축물(또는 도시)을 말한다. 태양광 등 신재생에너지를 사용하고 건물 내에서 사용한 물을 재활용하는 등 에너지 낭비를 최소화한다. 나무와 숲을 최대한 반영하며 사람과 건물이 조화롭게 살 수 있도록 설계하는 흐름이다. 건축비는 올라가지만 전기료 등 운영비는 크게 줄일 수 있으며 탄소배출을 최소화하는 것이 특징이다. 지속가능한 건물을 만드는 것이 목표다.

물론 뉴욕 맨해튼, 중국 상하이, 아랍에미리트의 두바이 등 마천루가 즐비한 도시는 그 나름의 매력이 있다. 마천루는 인간의 끝없는 욕망과 능력을 나타내는 인간이 만들어내는 위대한 성취임에 틀림없다. 관광객들이 뉴욕 엠파이어스테이트 빌딩, 상하이 진마오 빌딩, 두바이 부르즈 알아랍 등 마천루에 올라가 탄성을 지르고 사진을 찍는 것은 탁 트인 전경 때문만은 아니다. 더 높이 올라가려는 것은 인간의 본성이고 더 높이 올라갔을 때 쾌감이 극대화된다. 하지만 위압적으로 높이 서 있는 건물은 주변을 죽이고 주눅 들게 하는 단점이 있다.

실리콘밸리 지역은 마천루보다 아르콜로지에 어울린다. 나무보다 높은 건물을 쉽게 찾아볼 수 없다. 호텔도 10층을 넘지 않으며 대부분 4~5층으로 구성된 건물이다. 심지어 서니베일은 2층 이상 건물도 쉽게 지을 수 없도록 하는 규제도 있다. 높이보다는 넓고 여유 있는 건물이 대부분이며 경탄할 만한 경치는 없지만 자연과 인간, 삶과 일의 조화를 추구하는 것이기에 의미 있다.

구글, 애플, 삼성, 페이스북, 엔비디아 등의 신사옥은 모두 친환경 설계와 신재생에너지 활용을 공통으로 표방하고 있는데 이 건물들이 모두 완공되면 실리콘밸리는 세계에서 태양광 등 재생에너지가 가장 많이 발전하고 친환경 사무 환경을 갖춘 집적단지가 될 것으로 보인다. 이에 따라 실리콘밸리를 대표하는 색도 진녹색_dark green_이 되면서 친환경 기술(그린 테크)과 함께 아예 그린 밸리로 진화할지도 모르는 일이다.

두 번째 흐름은 콜라보레이션이다. 함께 일하는 창의적인 환경을 만드는 것이다. 실리콘밸리 기업들의 오랜 고민은 직원들의 창의력을 끌어올리고 이를 통해 혁신 제품(서비스)을 만들어내는 것인데 각 회사는 직원들의 창의력을 끌어올릴 수 있는 다양한 방법을 강구한다. 구글이 직장을 놀이터처럼 꾸미고 수영장도 만든 것은 쉴 때 창의적 아이디어가 나온다는 생각 때문이다. 이들은 직원들이 모여서 자유롭게 대화할 때 새 아이디어가 나온다고 믿고 있다.

직원들이 혼자 연구하고 일하도록 방치하는 것이 아니라 같이 모여서 얘기하고 아이디어를 나누도록 독려한다. 그래서 직원들끼리 밥을 함께 먹게 하기 위해 회사에서 무료 점심, 저녁을 주기도 하고 운동하면서 새로운 아이디어를 나누라고 피트니스센터도 회사 내에 있다. 새 사옥도 하나같이 협업에 어울리는 환경을 만드는 데 가장 많이 신경을 쓰고 있다.

이들의 새 본사는 차로 10~20분 거리에 모여 있다. 이 건물들이 완공되는 2015~2016년에는 실리콘밸리의 지형이 또다시 바뀌어 있을 것이다. 그리고 새로운 볼거리이자 관광 코스로 각광받을 것이 분명하다.

2015~2016년 사이에 완공될 실리콘밸리 기업의 새 사옥들을 소개해본다.

삼성전자: 울트라 그린

한국의 대표 기업에서 아시아의 대표 기업으로 성장하고 있는 삼성전자는 실리콘밸리 지역에 새로운 프로젝트를 진행 중이다.

손영권 삼성전자 전략혁신센터SSIC 사장은 "11억 달러(1조 2000억 원) 규모의 삼성벤처펀드를 조성해 다양한 프로젝트에 투자할 계획이다. 향후 5년 내 빅데이터와 클라우드 등 새 트렌드 속에서 엄청난 기회와 변화가 예상된다. 이런 변화 속에서 최고의 위치를 확보하기 위해 투자를 늘리려는 것이다"라고 소개했다.

삼성전자는 산호세 북가 North Street 에 있는 삼성전자 반도체 법인 자리에 새 사옥을 지을 예정이다. 산호세 건물은 2013년 7월 공사를 시작해 2015년 중순쯤 완공을

삼성전자 산호세 사옥 조감도

목표로 하고 있다. 현재 건물에 있는 200~300명의 직원은 인근 밀피타스로 이주할 계획이다. 이 건물은 시애틀에 거점을 둔 세계적인 건축 사무소 NBBJ가 설계했다.

삼성 반도체의 새 사옥은 2개의 10층짜리 건물과 연구개발 공간, 클린룸, 데이터센터, 카페 등 필요한 모든 시설을 한곳에 집적시킨 것이 특징이다. 110만 스퀘어피트의 공간에 2500명의 임직원이 들어가는 공간이다.

삼성이 NBBJ에 특별히 주문한 것은 다름 아닌 팀협업존 Team Collaboration Zone 이었다. 실외가 개방된 디자인에 실외 복도, 공원 등이 있어 직원들이 자연스럽게 만나서 얘기할 수 있도록 설계됐다. 화이트 메탈과 유리로 장식해서 실외 빛을 흡수하고 방열할 수 있게 하는 등 친환경 설계는 기본으로 갖추고 있다. 이 건물을 '울트라 그린'이라고 부를 정도여서 미국 내 최고 수준의 친환경 건물이 될 것으로 보인다.

삼성전자는 그동안 글로벌 위상에 비해 주목받을 만한 아이콘이 없었다. 소니가 잘나갈 때 만든 베를린의 소니센터를 생각해보자. 베를린 포츠담플라츠에 있는 소니센터는 지금도 베를린 시 전체의 상징과도 같은 건물이다. 소니의 위상은 10년 전에 비해 크게 약화됐지만 베를린 소니센터의 위상은 베를린의 발전과 함께 더욱 높아지고 있다.

이 건물이 새로운 삼성의 상징이 될 수 있을까? 상징으로는 부족할 수 있다. 하지만 세계인들에게 삼성을 대표하는 얼굴이 될 가능성이 크다. 삼성은 세계적인 기술기업이고 이곳에서 애플, 구글과 직접 경쟁하고 있기 때문이다.

엔비디아: 과학과 예술의 만남

그래픽처리장치GPU라는 반도체로 모바일 시대 실리콘밸리에서 가장 주목받는 업체 중 하나인 엔비디아Nvidia도 산타클라라 본사 신축 계획을 발표했다.

젠슨 황 엔비디아 공동 창업자이자 최고경영자는 블로그에 "새 건물은 엔비디아 직원들의 포부와 상상력을 대변한다. 엔비디아의 비주얼 컴퓨팅 업무처럼 과학과 예술이 교차하는 장소가 될 것이고 회사 비전의 상징이 될 것이다. 이 건물이 어떻게 스마트 설계와 기술, 영혼을 하나로 융합시키는지 목격하게 될 것이다"라고 말했을 정도로 포부가 크다.

엔비디아 새 사옥의 개념은 '과학과 예술의 교차로'다. 스티브 잡스가 아이폰과 아이패드를 "기술과 인문학의 교차로다"고 말한 것을 떠올리게 한다.

건물은 하버드대학 출신의 젊은 건축가 하오 고Hao Ko의 젠슬러Gensler 팀이 설계했다. 하오 고는 《월스트리트저널》과의 인터뷰에서 "협업을 통한 공간 활용, 에너지, 환경, 비용 등을 고려해 설계를 완성했다"고 밝히기도 했다. 외형은 헥사곤(육각형) 건

엔비디아 산타클라라 사옥 조감도

물 두 개가 붙어 있는 모양새다. 이 건물 역시 헥사곤 우주선이 내려앉은 모양이어서 도넛 우주선 모양의 애플 새 본사와 비교된다.

이 건물의 가장 큰 특징은 건물 자체가 하나의 사무실처럼 설계됐다는 것이다. 거대한 오픈 플로어가 있어서 직원들이 자유롭게 협업할 수 있게 한 대신에 자기 자리를 완전히 없앴다. 대신 회사 내에서 롤러블레이드를 타고 돌아다닐 수 있고 뛰어다닐 수도 있다. 아직 구체적인 내부 설계는 공개되지 않았지만 매우 기대되는 건물이다. 위치는 현재 산타클라라 본사 맞은편에 있는데 언제 시작하고 완공하게 될지는 밝히지 않았다.

엔비디아는 매우 야심이 있는 회사다. 그래픽 칩이라는 새로운 영역을 개척한 반도체 회사이면서도 플랫폼을 지향하면서 날로 뻗어나가고 있다. 과학과 예술의 결합을 통해 새로운 혁신을 만들어낼 수 있을지 주목받고 있다.

구글: 혁신에는 스케줄이 없다

구글은 전 세계에서 가장 놀기 좋은 회사로 유명하다. 구글이 등장한 이후 기업들은 '어떻게 하면 직원들이 회사에서 창의적으로 일할 수 있을까?'를 고민하기 시작했다. 넓은 임원실을 대폭 줄이고 직원들이 만나서 커피를 마실 수 있는 카페테리아를 만든다든지 하는 것은 구글이 가져온 변화일 것이다. 현재 구글 마운틴뷰 본사 구글 플렉스 빌딩은 대략 65개 정도 된다. 42동, 43동 메인 건물 외 많은 건물이 마운틴뷰 곳곳에 흩어져 있다.

구글이 현재 구글 플렉스 근처에 새 본사를 짓기로 결정했다. 현재 건물도 '인류가 처

구글 마운틴뷰 신사옥

한 숙제를 푼다'는 그들의 웅대한 계획을 담기에 부족했던 모양이다. 구글 본사에서도 베이 지역이 보이는데 새 본사는 좀 더 베이에 가깝게 위치해 있다. 그래서 이름도 베이뷰Bay View로 지었다. 삼성 새 건물을 설계한 NBBJ가 구글 베이뷰도 설계했으며 2015년 완공될 예정이다.

베이뷰도 구글의 철학을 엿볼 수 있다. 이 건물은 다소 복잡하다. 애플, 엔비디아의 우주선 모양이나 삼성의 3단 케이크의 단순한 모양에 비하면 특징지을 수 있는 외형이 없다고도 볼 수 있을 것이다. 하지만 이 건물은 직원들이 서로 만나서 우연하게 무엇인가를 발견할 수 있도록 설계됐다. 베이뷰 캠퍼스를 돌아다니면 3분마다 직원 한 명씩 자연스럽게 만날 수 있도록 설계된 것이다.

직원들은 회사 지붕에서 캠핑을 할 수도 있고 조깅이나 자전거 등을 타고 돌아다닐 수 있으며 요가 클래스도 있다. 한마디로 '회사 지붕에서 논다'고 해도 과언이 아니다.

구글은 베이뷰 본사에 대해 "혁신은 예정된 스케줄이 없다. 우리는 직원들이 아이디어를 가지고 서로 만나서 기회를 창출하기를 원한다"고 설명했다. 세상의 모든 문제를 해결하기 위해서는 창의적인 개인이 우연히 모여 아이디어의 불꽃을 튀겨야 한다는 것이 구글의 생각인 것이다. 베이뷰 사옥은 이 같은 철학을 반영하고 있다. 지금까지 봤던 구글의 혁신은 시작에 불과하다.

페이스북: 프랭크 게리와 테크의 만남

페이스북은 멘로파크 현재 본사 옆에 새 사옥을 짓고 있다. 이름은 페이스북 웨스트Facebook West. 21세기 가장 위대한 건축가 중 한 명인 프랭크 게리가 설계했으며 2015년 봄에 완공될 예정이다. 스페인 빌바오 구겐하임 미술관, LA 월트디즈니 콘서트홀, 보스턴 MIT, 시애틀 대중문화 뮤지엄 등을 지은 현존 최고의 건축가 프랭크 게리의 새로운 명작이 될지 주목된다.

페이스북도 아르콜로지와 콜라보레이션의 결합을 추구했다. 마크 저커버그가 원

페이스북 신사옥 조감도

한 것은 이 거대한 건물이 같은 지붕을 쓰는 하나의 사무실이 되도록 하는 것이었다. 타임라인에 정보가 흐르듯 본사 건물도 사람과 창의적 아이디어가 자연스럽게 흐르도록 설계됐다.

엔지니어들이 언제 어디에서나 회의할 수 있도록 수백 개의 책상과 화이트보드를 배치했으며 회의실과 사무실이라는 기존 구분을 무너뜨렸다. 그렇다고 개인 공간이 아예 없는 것은 아니다. 혼자 조용히 일할 수 있는 공간도 따로 만들었다.

마크 저커버그는 자신의 페이스북에 "신사옥은 세계에서 가장 개방된 플로어floor를 이룰 것이다. 수천 명의 엔지니어들이 하나의 큰 공간에서 협업할 수 있도록 했다. 완벽한 엔지니어를 위한 공간이 될 것이다"라고 소개하기도 했다.

지붕은 산책로를 포함한 정원으로 만들어 엔지니어들이 건물 지붕에 앉아서 쉴 수 있도록 했다. 마크 저커버그는 애초 네 개의 건물로 신사옥을 지으려 했는데 프랭크 게리가 이 건물을 하나의 큰 건물로 통합하고 지그재그 형태의 각진 벽을 사용하자고 제안했다고 한다. 페이스북 멘로파크 본사 건물이 창고와 격납고가 이어진 것처럼 되어 있어 단조로워 보이기 때문이다.

프랭크 게리는 기존 문법을 파괴하고 재료의 특성을 극대화한 건축물로 현존 최고 건축가 반열에 올랐다. 페이스북도 소셜네트워크의 영역을 개척해 웹의 새로운 시대를 열었다. 프랭크 게리와 마크 저커버그의 만남, 페이스북 웨스트는 어떤 새로운 서비스로 세계를 놀라게 할까.

애플: 우주선이 내려앉았다

애플은 규정하기 어려운 회사다. 세상에서 단 하나. 유니크unique라는 단어 외에는 설명이 안 된다.

그들이 짓는 새 본사도 그렇다. 구상 하나만으로도 실리콘밸리 각 회사는 물론 건축학계에 충격을 줬다. 우주선이라니. 단순하고 명확한 디자인과 나무로 둘러싸인 환경은 아이폰과 아이패드의 단순함과 아름다움을 닮았다.

애플의 새 사옥 캠퍼스2는 실제로 도넛 모양의 우주선이 숲에 내려앉은 모양이다. 애플이 2011년 11월 쿠퍼티노 시에 제출한 설계도와 건축 계획에 의해 이 사옥의 실체가 좀 더 자세히 공개됐다. 애플의 제품처럼 본사도 이후 발표된 다른 회사에 큰 영향을 줬다.

애플이 공식적으로 밝히지는 않았지만 런던 시청, HSBC은행, 상하이 국제공항, 베를린 국회의사당 등을 설계한 세계적인 건축가 노먼 포스터의 작품이라는 것이 중론이다.

애플의 신사옥

이 건물은 퓨얼셀, 태양광 등을 통해 발전, 외부에서 전기를 끌어오지 않는 100% 에너지 독립형 건물로 지을 예정이다. 도넛 모양의 우주선 안에 숲이 있을 정도로 애플 캠퍼스2의 특징은 '애플스럽다'는 것이다. 최근 발표된 구글, 페이스북, 삼성 등의 건물들이 협업을 강조하면서 직원들이 일하는 칸막이를 없앤 것이 큰 특징이라면 애플 건물은 직원들이 독립적으로 일할 수 있는 개인 공간을 주고 모두 실외, 즉 숲을 바라보고 일할 수 있게 했다. 대신 컨퍼런스룸과 강당을 많이 설치해서 직원들이 자연스럽게 소통할 수 있도록 설계했다.

애플은 소통보다 비밀주의가 익숙한 회사다. 많은 전문가는 애플의 새 사옥에 스티브 잡스 박물관이나 사진 촬영 장소, 기념품숍 등 사람들과 소통할 수 있는 장소가 들어가 있기를 바라지만 캠퍼스2의 설계도에 그런 장소는 없다. 지금도 애플의 인피니트 루프 1에 관광객들이 많이 다녀가지만 컴퍼니 스토어 외에는 방문할 수 있는 장소는 전혀 없다. 하지만 관광객들은 불평하지 않고 이해한다. 왜? 애플이니까.

스티브 잡스가 우주선 모양의 사옥을 구상한 것은 그의 우주적·동양적 세계관이 담겨 있다고 보인다. 그는 전 지구적·우주적 문제를 해결하고 싶어 했다.

쿠퍼티노 현재 본사 이름도 인프니트 루프Infinite Loof다. 언젠가는 출발한 자리에 돌아오게 되어 있다. 그리고 누구나 우주에 단 하나의 존재일 뿐이다. 스티브 잡스는 아이폰과 아이패드 등 제품도 그런 정신을 바탕으로 만들었다.

캠퍼스2도 세계에 단 하나뿐인 건물이 될 것이다. 많은 이들의 관심을 받고 호기심을 자극할 것이 분명하다.

스탠퍼드: 공간이 의식을 규정한다

공간은 의식을 지배하고 생각을 바꿀 수 있다. 학교는 공부하는 공간

스탠퍼드 MBA 건물

이며 직장에서는 일하는 공간, 집에서는 사는 공간이 될 것이다. 사는 '곳'이 중요하고 일하는 '곳'이 중요하다. 그곳이 어떻게 구성되어 있는가에 따라 더 혹은 덜 행복해질 수 있고 생산성이 크게 높아질 수도 있으며 창조적 사고가 끊임없이 나올 수도 있다.

공간의 선택은 물론 건물 구조, 가구 배치까지 기업(학교, 재단 등)의 철학에 맞게 설계해야 한다. 공간에 대한 철학이 없다는 것은 불행한 일이다. '이게 더 좋지 않을까?'란 즉자적 아이디어로는 부족하다. 물론 공간에 대한 철학까지 생각할 여유가 없을 수도 있을 것이다. 하지만 공간이 의식을 지배할 수 있다고 믿는다면 아무렇게나 배치하거나 '그런 건 전문가들에게 맡겨야지' 또는 '예쁘게 해주세요'라며 외주로 해결할 일은 아니라고 생각한다.

스탠퍼드의 공간들은 모두 협업collaboration과 협습co-learning을 강조한 곳이다. 협업과 협습 모두 동료들 간, 친구들 간 학습을 뜻하는 말이다. 특히 대학에서 협습이란 친구들끼리 가르쳐준다는 말이다. 대학에서 강의는 교수가 학생들에게 가르치고 학생들은 가르침을 받는 대상이지만 협습은 대학생들끼리 서로 가르치고 배우며 이해하는 과정을 말한다.

협습은 학습 효과가 매우 뛰어나다. 왜냐하면 서로 비슷한 또래나 선배들이 이해한 바를 같은 눈높이에서 가르쳐줄 수 있기 때문이다. 이 과정에서 학생들은 새로운 발견을 할 수도 있다. 노벨상을 받을 만한 또는 인류의 발전에 기여할 만한 창의적 사고도 우연한 발견에서 나온다고 믿는다.

스탠퍼드 메이어 도서관 2층 학습룸. 도서관은 조용해야 한다는 공식을 처음으로 깬 곳이다.

우연한 발견은 혼자 골방에서 열심히 연구한다고 나오는 것은 아니다. 다른 연구자, 생각이 다른 사람과 10분간 커피 마시고 대화하며 스치듯 나오는 아이디어가 골방에서 1주일간 연구한 결과보다 더 훌륭할 수가 있다. 아이디어란 섞여야 나오는 것 아닌가.

스탠퍼드 MBA GSB는 건물 한가운데 식당을 만들었다. 스탠퍼드에서 가장 좋고 비싼 학생식당이다. 강당에 들어가려 해도 이 식당을 지나쳐야 한다. GSB 어떤 강의실에 가도 이 식당을 지나갈 수밖에 없는데 이 가운데 친구를 만날 수도 있고 교수를 만날 수도 있으며 그냥 앉아서 쉴 수도 있다. '우연한 만남'을 강조한 건물이다.

메이어 Meyer 도서관은 협습의 전설과도 같은 곳이다. 도서관은 조용해야 한다는 공식을 깬 곳이다. 조용하게 공부하려면 다른 건물을 가거나 3~4층을 이용하면 된다. 이 도서관 1~2층은 시끄럽게 떠들면서 같이 공부하도록 설계되어 있다. 이렇게 설계된 것이 1996년, 20년 전이다. 파티션을 없앤 도서관의 원조, 메이어 도서관은 곧 리모델링에 들어가게 된다. 이 도서관이 어떻게 변하는가는 앞으로 모든 협습적 사고를 유발하는 공간의 또 다른 원형이 될 것이다. 엔지니어링스쿨 건물도 협업, 협습을 할 수 있도록 공간 배치와 가구 배치를 해놓았다.

스탠퍼드 강의실은 대부분 1층에 있다. 강의실이 1~2층에 있고 사무실은 3~5층에 있다. 높은 건물이 아니라서 그렇겠지만 가장 접근이 쉬운 곳에 강의실이 있고 밖에서도, 지나가다가도 보일 수 있도록 해놓았다. 실제로 스탠퍼드에 방문해보면 알겠지만 강의실에서 강의하는 장면을 관광객들이 보고 사진도 많이 찍어 간다.

직원들이 새 공간에서 창의적 사고를 많이 하도록 유도하고 싶다면 협업 공간을 극대화해야 하며 생산성을 높이고자 한다면 개인 공간을 좀 더 많이 만들어야 한다. 실리콘밸리 기업 중에서도 창의적 사고를 유도하는 기업(구글, 야후, 페이스북 등)이 있는 반면 개인의 생산성과 능력 극대화를 중요시하는 기업(애플 등)도 있다. 실제 애플은 개인의 공간을 중시해서 파티션이 생각보다 높게 쳐 있다.

미래의 사무실은 이 두 가지를 적당히 타협해서는 안 된다. 물론 하나를 추구하고 하나를 배제하라는 것은 아니다. 극단적 협업을 추구하거나 극단적 생산성을 노리는 방향으로 움직이되 나머지를 보완하는 방향이 돼야 한다. 적당히 섞으면 미적으로도 흉하고 구성원들도 혼란스러워한다.

지금 우리 주위의 공간을 둘러보자. 어떤 철학을 바탕으로 만들어졌을까. 처음에 강한 철학을 가지고 구성했더라도 세월이 지나면서 퇴색됐을 수도 있을 것이다. 하지만 중요한 것은 그 철학이 어떠했던 지금은 재정의가 필요한 시기라는 것이다. 사실 공간뿐만 아니라 회사(학교, 재단,

정당 등 조직) 설립 이유, 각 회사의 제품(서비스)도 재정의할 필요가 있지만 말이다.

에필로그

미래는 우리 가까이 와 있다

　미국 실리콘밸리 팔로알토에 위치한 트랜스링크캐피털의 음재훈 대표. 클라이너 퍼킨스, 안드레센 호로위츠 등 내로라 하는 밴처캐피털vc이 많은 실리콘밸리에서도 트랜스링크캐피털은 성공한 VC로 평가받고 있다. 음 대표는 서울대 화학과를 졸업하고 스탠퍼드에서 MBA를 마쳤다. 스탠퍼드에 입학하기 전에는 MBA를 마친 후 다른 선배들처럼 미국 유명 컨설팅 기업에 입사한 후 한국으로 귀국해 대기업 임원을 하게 될 것이라고 생각했었다.

　하지만 스탠퍼드는 음 대표의 인생을 바꿔놓았다. 학교에서 창업가정신(앙트러프러너십Entrepreneurship)을 독려해 결국 주위 동료들과 함께 트랜스링크캐피털을 창업하게 된 것이다. 음 대표는 "창업은 혼자 할 수 없다. 밴처캐피털도 사업 아이템보다 사람을 먼저 본다. 누가 함께했냐는 것이다. 그리고 창업은 전염되는 것이다. 딱히 말할 수는 없지만 분위기라는 것이 있다. 실리콘밸리

2012년 9월 스탠퍼드 교정에서 발견한 포스터. 불가능한 것을 꿈꾸고 미지의 것을 추구하며 위대함을 성취하라는 내용이다.

는 그런 토양과 생태계가 있기 때문에 할 수 있었다. 나도 전염됐다. 그래서 여기까지 왔다"고 말했다.

이같이 생각하는 사람은 음 대표뿐만이 아니다. 1년에 수백 개씩 새로운 기업들이 실리콘밸리 그리고 스탠퍼드 주위에서 만들어진다. 스탠퍼드 컴퓨터과학과 학생들이나 MBA 학생들은 '공동창업자Cofounder' 나 '어드바이저' 명함을 한두 개씩 들고 다니지 않으면 이상할 정도다. 학과 친구, 친구의 친구, 기숙사 동료, 같이 운동하던 친구들이 하나둘씩 창업에 나선다. 교수들이 직접 창업하거나 창업하는 학생을 도와주는 일은 너무나 당연하고 자연스러운 일이다.

스탠퍼드 아시아태평양연구소APARC 소장 신기욱 교수. 사회학과 교수이면서 현재 아태연구소를 이끌고 있다. 아태연구소는 동아시아 정치, 사회, 외교, 안보, 문화 분야를 집중적으로 연구한다. 얼핏 '창업'과는 무관할 것 같지만 사실은 그렇지 않다. 신 교수는 "지금까지 아태연구소를 이끌었던 것도 모두 새로운 분야에 도전하고 실행하는 스탠퍼드 창업가정신이 있었기 때문이다"고 말한다. 실제로 문과, 이과를 가리지 않고 수업 시간에 '창업가정신'을 독려하는 수업이거나 창업 방법론을 가르치는 수업이 많다. 수업 자체가 실험과 도전이다. 2013년 봄학기(3월~6월)에 진행된 '네트워크: 생태계의, 혁명적인, 디지털Networks: Ecological, Revolutionary, Digital' 이란 수업이 대표적이다.

역사학자 덴 에델스타인 교수와 생태학자 데보라 고든 교수가 지난 2년간 커리큘럼을 연구해 만든 '네트워크'에 대한 수업이었는데 정교수 2명과 조교수 3명 총 5명의 교수가 매주 수업 시간에 공동으로 수업을 진행했다. 부족한 분야는 각 분야 최고 전문가인 초빙 교수를 초청했다. 형식도 파격적이고 내용도 전문적이면서 어렵지 않았다. 이 수업을 진행한 교실 맞은편에는 스탠퍼드 D스쿨이 있어서 창의적 기운이 넘실거린다.

학교 내 실험실에는 활력이 넘치고 학교 신문《스탠퍼드 데일리》은 새로운 성취와 실험, 도전을 알리는 소식들로 가득 찬다. 학교 근처 도로에는 전기차 테슬라 모델S나 구글 자율운전 자동차 Self Driving Car가 돌아다니고 인터넷과 연결된 시계, 신발, 심지어 모자 등을 쓰고 다니면서 실험하는 사람들도 쉽게 찾아볼 수 있다.

스탠퍼드 학생들은 무엇인가 새롭게 만들거나 도전하지 않고 현실에 안주하기가 어려운 환경에 놓여 있다. 스탠퍼드에도 변호사, 의사를 양성하는 세계적인 수준의 로스쿨, 메디컬스쿨이 있다. 하지만 여기에서도 창업을 독려해서 벤처캐피털로 향하는 로스쿨 졸업생이나 바이오 벤처를 만드는 메디컬스쿨 학생을 보는 것도 흔한 일이다.

이런 분위기 속에서 공무원이 되겠다며, 대기업에 입사하겠다며 도서관으로만 향하는 것은 정말 어려운 일이다. 물론 미국 고위 공무원을 지망하거나 대기업 입사를 노리는 스탠퍼드 학생들도 적지 않다. 하지만 이들이 높게 평가받는 분위기는 분명 아니다. 공무원은 해당 분야를 바꿀 수 있고 국회의원은 지역구를 바꿀 수 있고 주지사나 시·도지사는 해당 지역을 바꾼다. 하지만 실리콘밸리에서 '앙트러프러너'가 돼 성공하면 세계를 바꿀 수 있다. HP, 인텔이 그랬고 애플, 구글이 그렇게 했으며 지금은 페이스북, 트위터 등이 그 뒤를 밟고 있다.

15년 전 마이크로소프트 MS는 세계 최고 IT 기업으로 세계를 호령했다. 빌 게이츠 회장의 일거수일투족이 보도되고 MS의 모든 움직임이 분석됐다. 당시 빌 게이츠 회장은 "지금 당신이 가장 두려운 회사는 어디인가?"란 질문에 "우리의 경쟁사가 아니다. 차고(개러지)에서 방금 창업한 기업이 두렵다"라고 했다. 15년 전 구글은 맨로파크의 한 가정집 개러지에서 태어났다. 현재 구글이 가장 무서워하는 회사는 애플이나 삼성이 아니라 '차고(개러지)에서 창업한 기업'이란 말 역시 허언이 아니다.

실리콘밸리 주위에는 약 2만 개의 스타트업(초기 기업)이 있다. 이 중 45%는 창업한 지 2년이 안 된다. 실리콘밸리 엔지니어들에게 37세는 꽤 '중년(?)'에 속하는 편인데 37세까지 평균적으로 가진 직업(또는 직장) 수가 14개나 된다. 즉 이 지역에서는 37세가 되기 전까지 명함이 평균적으로 14번 정도 바뀌었다는 것이다. 실리콘밸리 지역 기업들의 평균 이직률이 22% 정도 되는 것을 보면 이해가 되는 부분이기도 하다.

실리콘밸리 지역 CEO의 절반은 순수 미국인이 아닌 외국인이나 이민자 후손들이다. 여전히 인도, 중국, 한국 등 아시아 및 영국 등 유럽에서 새로운 기회와 도전을 찾아 실리콘밸리의 문을 두드린다.

혁신과 도전의 상징이 된 실리콘밸리. 그렇게 친구의 친구를 전염시키면서 세대를 이어 세계의 '혁신 발전소' 역할을 하고 있다. 혁신을 발전시키는 동력은 석탄이나 석유 등 자원이나 돈(자본)이 아니라 사람이다.

실리콘밸리 지역에 있는 많은 사람들이 친구들과 함께 창업, 새로운 분야에 도전하고(때로는 실패하고) 세상을 바꾸고 더 좋은 세상을 만들자는 말을 자연스럽게 하는 데는 이유가 있다. '세상을 바꾸는 것'도 지루하게 생각한 나머지 우주적인 수준에서 바꾸고자 '문샷 싱킹Moonshot Thinking'을 하는 기업가도 많다. 아마존의 제프 베조스, 테슬라의 엘론 머스크뿐만 아니라 아직 알려지지 않은 많은 기업가들이 우주적 변화를 꿈꾸며 준비하고 있다.

20년 전만 해도 민간인 우주여행은 영화에나 존재했고 10년 전만 해도 일부 헛된 꿈을 꾸는 사람들의 계획이라고 생각했으나 2013년 현재 민간인 우주여행은 현실이 됐다. 이처럼 '혁신' '창조' '파괴' 경쟁을 하는 실리콘밸리에서 무엇을 배울 것인가. 그저 두려워하거나 부러워만 할 것인가. 그렇지 않다. 실리콘밸리에서 배워야 할 것은 외형적인 것은 아닐 것이다.

미국도 글로벌 혁신 발전소 실리콘밸리를 자랑스러워하는 것에 그치지 않고 '따라 배우기' 열풍이 불고 있다. 뉴욕 맨해튼의 '실리콘 앨리Silicon Alley'뿐만 아니라 많이 알려지지 않았지만 미국 각 주에는 주 정부와 대학이 지역 스타트업을 육성하기 위해 경쟁적으로 만든 각종 '밸리'들이 존재한다. 스탠퍼드 D스쿨에는 매주 미국의 다른 대학, 연구소, 기업들이 이 혁신 모델을 벤치마킹하기 위해 견학을 오고 있는 것도 눈으로 확인했다. 2013년 6월 토머스 프리드먼 글로벌 포럼에서 프리드먼은 "미국 전체가 실리콘밸리를 배워야 한다. 그래서 이 포럼을 샌프란시스코에서 개최했다"고 말하기도 했다.

미국도 실리콘밸리를 배우고자 한다. 글로벌 성장동력이 신흥시장에서 미국으로 옮겨왔다. 실리콘밸리 혁신기업들이 국가 성장동력마저 옮겨놓은 것이다. 이는 '실패를 두려워하는 문화'가 공통적으로 존재하는 한국, 일본, 중국 등 아시아 지역에 시사하는 바가 적지 않다. 미국도 배우고자 하는 실리콘밸리의 핵심 정신이란 무엇인가.

첫째, 이민자 정신이다. 우리말로 하면 '외지인 정신' 또는 '경력직 정신'이 될 수 있을 것이다. 이민자, 외지인은 한 지역에 정착하기 위해 부단하게 노력하며 성취하려는 욕구가 높다. 경력직도 회사에서 인정받기 위해 큰 노력을 기울인다. '토박이'보다 이민자, 외지인이 이에 대처하고 움직일 가능성이 높다.

실리콘밸리 지역은 이민자에 대해 긍정적이며 항상 배고프고Stay Hungry 도전적으로 살고 있다. 누구나 주인이 될 수 있는 분위기가 실리콘밸리 혁신을 만들었다 해도 과언이 아닐 것이다.

둘째, 스스로 예술가처럼 행동해야 한다. 자신이 만든 작품에 자부심을 가지고 거기에 이름을 세길 수 있어야 한다. 애플의 아이폰, 아이패드에서 스티브 잡스와 조나단 아이브의 직접적인 사인은 없지만 항상 그들의 거대한 그림자가 떠오르고 테슬라 모델S에서는 엘론 머스크의 확신에 찬 얼굴이 생각난다. 각 가정에 배달되는 아마존 박스에는 제프 베조스의 웃는 얼굴이 떠오른다.

세 번째는 베타Beta 정신이다. 이 시대, 혁신은 '아웃 오브 박스Out of Box' 형식으로 나타나는 것이 아니다. 베타 버전으로 먼저 내놓고 계속 고쳐나간다. 이는 소프트웨어가 지배하면서 나타나는 현상 중 하나다. 앞으로 테크놀로지 분야뿐만 아니라 많은 산업 분야, 정치, 경제, 문화 등 각 분야가 구글이 안드로이드를 지속적으로 업그레이드하듯, 소프트웨어 기업들이 자신의 프로그램을 수정하고 보완(패치Patch)하듯 실시간으로 고치고 피드백하는 문화가 정착될 것이다. 혁신에는 끝이 없고 예정된 스케줄이 없다.

마지막으로 기업가 또는 창업가(앙트러프러너)처럼 도전하고 행동해야 한다. 한국에서 '기업가정신'으로 주로 번역되는 앙트러프러너십Enterprenuership은 단지 기업가뿐만 아니라 학생, 교수, 공무원, 정치인 등 새로운 일을 시작하려는 모든 이에게 적용되는 말이다. 어원이 프랑스어에서 왔기 때문에 미국인들도 제대로 발음하기 힘들어하는 앙트러프러너십은 기업가정신, 창업가정신이자 도전가정신이며 시작가(始作家)정신이기도 하다. 새로운 기업을 만들려는 창업가뿐만 아니라 에베레스트 정상 등정에 도전하는 이들도, 새로운 분야에 도전하는 이들도 앙트러프러너인 것이다. 리스크를 안고 실패를 두려워하지 않는 사람만이 도전할 수 있으며 큰 성취를 할 수 있는 것이다. 새로움에 대한 도전 없이 성취는 없다.

지금 '부의 격차', 디지털 격차Digital Divided보다 더 큰 '동기 격차Motivational Divided'의 시대가 온다. 한 사람이 주어진 환경과 정보의 양의 차이가 크지 않은 초연결 시대에는 부자가 될 동기, 세상을 바꾸고자 하는 이유 등등이 격차를 만들어낸다.

물론 부의 불균형에 따른 기회의 격차가 세계적으로 심각하다. 하지만 이는 무엇을 하고자 하는 '이유', 즉 동기 격차보다 크지는 않을 것이다.

지금 이 시대 멘토가 해야 할 것은 힐링이 아니라 '동기 부여'다. 비판은 어렵지 않다. 대안을 만드는 것도 불가능한 것은 아니다. 하지만 '이유'를 찾는 것은 오로지 개인이 느껴야 하는 것이다. 그래서 스스로, 자신만의 '문샷Moonshot'을 찾아야 한다. 나만의 문샷을 생각하고 찾고, 쏘는 사람들이 세상을 바꾸게 될 것이다.

소설가 윌리엄 깁슨은 "미래는 이미 와 있다. 단지 널리 퍼져 있지 않을 뿐이다"라는 말을 했다. 매일 혁명적 변화가 벌어지고 있지만 안개처럼 주변에 은은하고 잔잔하게 퍼져 있어서 단지 느끼지 못할 뿐이다.

이를 감지하고 실행한 이들이 빠르게 움직이고 있다는 것을 실리콘밸리에서 배우고 느꼈다. 이제 우리 차례다.

커넥티드 북 서비스에 대하여

독자와 함께 만드는
최초의 커넥티드 북

이 책은 파괴가 창조가 되고 실패가 성공이 되는 파괴자들을 다룬 취지와 내용에 맞게 형식도 바꾸고 싶어 최초의 '커넥티드 북 Connected Book'으로 기획됐다.

책의 내용이 혁명적이고 급격한 변화 그리고 문샷 싱킹, 앙트러프러너십(창업가정신) 등에 대해 강조하는 만큼 책의 형식도 기존 종이책만을 출간하는 방식이 아닌 새로운 방식을 시도하고 도전해보고 싶었다.

커넥티드 북은 말 그대로 '인터넷에 연결된 책'이란 뜻이다. 독자들은 책을 구입함과 동시에 책에 대한 디지털 접근권을 갖게 된다. 그래서 독자가 보유한 '어떤' 디바이스에서도 내용을 볼 수 있다. 종이책은 인터넷에 연결되지 않았기 때문에 '콘텐츠에 몰입'할 수 있다는 점이 최대 장점이다. 언제 어디서나 들고 다니면서 몰입하며 볼 수 있기 때문에 콘텐츠에 집중할 수 있다. 하지만 모바일 시대가 오면서 종이책의 단점도 하나둘씩 나타나고 있다. 단점이라기보다는 '종이'라는 매체가 새로운 변화를 수용할 수 없는 한계가 나타나고 있는 것이다.

가장 큰 부분은 '업데이트'할 수 없다는 점이다. 책이 출간되면 그것으로 '끝'이다. 내용이 바뀌거나 상황이 바뀌어도 책에는 반영될 수 없다. 대표적인 것이 '여행 서적'일 것이다.

　인터넷에 여행 정보가 많지만 여행 서적을 별도로 구입하는 이유가 있다. 인터넷 정보보다는 잘 정제된 정보가 담겨 있고 판형에 맞게 한눈에 보기 편하게 편집돼 있기 때문일 것이다. 하지만 현지 정보가 업데이트가 안 되어 골탕을 먹은 사례가 적지 않다. 주요 관광지의 입장료나 문 열고 닫는 시간, 소개된 식당이 폐점했는지 유지되는지, 전화번호는 맞는지 틀리는지 확인할 수가 없다. 최신 개정판이라고 하더라도 완벽하게 믿고 따르기 힘든 것도 사실이다. 매번 개정판을 사야 하는지도 의심스럽다.

　비즈니스 관련 서적도 마찬가지다. 최근 들어 상황이 급변하면서 회사의 매출액과 이익, 상황이 매 분기 바뀌고 있다. 이 책의 경우도 2013년 상반기에 출간됐다면 제프 베조스의 워싱턴포스트 인수, 마이크로소프트의 노키아 인수, 삼성전자의 갤럭시 기어 출시 등 책의 내용에 사례로 등장할 만한 굵직한 변화에 대한 내용을 담을 수 없었을 것이다. 개정판에서 수정하고 보완하지만 초판을 구매한 독자들도 개정판을 구매한 독자들과 같이 '수정된 내용'을 받을 권리가 있는데 종이책에서는 반영할 방법이 없다.

　종이책은 동영상 등 멀티미디어 정보를 담을 수 없으며 페이지의 한계상 사진도 제한적으로 사용할 수밖에 없다. 최근에는 QR코드를 통해 이를 극복하려는 시도가 나타나고 있지만 매번 QR코드를 스마트폰 앱을 실행해서 촬영해야 하는 불편이 있고 종이책에 들어간 QR코드가 그다지 아름답지 않다는 점도 활용을 꺼리게 만든다.

　독자들이 책 내용에 접근해 대화하고 토론하면서 제2차, 3차 콘텐츠가 형성될 수 없다는 점도 종이책의 한계다. 예를 들어 종이책은 책 내용에 독자가 댓글을 달 수 없다. 종이책을 구매한 독자들은 서로 비슷한 관심사를 가지고 있거나 같은 분야에 종사해 공유할 수 있는 부분도 적지 않을 것이다. 하지만 이들이 만나서 나눌 수 있는 방법은 출판사가 만든 인터넷 포털의 카페를 이용하거나 저자의 개인 홈페이지 또는 팬 카페뿐이었다. 하지만 이 방법도 책의 구체적인 '콘텐츠'를 매개로 독자와 저자가 만나서 공유하고 토론할 수는 없다.

이 같은 종이책의 특성은 모바일, 소셜, 데이터가 융합되어 변화의 동력이 되기 전까지는 불편함으로 다가오지 않았다. 하지만 연결성이 당연하게 받아들여지는 세계에서는 연결되지 않은 종이책이 어색하게 느껴진다.

이북이나 앱북 등이 대안으로 제시됐지만 종이책을 뛰어넘는 경험을 주지 못했다. 왜냐하면 종이책의 레플리카(복제품) 수준에서 크게 진화하지 않았기 때문이다. 북마크를 하고 밑줄을 그은 부분을 확인해주는 것으로는 독자와 저자의 양방향 소통이나 풍부한 멀티미디어 읽기 경험을 제공해줄 수 없다. 앱북의 경우에는 업데이트할 때마다 다운로드를 받아야 하는 불편이 있다.

이 책이 처음 선보이는 개념인 '커넥티드 북'은 이 같은 종이책과 이북의 한계를 일정 부분 극복할 수 있을 것으로 보인다. 간략하게 설명하자면 종이책을 구입한 독자는 사용 쿠폰 번호를 지정된 계정으로 보내고 서비스 사용에 동의한 후 구글 클라우드 서버에 공유된 전자책을 사용할 수 있다(커넥티드 북의 자세한 이용 방법은 책 후미에 동봉된 서비스 안내를 참조하기 바란다).

이러한 커넥티드 북 서비스를 통해 이 책을 구입한 독자들은 언제든 업데이트된 정보를 확인할 수 있다. 업그레이드 또는 개정된 내용은 독자들에게 이메일 등을 통해 지속적으로 제공할 예정이다. 이와 같은 서비스를 통해 저자는 책의 내용을 최신 버전으로 독자에게 제공할 의무를 다하고, 독자는 새로운 내용을 지속적으로 제공받을 권리를 확보하게 될 것이다.

또 하나 커넥티드 북의 중요한 특징은 종이책에 달려 있지 않은 주석(각주 또는 미주) 기능을 적극적으로 보완할 수 있다는 것이다. 내용의 원문을 확인하거나 더 풍부한 정보를 얻기 위해서는 독자 인증을 거쳐 디지털 계정에 들어오면 된다. 링크가 되어 있고 관련 내용의 동영상도 있어서 책의 내용을 다양한 방법으로 이해할 수 있을 것이다. 이 서비스는 향후 지속적인 업그레이드를 통해 책의 내용에 독자가 직접 댓글을 달아 다른 독자와 토론을 할 수도 있게 할 것이다. 그렇게 되면 댓글을 통해 서로 다른 의견을 보면서 다양한 정보를 얻을 수 있을 것으로 예상된다.

　커넥티드 북은 종이책의 한계를 극복하면서 책에 담긴 콘텐츠를 독자들이 더 풍부하게 이해하고 편리하게 언제 어디서나 최신 정보를 확인할 수 있으며 저자와 독자가 소통하고 관여할 수 있는 새로운 방법이 될 것으로 기대한다. 이 책은 콘텐츠의 끝이 아니라 시작이다. 출간하는 순간부터 책의 새로운 챕터가 시작되며 독자들은 언제나 새로운 책을 읽게 될 것이다. 이제 책은 읽는 것이 아니라 경험하는 것이라 믿는다.

파괴자들

1판 1쇄 발행 | 2013년 11월 30일
1판 6쇄 발행 | 2015년 3월 20일

지은이 손재권
펴낸이 김기옥

프로젝트 디렉터 기획1팀 모민원, 권오준
영업 박진모
지원 고광현, 이봉주, 김형식, 임민진

디자인 투에스, 네오북
인쇄 서정문화인쇄 | 제본 서정바인텍

펴낸곳 한스미디어(한즈미디어(주))
주소 121-839 서울특별시 마포구 양화로 11길 13(서교동, 강원빌딩 5층)
전화 02-707-0337 | 팩스 02-707-0198 | 홈페이지 www.hansmedia.com
출판신고번호 제 313-2003-227호 | 신고일자 2003년 6월 25일

ISBN 978-89-5975-572-1 13320

책값은 뒤표지에 있습니다.
잘못 만들어진 책은 구입하신 서점에서 교환해 드립니다.

* 이 책은 관훈클럽 신영연구기금의 도움을 받아 저술되었습니다.

종이책과 디지털의
혁신적 만남

[커넥티드 북] 서비스 안내

한스미디어는 종이책과 전자책의 장점을 결합한 새로운 개념의 [커넥티드 북 Connected Book] 서비스를 실시합니다. 종이책 발간 후 본서 내용의 업데이트나 수정 등이 있을 경우 이를 전자책에 반영하고 독자가 실시간으로 확인할 수 있도록 하는 것입니다. 종이책이 갖는 가독성의 장점과 디지털이 갖는 손쉬운 업그레이드의 장점을 결합하여 독자에게 보다 빨리, 보다 정확하게, 보다 나은 지식과 정보를 제공할 수 있을 것입니다.
본 서비스의 자세한 사용법에 대해서는 절취선을 따라 자른 후 안쪽 페이지를 확인하시기 바랍니다.

[커넥티드 북] 서비스 사용법

① 다음 서비스 이용권 번호를 확인합니다.

> hans01-GLKWB-04-11192

② 독자 인증을 위해 위 이용권 번호와 독자의 메일 주소를 다음과 같은 메일로 보내주세요(개인 이메일은 구글 드라이브에 접근할 수 있어야 하므로 gmail을 이용하는 것이 좋습니다).
be.disruptors@gmail.com

③ 독자 인증이 끝나면 한스미디어에서 인증 확인 메일을 보내드립니다. 인증 메일에는 명예 선언, 즉 '아너 코드 Honor Code'가 포함되는데 주 내용은 다음과 같습니다. 여기에 동의하고 메일을 회신하면 서비스 접근권을 가지게 됩니다.

> ① 나는 하나의 계정(이메일)으로 등록할 것이다. ② 본 계정으로 저자 및 출판사가 발송하는 책의 업그레이드된 내용과 관련 광고를 수신하는 데 동의한다. ③ 저자의 저작권과 창작권을 존중한다. ④ 저자 동의 없이 책 내용을 다운로드 후 재배포하지 않는다. ⑤ 개인 참고용 자료 외에 저자 동의 없이 저작을 재가공하거나 재판매하지 않는다. ⑥ 책의 내용을 전제 혹은 소셜네트워크서비스에 공유할 경우에는 그 출처를 밝힌다. ⑦ 아너 코드를 위반한 사실이 확인된 계정은 커넥티드 북 계정 접근권이 삭제되며 추가 업데이트에 대한 이메일을 수신하지 못하게 된다.

④ 본 서비스는 스마트폰이나 태블릿PC를 이용하는 것이 가독성이나 연결성에서 편리합니다(물론 일반 PC에서도 구글 드라이브https://drive.google.com에 접속하면 동일한 서비스를 이용할 수 있습니다). 스마트폰이나 태블릿PC에서 구글 드라이브 앱을 다운받아 구글 드라이브에 접속합니다.

• 책 내용의 업데이트는 수시로 진행되며 이를 독자에게 이메일로 알려드립니다.